향연

나남
nanam

한국연구재단 학술명저번역총서
서양편 294

향연

2010년 9월 5일 발행
2010년 9월 5일 1쇄

지은이_ 단테 알리기에리
옮긴이_ 김운찬
발행자_ 趙相浩
발행처_ (주) 나남
주소_ 413-756 경기도 파주시 교하읍
출판도시 518-4
전화_ (031) 955-4600 (代)
FAX_ (031) 955-4555
등록_ 제 1-71호(79.5.12)
홈페이지_ http://www.nanam.net
전자우편_ post@nanam.net
인쇄인_ 유성근(삼화인쇄주식회사)

ISBN 978-89-300-8476-5
ISBN 978-89-300-8215-0 (세트)
책값은 뒤표지에 있습니다.

'한국연구재단 학술명저번역총서'는 우리 시대 기초학문의 부흥을 위해
한국연구재단과 (주) 나남이 공동으로 펼치는 서양명저 번역간행사업입니다.

향연

단테 알리기에리 지음 | 김운찬 옮김

나남
nanam

옮긴이 머리말

단테(Dante Alighieri, 1265~1321)는 개화기 이후 우리나라에 소개되기 시작하였지만, 그의 걸작 《신곡》은 1950년대 말에야 최민순 신부의 작업으로 최초 완역본이 나왔고, 이후 1970~80년대를 거치면서 무려 30여 종이 넘는 다양한 번역본으로 소개되었다. 하지만 그 이외의 다른 작품들에 대해서는 별로 알려져 있지 않다. 속어로 집필한 《새로운 삶》(*Vita nuova*)과, 라틴어로 집필한 《제정론(帝政論)》(*De monarchia*)이 번역되었을 뿐이다. 이런 상황에서 한국연구재단(구 한국학술진흥재단)의 지원을 받아 《향연》(*Convivio*)을 우리나라에서 처음으로 번역하여 출판하게 된 것은 여러 모로 의미가 있다고 생각한다. 때늦은 감이 있지만 단테의 사상과 철학체계를 엿볼 수 있는 하나의 계기가 될 것으로 기대한다.

《향연》은 '철학자 시인' 또는 '시인 철학자'로 일컬어지는 단테의 방대하고 풍부한 사상을 이해하는 데 핵심적인 열쇠가 된다. 단테가 정치활동의 패배로 망명의 길을 떠난 후 처음 집필한 저술로, 비록 미완성으로 남아 있지만 다양한 주제들에 대한 그의 해박한 지식과 깊이 있는 성찰을 보여주기 때문이다.

번역작업은 피에로 쿠디니(Piero Cudini)가 편집한 가르찬티(Garzanti) 출판사의 포켓판(1987년 제2판)을 저본으로 삼아 시작하였는데, 중간에 이탈리아 단테학회(Società Dantesca Italiana)의 위임으로 브람빌라 아제노(Franca Brambilla Ageno)가 편집하고 확정한 판본(총 3권, Firenze, Casa Editrice Le Lettere, 1995)을 입수하여 여러 부분을 보완할 수 있었다. 쿠디니의 판본도 이탈리아 단테학회의 판본을 근간으로 하였기 때문에 텍스트 자체에 차이가 있었던 것은 아니다. 다만 일부 단락이나 절(節)의 구분에서 차이가 있었는데, 이 번역에서는 이탈리아 단테학회의 최종 판본에 따랐다. 또한 번역과정에서 현재 인터넷에서 쉽게 찾아볼 수 있는 랜싱(Richard Lansing)과 윅스툴(Philip Henry Wickstool)의 영어 번역본을 참조하였다.

번역과 함께 텍스트의 이해에 필요한 여러 자료를 역주 형식으로 붙였다. 혹시 역주가 텍스트 읽기의 흐름을 방해할 수도 있지만, 일반독자들에게는 나름대로 도움이 될 것이다. 또한 단테가 인용하는 여러 텍스트들을 가능한 한 참조하면서 작업하였다. 《성경》을 비롯하여 아리스토텔레스, 키케로, 보이티우스, 플라톤, 아우구스티누스, 알베르투스 마그누스 등 인용되는 텍스트를 총체적으로 점검할 수는 없었지만, 최소한 본문의 문맥에서 갖는 의미와의 상관관계를 밝히려고 노력하였다. 주로 기존의 우리말 번역본들을 많이 활용하였는데, 단테 자신의 오류나 착오, 또는 임의적인 조작 등으로 인해 확인에 어려움이 많았다.

번역의 기본방향은 가능한 한 단테의 텍스트를 충실하게 옮기는 것이었고, 따라서 의역이나 풀어쓰기보다 원래의 표현을 그대로 옮기려고 노력하였다. 그런데 단테의 텍스트는 그야말로 옛날 문투로 되어 있어서 지금 우리의 관점으로 보면 어색하고 매끄럽거나 세련되지 못한 문체처럼 보일 수 있다. 경우에 따라 장황하고 반복적이며 때로는 지나치게 현학적인 표현들이 눈에 띄기도 한다. 그러므로 원문에 충실하여 옮길 경우 번역문도 어색하고 매끄럽지 않게 보일 수 있다. 하지만 여기에서는 단테의 의도에 보다 가깝게 접근하기 위해 너무 어색해 보이지 않는 한도 내에서는 원문에 충실하려고 노력하였다.

여러 가지 부족한 점이 많겠지만 이 조그마한 작업이 단테와 그의 작품세계를 이해하는 데 조금이라도 도움이 되기를 바란다.

2010년 여름 하양 금락골에서

김 운 찬

제1권

제 1장

철학자[1] 가 《제일 철학》[2] 의 서두에서 말하듯이, 모든 사람은 본성적으로 지식을 원한다. 그에 대해 가능한 이유로 모든 사물은 고유한 본성의 섭리에 이끌려 자신의 완전함을 지향하기 때문이다. 그러므로 지식은 우리 영혼의 최종적인 완성이며, 그 안에 우리의 최종적인 행복이 있기 때문에, 자연히 우리는 모두 그 욕망에 이끌린다. 1

하지만 많은 사람들이 그런 매우 고귀한 완전함을 얻지 못하는데, 인간의 여러 가지 외적 및 내적 이유들이 지식의 습관을 2
방해하기 때문이다. 인간의 내적 요인으로는 두 가지 결점 또는 3
방해물이 있을 수 있다. 하나는 육체에 의한 것이고, 다른 하나는 영혼에 의한 것이다. 육체적 요인은 신체의 부분들이 불완전하게 배치되어 있어서, 귀머거리나 벙어리와 같은 경우처럼 아무 것도 받아들이지 못하는 경우이다. 영혼의 요인은 악의가 영혼을 지배하여 사악한 쾌락들을 뒤따르고, 그 쾌락에 속아서 모

1) 당시의 관례에 따라 아리스토텔레스를 환유(換喩)로 그렇게 부른다.

2) 아리스토텔레스의 《형이상학》(*Metaphysica*)을 가리킨다. 아리스토텔레스는 《형이상학》 제6권 1장에서 이 책이 보편적 실체에 관한 학문인 "제일 철학(prōtē philosophia)"에 관한 저술이라고 밝히고 있으며, 따라서 《형이상학》의 다른 이름으로 널리 사용되고 있다. 김진성의 번역본(《형이상학》, 이제이북스, 2007, 274쪽)은 "으뜸 철학"으로 옮기고 있다. 뒤의 문장은 제1권 1장의 첫 문장에서 인용한 것이다.

든 것을 하찮게 여기는 경우이다.

이와 마찬가지로 인간의 외적 요인으로 두 가지가 있을 수 4
있는데, 하나는 필연에 의한 것이고, 다른 하나는 게으름 때문
이다. 전자는 가족에 대한 배려나 시민적 배려인데, 대부분의
사람들이 거기에 얽매여 사색의 여유에 빠질 수 없다. 다른 하
나는 사람이 태어나고 성장하는 장소의 결핍인데, 그로 인해
때로는 모든 대학[3] 뿐만 아니라 공부하는 사람들로부터 멀어지
게 된다.

이런 이유들 중에서 두 가지, 말하자면 내부 요인의 첫 번째 5
와 외부 요인의 첫 번째 이유는 비난받을 것이 아니라, 양해되
고 용서받을 만하다. 다른 두 가지는, 그 중 하나가 더 심하지
만, 비난받고 혐오되어야 한다.

그러므로 신중하게 고려하는 사람은 분명히 알 수 있듯이, 6
모두가 바라는 그런 습관[4] 에 도달할 수 있는 사람들은 소수이
며, 언제나 그 음식[5] 에 굶주린 채 살아가도록 방해받은 사람들
은 헤아릴 수 없을 정도이다. 그런 식탁에 앉아 천사의 빵[6] 을 7
먹는 소수의 사람들은, 오, 행복하구나! 그리고 양(羊) 들과 똑
같은 음식을 먹는 사람들은 불쌍하구나!

하지만 사람은 자연스럽게 모든 사람의 친구이며, 모든 친구 8
는 자신이 사랑하는 사람의 결점에 대해 괴로워하기 때문에, 그
렇게 높은 식탁에서 먹는 사람들은 동물들의 목초지에서 풀과

---

3) 원문에는 스투디오(Studio)〔라틴어로는 스투디움(Studium)〕로 되어 있는데, 11세기에 이탈리아의 볼로냐에서 처음 시작된 고등연구 및 교육기관으로 단테시대에 이미 널리 확산되어 있었다.

4) 지식에 대한 습관.

5) 지식의 "향연"을 잔치와 음식에 비유하고 있다.

6) 지식에 대한 은유로서 "천사의 빵"이라는 이미지는 《신곡》의 〈천국〉 2곡 11행에서도 반복되어 나타난다.

도토리를 먹는 사람들을 보면서 그들에게 연민을 갖지 않을 수
없다. 그리고 연민은 자선의 어머니이므로, 지식을 가진 사람 9
들은 언제나 자유롭게 자신의 좋은 재물을 정말로 가난한 자들
에게 나누어주며, 또한 위에서 말한 자연스러운 갈증[7]을 시원
하게 풀어주는 샘물의 원천과 비슷하다. 그런데 나는 그 축복받 10
은 식탁에 앉아 있지는 않지만,[8] 민중의 목초지에서 벗어나 식
탁에 앉아 있는 사람들의 발치에서 그들에게서 떨어지는 것을
주워 모으고 있으며, 내 뒤에 남은 사람들의 불쌍한 생활을 알
고 있다. 그리고 내가 조금씩 주워 모으는 것에서 느끼는 달콤
함 덕택에 연민의 정에 움직여 나 자신을 잊지 않고, 불쌍한 사
람들을 위해 약간의 음식을 따로 남겨두었고, 그것을 벌써 오래
전에 그들의 눈앞에 보여주었고,[9] 그리하여 그들의 욕망을 최
대한 자극하였다. 이제 나는 그들에게 식탁을 차려주고 싶은 11
데, 내가 그들에게 보여주었던 것과, 그렇게 만든 음식을 그들
이 먹을 수 있으려면 꼭 필요한 빵[10]으로 모두를 위한 향연을
펼치고자 한다.

이 향연은 내가 헛되이 제공되지 않기 바라는 그 음식과 함께 12
그런 빵에 어울리는 것이다. 그러므로 자기 기관(器官)들이 잘
못되어 혀나 이빨, 입천장이 없는 사람은 이 향연에 앉지 말고,
또한 악습에 빠진 사람도 앉지 말기 바란다. 그런 사람의 위

---

7) 지식 또는 진리를 알고 싶은 갈증을 가리킨다. 이 "자연스러운 갈증"의 은유는 《신곡》의 〈연옥〉 21곡 1행에서도 반복된다.

8) 단테는 자신이 전문적인 학자는 아니라고 생각한다.

9) 이어지는 제2권, 제3권, 제4권의 서두에 나오는 칸초네 세 편을 암시한다. 그 칸초네들은 10여 년 전에 쓴 것으로 상당히 널리 알려져 있었는데, 단테는 이 책에서 자기 칸초네들에 대해 해설하면서 지식의 향연을 펼친다.

10) "그렇게 만든 음식"은 오래 전에 제공한 세 편의 칸초네를 가리키고, "빵"은 그 칸초네들을 이해하는 데 필요한 해설을 가리킨다.

(胃)는 거스르는 독액들로 가득하여 절대로 음식을 받아들일
수 없기 때문이다. 하지만 가족이나 시민적 배려 때문에 인간적 13
인 굶주림 상태에 있는 사람은 누구든지 여기 와서, 다른 비슷
하게 방해받은 사람들과 함께 식탁에 앉기 바란다. 그리고 그들
의 발치에는 게으름 때문에 더 높은 자리에 앉을 가치가 없었거
나 지금도 그럴 가치가 없는 모든 사람이 앉기 바란다. 이런 사
람들이나 저런 사람들은 모두 내 음식을 맛있고 소화되기 쉽게
해줄 빵과 함께 먹기 바란다.

이 향연의 음식은 14가지 방식으로, 말하자면 사랑과 덕성[11] 14
을 소재로 삼은 14편의 칸초네[12]로 이루어질 것이다.[13] 그 칸
초네들은 이 빵이 없는 상태에서 약간 어두운 그늘[14]을 갖고
있었고, 그래서 많은 사람들이 그 장점[15]보다 아름다움을 더
좋아하기도 하였다.[16] 그러나 이 빵, 말하자면 이 설명은 그 15
의미의 모든 색조를 명백하게 밝혀주는 빛이 될 것이다.

---

11) 원문에는 **비르투**(virtù)〔또는 **베르투**(vertù)〕로 되어 있는데, 당시에는 “덕성”이나 “미덕”의 뜻 이외에 “역량”, “장점”, “힘” 등을 가리키는 용어로도 사용되었으며, 따라서 문맥에 따라 필요한 경우에는 “역량”이나 “힘”으로 옮겼다.

12) 칸초네(canzone)는 보통 11음절 시행(詩行)들 또는 11음절과 7음절 시행들을 활용하여 다양한 형식으로 운율과 각운을 맞춘 시 형식을 가리키지만, 일반적으로 시를 총칭하는 용어로 쓰이기도 한다. 또한 음악과 밀접한 관계를 맺고 있기 때문에 노래를 의미하기도 한다.

13) 원래 단테는 《향연》을 총 15권으로 계획하였는데, 제1권은 서론 역할을 하고 나머지 14권은 이전에 쓴 14편의 칸초네들에 대한 해설 형식으로 되어 있다. 그러나 단테는 앞의 4권(서론 역할을 하는 제1권과 칸초네 세 편에 대한 해설 3권)만 완성하고 나머지는 미완성으로 남겨두었다.

14) 약간 불분명하고 모호한 부분들.

15) 본문에는 bontade로 되어 있으며, 따라서 “선(善)”으로 옮길 수도 있다.

16) 사람들이 자기 시들의 내면에 숨겨져 있는 훌륭한 덕성이나 장점보다 단지 시적인 아름다움만 높게 평가하였다는 지적이다.

그리고 《향연》이라 일컬어지는 이 작품에서, 내가 원하듯이, 16
《새로운 삶》[17] 보다 성숙하게 주제를 다루더라도, 나는 그 작
품[18] 에서 일부를 부정하고 싶지 않고, 오히려 이 작품[19] 을 통
해 그 작품을 최대한 유용하게 만들고 싶다. 올바르게 말하자
면, 그 작품은 뜨겁고 열정적인 것이 어울리고, 이 작품은 절제
되고 성숙한 것이 어울린다. 왜냐하면 서로 다른 나이에는 서로 17
다른 것을 말하고 행동하는 것이 적합하기 때문이다. 나중에 이
책의 제 4권[20] 에서 합리적으로 설명하겠듯이, 어떤 품행들은
어떤 나이에는 적절하고 칭찬받을 만하지만, 다른 나이에는 어
울리지 않고 비난받을 수 있기 때문이다. 그래서 나는 내 장년
기[21] 가 시작될 무렵에 앞의 작품을 썼고, 이 작품은 나중에 장
년기를 이미 넘어선 다음에 썼다.

그리고 나의 진정한 의도는 앞에서 말한 칸초네들이 외부적 18
으로 드러내는 것과는 전혀 다른 것이었기 때문에, 나는 문자
그대로의 설명에 뒤이어 우의(寓意)[22] 적인 설명으로 그 칸초네
들을 해설하고자 한다. 따라서 이런 설명이나 저런 설명은 모두

---

17) 《새로운 삶》(*Vita nuova*) 은 젊은 시절 베아트리체를 향한 열정적인 사랑에 대하여 이야기하는 작품으로 《향연》과 마찬가지로 단테 자신이 쓴 시들과 그에 대한 해설이 실려 있다. 다른 작품들과 마찬가지로 이 작품도 정확한 집필 시기를 알 수는 없다. 다만 그 안에 실린 시들은 1283년에서 1293년 사이에 쓴 것들이며, 이 시들에 대한 해설은 1290년 베아트리체가 사망한 이후 1293년 무렵에 집필한 것으로 짐작된다.

18) 《새로운 삶》.

19) 《향연》.

20) 제4권 24장 이하 참조. 편의상 "권(卷)"으로 옮기고 있지만, 《향연》의 커다란 구분 단위는 trattato, 말하자면 "논고(論考)" 또는 "논문"으로 되어 있다. 여기에서는 문맥에 따라 필요한 경우 "논고"로 옮길 것이다.

21) 인생의 네 시기에 대한 구체적인 논의로는 제4권 24장 이하 참조.

22) 일부에서는 영어식 표기로 그냥 "알레고리"로 쓰기도 한다.

이 식사에 초대받은 사람들에게 맛을 제공할 것이다.

초대받은 사람들에게 부탁하건대, 만약 이 향연이 초대에 어 19
울릴 정도로 찬란하지 않다면, 그 모든 결점은 나의 의지가 아
니라 나의 능력 탓으로 돌리기 바란다. 여기에서 나의 의지는
완전하고 귀중한 자유의 추종자가 되는 것이기 때문이다.

제2장

잘 준비된 모든 향연이 시작될 때 하인들은 으레 마련된 빵을 1
집어 들고 모든 불순물을 깨끗이 없앤다. 나는 이 글에서 그들
과 똑같은 기능을 수행하기 때문에, 내 연회의 빵에 해당하는
이 설명에서 먼저 두 가지 불순물을 깨끗이 없애고자 한다. 하 2
나는 누군가가 자기 자신에 대하여 말하는 것은 합당해 보이지
않는다는 것이고, 다른 하나는 너무 깊이 설명하면서 말하는 것
은 합리적으로 보이지 않는다는 것이다. 따라서 합당하지 않은
것과 합리적이지 않은 것을 내 판단의 칼은 이런 형식으로 정화
하고자 한다.

수사학자들은 누군가가 필연적인 이유 없이 자기 자신에 대 3
해 말하는 것을 허용하지 않으며, 또한 사람들은 그렇게 하지
않는데, 왜냐하면 누군가에 대해 말하면서 화자는 자신이 말하
는 사람에 대해 칭찬하거나 비난하지 않을 수 없기 때문이다.
그런 두 가지 말하기[1]는 조잡한데, 자기 입으로 자신에 대해
말하기 때문이다.

그리고 여기에서 나타나는 의혹을 없애기 위하여, 나는 칭찬 4
이나 비난을 하지 않아야 하지만, 칭찬하는 것보다 비난하는 것
이 더 나쁘다고 말하고 싶다. 그 이유로, 무엇이든지 그 자체로

1) 칭찬하거나 비난하는 것.

비난받아야 하는 것은 우연히 비난받아야 하는 것보다 더 역겹
기 때문이다. 자기 자신을 비하하는 것은 그 자체로 비난받을 5
만하며, 따라서 사람은 친구에게 자신의 결점을 사적으로 말해
주어야 하는데, 사람에게 자기 자신보다 더 나은 친구는 아무도
없다. 그러므로 사람은 자기 생각들의 방 안에서 자기 자신을
꾸짖고 자기 결점들에 대해 한탄해야지, 공개적으로 하지 않아
야 한다. 게다가 대개 사람은 적절하게 행동할 수 없거나 그럴 6
줄 모르는 데 대해서는 비난받지 않지만, 그렇게 원하지 않는
데 대해서는 언제나 비난받는데, 우리가 원하거나 원하지 않는
것에서 선의나 악의가 판단되기 때문이다. 그러므로 자기 자신
을 비난하는 사람은 자신의 결점을 알고 있다는 것을 보여주고,
자신이 선하지 않다는 것을 보여준다. 따라서 자신을 비난하면
서 말하는 것은 그대로 내버려둬야 한다. 자신을 칭찬하는 것은 7
우연적인 악으로서 피해야 한다. 왜냐하면 칭찬할 경우 대부분
그 칭찬은 비난을 받기 때문이다. 그것은 말의 끄트머리로 하는
칭찬이며, 말의 본질을 찾는 사람에게는 비난이다. 말이란 모
르는 것을 보여주기 위한 것이기 때문이다. 따라서 자기 자신을
칭찬하는 사람은 자신이 좋게 평가된다고 믿지 않는다는 것을
보여주는데, 그것은 자신을 칭찬함으로써 드러내고 또한 드러
냄으로써 자신을 비난하게 되는 악의적인 의식 없이는 나타나
지 않는다.

또한 자기 칭찬이나 자기 비난은 거짓 증언을 하는 것과 똑같 8
은 이유로 피해야 한다. 자신에 대하여 진정하고 올바르게 평가
하는 사람은 없으며, 자기 연민은 우리를 속이기 때문이다. 그 9
러므로 모든 사람은 자기 자신을 판단할 때, 마치 정직하지 않
은 상인이 팔 때는 이런 잣대를 사용하고 살 때는 저런 잣대를
사용하듯이, 서로 다른 잣대들을 사용하게 된다. 그리고 모든

사람이 자신의 나쁜 행동은 아주 넓은 잣대로 찾고, 자신의 좋
은 행동은 작은 잣대로 찾는다. 그래서 좋은 행동의 숫자와 양
과 무게는 정확한 잣대로 재는 것보다 더 많아 보이고, 나쁜 행
동은 더 적어 보인다. 그러므로 칭찬이나 비난과 함께 자기 자 10
신에 대해 말할 경우, 자신이 말하는 대상에 대해 그릇되게 말
하거나, 아니면 그 중요성에 대해 그릇되게 말하게 되며, 따라
서 이중적인 오류를 범하게 된다.

그리고 고백하는 것은 바로 동의하는 것이므로, 누군가를 면 11
전에서 칭찬하거나 비난하는 사람은 무례한 짓을 하게 되는데,
그렇게 평가되는 사람은 자신을 칭찬하거나 비난하는 잘못에
빠지지 않으면서 동의하거나 부정할 수 없기 때문이다. 여기에
서 예외는 합당한 수정의 길인데, 그것은 수정하고자 하는 잘못
을 비난하지 않고는 이루어질 수 없다. 또 다른 예외는 합당한
칭찬과 찬양의 길인데, 그것은 덕망 있는 행위들이나 덕망 있게
얻은 명예들에 대해 언급하지 않고는 이루어질 수 없다.

그렇지만 핵심 주제[2]로 돌아가자면, 나는 위에서 말했듯이 12
필연적인 이유로 자기 자신에 대해 말하는 것은 허용된다고 말
하고 싶다. 그리고 필연적인 이유들 중에서 두 가지는 아주 명
백한 것이다. 하나는 자기 자신에 대해 말하지 않으면 커다란 13
오명이나 위험을 피할 수 없을 때이다. 그럴 경우 두 개의 길
중에서 덜 나쁜 길을 택하는 것은 좋은 길을 택하는 것과 똑같
은 이유로 허용된다. 그런 필연성 때문에 보에티우스[3]는 자기

2) 원래의 주제에서 벗어나 오랫동안 칭찬이나 비난에 대해 논의한 뒤에 다시 원래의 주제, 즉 자신에 대해 말해야 할 필요성과 그것이 허용되는 경우에 대한 논의로 돌아간다.

3) 세베리우스 보에티우스(Severius Boethius, 470?~525)는 로마 시대의 철학자이며 정치가로 이탈리아 반도에 침입해온 동고트 왕국의 테오도리크(라

자신에 대해 말하게 되었으며, 그래서 그는 위안을 구실로 자신
의 유배가 부당하다는 것을 증명하면서 유배로 인한 영원한 오
명에 대해 해명하였는데, 다른 누구도 해명해 주지 않았기 때문
이다. 다른 하나는 자기 자신에 대해 말하면서 가르침을 통해 14
다른 사람에게 아주 커다란 도움이 될 때이다. 그런 이유로 아
우구스티누스[4]는 자신의 《고백록》에서 자기 자신에 대해 말하
게 되었는데, 그는 좋지 않은 것에서 좋은 것으로, 좋은 것에서
더 좋은 것으로, 더 좋은 것에서 최고 좋은 것으로 나아간 자기
삶의 과정을 통하여, 다른 그렇게 진실한 증언을 통해서는 받을
수 없는 모범과 가르침을 우리에게 주었기 때문이다. 그러므로 15
그런 이유들 중의 하나가 나를 용서한다면, 내 밀가루의 빵은
충분히 그 첫 번째 불순물에서 깨끗해진다. 오명[5]에 대한 염려
가 나를 움직이고, 진정으로 다른 사람들은 줄 수 없는 가르침
의 욕망이 나를 움직인다. 위에서 말한 칸초네들을 읽는 사람이 16
한때 내가 수많은 열정에 사로잡혀 뒤따랐다고 생각하는 그런
오명[6]에 대하여 나는 염려한다. 여기에서 나 자신에 대해 말함

틴어 이름은 테오도리쿠스) 왕에게 발탁되어 고위직에 있었으나 나중에 반역 혐의로 체포되어 투옥되었다가 처형당하였다. 감옥에 있는 동안 유명한 《철학의 위안》(*De consolatione philosophiae*)을 남겼다. 단테는 《신곡》에서도 그에 대해 언급한다(〈천국〉 10곡 124~129행 참조).

4) 아우구스티누스(Aurelius Augustinus, 354~430)는 로마 시대 말기에 아프리카의 누미디아에서 태어난 철학자이며 대표적인 교부(敎父)로 나중에 성인으로 시성(諡聖)되었다. 총 13권으로 이루어진 《고백록》(*Confessionum libri tredecim*)은 대표적 저술로 꼽힌다. 단테는 《신곡》에서 그를 태양의 하늘에 배치하고 있다(〈천국〉 12곡 120행 참조).

5) 단테는 젊은 시절에 쓴 열정적인 사랑의 시들에 대하여 사람들이 부정적인 평가를 하지 않을까 염려하고 있다.

6) 특히 그의 시들이 베아트리체 이외에 무절제하게 한 사랑에서 또 다른 사랑으로 옮겨간 것을 노래하였다는 부정적인 평가를 가리킨다.

으로써, 그런 오명은 완전히 사라질 것이며, 그리하여 그 동기[7]는 열정이 아니라 덕성이었다는 것을 보여줄 것이다. 또한 17
나는 그 칸초네들의 진정한 의미를 보여주고자 하는데, 그것은 우의의 형상 아래에 숨어 있기 때문에, 만약 내가 설명하지 않으면 누구도 볼 수 없을 것이다. 그것은 단지 듣기 좋은 즐거움뿐만 아니라, 그렇게 말하는 방법과 다른 사람의 글을 그렇게 이해하는 방법에 대한 유용한 가르침도 줄 것이다.

---

7) 젊은 시절에 사랑의 시들을 쓰게 된 본질적인 동기를 의미한다. 그 시들은 단순히 사랑의 열정을 노래한 것이 아니라, 형이상학적이고 우의적인 의미를 담고 있다는 주장이다.

제 3장

어떤 결점을 없애려고 하면서 오히려 자기 스스로 그런 결점 1
을 도입하는 것은 강한 비난을 받을 만하다. 그것은 마치 싸움
을 말리라고 보냈는데 그 싸움을 말리기도 전에 다른 싸움을 시
작하는 사람과 같다. 이제 내 빵은 한쪽이 깨끗해졌으므로, 나 2
는 그런 비난을 피하기 위해 다른 한쪽을 깨끗이 해야 하는데,
해설이라고 말할 수 있는 이 나의 글은 위에서 말한 칸초네들의
결점을 없애려는 것이지만, 혹시 글 자체가 어느 부분에서 약간
어려워 보일 수도 있다.[1] 여기에서 그런 어려움에 대해 생각하
는 것은 무지 때문이 아니라 더 큰 결점을 피하기 위해서이다.
아, 우주의 창조자[2]께서 원하시어 내 변명의 원인[3]이 전혀 3
없었더라면! 그랬다면 다른 사람들이 나에게 반대하여 죄를 짓
지 않았을 것이고, 또한 나는 부당한 형벌, 말하자면 망명과 가
난의 형벌을 겪지도 않았을 것이다. 로마의 가장 아름답고 가장 4
유명한 딸 피렌체[4]의 시민들은 나를 그 달콤한 품안 밖으로 내

1) 칸초네들에 대한 해설 자체가 일부에서 약간 모호하고 이해하기 어려울 수도 있다는 지적이다.

2) 하느님.

3) 뒤이어 말하듯이 단테가 자신에 대하여 변명하게 만든 주요 원인은 정치 싸움의 패배로 인한 망명 생활이다.

4) 피렌체는 원래 기원전 200년경 피에솔레 언덕에 에트루리아인들이 세운 도시였는데, 기원전 59년 카이사르의 정복으로 로마의 식민지가 되었다.

동댕이치는 것이 즐거웠으니(나는 그 품 안에서 태어났고 내 삶의
절정기까지 부양되었으며,[5] 진심으로 나는 그곳의 좋은 평화와 함
께 그곳에서 피곤한 내 영혼을 쉬고 내게 남은 시간을 마무리하고
싶다), 나는 순례자로 거의 구걸하면서, 이 언어[6]가 퍼져 있는
거의 모든 지방들에 갔으며, 내 의지와는 달리, 종종 부당하게
상처받은 자의 탓으로 돌려지는 운명의 상처를 보여주었다. 사 5
실 나는 돛도 없고 키도 없는 배였으며, 고통스러운 가난에 불
어오는 메마른 바람에 이끌려 여러 항구와 포구들, 해변들로 옮
겨 다녔다. 그리고 나는 혹시 어떤 소문을 통해 나를 다른 모습
으로 상상하였을 많은 사람들의 눈앞에 나타났는데, 그들의 눈
앞에서 내 인격은 초라해 보였을 뿐만 아니라, 이미 완성된 작
품이든 장차 완성될 작품이든 모든 내 작품이 가치 없게 보였
다. 단지 나뿐만 아니라 모든 사람에게 그런 일이 일어나는 이 6
유를 여기에서 간략하게 말하고자 한다. 첫째, 소문이란 진실
보다 확장되기 때문이며, 둘째, 현존(現存)[7]은 진실보다 축소
되기 때문이다.

훌륭한 명성은 주로 친구의 마음속에 담긴 좋은 생각에 의해 7
생성되며 거기에서 먼저 탄생하게 된다. 적의 마음은 비록 그
씨앗[8]을 받더라도 그렇게 생각하지 않기 때문이다. 처음에 명 8

---

5) 단테의 망명생활은 1301년 말부터 이미 시작되었는데, 피렌체 법정은 1302년 3월에 공식적으로 사형을 선고하였다. 당시 단테는 37살이었고, 따라서 35살에서 40살 사이 인생의 절정기에 있었다(제4권 23장 9절 이하 참조).

6) 단테가 지금 쓰고 있는 언어, 즉 "속어"를 가리킨다("속어"에 대해서는 제1권 5장 1절의 역주 참조). 구체적으로 말하자면 그 속어는 피렌체(또는 토스카나)의 토착어로 나중에 이탈리아어의 모태가 되었다.

7) 원문에는 presenza로 되어 있는데, 명성이나 이름으로만 알려진 사람이 직접 눈앞에 나타나는 것을 가리킨다.

8) 칭찬의 나무를 싹틔울 씨앗.

성을 탄생시키는 그 마음은, 자기 선물을 더 멋지게 만들기 위
해, 또는 그것을 받는 친구에 대한 애정으로 인해 진실의 경계
선 안에 머무르지 않고 넘어선다. 그리고 말하는 것을 멋지게
만들기 위해 경계선을 넘어설 때 그 마음은 양심에 거슬러 말하
게 된다. 애정의 속임수 때문에 넘어설 때는 양심에 거슬러 말
하지 않는다. 그것을 받는 두 번째 마음[9]은 첫 번째 마음의 확 9
장에 만족할 뿐만 아니라, 그것을 다시 옮기면서 마치 자신이
창조한 것처럼 더 멋지게 만들기도 한다. 그래서 그런 행위와
자신에게 형성된 애정에 대해 받는 속임수를 통해, 양심과 일치
하든 일치하지 않든, 실제보다 더 확장되게 된다. 그리고 세 번
째로 받는 마음도 그렇게 하고, 네 번째도 마찬가지이며, 그렇
게 무한히 확장된다. 따라서 위에서 말한 이유들을 정반대[10]에 10
적용해보면, 그와 마찬가지로 확장되는 오명의 이유를 알 수 있
다. 그렇기 때문에 베르길리우스[11]는 《아이네이스》의 제 4권에
서 소문은 움직임으로써 번창하고, 나아감으로써 힘을 얻는다고
말하였다.[12] 그러므로 원하는 사람은 분명히 볼 수 있듯이, 단 11
지 소문으로만 탄생한 모습은, 그 상상되는 것이 무엇이든, 실
제 상태보다 언제나 더 크다.

---

9) 칭찬을 듣는 사람.

10) 칭찬과 정반대가 되는 오명이나 악명.

11) 푸블리우스 베르길리우스 마로(Publius Vergilius Maro, 기원전 70~19)는 로마 시대의 시인으로 로마의 건국 신화가 담긴 위대한 서사시 《아이네이스》(*Aeneis*)를 남겼다. 《신곡》에서 단테는 그를 정신적 스승으로 간주하여 저승 세계의 안내자로 삼았다.

12) 소문의 여신 파마(Fama)에 대한 구절은 다음과 같다. "소문은 세상의 악 가운데 가장 빠르다. / 그녀는 움직임으로써 강해지고 나아감으로써 힘을 얻는다. / 그녀는 처음에는 겁이 많아 왜소하지만 금세 하늘을 찌르고, / 발로는 땅 위를 걸어도 머리는 구름에 가려져 있다."(《아이네이스》 제4권 174-177행, 천병희 옮김, 숲, 2004, 167쪽 참조).

제4장

조금 전에 소문이 선과 악을 실제 크기보다 더 확장시키는 이유를 증명하였으니, 이 장에서는 무엇 때문에 현존이 정반대로 그것을 축소시키는지 그 이유를 증명하는 일만 남아 있다. 그것을 증명한 후에는 핵심 주제, 즉 위에서 살펴본 변명[1]에 용이하게 도달할 것이다. 1

그러니까 세 가지 원인 때문에 현존은 사람의 가치를 실제보다 축소시킨다고 말하고 싶다. 그 중 첫째 원인은 미숙함인데, 나이가 아니라 영혼의 미숙함이며, 둘째는 질투이다(이 두 가지는 판단하는 사람에게 있다). 셋째는 인간의 불완전함[2]인데, 이것은 판단되는 사람에게 있다. 2

첫째 원인은 다음과 같이 간략하게 논의될 수 있다. 대부분의 사람들은 어린아이처럼 이성이 아니라 감각에 따라 살아간다. 그런 사람은 사물들을 단지 겉모습으로만 이해하고, 고유의 목적에 맞게 마련되어 있는 사물의 본질을 보지 못하는데, 그것을 꿰뚫어 보는 이성의 눈을 감고 있기 때문이다. 따라서 곧바로 볼 수 있는 모든 것을 보고, 자신의 시야에 따라 판단한다. 3
다. 그리고 그들은 다른 사람에 대해 소문으로 들은 것으로 견 4
해를 형성하는데, 그 사람이 앞에 있을 경우, 그런 견해는 이성

1) 해설이 모호하고 어려울 수 있다는 것을 변명해야 할 필요성을 가리킨다.
2) 원문에는 impuritade, 즉 "불순함"으로 되어 있는데 순수하지 못하고 불완전한 인간의 심성을 가리킨다.

에 따르지 않고 단지 감각에 따라 판단하는 불완전한 판단과 어
긋나기 때문에, 이전에 들었던 것을 거짓말로 간주하거나, 전
에는 존경하던 사람을 얕보기도 한다. 그러므로 오, 세상에, 5
거의 모든 사람이 포함되는 그런 사람들에게 있어 현존은 이런
저런 자질을 축소시킨다. 그런 사람들은 곧바로 이끌리고 곧바
로 염증을 느끼며, 종종 순간적인 기쁨이나 슬픔에 즐거워하거
나 슬퍼하며, 곧바로 친구가 되고 곧바로 적이 된다. 그들은 이
성을 사용하지 않고 모든 것을 어린아이처럼 한다.
둘째 원인[3]은 다음과 같은 이유로 곧바로 알 수 있다. 사악 6
한 사람들에게 동등함은 질투의 원인이며, 질투는 나쁜 판단의
원인이 되는데, 이성이 질투의 대상을 편들어서 말하도록 놔두
지 않기 때문이다. 그렇다면 판단 능력은 한쪽 편의 말만 듣는
재판관과 똑같다. 그러므로 그런 사람들은 유명한 사람을 보면 7
곧바로 질투를 느끼게 되는데, 그의 사지(四肢)와 힘이 자신과
똑같은 것을 보고, 그 사람의 탁월함 때문에 자신이 낮게 평가
될까 두려워하기 때문이다. 그리고 그런 사람들은 감정에 사로 8
잡혀 잘못 판단할 뿐만 아니라 헐뜯음으로써 다른 사람들이 잘
못 판단하도록 만들기도 한다. 따라서 그들에게 있어 현존은 현
존하는 모든 사람의 선과 악을 축소시킨다. 나는 악이라고 말했
는데, 많은 사람들이 악한 행동에서 즐거움을 느끼면서, 또한
악한 행동을 하는 사람들을 질투한다.[4]
셋째 원인은 인간의 불완전함인데, 그것은 판단되는 사람에 9
의해 나타나며, 그 사람과 어떤 친밀함이나 교제가 없다면 나타
날 수 없다.[5] 그러한 증거로 인간은 여러 곳에 흠이 있으며,

---

3) 질투.

4) 악한 사람들은 자신보다 더 악한 사람들을 질투한다는 뜻이다.

5) 개인적인 접촉이 없으면 그런 결함은 드러나지 않는다는 뜻이다.

아우구스티누스가 말하듯이 흠 없는 사람은 아무도 없다는 것
을 알아야 한다.[6] 인간에게는 때로는 거부할 수 없는 열정의 10
흠도 있고, 때로는 어떤 신체적 기형의 흠도 있고, 때로는 어떤
운명의 타격에 의한 흠도 있고, 또 때로는 부모나 어떤 가까운
사람의 오명에 의한 흠도 있는데, 소문은 그것들을 함께 운반하
지 않지만, 현존은 친밀함을 통해 그것들을 드러낸다. 그런 흠 11
들은 선행의 밝기에 약간의 그림자를 드리워 그 밝기와 가치를
축소시킨다. 바로 그런 이유 때문에 모든 예언자는 자기 고향에
서 존경을 덜 받으며,[7] 바로 그런 이유 때문에 선한 사람은 소
수에게만 모습을 드러내고 친밀함을 적게 줌으로써 자기 이름
이 알려지더라도 멸시받지 않도록 해야 한다. 그리고 이 셋째 12
원인은, 만약 지금까지의 논의를 모두 정반대에 적용해 본다
면,[8] 선행과 마찬가지로 악행에서도 있을 수 있다. 따라서 누
구에게도 없을 수 없는 불완전함 때문에, 현존은 모든 사람에게
서 선행과 악행을 실제보다 축소시킨다.

그러므로 위에서 말했듯이 나는 거의 모든 이탈리아 사람들 13
앞에 모습을 드러냈기 때문에, 나에 대한 소문을 이미 들은 사
람들뿐만 아니라 내가 나타남으로써 나에 대한 것들이 분명히
가볍게 보였을 사람들에게 아마 실제보다 더 비천하게 보였을
것이다. 따라서 나는 보다 고상한 문체로 이 작품에 약간의 무
게를 더함으로써, 더 큰 권위가 있는 것처럼 보일 필요가 있다.

내 해설의 어려움에 대한 변명은 이것으로 충분할 것이다. 14

---

6) 아우구스티누스, 《고백록》 제1권 7장 참조.

7) "예언자는 어디에서나 존경받지만 고향과 집안에서만은 존경받지 못한다" (〈마태오 복음서〉 13장 57절). 이하 새 번역 《성경》(한국 천주교 주교회의, 2005)에 의거하여 인용하되, 맥락에 따라 필요한 경우에는 본문의 이탈리아어에서 직접 옮기고, 역주에 인용문을 옮겨 적을 것이다.

8) 선행과 반대되는 악행에 대해서도 적용해 본다면.

제 5장

이제 이 빵은 우연적인 불순물들에서 깨끗해졌으므로, 실질 1
적인 불순물, 말하자면 라틴어가 아니라 속어[1]로 쓴 것에 대해
변명하는 일이 남아 있는데,[2] 그것은 비유로 말하자면 밀이 아
니라 잡곡[3]으로 만들어진 빵이라고 말할 수 있다. 그것은 내가 2
다른 언어가 아닌 그 언어를 선택하게 된 세 가지 이유로 간략
하게 변명될 수 있다. 첫째 이유는 어울리지 않는 관계에 대한
신중함이고,[4] 둘째는 자발적인[5] 너그러움이며, 셋째는 자기

---

1) 이른바 "속어(俗語, volgare)"는 중세 유럽에서 성직자나 상류층 사람들이 사용하던 라틴어와 달리 volgo, 즉 하층민이나 일반 민중들이 사용하던 언어를 가리킨다. 일반적인 관례에 따라 "속어"로 번역하였으나, 다른 한편으로 속어는 "저속한 말"을 가리키거나 경멸의 뉘앙스를 내포하기 때문에 "민중어"로 옮기는 것이 본래의 의미에 더 가까울 것이다.

2) 단테는 중세 스콜라 철학에서 널리 사용되었던 "실질"과 "우연"의 구별을 자신의 작품에 적용하고 있다. 이 책을 라틴어가 아닌 속어로 쓴 것은 "우연"이 아니라 "실질"의 문제라는 것이다.

3) 여기에서 잡곡이란 밀을 제외한 귀리, 보리 등 나머지 곡물들을 가리킨다. 그런 잡곡은 밀보다 저급한 것으로 간주되었다. 라틴어가 고급의 밀이라면, 속어는 잡곡이라는 비유이다.

4) 원래 칸초네들을 속어로 썼기 때문에 그에 대한 해설도 똑같이 속어로 쓰는 것이 형식상 어울린다는 뜻이다.

5) 원문에는 pronta로 되어 있으며 따라서 "준비된", "신속한" 등으로 옮길 수도 있다. 이 "자발적인 너그러움"에 대한 구체적인 설명으로는 뒤의 제1권 8장 이하 참조. 참고로 필립 윅스툴(Philip Henry Wickstool)의 영어 번역본

모국어에 대한 자연스러운 사랑이다. 위에서 말한 이유들에 대 3
해 나타날 수 있는 반론을 논박하기 위해 나는 그런 이유에 대
하여 다음과 같이 순서대로 논의하고자 한다.[6)]

인간의 행위를 가장 잘 장식하고 칭찬하며 그 행위를 곧바로 4
좋은 목적으로 이끄는 것은, 의도한 목적을 지향하는 성향들의
습관이다. 영혼의 순수함과 육체의 강건함이 기사도의 목적을
지향하는 것과 마찬가지이다. 따라서 다른 사람들에게 봉사하 5
려는 사람은 그 목적에 부합되는 성향들을 가져야 하는데, 그것
들은 예를 들면 종속, 이해, 복종처럼 모든 사람이 잘 봉사하는
데 필요한 것들이다. 왜냐하면 만약 모든 상황에서 종속되지 않
으면, 언제나 힘들고 어렵게 봉사하게 되고 계속 봉사하는 경우
가 드물기 때문이다. 또 만약 자기 주인에게 필요한 것을 이해
하지 못하고, 주인에게 복종하지 않는다면, 자신의 판단과 자
신의 의지에 의해서만 봉사하게 될 것인데, 그것은 하인의 봉사
보다 친구의 봉사에 가깝다. 그러므로 그런 부적절함을 피하기 6
위해, 다음에 나오는 칸초네들에게 하인 역할을 하는 이 해설은
칸초네의 모든 상황에서 종속되고, 자기 주인에게 필요한 것을
이해하며, 그에게 복종해야 한다. 만약 속어가 아니라 라틴어
로 썼다면 그런 모든 성향들이 결여되었을 것인데, 그 칸초네들
은 속어로 되어 있기 때문이다.

왜냐하면 무엇보다도 라틴어는 고귀함과 역량,[7)] 아름다움으 7

(London, J. M. Dent and Co. 1903)은 zealous로 옮겼으며, 리처드 랜싱(Richard Lansing)의 번역본(New York, Garland, 1990)은 이 부분에서는 zealous로 옮겼지만 뒤의 제1권 8장에서는 complete로 옮겼다.

6) 이후 제1권의 나머지 부분 전체에서 단테는 라틴어가 아니라 속어를 사용하게 된 이유에 대하여 논의한다.

7) 여기에서 virtù는 "역량" 또는 "장점"이라는 의미로 쓰이고 있다.

로 인해 종속되지 않고 우월하게 되었을 것이기 때문이다. 고귀
함으로 인해 라틴어는 영원하고 오염되지 않은 것이지만, 속어
는 불안정하고 오염될 수 있기 때문이다. 그러므로 변질될 수 8
없는 고대의 라틴 비극과 희극 작품들에서 우리는 오늘날 우리
가 갖고 있는 것과 똑같은 라틴어를 보게 된다.[8] 마음 내키는
대로 만들어져 변질되는 속어에서는 그런 일이 일어나지 않는
다. 따라서 자세히 살펴본다면 우리는 이탈리아의 도시들에서 9
지난 50년 동안에 많은 어휘들이 사라지고 탄생하고 변화된 것
을 발견할 수 있다. 짧은 시간에 그렇게 변화하였다면 더 오랜
기간에는 더 많이 변화한다. 그래서 분명히 말하지만 만약 현재
의 삶에서 떠나 1,000년 전의 도시로 돌아가는 사람은, 자신의
언어와는 완전히 다른 언어 때문에 이방인들이 자기 도시를 차
지하고 있다고 믿을 것이다. 그것에 대해서는, 만약 하느님께 10
서 허용하신다면, 내가 쓰고자 하는 책 《속어론(俗語論)》
(*Volgare Eloquenza*)[9]에서 보다 완벽하게 설명할 것이다.

게다가 라틴어는 역량에 있어 종속되지 않고 우월하게 되었 11
을 것이다. 자신에게 정해진 것을 행하는 것은 모두 고유의 본
성에서 역량이 있으며, 그것을 많이 할수록 더욱더 역량 있는
것이 된다. 따라서 자신에서 본성적으로 정해진 관조적 삶이나
활동적 삶[10]을 살아가는 사람을 가리켜 우리는 역량이 있다고
말한다. 또한 자신에게 정해진 대로 힘차게 많이 달리는 말〔馬〕
을 가리켜 역량이 있다고 말하고, 정해진 대로 단단한 물건을

---

8) 고전 라틴어와 당시의 중세 라틴어 사이에 커다란 차이가 없다는 것이다.

9) 나중에 실제로 집필한 책의 라틴어 제목은 *De vulgari eloquentia*로 되어 있다. 라틴어로 집필된 이 책도 미완성으로 남아 있는데, 여기에서 단테는 라틴어와 비교하면서 속어들의 유형과 특징을 상세하게 기술하고 있다.

10) 관조적 삶과 활동적 삶에 대한 설명으로는 제4권 17장 9절 이하 참조.

잘 자르는 칼을 가리켜 역량이 있다고 말한다. 따라서 인간의 12
개념을 표현하도록 마련된 언어는 그 역할을 수행할 때 역량이 있으며, 그것을 더 잘하는 언어가 더 역량이 있다. 라틴어는 마음속에 떠오르는 많은 개념들을 표현하는데, 속어는 그렇게 하지 못하기 때문에, 두 언어를 모두 사용하는 사람은 라틴어의 역량이 속어의 역량보다 더 크다는 것을 안다.

또한 라틴어는 아름다움에서 종속되지 않고 우월하게 되었을 13
것이다. 고유의 부분들이 적절하게 어울리는 것을 가리켜 사람들은 아름답다고 말하는데, 그 조화가 즐거움을 주기 때문이다. 그러므로 자신의 사지가 잘 어울리는 사람은 아름다워 보인다. 그리고 노래의 목소리들이 적절한 기술에 따라 서로 잘 어
울릴 때 그 노래가 아름답다고 말한다. 따라서 낱말들이 서로 14
직질하세 잘 어울리는 언어는 더 아름다우며, 속어보다 라틴어에서 더 적절하게 어울리는데, 속어는 관습을 따르고 라틴어는 기술을 따르기 때문이다. 그래서 라틴어는 더 아름답고, 더 역량이 있으며, 더 고귀하다고 사람들이 인정한다.

이렇게 해서 나의 핵심적 의도, 말하자면 라틴어는 칸초네들 15
에 종속되지 않고 그보다 우월하게 되었을 것이라고 결론을 내릴 수 있다.

제6장

만약 이 해설을 라틴어로 썼다면 속어로 된 칸초네에게 종속 1
되지 않았을 것이라고 증명하였으니, 이제 어떻게 라틴어가 그
칸초네를 이해하지 못하고 또 복종하지 않았을 것인가 증명하
는 일이 남아 있다. 그런 다음 부적절한 혼란을 피하기 위해 속
어로 말할 필요가 있다고 결론을 내릴 것이다.

다음과 같은 이유로 라틴어는 속어로 된 주인[1]을 이해하지 2
못하는 하인이 되었을 것이라고 말하고 싶다. 하인은 무엇보다
두 가지를 완벽하게 이해해야 한다. 하나는 주인의 성격인데, 3
어떤 주인은 우둔한 성격이어서 자신이 원하는 것과 정반대로
명령하고, 어떤 주인은 말하지 않으면서 이해되기를 바라고,
또 어떤 주인은 자신이 명령하지 않는데 하인이 필요한 일을 하
는 것을 원하지 않기도 한다. 무엇 때문에 사람들에게는 그런 4
차이들이 있는지 나는 지금 논의하지 않고자 한다. 그것은 다른
곳으로 너무 벗어날 위험이 있기 때문이다. 다만 대부분 그런
사람들은 거의 짐승과 같아서 그들에게는 이성이 별로 소용없
다는 것을 말하고 싶다. 따라서 하인이 자기 주인의 성격을 모
른다면 분명히 완전하게 봉사할 수 없다.

하인이 이해해야 하는 다른 하나는 자기 주인의 친구들이다. 5

---

1) 속어로 쓴 칸초네.

그렇지 않으면 그들을 존경하거나 섬길 수 없으며, 결과적으로 자기 주인을 완전하게 섬길 수 없기 때문이다. 친구들이란 어느 한 전체의 부분들과 같은데, 그들 전체는 원하는 것과 원하지 않는 것에서 똑같기 때문이다.

6 라틴어 해설은 그런 것을 이해하지 못했을 텐데, 속어는 그렇게 할 수 있다. 라틴어가 속어와 그의 친구들을 이해하지 못한다는 것은 그렇게 증명된다. 어떤 것을 개략적으로 아는 사람은 그것을 완전하게 알지 못한다. 만약 어떤 동물을 멀리에서 본다면, 그것이 개인지 아니면 늑대나 양인지 모르기 때문에 완전하게 알지 못하는 것과 같다.

7 라틴어는 속어를 개략적으로 이해할 뿐 뚜렷하게 이해하지 못한다. 만약 속어를 뚜렷하게 이해한다면 모든 속어들을 이해할 것이다. 어느 한 속어를 다른 속어보다 더 잘 이해할 이유가 없기 때문이다. 따라서 누구든지 완벽한 라틴어 지식을 갖고 있다면 속어를 뚜렷하게 이해하는 습관을 갖고 있을 것이다.

8 하지만 그렇지 않은데, 완벽한 라틴어 지식을 가진 사람일지라도, 만약 그가 이탈리아 사람이라면 영국 속어와 독일 속어를 구별하지 못하고, 만약 독일 사람이라면 이탈리아 속어와 프로방스 속어를 구별하지 못하기 때문이다. 따라서 라틴어가 속어를 이해하지 못하는 것은 분명하다.

9 게다가 그 친구들을 이해하지 못하는데, 중요한 사람을 모르니까 그의 친구들을 알 수 없기 때문이다. 그러므로 위에서 증명하였듯이, 라틴어가 속어를 이해하지 못한다면 속어의 친구들을 이해할 수 없다.

10 또한 친밀함이나 교제 없이 사람들을 이해할 수는 없는데, 라틴어는 사람들이 모두 속어와 친구가 되는 것만큼 많은 사람들과 그 언어 안에서 교제하지 않으며, 결과적으로 속어의 친구들을 이해할 수 없다.

11 그러므로 라틴어는 속어의 단지 일부 친구들과 교제한다고 말하더라도 모순이 아니다.

그렇다고 해서 모두와 친밀한 것도 아니며, 따라서 친구들을 완벽하게 이해하지 못하는데, 결함 있는 이해가 아니라 완벽한 이해가 필요하기 때문이다.

제7장

라틴어 해설은 이해하는 하인이 될 수 없었을 것이라고 증명 1
하였으니, 이제 어떻게 복종하지 않았을 것인가 말하고자 한다.
복종이라는 좋은 성향을 가진 사람이 복종한다. 진정한 복종 2
은 꼭 필요한 세 가지를 갖추어야 한다. 말하자면 쓰지 않고 달
콤해야 하며, 임의로 하지 않고 완전하게 명령을 받아야 하며,
무절제하지 않고 질제가 있어야 한다. 라틴어 해설은 이 세 가 3
지를 갖출 수 없고, 따라서 복종할 수 없었을 것이다. 위에서
말했듯이 라틴어에서 그것이 불가능한 것은 다음과 같은 이유
로 분명히 드러난다. 잘못된 방향으로 나아가는 것은 모두 어려 4
움을 수반하며, 따라서 가령 낮에 자고 밤에 깨어 있거나, 앞으
로 가지 않고 뒤로 가는 것처럼 달콤하지 않고 쓰다. 신하가 군
주에게 명령하는 것은 잘못된 방향으로 나아가는 것이며(군주가
신하에게 명령하는 것이 올바른 방향이기 때문이다), 따라서 달콤
하지 않고 쓰다. 그리고 쓴 명령에 달콤하게 복종할 수 없기 때
문에, 하인이 명령할 때 군주의 복종은 달콤할 수 없다. 그러므 5
로 위에서 여러 가지 이유를 들어 설명했듯이, 만약 라틴어가
속어의 군주이며, 또한 만약 명령하는 사람의 역할을 하는 칸초
네가 속어로 되어 있다면, 라틴어의 복종은 달콤할 수 없다.
또한 복종하는 사람이 전체적으로나 부분적으로 명령 없이 6
자기 의지에 따라 행동하려고 하지 않을 때, 복종은 조금도 자

의적이지 않고 완전하게 명령에 의한 것이 된다. 그래서 만약 7
나에게 겉옷 두 개를 입으라고 명령하였는데, 내가 명령도 없이
하나만 입는다면, 나의 복종은 완전하게 명령에 의한 것이 아니
라, 부분적이며 임의로 복종하는 것이라고 말하고 싶다. 라틴
어 해설의 복종은 그렇게 되었을 것이며, 결과적으로 완전하게
명령에 의한 복종이 아닐 것이다. 그렇게 되었으리라는 것은 다 8
음과 같은 이유로 명백하다. 라틴어는 그런 주인의 명령도 없이
내용의 많은 부분을 설명했을 것인데(라틴어로 쓴 글을 주의 깊
게 살펴보는 사람은 알 수 있듯이 그렇게 설명한다), 속어는 절대
로 그렇게 하지 않는다.

또한 명령의 한계까지만 가고 그 너머로 가지 않을 때, 복종 9
은 무절제하지 않고 절제 있는 것이 된다. 마치 사람에게 32개
의 이빨이 나고 그 이상이나 이하도 아닐 때, 손에 5개의 손가
락이 나고 그 이상이나 이하도 아닐 때, 개별적 성격이 보편적
성격에 복종하는 것과 같다. 그리고 죄인에게 정의가 명령하는
것 이상이나 이하도 아닌 죄의 빚을 지불하도록 할 때, 사람이
정의에 복종하는 것과 같다. 그런데 라틴어는 그렇게 하지 않 10
고, 단지 결핍이나 과잉이 아니라 그 두 가지 모두의 죄를 지었
을 것이다. 따라서 절제 있는 복종이 아니라 무절제한 복종이
되었을 것이며, 결과적으로 복종하지 않게 되었을 것이다.

라틴어가 자기 주인의 명령을 충족시키지 못하고 과도하게 11
넘어서리라는 것은 쉽게 증명될 수 있다. 이 해설이 하인으로서
섬겨야 할 주인, 즉 칸초네들은 고유의 의미를 이해할 수 있는
모든 사람들에게 설명되고 이해되기를 원하고 또 명령한다. 그
리고 큰 소리로 명령할 경우 누구도 그 명령을 의심하지 않게
된다. 그런데 라틴어는 단지 학식 있는 사람들에게만 설명하 12
고, 따라서 다른 사람들은 이해하지 못할 것이다. 하지만 그 칸

초네들을 이해하고자 하는 사람 중에는 학식 있는 사람보다 학식 없는 사람들이 더 많기 때문에, 결과적으로 라틴어는 학식 있는 사람이나 학식 없는 사람이 모두 이해하는 속어처럼 그 명령을 충분하게 충족시킬 수 없을 것이다.

게다가 라틴어는 가령 독일이나 영국 또는 다른 사람들처럼 13
다른 언어를 사용하는 사람들에게도 설명할 것이며, 그리하여
칸초네들의 명령을 넘어서게 될 것이다. 넓은 의미에서 말하자
면 그 칸초네들의 의지와는 달리 고유의 의미가 고유의 아름다
움과 함께 전달될 수 없는 곳에서도 설명될 것이기 때문이다.
그러므로 시의 규범에 따라 조화를 이루는 작품[1]은 그 모든 감 14
미로움과 조화를 깨뜨리지 않고 고유의 언어에서 다른 언어로
번역될 수 없다는 것을 모든 사람이 알아야 한다. 바로 그런 이 15
유 때문에 호메로스는 우리가 갖고 있는 다른 작품들처럼 그리
스어에서 라틴어로 번역되지 않았다. 그리고 바로 그런 이유 때
문에 〈시편〉의 시구들에는 조화와 음악의 감미로움이 결여되어
있다. 그것들은 히브리어에서 그리스어로, 그리스어에서 라틴
어로 번역되었는데, 첫 번째 번역에서 그 모든 감미로움이 상실
되었기 때문이다.

이렇게 해서 이 장(章) 바로 앞의 장 서두에서 약속한 것은 16
해결되었다.

---

1) 원문에는 cosa per legame musaico armonizzata로 되어 있는데, 직역하자면 "무사이의 연결을 통해 조화를 이루는 것" 정도가 될 것이다. 무사이(단수는 "무사"이며, 우리나라에는 영어 이름 뮤즈로 널리 알려져 있다)는 그리스 신화에서 음악과 시를 비롯하여 예술, 철학, 역사, 천문학 등 학문을 수호하는 아홉 자매의 여신들이다. 고전 서사시의 전통에 충실한 단테의 관념에 의하면 시인들의 창작 활동은 무사이의 도움 없이는 이루어질 수 없는 것이었다. 단테의 이 표현에서 알 수 있듯이 "모자이크"를 의미하는 형용사 musaico(또는 mosaico)도 바로 그들의 이름에서 나온 것이다.

제 8장

적절하지 않은 불균형을 피하기 위해 앞에서 말한 칸초네들 1
에 대해 라틴어가 아니라 속어로 된 해설을 펼치고 설명해야 한
다는 것을 충분한 이유들을 들어 증명하였으니, 이제 나는 자발
적인 너그러움에 의해 다른 것을 버리고 그런 선택을 하였다는
것을 증명하고자 한다.

그러니까 자발적인 너그러움은 세 가지로 관찰될 수 있는데, 2
그것들은 속어를 사용한 결과이지 라틴어를 사용한 결과가 아
니다. 첫째는 많은 사람들에게 제공하는 것이고, 둘째는 유용
한 것을 제공하는 것이며, 셋째는 그 선물을 요구하지 않는데도
제공하는 것이다.

한 사람에게 주고 한 사람에게 유용한 것은 하나의 선이지만, 3
많은 사람들에게 주고 많은 사람들에게 유용한 것은 완전한 선
이다. 왜냐하면 가장 보편적인 선의 제공자인 하느님의 선행과
비슷하기 때문이다. 게다가 한 사람에게 주지 않으면서 많은 사 4
람들에게 줄 수는 없는데, 한 사람은 바로 많은 사람들 속에 포
함되기 때문이다. 하지만 많은 사람들에게 주지 않으면서 한 사
람에게 줄 수는 있다. 그러므로 많은 사람들에게 유용한 사람은
한 사람과 다른 사람에게도 선을 행한다. 한 사람에게 유용한
사람은 단지 하나의 선을 행할 뿐이다. 따라서 입법자들은 법을
제정하면서 최대한 가장 공통적인 선들에 눈을 고정시키는 것

을 우리는 본다.

또한 받는 사람에게 유용하지 않은 것을 주는 것도 역시 선인 5
데, 주는 사람은 최소한 자신이 친구라는 것을 보여주기 때문이
다. 하지만 완전한 선이 아니며, 따라서 자발적이지 않다. 마치
기사(騎士)가 의사에게 방패를 선물하거나, 의사가 기사에게 히
포크라테스[1]의 《금언집》이나 갈레노스[2]의 《의학 기술》을 선
물하는 것과 같다. 그러므로 선물의 얼굴은 받는 사람의 얼굴과
닮아야 한다고, 말하자면 그에게 적합하고 또 유용해야 한다고
현인(賢人)들은 말한다.[3] 선물하면서 그렇게 구별하는 사람의
너그러움은 자발적이라고 말할 수 있다.

그러나 도덕에 관한 논의들은 으레 그 근원을 보고 싶은 욕망 6
을 보이기 때문에, 나는 선물이 자발적인 너그러움이 되기 위해
서는 필히 받는 사람에게 유용해야 하는 네 가지 이유를 간단하
게 증명하려고 한다.

첫째, 덕성은 그 모든 작용에서 슬픈 것이 아니라 즐거운 것 7
이 되어야 하기 때문이다. 그러므로 만약 선물이 주는 것과 받
는 것에서 즐겁지 않다면, 거기에는 완전한 덕성이 없기 때문에
자발적이지 않다. 그 즐거움은 유용성을 줄 수밖에 없는데, 그

---

1) 히포크라테스(기원전 460?~370?)는 의학의 아버지로 일컬어지는 고대 그리스의 의학자로 뒤이어 언급되는 《금언집(金言集)》은 《히포크라테스 전집》(*Corpus Hippocraticum*)에 실려 있다.

2) 갈레노스(Claudios Galenos, 129?~200?)는 소아시아 출신의 의사이자 해부학자로 고전 시대 의학의 결과를 집대성하였다. 그의 저술을 원문에서는 《테그니》(*Tegni*)라 부르는데, 《의학 기술》(*Ars Medica*)의 그리스어 명칭 *Techne iatrike*에서 옮겨 적은 것이다. 《테그니 갈리에니》(*Tegni Galieni*), 즉 《갈레노스의 의학 기술》은 중세 유럽에서 널리 사용되었던 의학 논문집 《아르티켈라》(*Articella*)의 주요 토대가 되었다.

3) 세네카(다음의 제8장 16절 참조)의 《은혜에 관하여》(*De Beneficiis*) 제4권 9장 1절 참조.

유용성은 주는 사람에게는 주는 행위를 통해 남아 있고, 받는
사람에게는 받는 행위에서 나온다. 그러므로 주는 사람은 다른 8
모든 유용성보다 정직함의 유용성이 자기 것으로 남아 있도록
통찰력을 가져야 하고, 받는 사람에게는 선물 받은 것을 사용하
는 유용성이 있도록 해야 한다. 그럼으로써 두 사람 모두 즐거
울 것이고, 그 결과 너그러움은 더욱 자발적인 것이 될 것이다.

둘째, 덕성은 언제나 보다 나은 것을 지향해야 하기 때문이 9
다. 마치 멋진 검으로 삽을 만들거나 멋진 현금(玄琴)으로 술잔
을 만드는 것은 비난받아야 마땅하듯이, 물건을 그것이 유용한
장소에서 덜 유용한 곳으로 옮기는 것은 비난받아야 하기 때문
이다. 또한 헛되이 일하는 것은 비난받아야 하므로, 물건을 덜 10
유용한 곳으로 옮기는 것뿐만 아니라 똑같이 유용한 곳으로 옮
기는 것도 역시 비난받아야 한다. 그러므로 물건을 옮기는 것이 11
칭찬받을 만한 것이 되기 위해서는, 언제나 보다 나은 것이 되
어야 하며, 따라서 최대한 칭찬받을 만한 것이 되어야 한다. 그
리고 만약 선물이 이동을 통해 더 귀해지지 않는다면, 선물 안
에서 그런 것이 이루어질 수 없으며, 만약 선물이 주는 사람보
다 받는 사람에게 더 유용하지 않다면 더 귀한 것이 될 수 없
다. 그러므로 선물은 자발적인 너그러움이 되기 위해서는 그것
을 받는 사람에게 유용해야 한다고 결론을 내릴 수 있다.

셋째, 덕성 그 자체의 작용은 친구들을 얻는 것이 되어야 하 12
기 때문이다. 우리의 삶은 그것을 필요로 하며, 덕성의 목적은
우리의 삶을 만족시키는 것이기 때문이다. 그러므로 받는 사람
을 친구로 만들기 위해서는 선물이 그에게 유용한 것이 되어야
하는데, 유용성은 선물의 모습을 그의 기억에 각인시키고, 그것
이 우정을 부양하기 때문이다. 유용성은 클수록 더 강렬해진다.
그러므로 마르티노[4]는 으레 이렇게 말한다. "조반니가 나에게 13

한 선물은 내 마음에서 절대 지워지지 않을 것이야." 그러므로
선물이 너그러움이라는 덕성을 갖고, 또 그 너그러움이 자발적
인 것이 되기 위해서는 그것을 받는 사람에게 유용해야 한다.

마지막으로, 덕성은 강요되지 않고 자유로운 행위가 되어야 14
하기 때문이다. 어떤 사람이 자기 얼굴을 그 방향으로 돌림으로
써 분명히 보여주듯이, 어느 방향으로 기꺼이 갈 때, 그의 행위
는 자유롭다.[5] 반면 자기가 가고 있는 쪽을 바라보지 않음으로
써 명백히 보여주듯이 의지에 반하여 갈 때, 그의 행위는 강요
된 것이다. 그러므로 선물은 받는 사람의 필요를 향할 때 바로 15
그쪽을 바라본다. 그리고 만약 유용하지 않다면 그쪽을 지향할
수 없기 때문에, 덕성이 자유로운 행위가 되기 위해서는 선물이
가는 방향, 즉 받는 사람에게 유용해야 한다. 그 결과 선물 안
에 자발적인 너그러움이 담겨 있기 위해서는 받는 사람의 유용
성이 담겨 있어야 한다.

자발적인 너그러움을 관찰할 수 있는 셋째 특성은 요구받지 16
않고 주는 것이다. 요구되는 것은 한편으로 덕성이 아니라 상품
이기 때문에, 받는 사람은 주는 사람이 팔지 않는데도 구입하는
것과 같다. 그렇기 때문에 세네카[6]는 이렇게 말한다. "부탁을
하는 것보다 더 비싸게 구입되는 것은 없다."[7] 그러므로 선물 17
속에 자발적인 너그러움이 있고, 그 너그러움이 선물 속에서 드
러날 수 있으려면, 선물은 모든 거래 행위로부터 자유로워야 하

---

4) 마르티노(Martino)와 뒤에 나오는 조반니(Giovanni)는 흔한 이름으로 그냥 "아무개"를 가리킨다.

5) 사람은 자기가 가고 싶은 쪽을 바라보기 마련이고, 그 가고 싶은 방향으로 마음대로 갈 때 완전히 자유롭다는 뜻이다.

6) 루키우스 안나이우스 세네카(Lucius Annaeus Seneca, 기원전 4~서기 65)는 로마 시대의 정치가이며 스토아 철학자로 많은 저술을 남겼다.

7) 세네카, 《은혜에 관하여》 제2권 1장 참조.

고, 요구되지 않아야 한다. 부탁하는 것이 왜 그렇게 비싼 것인 18
지 나는 여기에서 논의하고 싶지 않은데, 이 책의 마지막 논고[8]
에서 충분하게 논의될 것이기 때문이다.

8) 원래 단테가 의도한 대로 《향연》이 완성되었다면, 마지막 논고는 제15권이 되었어야 한다. 단테는 제4권까지 마무리하고 더 이상 쓰지 않았지만, 이렇게 뒤에 쓸 내용을 미리 이야기하는 것으로 보아, 상당히 구체적인 집필 계획을 세웠던 것으로 짐작된다. 미완성 부분의 주제들에 대한 언급은 뒤의 여러 군데에서 반복하여 나타난다(제1권 12장 12절, 제2권 1장 4절, 제3권 15장 14절, 제4권 26장 7절, 제4권 27장 11절 등 참조).

제 9장

위에서 언급한 세 가지 조건들은 모두 어떤 혜택에 자발적인 너그러움이 있도록 일치해야 하는데, 라틴어 해설은 그 모든 조건들에서 멀리 떨어져 있고, 속어 해설은 그것들과 함께 있다. 그리고 그것은 다음과 같이 명백하게 증명될 수 있다. 1

라틴어는 그렇게 많은 사람들에게 봉사할 수 없을 것이다. 2
민약 위에서 말한 것을 상기해 본다면, 이탈리아어를 모르는 문인들은 그런 봉사를 받을 수 없을 것이며, 이탈리아어 문인들은, 만약 그들이 누구인가 잘 살펴본다면, 1,000명 중에서 한 명도 합리적으로 봉사를 받지 못하리라는 것을 발견할 것이기 때문이다. 이탈리아어 문인들은, 그런 음식을 최대한 열망하는 영혼의 모든 고귀함에서 벗어날 정도로 탐욕에 빠져 있어서 봉
사를 받을 수 없을 것이다. 그들에게 불명예가 되겠지만, 그들 3
은 고유의 용도에 맞게 학문을 습득하는 것이 아니라 학문 덕택에 돈이나 명예를 얻으려고 습득하기 때문에, 나는 그들을 문인이라고 부르지 않아야 한다고 말하고 싶다. 마치 현금(玄琴)을 갖고 있으면서 연주하는 데 사용하지 않고 돈을 받고 빌려주는 데 사용하는 사람을 현금 연주자라고 부르지 않아야 하는 것과
마찬가지이다. 그러므로 주요 논제로 돌아가자면, 라틴어는 소 4
수에게 자신의 혜택을 줄 것이지만, 속어는 정말로 많은 사람들
에게 봉사한다는 것을 분명하게 알 수 있다. 그런 봉사가 관심 5

을 기울이는 영혼의 선은, 바로 세상의 사악한 타락으로 인해 문학을 창녀로 만든 사람들에게 내버려두었던 사람들에서 찾아 볼 수 있기 때문이다. 그런 귀족들[1]은 제후들, 남작들, 기사들, 그리고 다른 많은 고귀한 사람들을 포함하고, 남자들뿐만 아니라 여자들까지 포함하는데, 속어만 알고 라틴어를 모르는 사람들이 많다.

또한 라틴어는 유용한 선물을 주는 자가 아니지만 속어는 그 6
럴 것이다. 만약 사용되지 않는다면 어떤 것도 전혀 유용하지
않고, 그것의 선은 완전한 존재가 아닌 잠재적 가능성 안에 있
는 것도 아니기 때문이다.[2] 마치 땅속에 묻혀 있는 황금, 보
석, 그리고 다른 보물들과 마찬가지이다 〔…〕[3] 그러므로 구두
쇠의 손안에 있는 것들은 보물이 파묻혀 있는 땅속보다 더 낮은
곳에 있다. 이 해설의 진정한 선물은 해설하는 칸초네의 의미인 7
데, 그것은 논의의 전개 과정에서 밝혀지겠듯이, 최대한 많은
사람들을 학문과 덕성으로 인도하려고 한다. 그 의미는 넷째 논 8
고에서 언급할 것과 같은 방식으로 진정한 고귀함[4]이 심어진
사람들에게만 사용될 수 있는데, 그런 사람들은 앞의 장에서[5]
언급된 그런 고귀한 사람들처럼 거의 모두 속어만 알고 있다.
그리고 그들 중에 일부 문인이 있더라도 모순이 아니다. 나의 9

---

1) 영혼의 고귀함이나 덕성을 갖고 있어서 고귀한 사람들을 가리킨다.

2) 뒤의 예에서 알 수 있듯이, 선이 완벽하기 위해서는 단지 잠재적 가능성의 상태에 있지 않고 완전하게 실현되어야 한다는 뜻이다.

3) 이 부분에서 텍스트에 빠진 글자들이 발견되는데, 아마 땅속에 파묻혀 있는 보물보다 더 쓸모없는 구두쇠의 보물들에 대해 이야기하는 것으로 짐작하기도 한다.

4) 덕성을 토대로 하는 고귀함을 가리키는데, 그 "고귀함"에 대해서는 제4권에서 본격적으로 논의한다.

5) 앞의 제9장 5절 참조.

스승 아리스토텔레스가 《윤리학》[6] 제 1권에서 말하듯이 "제비 한 마리가 왔다고 봄이 되는 것은 아니기" 때문이다. 그러므로 속어가 유용한 것을 주고, 라틴어는 주지 못하리라는 것은 분명하다.

게다가 속어는 요구하지 않는 선물을 줄 것이지만 라틴어는 10
주지 못할 것이다. 왜냐하면 스스로를 해설로 제공할 것인데, 그것은 어떤 사람도 전혀 요구하지 않는 것이기 때문이다. 라틴어에 대해서는 그렇게 말할 수 없는데, 많은 글의 서두에서 분명하게 볼 수 있듯이, 수많은 글들에 대한 해설이나 주석(註釋)이 이미 요구되기 때문이다.

그러므로 분명히 나는 자발적인 너그러움으로 인해 라틴어가 11
아니라 속어를 선택하였다.

---

6) 아리스토텔레스의 《니코마코스 윤리학》(*Ethica nicomachea*)을 가리킨다. 뒤의 인용 구절은 제1권 7장에 나오는 표현인데, 이창우, 김재홍, 강상진의 번역본(이제이북스, 2006, 22쪽)은 "한 마리의 제비가 봄을 만드는 것은 아니며"로 번역하고 있다.

제 10장

음식으로 보면 그렇게 고귀하고, 초대받은 손님들로 보면 그 1
렇게 명예로운 향연에 밀이 아닌 잡곡으로 만들어진 빵[1]을 제
공한다면, 충분한 해명이 있어야 할 것이며, 무엇 때문에 라틴
어 해설처럼 다른 사람들이 오랫동안 따르던 것에서 벗어나게
되었는지 명백히 밝혀야 할 것이다. 그러니까 그 이유를 명백하 2
게 밝혀야 하는데, 새로운 것[2]의 결과를 확실하게 알 수 없기
때문이다. 그런 경험이 전혀 없어서 거기에서 사용되고 활용된
것이 그 과정이나 결과에서 비교될 수 없기 때문이다. 그러므로 3
법[3]이 움직여 "새로운 것을 세우는 데 있어서는 오랫동안 사용
되던 것에서 멀어지게 만드는 이유가 명백해야 한다"고 말하면
서 사람은 새로운 길로 들어가는 데에 최대한 신중을 기해야 한
다고 명령하게 되었다. 그러므로 내가 해명하느라고 오랫동안 4

---

1) 앞의 제5장 1절 참조.

2) 라틴어가 아니라 속어로 해설을 쓰는 것은 새롭게 시도되는 것이다.

3) 본문에는 Ragione로 되어 있는데 "로마법"(라틴어로는 ratio iuris)을 가리킨다. 6세기 비잔티움 제국의 유스티니아누스(Justinianus) 황제(482?~565)의 명령으로 집대성된 《로마법 대전》(*Corpus iuris civilis*) 중에서 로마 법률가들의 저술에서 발췌한 글들을 모아놓은 것을 가리켜 《디게스타》(*Digesta*) 또는 《판덱타이》(*Pandectae*)라 부른다(일부에서는 각각 《학설휘찬(學說彙纂)》과 《회전(會典)》으로 번역한다). 뒤에 인용되는 문장은 《디게스타》 제1권 4장 2절에서 나온 것이다.

옆길로 벗어났다고 놀라지 말고, 필요한 것인 만큼 긴 해명을 인내심 있게 참아주기 바란다.

계속 이어서 말하자면(어떻게 해서 내가 부적절한 혼란을 피하 5
기 위해서나 자발적인 너그러움으로 인해, 라틴어를 버리고 속어 해설을 하게 되었는지 명백해졌기 때문에) 완벽한 해명을 위해서는 내가 모국어에 대한 자연스러운 사랑,[4] 말하자면 그렇게 하게 된 세 번째이자 마지막 이유 때문에 그렇게 하게 되었다는 것을 증명할 필요가 있다.

자연스러운 사랑은 사랑하는 사람을 주로 세 가지로 이끈다 6
고 말하고 싶다. 첫째는 사랑받는 대상을 확대하는 것이고, 둘째는 그 대상을 열망하는 것이고, 셋째는 모든 사람이 끊임없이 볼 수 있듯이 그 대상을 보호하려는 것이다. 이 세 가지 때문에 나는 그것, 즉 우리의 속어를 사용하게 되었는데, 그 속어를 나는 자연스럽게, 그리고 부수적으로[5] 사랑하였으며 또 지금도 사랑하고 있다.

우선 나는 그것을 확대하도록 움직였다. 그리고 내가 어떻게 7
확대하는지 다음과 같이 알 수 있을 것이다. 사물들은 위대함의 여러 가지 조건에 의해 확대될 수 있다. 즉 위대해질 수 있다. 그런데 다른 모든 위대함의 어머니이며 보호자인 자기 고유의
장점의 위대함보다 더 위대한 것은 없다. 그러므로 사람들은 진 8
정한 권위, 진정한 명예, 진정한 능력, 진정한 부(富), 진정한 친구들, 진정하고 명백한 명성의 위대함을 얻고 또 간직하도록 해주는 자기 고유의 장점인 덕망 있는 행위의 위대함보다 더 큰

---

4) 앞의 제1권 5장 2절에서 말한 세 번째 이유에 대한 설명이다.

5) 다른 모든 사람들처럼 자연스럽게 모국어를 사랑할 뿐만 아니라, 시인으로서, 말하자면 그 모국어를 부가적으로 사용하는 사람으로서 사랑한다는 것을 의미한다.

위대함을 가질 수는 없다. 그러한 위대함을 나는 이 친구[6]에게 9
부여하는데, 그가 가진 잠재적이고 감추어진 장점을, 그 고유의 작업, 말하자면 착상된 의미를 명백히 드러내는 작업 속에서 분명하고 적극적으로 드러나도록 만들기 때문이다.

둘째로 나는 그에 대한 열망 때문에 움직였다. 친구에 대한 10
열망은 사람으로 하여금 장기적인 배려를 하도록 부추긴다.[7] 그러므로 교육을 받지 못한 사람[8]은 이 칸초네들을 이해하고 싶은 마음에 라틴어 해설을 속어로 번역시킬지도 모른다는 생각이 들었고, 또 《윤리학》을 라틴어에서 번역한 사람(그는 바로 의사[9] 타데오[10]이다)이 그랬던 것처럼, 속어를 보기 흉하게 만드는 사람에 의해 번역될까 두려웠기 때문에, 나는 다른 누구보다 나 자신을 더 믿고 직접 쓰게 되었다.

그리고 나는 여러 비방하는 사람들로부터 그를 보호하기 위 11
해 움직였는데, 그들은 그를 경멸하고 다른 속어들, 특히 오코 언어[11]를 칭찬하면서 그것이 그보다 더 아름답고 훌륭하다고

---

6) 속어.

7) 먼 미래를 위해 예견될 수 있는 악으로부터 친구를 보호하려는 배려를 의미한다.

8) 라틴어를 이해할 수 없는 사람.

9) 원문에는 ipocratista, 즉 "히포크라테스의 추종자"로 되어 있다.

10) 피렌체 출신의 타데오 달데로토(Taddeo d'Alderotto, 1235?~1295)는 볼로냐 대학의 의학 교수였으며 히포크라테스의 《금언집》에 대한 해설을 남겼다. 또한 그는 처음으로 아리스토텔레스의 《니코마코스 윤리학》을 피렌체 속어로 번역하였다.

11) 프랑스 남부 프로방스 지역의 속어를 가리키는데, **오코**(oco)는 **오크**(oc)의 이탈리아어 표현으로 긍정 부사 "예"를 의미한다(일부에서는 프랑스어 발음에 따라 "랑그도크"로 표기하기도 한다). 프로방스 음유 시인들의 작품은 당시 이탈리아의 문인들 사이에 널리 알려져 있었다. 단테는 《신곡》에서 프로방스의 대표적인 시인 아르노 다니엘〔Arnaut Daniel, 이탈리아어 이름은 아르

말하고, 따라서 진실에서 벗어나고 있다. 왜냐하면 이 해설[12] 12
덕택에 시[13] 속어의 위대한 장점을 알 수 있을 것이기 때문이다. 또한 그 덕택에 매우 고상하고 새로운 개념들이 거의 라틴어와 마찬가지로 편리하고 충분하고 적합하게 표현될 수 있으므로, 그 역량[14]을 알 수 있을 것이기 때문이다. 그런데 그런 역량은 그것과 관련된 부수적인 장식들, 말하자면 규정된 음절 숫자와 각운(脚韻)과 운율 때문에 운문에서는 잘 드러나지 않을 수도 있다. 마치 치장과 의상의 장식들 덕택에 어느 여자가 원래의 자신보다 더 칭찬받을 경우 그녀의 아름다움이 잘 드러
나지 않을 수 있는 것과 마찬가지이다. 그러므로 어느 여자를 13
잘 평가하려는 사람은 그녀가 모든 부수적인 장식들에서 벗어나 오로지 그녀의 자연스러운 아름다움과 함께 있을 때 살펴보아야 한다. 마찬가지로 이 해설에서는 음절들의 편리함,[15] 그 구성의 적절함, 거기에서 나오는 부드러운 유연함을 볼 수 있을 것이다.

하지만 비방하는 사람의 결점과 악의를 드러내는 가장 좋은 방 14
법은 그 의도를 살펴보는 것이므로, 나는 이탈리아어를 비방하는 사람들이 혼란스럽도록, 왜 그들이 그런 방향으로 움직이는가 말하고자 한다. 그리고 그들의 부끄러움이 더욱 두드러지게 부각되도록, 다음의 특별한 장에서 거기에 대해 다룰 것이다.

날도 다니엘로(Arnaldo Daniello)]을 등장시키고, 그의 시를 직접 프로방스어로 인용하기도 한다(〈연옥〉 26곡 115행 이하 참조).

12) 《향연》의 해설.

13) 시(sì)는 긍정 부사 "예"로, 피렌체의 속어, 말하자면 이탈리아어를 가리킨다.

14) 여기에서 virtù는 피렌체 속어의 장점 또는 "역량"을 가리킨다(제1권 1장 14절의 역주 참조).

15) 음절들로 이루어진 단어들을 발음하는 데 있어서의 편리함과 용이함을 가리킨다.

제 11장

다른 사람들의 속어를 칭찬하고 자기 자신의 속어를 경멸하 1
는 비열한 이탈리아 사람들에게 영원한 오명과 모욕이 되도록,
나는 그들의 움직임이 다섯 가지 역겨운 이유에서 나온다고 말
하고 싶다. 첫째 이유는 분별력의 결핍이고, 둘째는 교활한 변 2
명이고, 셋째는 허영에 대한 탐욕이고, 넷째는 질투심에 의한
추론이고, 마지막으로 다섯째 이유는 마음의 비열함, 말하자면
소심함이다. 그리고 이 사악한 것들은 제각기 너무나도 큰 무리
를 이루고 있기 때문에, 거기에서 자유로운 사람은 소수에 불과
할 정도이다.

첫째 이유에 대해서는 이렇게 추론해볼 수 있다. 영혼의 감 3
각 부분은 자기 고유의 눈을 갖고 있어서 그 눈으로 외부의 색
깔이 서로 다른 사물들의 차이를 이해할 수 있는 것과 마찬가지
로, 이성 부분은 자기 고유의 눈으로 어떤 목적에 알맞도록 배
치된 사물들의 차이를 이해한다. 그리고 그것이 바로 분별력이
다. 감각의 눈이 장님인 사람은 좋든 나쁘든 언제나 다른 사람 4
들이 인도하는 대로 따라가는 것과 마찬가지로, 분별력의 등불
이 장님인 사람은 판단할 때 옳든 틀렸든 언제나 외침소리[1]에
따른다. 그러므로 만약 안내자가 장님이라면, 그 사람이나 그
에게 의존하는 사람도 역시 장님이므로 나쁜 결과에 도달하게

1) 옳을 수도 있고 틀릴 수도 있는 외부의 소문이나 다른 사람들의 견해.

된다. 그러므로 "장님이 장님을 인도하면 둘 다 구덩이에 빠질
것이다"[2] 고 쓰여 있다. 그런 외침소리는 오랫동안 우리의 속어 5
에 반대하였는데 뒤이어서 다음에 논의할 이유 때문이었다. 위
에서 말한 장님들은 거의 무수하게 많은데, 그들은 그 거짓말쟁
이들의 어깨에 손을 얹은 채 그릇된 견해의 구덩이 안에 떨어져
거기에서 빠져나올 줄 모르고 있다. 대부분의 평범한 사람들은 6
그런 분별력의 빛에 대한 습관을 갖고 있지 않다.[3] 그들은 삶
의 시작 때부터 어떤 직업에 종사하고 필연성에 의해 거기에만
자신의 관심을 기울이고, 다른 것에는 전혀 신경을 쓰지 않기
때문이다. 그리고 도덕적이든 지성적이든 미덕의 습관은 갑자 7
기 얻을 수 없고 실천에 의해 습득되어야 하는데, 그들은 자신
의 실천을 정해진 기술에만 적용하고 다른 것들을 분별하는 데
에는 신경을 쓰지 않기 때문에, 그들이 분별력을 갖기는 불가능
하다. 따라서 어떤 사람은 한탄할 기회가 있을 때마다 "그들의 8
죽음은 오래 살고, 그들의 삶은 죽어라"[4] 하고 한탄하는 경우
가 종종 있다. 그것은 그들의 무지에서 가장 위험한 결점이다.
그러므로 보에티우스는 민중의 영광을 헛된 것으로 평가하였는
데, 거기에는 분별력이 없다고 보았기 때문이다.[5] 그들은 인간 9
이 아니라 양(羊)들이라 불러야 할 것이다.[6] 왜냐하면 만약 양

---

2) 〈마태오 복음서〉 15장 14절 참조. 새 번역 《성경》은 "눈먼 이가 눈먼 이를 인도하면 둘 다 구덩이에 빠질 것이다"로 번역하고 있다.

3) 특히 일반 민중들은 그런 분별력의 등불을 사용할 만한 능력이 없다.

4) 원문에는 Viva la loro morte e Muoia la loro vita로 되어 있는데, 직접 화법과 간접 화법이 교묘하게 뒤섞인 표현이다.

5) 보에티우스, 《철학의 위안》 제3권 산문 6 참조.

6) 인간과 어리석은 양들의 비유는 《신곡》에서도 나온다. 〈연옥〉 3곡 79-84행에서는 앞선 양이 하는 대로 뒤따르는 다른 양들이 맹목적으로 따라 하는 모습을 묘사하고 있으며, 〈천국〉 5곡 80행에서는 "정신없는 양 떼가 아니라

한 마리가 천 길 낭떠러지에서 몸을 던지면, 다른 모든 양들이
그 뒤를 따를 것이며, 만약 길을 건너다가 양 한 마리가 어떤
이유로 펄쩍 뛰면, 뛰어넘어야 할 것을 전혀 보지 못하면서도
다른 모든 양들이 뛰기 때문이다. 양 한 마리가 혹시 돌담을 뛰 10
어넘는다고 생각했는지 모르지만 웅덩이 안으로 뛰어드는 것을
보고, 목동이 소리치고 울부짖으며 두 팔과 가슴으로 앞에서 가
로막는데도 불구하고, 많은 양들이 함께 뛰어드는 것을 나는 예
전에 본 적이 있다.

우리의 속어에 반대하는 두 번째 무리는 교활한 변명 때문에 11
나타난다. 많은 사람들이 자신의 실제보다 더 뛰어난 대가(大
家)로 간주되는 것을 좋아하고, 그 정반대, 말하자면 그렇게
간주되지 않는 것을 피하기 위해 언제나 자기 기술에 마련된 재
료나 도구를 탓한다. 마치 무능한 대장장이가 자기에게 공급된
철(鐵)을 비난하고, 무능한 현금 연주자가 현금을 비난하면서,
나쁜 칼과 나쁜 연주를 철과 현금 탓으로 돌림으로써 자신은 거
기에서 벗어난다고 믿는 것과 같다. 마찬가지로 자신을 작가로 12
간주해주기 바라는 사람들이 적지 않고 상당히 많은데, 자기가
쓰지 않은 것이나 잘못 쓴 것을 변명하기 위하여 재료, 즉 자신
의 속어를 탓하고, 자신에게 작업해 달라고 요구하지도 않는 다
른 속어를 찬양한다. 그러므로 그 철이 비난받아야 할 것인지 13
보고 싶은 사람은 훌륭한 제작자가 그것으로 어떤 작품을 만드
는지 보아야 할 것이며, 그러면 철을 비난함으로써 자신을 변명
한다고 생각하는 사람들의 악의를 알게 될 것이다. 그런 사람들 14
에 반대하여 키케로[7]는 《선의 목적에 관한 책》이라는 자기 책

사람이 되라"고 강조하고 있다.

7) 원문에서는 툴리오(Tullio, 라틴어로는 Tullius)로 부르는데, 로마 시대 가장 뛰어난 웅변가들 중 하나로 꼽히는 마르쿠스 툴리우스 키케로(Marcus

의 서두에서 한탄하였는데, 그들이 이탈리아의 말을 천하게 여기고 프로방스의 말을 귀하게 여기는 것과 비슷한 이유로, 키케로의 시대에 사람들이 로마의 라틴어를 비난하고 그리스의 문법[8]을 찬양하였기 때문이다.

우리의 속어에 반대하는 세 번째 무리는 허영의 탐욕 때문에 15
나타난다. 다른 사람들의 언어로 글을 쓰고 그 언어를 찬양하면, 자신의 언어로 글을 쓰는 것보다 더 존경을 받는다고 생각하는 사람들이 많다. 물론 외국어를 잘 배우는 재능은 칭찬받을 만하지만, 그런 습득을 자랑하기 위하여 진실 이상으로 그 언어를 찬양하는 것은 비난받아야 한다.

네 번째 무리는 질투심의 추론에서 나타난다. 위에서 말했듯 16
이[9] 질투심은 언제나 동등함이 있는 곳에서 나타난다. 똑같은 언어를 사용하는 사람들 사이에는 속어의 동등함이 있는데,[10] 어떤 사람은 그 언어를 다른 사람처럼 사용할 줄 모르기 때문에
질투심이 탄생한다. 그리고 질투하는 사람은 말하는 사람을 비 17
난하면서 말할 줄 모른다고 비난하지 않고 그의 작품의 재료를 비난하는데, 그 재료에 의한 작품을 비방함으로써 말하는 사람에게서 영광과 명성을 빼앗으려고 한다. 마치 칼의 철을 비난하는 사람이 철을 비난하기 위해서가 아니라, 제작자의 작품 전체

Tullius Cicero, 기원전 106~43)를 가리킨다. 뒤이어 단테가 말하는 《선의 목적에 관한 책》(*Libro di fine de' beni*)의 원래 제목은 《선과 악의 목적에 관하여》(*De finibus bonorum et malorum*)이다.

8) 여기에서 "문법", 즉 그라마티카(gramatica)는 그리스어를 가리킨다. 단테는 고전 그리스어나 라틴어 같은 이른바 "문법 언어"들은 자연 언어인 속어와는 달리 인위적으로 만들어진 인공 언어라고 생각하였다.

9) 앞의 제1권 4장 6-7절 참조.

10) 모든 사람이 그 언어를 말하고 이해하기 때문에 그 언어 앞에서는 모두가 동등하다.

를 비난하기 위해 그런 것과 같다.

마지막 다섯 번째 무리는 마음의 비열함에 의해 움직인다. 18
과장적인 사람은 자신의 마음속에서 언제나 스스로를 확대하
고, 마찬가지로 소심한 사람은 정반대로 언제나 스스로를 실제
보다 더 작게 생각한다. 확대하기와 축소하기는 언제나 어떤 것 19
에 대하여 상대적이며, 그것과 비교하여 과장적인 사람은 스스
로를 크게 생각하고 소심한 사람은 작게 생각하기 때문에, 과장
적인 사람은 다른 사람들을 실제보다 더 작게 생각하고 소심한
사람은 더 크게 생각하게 된다. 그리고 사람은 자기 자신을 측 20
정하는 잣대로, 거의 자신의 일부와 같은 자기 것들을 측정하기
때문에, 과장적인 사람에게는 자기 것이 언제나 실제보다 더 좋
아 보이고 다른 사람의 것은 덜 좋아 보이게 된다. 또한 소심한
사람은 언제나 자기 것이 덜 가치 있고 다른 사람의 것이 더 가
치 있다고 믿는다. 그래서 많은 사람들이 그런 비열함 때문에
자신의 속어를 비방하고 다른 사람들의 속어를 칭찬한다.

자신의 귀중한 속어를 비천하다고 생각하는 이탈리아의 혐오 21
스럽고 비열한 사람들이 모두 그런 사람들인데, 그 귀중한 속어
에 어떤 비천한 것이 있다면 오로지 그런 간부(姦夫)들의 매춘
부 입에서 울려나올 때뿐이며, 첫 번째 이유에서 언급했던 장님
들이 바로 그들이 인도하는 대로 따라가고 있는 것이다.

제 12장

만약 명백하게 어느 집의 창문을 통해 불꽃이 나오고 있는데, 1
누군가가 그 안에 불이 났느냐고 묻고, 다른 사람이 그에게 그렇다고 대답한다면, 그 둘 중 누구를 더 비웃어야 할지 나는 잘 판단할 수 없을 것이다. 만약 누군가 우리의 속어에 대한 사랑이 나에게 있는지 질문하고 나는 그에게 그렇다고 대답한다면, 그와 나의 질문과 대답도 마찬가지 이유로 그것과 다르지 않을
것이다. 그렇지만 그 언어에 대한 단순한 사랑이 아니라 가장 2
완전한 사랑이 내 안에 있다는 것을 증명하고, 또한 이해할 만한 사람에게 그것을 증명함으로써 그 반대자들을 비난하기 위하여, 나는 어떻게 그의 친구가 되었으며 또한 나중에 어떻게 그 우정이 강화되었는지 말하고자 한다.

철학자가 《윤리학》 제 8권과 제 9권에서 표명한 견해와 다르지 3
않게 키케로가 《우정에 관하여》[1] 에서 쓴 것을 볼 수 있듯이, 가까움과 장점은 본성적으로 사랑을 발생시키는 원인이며, 혜택

1) 원래의 제목은 *Laelius de amicitia*, 즉 《라일리우스, 우정에 관하여》 이다. 이 책은 기원전 2세기 로마의 장군이자 정치가였던 가이우스 라일리우스(Gaius Laelius)가 자신의 두 사위 판니우스(Gaius Fannius)와 스카이볼라(Quintus Mucius Scaevola)와 함께 주고받은 대화 형식으로 되어 있다. 단테는 베아트리체가 사망한 뒤에 이 책을 읽으면서 많은 위안을 받았는데, 여기에서 말하는 가까움과 우정 사이의 관계는 《우정에 관하여》 제5장에서 언급된다.

과 목적,[2] 친숙함은 사랑을 증대시키는 원인이라고 말하고 싶
다. 그리고 간략하게 증명하겠듯이, 그 모든 원인이 내가 우리
속어에 대해 갖고 있는 사랑을 발생시키고 증대시켰던 것이다.
사물은 같은 종류의 모든 것들 중에서 어느 다른 것에 가까울 4
수록 거기에 더욱 밀접하게 연결된다. 그러므로 다른 모든 사람
들보다 아들이 아버지에게 가장 가깝다. 또한 의학은 다른 모든
기술보다 의사에게 가장 가깝고, 음악은 음악가에게 가장 가까
운데, 다른 기술보다 자신에게 밀접하게 연결되어 있기 때문이
다. 모든 땅에서 사람이 직접 거주하는 곳이 가장 가깝기 때문
에 거기에 가장 밀접하게 연결되어 있다. 마찬가지로 속어는 가 5
장 가까운 만큼 가장 밀접하게 연결되어 있는데, 다른 어떤 언
어보다 최초로 마음속에 유일하게 홀로 있었기 때문이며, 또한
단지 그 자체로뿐만 아니라 우연[3]에 의해서도 연결되는데, 바
로 가장 가까운 사람들, 가령 친척이나 동료 시민들, 자기 사람
들과 연결되어 있기 때문이다. 우리의 속어가 바로 그러한데, 6
그것은 모든 사람에게 단순히 가까울 뿐만 아니라 최대한 가깝
다. 그러므로 위에서 말한 것처럼 가까움이 우정의 씨앗이라
면, 그것이 바로 내가 다른 어떤 언어보다 나에게 가까운 우리
의 속어에 대해 갖고 있는 사랑의 원인이 되었다는 것은 분명하
다. 위에서 말한 이유, 말하자면 최초로 전체 마음속에 유일하 7
게 있는 것과 밀접하게 연결된다는 것이 사람들의 습관을 움직
여 오직 장자(長子)만이 상속을 받도록 하였는데, 그가 가장 가
깝고 또한 가장 가까워서 가장 많은 사랑을 받기 때문이다.
그리고 장점 때문에 나는 그의 친구가 되었다. 여기에서 어 8
떤 것에 있어서든 모든 고유의 장점은 그 자체로서 사랑을 받을

---

2) 본문에는 studio로 되어 있으며, "의도" 또는 "노력"으로 옮길 수도 있다.

3) 외부적이고 우발적인 원인을 가리킨다.

만하다는 것을 알아야 한다. 마치 남성에게는 수염이 많고 여성
에게는 얼굴 전체에 털이 없이 깨끗하며, 탐색하는 개는 냄새를
잘 맡고 사냥개는 잘 달리는 것과 같다. 그리고 그 장점이 고유 9
할수록 더욱 사랑받을 만하며, 따라서 인간에게서 모든 덕성이
사랑받을 만하지만, 가장 인간적인 것이 가장 사랑받을 만하
다. 그것은 바로 정의인데, 정의는 유일하게 합리적 또는 지성
적인 부분, 말하자면 의지 안에 들어 있다. 정의는 가장 사랑을 10
받을 만하기 때문에 철학자가 《윤리학》 제 5권에서 말하듯이 가
령 도둑이나 강도처럼 정의의 적들까지 정의를 사랑하기도 한
다.[4] 그러므로 그 반대, 말하자면 불의(不義)는 가장 증오되는
것으로, 가령 배신, 배은망덕함, 거짓, 절도, 강탈, 속임수 같
은 것들이 그렇다. 그것들은 너무나도 비인간적인 죄들로, 그 11
런 죄의 오명에서 벗어나기 위해서는 위에서 말했듯이,[5] 자기
자신에 대해 말하고 자신이 충실하고 성실하다고 말하는 것이
오랜 관습에 의해 허용된다. 그런 덕성에 대해서는 나중에 제 12
14권에서 충분하게 다룰 것이므로, 여기서는 내버려두고 원래
의 주제로 돌아오겠다. 그러니까 가장 고유한 장점은 그 자체로
가장 사랑받을 만하다는 것이 증명되었고, 거기에서 가장 고유
한 것이 무엇인가 증명하기 위해서는 가장 사랑받고 칭찬받는
것을 보아야 하는데, 그것이 바로 최고의 장점이다. 우리가 알 13
고 있듯이, 언어와 관련된 모든 것에서는 생각을 잘 표현하는

---

4) 사실 여기에서 설명된 개념은 아리스토텔레스의 《니코마코스 윤리학》에 나오는 것이 아니라, 키케로의 《의무에 관하여》(*De officiis*) 제2권 11장 40절에 나온다. 허승일의 번역본(《키케로의 의무론. 그의 아들에게 보낸 편지》, 서광사, 1989, 141쪽)에서는 해당 구절을 다음과 같이 번역하고 있다. "심지어 옳지 못한 일이나 범죄 행위를 하면서 생활하는 자들조차도 정의로움이 전혀 없이는 생활해 나갈 수 없다."

5) 위의 제1권 2장 12-13절 참조.

것이 가장 사랑과 칭찬을 받으며, 따라서 그것이 최고의 장점이다. 그것은 위의 다른 장에서 증명하였듯이[6] 우리의 속어에 있기 때문에, 분명히 그것은 내가 갖고 있는 사랑의 원인이 되었다. 앞에서 말했듯이 장점은 사랑을 발생시키는 원인이기 때문이다.

6) 위의 제1권 5장 12절 참조.

제 13장

우리의 속어에는 내가 그의 친구가 되게 하는 두 가지 원인, 말하자면 가까움과 장점이 있다는 것을 말했으므로, 이제 어떻게 혜택과 목적의 조화, 그리고 오랜 친숙함의 너그러움 덕택에 그 우정이 확고해지고 더 커지게 되었는지 말하고자 한다. 1

먼저 나는 그에게서 아주 커다란 혜택의 선물을 받았다는 것을 말하고 싶다. 모든 혜택들 중에서 혜택을 받는 사람에게 가장 귀중한 것이 가장 크다는 것을 알아야 한다. 그리고 그것을 위하여 다른 모든 것을 원하는 것만큼 귀중한 것은 없으며, 다른 모든 것들은 그것들을 원하는 자의 완전함을 위해 원하는 것이다. 그러므로 인간은 두 가지 완전함, 하나는 일차적이고 다른 하나는 이차적인 완전함(첫째는 인간이 존재하게 하고, 둘째는 인간을 선하게 만든다)을 갖고 있기 때문에, 우리 속어가 나에게 첫째와 둘째 완전함의 원인이 되었다면, 나는 그에게서 가장 커다란 혜택을 받은 셈이다. 그리고 그것이 내 존재의 원인, 그리고 내 선행(혹시 나 자신의 잘못으로 줄어들지 않았다면)의 원인이 되었다는 것은 다음과 같이 간략하게 증명될 수 있다. 2 3

철학자가 《자연학》[1] 제 2권에서 말하듯이 여러 가지 실질적인 원인들[2]에 의해 하나의 사물이 존재할 수 있다.[3] 비록 그 4

1) 라틴어 제목은 *Physica*이며, 바로 물리적 세계를 다루기 때문에 《물리학》으로 번역될 수도 있으나 철학계의 관례에 따라 《자연학》으로 옮겼다.

것들 중 하나가 가장 중요하더라도 그렇다. 그러므로 불과 망치
가 칼의 효과적인 원인들이지만, 가장 중요한 것은 대장장이이
다. 이 우리의 속어는 나의 부모를 서로 연결해 주는 요인이었
는데, 그분들은 그 언어로 함께 이야기하였기 때문이다. 마치
불이 칼을 만드는 대장장이에게 철을 준비해주는 것과 마찬가
지이다.[4] 그러므로 그가 나의 생성에 기여하였으며, 따라서 내
존재의 한 원인이 되었다는 것은 명백하다.

게다가 이 우리의 속어는 나를 최종적인 완성인 학문의 길로 5
인도하였는데, 그를 통해[5] 나는 라틴어에 입문하였고 그를 통
해 라틴어를 배웠으며, 나중에 그 라틴어가 나의 이후 발전의
길이 되었기 때문이다. 그러므로 내가 인정하듯이 분명히 그는
나에게 가장 커다란 혜택을 주었다.

또한 그는 나와 똑같은 목적을 갖고 있었는데, 나는 그것을 6
다음과 같이 증명할 수 있다. 모든 사물은 천성적으로 자신의
보존을 추구한다. 그러므로 만약 속어가 자신을 위해 무엇인가
를 추구할 수 있다면 그것을 추구할 것이며, 그것은 최대한의
안정을 확보하는 것이고, 최대한의 안정은 오로지 운율과 각운
에 연결됨으로써만 얻어질 수 있다. 그리고 그것이 바로 나의 7
목적이었는데, 그것은 너무 명백하여 증명이 필요 없을 정도이

---

2) 원문에는 cagione efficiente(라틴어로는 causa efficiens)로 되어 있으며, 따라서 아리스토텔레스와 스콜라 철학에서 말하는 변화 원리의 네 가지 원인과 관련될 경우에는 "작용적 원인", "작용인", "능동인", "운동인" 등으로 번역할 수 있을 것이다. 이 네 가지 원인의 번역 용어에 대해서는 제4권 20장 10절의 역주 참조.

3) 아리스토텔레스의 《자연학》에 대한 토머스 아퀴나스의 주석(제2권 14장 14절) 참조.

4) 불이 철을 녹이거나 달구어 부드럽게 만들어줌으로써 대장장이가 칼을 만들 수 있다는 것을 의미한다.

5) 속어를 매개로 하여.

다. 나의 목적과 그의 목적이 똑같았기 때문에, 그런 조화를 통해 우정은 확고해지고 더 커지게 되었다.

또한 친숙함의 너그러움이 있는데, 나는 내 삶의 초기부터 8
그와 친숙함을 갖고 대화를 하였으며, 그를 이용하여 판단하고
설명하고 질문하였기 때문이다. 그러므로 만약 감각적으로 알 9
수 있듯이 친숙함을 통해 우정이 더 강화된다면, 나는 그 속어
와 함께 나의 모든 생애를 함께 하였으므로 나에게 있어 우정은
최대한 강화되었다는 것이 명백하다.

그리고 이러한 우정에는 우정을 발생시키고 증대시키는 모든 10
원인들이 함께 협력하였다는 것을 알 수 있다. 그러므로 나는
단순한 사랑뿐만 아니라 가장 완전한 사랑을 그에게 갖고 있어
야 하며, 또한 실제로 갖고 있다고 결론을 내릴 수 있다.

따라서 시선을 뒤로 돌려 앞에서 말한 이유들을 모아 보면,[6] 11
다음에 나오는 칸초네들과 함께 먹어야 하는 이 빵은 잡곡으로
만들어졌다는 것[7]과, 또한 불순물에서 완전히 깨끗해졌다는 것
을 알 수 있다. 그러므로 이제는 음식물을 제공하려고 생각해야
할 시간이다.

이것은 잡곡으로 만든 빵이 될 것이며, 수많은 사람들이 배불 12
리 먹어도 나의 가득한 바구니는 넘칠 것이다.[8] 이것은 새로운
빛, 새로운 태양이 될 것이며, 그 새로운 태양은 바로 낡은 태양
이 지는 곳에서 솟아오를 것이고, 낡은 태양이 빛을 비추지 않기
때문에 어둠과 암흑 속에 있는 사람들에게 빛을 비춰줄 것이다.

---

6) 제1권에서 지금까지 설명한 것을 모두 고려해 본다면.

7) "이 빵", 즉 칸초네에 대한 해설(앞의 제1권 1장 11절 참조)은 속어로 되어 있다는 것.

8) 〈요한복음서〉 6장 5-13절에 나오듯이, 예수가 보리빵 다섯 개와 작은 물고기 두 마리로 5천 명을 배불리 먹이고도 남긴 부스러기가 열두 광주리에 가득 찬 기적을 상기시키는 구절이다.

제2권

첫째 칸초네

지성만으로[1] 셋째 하늘을 움직이는 그대들[2]이여,[3]
너무나도 이상하여 다른 사람에게 말할 수 없는
내 가슴속의 이야기를 들어보오.
가장 고귀한 창조물인 그대들이여,
그대들의 힘을 뒤따르는 하늘이
나를 지금 이런 상태로 이끌지요.
그러니 내가 겪고 있는 삶의 이야기를
그대들에게 말하는 것은 정당해 보이니,
나를 이해해 달라고 부탁합니다.
나는 내 가슴의 이상한 상태에 대해,
어떻게 슬픈 영혼[4]이 그 안에서 울고 있는지,
또 그대들의 별[5]빛을 통해 내려오는 한 정령[6]이

1) 원문에는 'intendendo로 되어 있는데, 뒤에서 자세히 설명하듯이 하늘들을 움직이는 천사들은 육체가 없는 순수한 지성적 존재들이며, 따라서 그 지성의 힘만으로 자신의 임무를 수행한다.

2) "셋째 하늘", 즉 금성(金星)의 하늘을 관장하는 천사들을 가리킨다. 단테의 우주관에 대해서는 제2권 2장 이후의 설명 참조.

3) Voi che 'itendendo il terzo ciel movete로 시작하는 이 칸초네는 〈시 79번〉(*Rime LXXIX*)이다〔단테의 시들에 붙여진 이 번호는 바르비(Michele Barbi, 1867~1941)가 이탈리아 단테 학회(Società Dantesca Italiana)의 위임으로 단테의 《시들》(*Rime*)을 편집하면서 배치한 순서에 의한 것이다〕. 이 작품은 《신곡》에서도 언급되는데, 금성의 하늘에서 만난 카를로 마르텔로의 영혼이 바로 이 첫 구절을 그대로 인용하면서 단테에게 이야기한다(〈천국〉 8곡 37행 참조). 그리고 "세상에 있는 나의 말이여(Parole mie che per lo mondo siete)"로 시작하는 소네트〔〈시 84번〉(*Rime LXXXIV*)〕에도 첫 구절이 인용되어 있다.

4) 죽은 베아트리체를 그리워하는 마음을 가리킨다.

5) 셋째 하늘을 이끄는 금성을 가리키는데, 금성은 문자 그대로 베누스

어떻게 거기에 반대하여 말하는지 이야기하겠소.

괴로운 마음의 생명력이 되었던 것은,
여러 번 우리 주님의 발치에
달려가곤 했던 달콤한 생각이었지요.
그곳에서 어느 영광의 여인[7]을 보고
그녀에 대해 너무나도 달콤하게 말했으니,
내 영혼은 말했지요. "나는 달아나고 싶어."
하지만 이제 다른 생각이 나타나 그를 쫓아내고
너무나도 강한 힘으로 나를 지배하니
내 가슴은 밖으로 보일 정도로 떨린답니다.
그[8]는 나에게 한 여인을 보여주며 말하지요.
"구원을 보고 싶은 사람은, 만약
고통스러운 한숨을 두려워하지 않는다면,
이 여인의 눈을 바라보아라."

하늘에서 축복 받은 천사 같은 여인에 대해
나에게 이야기하던 그 소박한 생각[9]은
이제 파괴해야 할 반대자[10]를 만났지요.
내 영혼은 더욱 고통스러워 울면서
말합니다. "오, 세상에, 나를 위안하던

(Venus, 그리스 신화에서는 아프로디테), 말하자면 사랑의 여신에게 바쳐진 행성이며, 따라서 인간의 사랑에 영향을 준다.

6) 뒤이어 제2권 2장 1절에서 단테는 "고귀한 여인"에 대해 말하는데, 베아트리체가 죽은 뒤에 새로이 나타난 그 여인에 대한 사랑의 느낌을 가리킨다.

7) 하느님의 곁에서 축복 받은 자들의 영광을 누리고 있는 죽은 베아트리체를 암시한다.

8) 새롭게 나타난 "다른 생각"(20행).

9) 첫 번째의 "달콤한 생각".

10) 새로운 여인을 보게 만드는 두 번째 생각.

이 자비로운 생각이 어떻게 달아나는지!"
　지친 이 영혼은 나의 눈에게 말하는군요.
"그 여인을 바라보았던 저주받을 시간이여!
왜 그녀에 대한 나의 말을 믿지 않았는가?
내가 말했지. '그녀의 눈 속에는 분명히
나와 같은 영혼들을 죽이는 자가 숨어 있어!'
그런데 나를 죽인 그를 바라보지 않아야 한다고
내가 깨달았어도 아무런 소용이 없었네."

　"우리의 영혼이여, 그대는 죽은 것이 아니라,
단지 길을 잃었을 뿐이니, 슬퍼하지 마오."
어느 고귀한 사랑의 요정이 말하는군요.
　"그대가 느끼는 그 아름다운 여인은
그대의 삶을 너무나도 변화시켰기 때문에,
그대는 두려워하고, 그렇게 비겁해졌군요!
　그녀가 위대함 속에서 얼마나 자비롭고 소박한지,
얼마나 현명하고 친절한지 보세요.
이제 그녀를 여인이라 불러야 해요!
만약 속지 않는다면, 그대는 그녀가
놀라운 기적들로 꾸며진 것을 보고
말할 것이오. '진정한 주인이신 사랑[11]이여,
여기 당신의 시녀가 있으니, 원하는 대로 하소서.'"

　칸초네여,[12] 그대의 말을 잘 이해하는

---

11) 원문에는 아모르(Amor)로 되어 있는데, 로마 신화에서 사랑의 신을 가리킨다〔또는 쿠피도(Cupido)라 부르기도 한다〕. 그리스 신화의 에로스에 해당한다. 문맥에 따라 사랑의 신의 활동을 강조할 경우에는 아모르로 옮기고, 보통명사로서의 성격이 부각될 경우에는 그냥 "사랑"으로 옮길 것이다.

12) 이 마지막 연에서 단테는 친숙한 어조로 자신의 칸초네에게 말을 건넨다. 시의 결구(結句) 역할을 하는 이런 부분을 가리켜 **토르나타**(tornata)라 부

사람들은 드물 것이라고 생각하니,
그대가 복잡하고 어렵게 말하기 때문이오.
그러니 혹시 그대의 말을 잘 이해하지
못하는 사람들 앞에 가게 되면,
사랑하는 나의 새로운 시[13]여,
그들에게 이렇게 말하면서
조금이라도 위안을 삼기 바라오.
"최소한 내가 얼마나 아름다운지 보시오!"

르는데, 이에 대한 단테의 해설로는 뒤의 제2권 11장 2절 이하 참조.

13) 본문에는 novella, 즉 "이야기"로 되어 있다.

제 1장

서문의 역할을 하는 앞의 논고[1]에서 나 자신이 마련한 빵이 충분하게 준비되었으니, 지금 시간은 나의 배를 불러 항구에서 나갈 것을 요구한다.[2] 그러므로 나는 내 열망의 산들바람에 이성의 돛을 활짝 펼치고, 부드러운 항해와 함께 내 잔치의 마지막에 안전하고 칭찬할 만한 항구에 도달하고 싶은 희망을 갖고 먼 바다로 나간다. 하지만 이 나의 음식이 더욱 유익하도록, 나는 첫 번째 음식[3]이 나오기 전에 그것을 어떻게 먹어야 할지 보여주고자 한다. 1

첫 장[4]에서 말했듯이 이 해설은 문자 그대로의 설명과 우의적인 설명이 되어야 한다. 그것을 이해하기 위해서는 대개 글들이 네 가지 의미로 이해될 수 있고, 또 그렇게 설명되어야 한다는 것을 알아야 한다.[5] 2

---

1) 제1권은 서문 역할을 한다. "논고"에 대해서는 제1권 1장 17절의 역주 참조.

2) 인간의 다양한 활동을 배와 항해에 비유하는 것은 당시에 자주 사용되던 문학적 **토포스**(topos)였다. 제4권 5장 8절에도 똑같은 은유가 나오며, 《신곡》의 〈천국〉 2곡 서두에서는 단테 자신의 노래를 배에 비유하면서 뒤따르는 독자들의 "작은 쪽배(piccoletta barca)"에게 잘 따라오라고 권유하기도 한다.

3) 이 제2권의 첫째 칸초네와 거기에 대한 해설.

4) 제1권 1장 18절 참조.

5) 단테는 특히 성경과 관련하여 텍스트의 다의성에 대한 중세의 이론을 설명한다.

첫째는 문자 그대로의 의미로, 시인들의 이야기처럼 겉으로 3
드러난 말의 의미를 넘어서지 않는다.

둘째는 우의적 의미라고 부르는데, 그것은 그 이야기의 외투 4
아래 감추어져 있는 것이며, 바로 멋진 거짓말[6] 아래 숨겨진
진리이다. 예를 들어 오비디우스[7]는 오르페우스[8]가 현금(玄
琴)으로 야수들을 길들이고 나무와 돌이 자신을 향해 움직이도
록 만들었다고 말하는데, 이것이 의미하는 것은, 현명한 사람
은 자기 목소리를 도구로 삼아 잔인한 마음들을 길들이고 소박
하게 만들며, 학문이나 예술을 전혀 모르는 사람들을 자신의 의
지대로 움직이며, 따라서 어떤 이성적인 생활도 없는 사람들은
거의 돌멩이와 같다는 것이다. 현명한 사람들이 무엇 때문에 그 5
런 감추기를 고안해냈는지에 대해서는 마지막에서 두 번째 논
고[9]에서 증명할 것이다. 신학자들은 시인들과 달리 그런 의미
를 사실로 간주한다.[10] 하지만 여기에서는 시인들의 방식을 따
르는 것이 나의 의도이므로, 나는 시인들이 사용하는 대로의 우
의적인 의미로 간주할 것이다.

셋째는 도덕적 의미라고 부르는데, 그것은 설교자들이 자기 6

---

6) 시인들은 허구의 세계를 이야기하기 때문에 거짓말이라 부른다.

7) 오비디우스(Publius Ovidius Naso, 기원전 43~서기 17)는 로마 시대의 뛰어난 시인으로 그리스 로마 신화의 고전적 저술로 꼽히는《변신》(*Metamorphosis*)을 남겼다. 단테는 이 작품을 즐겨 읽었으며《신곡》에서도 자주 인용한다.

8) 그리스 신화에 나오는 신비적인 시인이자 음악가.

9) 만약《향연》이 완성되었다면 제14권이 되었을 것이다.

10) 여기에서 무엇 때문에 단테가 시인들의 우의적인 의미와 신학자들의 우의적인 의미를 구별하였는지 분명하게 알 수 없으며, 따라서 여러 학자들 사이에 많은 논란을 불러일으켰다. 어쨌든 대다수 학자들의 견해에 의하면, 신학자들은 성경을 단지 문자 그대로의 의미뿐만 아니라 역사적 사실과 진리로서 받아들인다는 것을 의미하는 것으로 해석된다.

자신이나 청중의 유익함을 위하여 성경에서 주의 깊게 찾아보아야 하는 것이다. 예를 들어 복음서에서 찾아볼 수 있듯이, 그리스도께서 산으로 올라가 변모(變貌)하실 때, 열두 제자들 중에서 세 명만 데리고 가셨는데,[11] 여기에서 도덕적 의미로 우리는 아주 비밀스러운 것에 대해서는 소수만 동반해야 한다는 것으로 이해할 수 있다.

넷째는 영적(靈的)[12]인 의미, 말하자면 부가 의미[13]라고 부 7
르는데, 이것은 성경 구절을 영적으로 설명할 때 나타난다. 성경의 구절은 문자 그대로의 의미에서 사실이라 하더라도, 그렇게 의미되는 것을 통해 영원한 영광[14]의 신성한 것들을 의미한다. 마치 이스라엘 백성이 이집트에서 나올 때 유대 지역이 성스러워지고 자유로워졌다고 말하는 예언자[15]의 노래에서 볼 수 있는 것과 마찬가지이다. 그것은 문자 그대로의 의미에서 명백하게 사실일지라도, 영적으로 이해하는 것, 말하자면 영혼은

11) 그리스도는 베드로와 야고보, 요한, 세 제자만을 데리고 높은 산으로 올라가 눈부신 모습으로 변한 모습을 보여주었다. 그러한 예수의 이른바 "영광스러운 변모"에 대해서는 〈마태오 복음서〉 17장 1-8절, 〈마르코 복음서〉 9장 2-8절, 〈루카 복음서〉 9장 28-36절 참조.

12) 원문에는 anagogico로 되어 있는데, 대부분의 사전들을 비롯하여 일부 번역에서 "신비적"으로 옮기기도 한다.

13) 원문에는 sovrasenso로 되어 있는데, 문자 그대로의 의미 위에 덧붙여진 추가 의미를 가리킨다.

14) 성스러운 하느님의 영광.

15) 〈시편〉의 주요 저자로 알려진 다윗을 가리킨다. 앞의 내용은 〈시편〉 제114편 〈이스라엘이 이집트에서 나올 때〉(*In exitu Israel de Aegypto*)에서 인용된 것이다. 단테는 칸그란데 델라 스칼라(Cangrande della Scala)에게 보낸 편지인 〈서간문 13번〉(*Epistola XIII*)에서도 이 구절을 인용하면서 《성경》 텍스트의 네 가지 의미에 대해 설명하였고, 《신곡》 〈연옥〉 2곡 46행에서도 또 다시 인용한다.

죄에서 벗어날 때 그 능력에서 성스럽고 자유로워진다는 것도
역시 사실이다.

이런 설명에서 문자 그대로의 의미는 언제나 먼저 나와야 하 8
는데,[16] 바로 그 안에 다른 의미들이 포함되어 있으며, 그것이
없으면 다른 의미들, 특히 우의적 의미는 이해할 수 없고 또한
불합리한 것이 될 것이기 때문이다. 그것이 불가능한 것은, 내 9
부와 외부[17]를 갖고 있는 모든 것에서 먼저 외부에 도달하지
않고는 내부로 들어가는 것이 불가능하기 때문이다. 그러니까
글에서 문자 그대로의 의미는 언제나 외부적인 의미이므로, 먼
저 문자 그대로의 의미에 도달하지 않고 다른 의미들, 특히 우
의적 의미에 도달할 수는 없다.

게다가 자연적이든 인공적이든 모든 것에 있어 형식이 부과 10
되어야 하는 질료가 먼저 준비되지 않으면, 형식으로 나아가는
것이 불가능하기 때문이다. 마치 만약 질료, 말하자면 그 재
료[18]가 준비되고 배치되어 있지 않으면 황금의 형식[19]이 나타
날 수 없으며, 만약 질료, 말하자면 목재가 먼저 준비되고 배치
되어 있지 않으면 궤짝의 형식이 나타날 수 없는 것과 마찬가지
이다. 그러므로 문자 그대로의 의미는 언제나 다른 의미들, 특 11
히 우의적 의미의 질료이기 때문에, 그것보다 먼저 다른 의미들
에 도달할 수는 없다.

또한 가령 집을 짓거나 공부하는 데에서 그렇듯이, 자연적이 12

---

16) 문자 그대로의 의미를 먼저 보고 이해한 다음에 이차적인 우의적 의미를 이해해야 한다는 뜻이다.

17) 텍스트에서 감추어진 내부적 의미와, 즉각 알아볼 수 있는 외부적 의미를 가리킨다.

18) 뒤에서 말하는 황금 장신구의 재료인 황금.

19) 황금으로 만든 장식물들.

든 인공적이든 모든 것에 있어 먼저 기초를 세우지 않으면 나아갈 수 없기 때문이다. 그러므로 설명은 학문을 세우는 것이며, 문자 그대로의 의미를 설명하는 것은 다른 의미들, 특히 우의적 의미의 토대가 되기 때문에, 그것보다 먼저 다른 의미들에 도달할 수는 없다.

게다가 비록 그것이 가능하다고 하더라도, 그것은 비합리적 13
인 것, 말하자면 질서에 어긋나는 것이며, 따라서 수많은 오류와 함께 매우 힘들게 나아가게 될 것이다. 그러므로 철학자가 《자연학》 제 1권에서 말하듯이, 자연은 우리의 지식[20]에서 질서 있게, 말하자면 우리가 잘 알고 있는 것에서 잘 알지 못하는 것으로 나아가기를 원한다.[21] 내가 자연이 그렇게 원한다고 말하는 것은, 그런 지식의 길이 우리에게 자연스럽게 선천적으로
주어지기 때문이다. 만약 문자 그대로의 의미와 구별되는 다른 14
의미들이 잘 이해되지 않는다면(분명하게 알 수 있듯이 실제로도 그렇다), 먼저 문자 그대로의 의미가 설명되지 않은 상태에서 다른 의미들에 대한 설명으로 나아가는 것은 불합리할 것이다.

바로 그러한 이유 때문에 나는 각 칸초네에 대해 언제나 문자 15
그대로의 의미를 먼저 설명하고, 그 다음에 우의적 의미, 즉 감추어진 진리에 대해 설명할 것이다. 그리고 경우에 따라 다른 의미들[22]에 대해서는 시기와 장소가 적절하다고 여겨지는 대로 부수적으로 다룰 것이다.

---

20) 원문에는 conoscere로 되어 있으며, "이해" 또는 약간 비약하여 "학문"으로 옮길 수도 있다.

21) 아리스토텔레스, 《자연학》 제1권 1장 2절 참조.

22) 말하자면 셋째의 도덕적 의미와 넷째의 영적 의미.

제 2장

그렇다면 해설을 시작하면서 나는 먼저 말하고 싶다. 지금 1
하늘에서는 천사들과 함께 살고 있으며, 땅에서는 내 영혼과 함
께 살고 있는 그 축복받은 베아트리체가 사망한 후,[1] 금성의
별이 서로 다른 시간에 따라 저녁과 새벽에 나타나게 만드는 자
신의 궤도를 따라 두 번 회전하였을 때,[2] 내가 《새로운 삶》의
마지막 부분에서 말했던 그 고귀한 여인[3]이 아모르[4]와 함께

---

1) 단테 자신의 말에 의하면 베아트리체는 1290년 6월 8일 사망하였다(《새로운 삶》 제29〔30〕장 1절 참조).

2) 당시의 우주관에 의하면 항성(恒星), 즉 붙박이별들은 하늘에 고정되어 있어 언제나 같은 자리에서 보이는데, 그와는 달리 행성들은 연중 시기에 따라 하늘에서 방황하고 움직이는 "별"로 간주되었다. 프톨레마이오스의 이론에 따라 단테가 묘사하는 바에 의하면, 금성은 주전원(周轉圓), 말하자면 지구 주위를 회전하는 다른 큰 원의 둘레 위에 그 중심이 놓여 있는 작은 원의 궤도를 따라 회전하는 것으로 보았다. 그런 이중 궤도의 운동 때문에 금성은 태양의 동쪽이나 서쪽에서 나타나고, 지구에서 볼 때 태양의 오른쪽에 있을 때에는 샛별로, 왼쪽에 있을 때에는 저녁별로 보인다는 것이다. 그 금성의 공전 운동 주기는 584일인데, 그것이 "두 번" 있었기 때문에, 베아트리체가 죽은 지 3년 이상이 되었다는 것을 의미한다. 따라서 단테가 이 칸초네를 쓴 시기는 1293년 8월 무렵이다.

3) 단테는 《새로운 삶》 제35〔36〕장 2절에서 처음으로 "매우 아름답고 젊은 고귀한 여인(una gentile donna giovane e bella molto)"이 나타났다고 말한다. 《새로운 삶》은 전체 42장(또는 43장)으로 구성되어 있기 때문에 그것은 거의 마지막 부분에 해당한다. 또 여기에서 gentile는 "상냥한" 또는 "친

먼저 내 눈앞에 나타났고 내 마음속에 자리를 잡았다. 위에서 2
말한 작은 책자[5] 에서 내가 말했듯이, 나는 나 자신의 선택보다 그녀의 고귀함에 의해 그녀의 것이 되도록 허용하기에 이르렀다. 왜냐하면 그녀는 나의 외톨이 삶[6] 에 대해 많은 연민을 보여주었고, 따라서 내 두 눈의 영혼은 그녀에게 매우 가깝게 다가갔기 때문이다. 그리고 그렇게 한 다음 내 안에다 그녀의 모습을 심었고, 나의 의지[7] 는 그 모습과 함께 있는 것에 만족하였다.

그렇지만 곧바로 사랑이 탄생하여 커지고 또 완전해진 것이 3
아니라, 특히 그것을 방해하는 대립적인 생각들이 있는 곳에서는 상당한 시간과 생각의 자양분을 요구하기 때문에, 그 새로운 사랑이 완전해지기 전에, 그것을 부양한 생각과, 영광스러운 베아트리체를 위해 아직도 내 마음의 요새를 붙잡고 있는 정반
대의 생각 사이에 많은 싸움이 필요하였다. 앞의 생각[8] 은 계속 4
해서 눈앞에 있는 부분에 의해 도움을 받았고, 뒤의 다른 생각[9] 은 뒤를 향한 기억의 부분에 의해 도움을 받았다. 눈앞에

절한" 등으로 번역할 수도 있지만, 뒤의 제4권에서 논의하듯이 사회적 신분과 관련되어 있기 때문에 "고귀한"으로 옮겼다.

4) 앞의 첫째 칸초네 51행에서는 그냥 "사랑"으로 옮겼다.

5) 《새로운 삶》을 가리킨다. 비교적 적은 분량의 이 작품을 가리켜 단테는 libello, 즉 "작은 책자"라고 불렀다(《새로운 삶》 12장 17절, 25장 9절, 29〔28〕장 2절 참조).

6) 원문에는 vedovata vita, 즉 "홀아비(또는 미망인)가 된 삶"으로 되어 있는데, 베아트리체가 죽은 뒤의 외로운 삶을 가리킨다.

7) 앞에서 말한 "선택(elezione)"과 마찬가지로 "자유 의지"를 가리킨다.

8) 새로운 여인에 대한 생각은 계속해서 그녀를 만날 수 있었기 때문에 더욱 강화되었다.

9) 베아트리체에 대한 생각은 과거의("뒤를 향한") 기억에만 의존하였다는 것을 의미한다.

있는 도움은 어떤 식으로든 내가 뒤로 시선을 돌리는 것을 방해
하였기 때문에 매일 증가하였는데, 다른 도움[10] 은 그렇게 하지
못하였다. 그러므로 내가 그 생각[11] 을 유지할 수 없었다는 것
이 나에게는 놀랍기도 하고 또한 견디기 힘든 일이었다. 그래서 5
거의 울부짖으면서 마치 내가 무기력한 것처럼 보이는 변화에
대해 나 자신을 변명하기 위해, 천상의 역량으로서 아주 강력한
새로운 생각의 승리가 나오는 곳[12] 으로 내 목소리가 향하도록
하였고, "지성만으로 셋째 하늘을 움직이는 그대들이여" 하고
노래하기 시작하였다.

이 칸초네의 의미를 올바르게 이해하기 위해서는 먼저 그 부 6
분들을 알아야 하는데, 그래야 나중에 그 의미를 쉽게 포착할
수 있을 것이다. 다른 칸초네들의 설명에 대해서도 먼저 이런
말을 할 필요가 없도록, 이 논고에서 따르는 순서는 다른 논고
들에도 그대로 적용될 것이라고 말하고 싶다.

그러니까 위의 칸초네는 세 주요 부분으로 구성되어 있다. 7
첫째 부분은 칸초네의 첫 번째 연(聯)[13] 인데, 여기에서는 금성
의 회전을 위해 움직이는 자들로 배치된 일부 지성들,[14] 또는
보다 일반적으로 부르듯이 천사들에게 내가 말하려는 것을 들어
보라고 권유한다. 둘째 부분은 첫째 연 다음의 세 연으로 되어 8
있으며, 여기에서는 마음속의 서로 다른 생각들 사이에서 정신
적으로 들리는 것을 보여준다. 셋째 부분은 다섯 번째 마지막 9

---

10) 베아트리체에 대한 생각을 도와주는 도움.

11) 베아트리체에 대한 생각.

12) 사랑의 힘이 유래하는 베누스, 즉 금성의 하늘을 가리킨다.

13) 본문에는 verso, 즉 "시행(詩行)"으로 되어 있지만, 여기에서는 여러 행들이 모인 연 또는 단락을 의미한다.

14) 뒤이어 말하듯이 천사들을 가리키는데, 천사들은 육신이 없고 순수하게 지성적인 존재로서 창조되었다고 믿었다.

연으로, 여기에서는 사람[15] 이 자기 자신의 작품에게 마치 격려하듯이 말하려고 한다. 위에서 말했듯이, 이 세 부분은 모두 순서대로 설명될 것이다.

15) 뒤이어 말하듯이 칸초네를 쓴 작가, 즉 단테 자신을 가리킨다.

제 3장

위에서 구분한 첫째 부분에서 지금 우리가 관심을 기울이고 1
있는 문자 그대로의 의미를 보다 분명하게 이해하기 위해서는,
내 말을 들어 보라고 권유받은 자들이 누구이고 몇 명인지, 또
한 그들이 움직인다고 말한 그 셋째 하늘이 무엇인지 알아야 한
다. 나는 먼저 하늘에 대해 말한 다음 내가 말한 그들에 대해
말할 것이다. 비록 진실에 비하면 그런 것들에 대해서는 아주 2
조금만 알 수 있지만, 철학자가 《동물들에 관하여》[1]에서 말하
는 바에 의하면, 인간의 이성이 그 조금에서 이해하는 것은 감
각을 통해[2] 판단하는 많고 확실한 것들보다 더 많은 즐거움을
부여한다.

하늘들의 숫자와 위치에 대해서는, 마침내 그 진리가 발견되 3
었는데도, 많은 사람들이 서로 다른 견해를 갖고 있다. 아리스
토텔레스는 단순히 점성술사들의 오래된 조잡한 개념에 따라,
단지 여덟 개의 하늘만 있다고 믿었으며, 그중에서 다른 모든
하늘을 포함하는 가장 바깥의 하늘은 붙박이별[3]들이 있는 곳,
말하자면 여덟째 천구(天球)이며, 그 바깥에는 아무 것도 없다

---

1) 아리스토텔레스가 동물들에 대하여 쓴 저술들은 여러 권으로 따로 분류되기도 한다.

2) 감각들을 통해 직접적인 경험으로.

3) 일부에서는 한자어를 사용하여 "항성(恒星)"으로 번역한다.

고 믿었다. 또한 태양의 하늘은 달의 하늘과 바로 인접하고 있 4
다고, 말하자면 우리에게서[4] 둘째 하늘이라고 믿었다. 원하는 사람은 그러한 아리스토텔레스의 그릇된 견해를, 자연에 관한 책들[5]의 두 번째에 있는 《천체와 세상에 관하여》 제 2권에서 찾아볼 수 있다. 사실 그는 그것에 대해 《형이상학》 제 12권에서 변명하고 있는데,[6] 천문학[7]에 대해 말하는 곳에서 자신은 단순히 다른 사람들의 견해를 따랐다고 분명하게 밝히고 있다.

나중에 프톨레마이오스[8]는 여덟째 천구의 궤도가 모든 것을 5
동쪽에서 서쪽으로 회전시키는 올바른 궤도에서 벗어난다는 것을 관찰함으로써 그 여덟째 천구가 여러 움직임들로[9] 움직인다는 것을 깨달았기 때문에, 또한 필연적으로 매우 단순한 최초 움직임[10]을 요구하는 철학의 원리들에 이끌렸기 때문에, 붙박이 별들의 하늘[11] 바깥에 그렇게 동쪽에서 서쪽으로 회전시키는 다

---

4) 지구에서 볼 때.

5) 아리스토텔레스의 자연 현상들, 즉 물리적 세계에 대한 저술들은 여러 가지로 분류되는데, 그 중 첫 번째가 《자연학》이고, 두 번째가 《천체와 세상에 관하여》라는 것이다. 이 저술은 《천체에 관하여》(*De caelo*) 와 《세상에 관하여》(*De mundo*) 로 따로 분류되기도 한다.

6) 아리스토텔레스, 《형이상학》 제12권 8장 참조.

7) 원문에는 astrologia, 즉 "점성술"로 되어 있으나, 당시에는 두 분야가 서로 구별되지 않았기 때문에 근대적 의미에서 천문학으로 옮겼다.

8) 프톨레마이오스(83~161) 는 로마 지배하의 이집트에서 태어난 수학자, 천문학자, 점성술사, 지리학자로 그의 천문학 체계는 중세 가톨릭교회의 공식적인 우주관이 되었다. 천체에 대한 단테의 관념은 전적으로 거기에 의존하고 있으며, 특히 《신곡》에서 천국의 구조는 그것을 모델로 하고 있다.

9) 천체의 최초 움직임은 단 하나의 운동으로 이루어진다고 보았던 아리스토텔레스 철학의 원리와는 어긋나는 견해이다.

10) 라틴어로 프리뭄 모빌레 (Primum Mobile)이며 "원동력(原動力)"으로 옮길 수도 있다. 일부에서는 "원동자(原動者)"로 번역하기도 한다.

11) "항성천(恒星天)"으로 번역하기도 한다.

른 하늘을 배치하였다. 그것의 회전은 거의 24시간, 말하자면
23시간과 대략 한 시간의 15분의 14에 해당하는 시간[12] 동안에
이루어진다. 그러므로 그런 움직임들이 관찰된 이후 점성술과 6
철학에서 받아들이는 견해와 그의 견해에 의하면 아홉 개의 움
직이는 하늘이 존재한다. 하늘들의 위치는 광학이라 부르는 기
술과 산술(算術), 기하학에 의해, 그리고 감각과 이성의 관찰
이나 다른 감각적 경험들을 통해 명백하게 확정되었다. 따라서
일식(日蝕) 동안 달이 태양 아래에 있다는 것이 감각적으로 명
백하게 드러나고, 또한 아리스토텔레스의 증언에 의하면(《천체
와 세상에 관하여》 제 2권에서 말하는 바에 의하면) 그는 상현달이
어두운 부분부터 화성의 아래로 들어가고, 또 화성은 감추어져
있다가 서쪽을 향하고 있는[13] 달의 밝은 부분 쪽에서 다시 나
타나는 것을 눈으로 보았다고 한다.

그리고 하늘들의 위치는 다음과 같다.[14] 순서에서 첫째 하늘 7
은 달이 있는 하늘이고, 둘째는 수성이 있는 하늘, 셋째는 금성
이 있는 하늘, 넷째는 태양이 있는 하늘, 다섯째는 화성이 있는
하늘, 여섯째는 목성이 있는 하늘, 일곱째는 토성이 있는 하늘,
여덟째는 붙박이별들의 하늘이며, 아홉째는 위에서 말한 그런
움직임을 통해서가 아니면 지각할 수 없는 하늘인데, 많은 사람
들이 그것을 수정(水晶)의 하늘, 말하자면 투명한 하늘 또는 완
전하게 비치는 하늘이라 부른다.

---

12) 간단히 말해 14/15시간이니까 56분이다.

13) 상현달이기 때문에 달의 밝게 빛나는 부분은 서쪽을 향하고 있다.

14) 중세의 천문학 관념에 따라 단테가 묘사하는 바에 의하면, 우주는 움직이지 않는 지구를 공통의 중심으로 하여 아홉 개의 하늘, 말하자면 공 모양의 천구(天球)들이 겹겹이 겹쳐진 채 서로 다른 속도로 회전하고 있는 형상이다. 각각의 하늘은 매우 크고 투명하며 거기에 항성들과 각 고유의 행성이 붙어 있다. 이러한 우주의 구조는 《신곡》의 천국에서도 동일하다.

사실 이 모든 하늘들 바깥에다 가톨릭 신자들은 엠피레오,[15] 8
말하자면 불꽃의 하늘 또는 빛나는 하늘을 배치하고, 또한 그것
은 자신의 질료가 원하는 것을 자기 자체의 모든 부분에 갖고
있기 때문에 움직이지 않는다고 생각한다.[16] 그리고 그것은 바 9
로 최초 움직임의 하늘[17]이 가장 빠르게 움직이는 이유이다. 그
하늘[18]에 가장 가까운 아홉째 하늘의 모든 부분은 그 가장 신
성하고 고요한 하늘의 모든 부분과 연결되어 있는 가장 열렬한
열망으로 인해 그 안에서 거의 헤아릴 수 없게 빠른 속도로 커
다란 열망과 함께 회전한다. 오직 혼자만이 스스로를 완전하게 10
이해할 수 있는 최고의 신성(神性)이 있는 장소는 고요하고 평온
하다. 그곳은 거짓말을 할 줄 모르는 거룩한 교회가 원하는 대로
축복받은 영혼들이 있는 곳이다. 그리고 잘 이해하는 사람이 살
펴보면, 아리스토텔레스도 《천체와 세상에 관하여》 제 1권에서
그것을 느꼈던 것 같다. 엠피레오는 세상[19]의 최고 건축물로서 11
그 안에 온 세상이 담겨 있고 그 바깥에는 아무 것도 없다. 그
리고 그것은 어떤 장소에 있는 것이 아니라, 오직 그리스 사람
들이 프로토노에(Protonoe)라고 불렀던 최초의 마음 속에서만
형성되었다. 그것은 바로 〈시편〉의 저자[20]가 하느님께 "당신의

15) 엠피레오(Empireo)는 고전 그리스어를 활용하여 만들어낸 중세 라틴어 엠피레우스(empyreus)에서 나온 말로 "불 속에" 또는 "불 위에"라는 뜻이다. 일부에서는 "청화천(淸火天)" 또는 "지고천(至高天)" 또는 "최고의 하늘"로 번역하기도 한다.

16) 엠피레오는 자기 욕망의 대상, 즉 하느님을 자신의 모든 부분에 갖고 있기 때문에 움직이지 않는다. 또한 다른 하늘들의 움직임은 하느님을 이해하고 사랑하는 능력으로 설명된다.

17) 일부에서는 줄여서 "원동천(原動天)"으로 번역하기도 한다.

18) 엠피레오.

19) 여기에서는 하늘들까지 포함하는 우주 전체를 가리킨다.

영광은 하늘들 위로 높이 올라갔습니다”[21] 하고 말했던 그런 영
광이다. 따라서 지금까지 말한 것을 요약해 보자면, 열 개의 하 12
늘들이 있으며, 내가 설명하고자 하는 칸초네의 부분에서 언급
하는 금성의 하늘은 셋째 하늘이라는 것이 명백해 보인다.

그리고 수정의 하늘 아래의 모든 하늘은 각자 자신에 대해 움 13
직이지 않는 두 개의 극(極)을 갖고 있으며, 아홉째 하늘이 갖
고 있는 극은 움직이지 않고 고정되어 있으며 또한 다른 어떤
것에 대해서도 변화되지 않는다는 것을 알아야 한다.[22] 아홉째
하늘이나 다른 하늘들은 각자 자기 고유 하늘의 적도(赤道)라
부를 수 있는 원을 갖고 있으며, 그것은 자기 회전[23]의 모든
부분에 있어 한쪽 극과 다른 극에서 동일한 거리에 떨어져 있는
데, 사과나 다른 둥근 것을 회전시켜 보면 감각적으로 알 수 있
는 것과 같다. 그리고 주의 깊은 사람은 볼 수 있는 것처럼, 각
하늘에서 그 원은 회전할 때 자기 하늘의 다른 어떤 부분보다
더 빠르게 돈다.[24] 또한 각 부분은 그 원에 가까울수록 더 빨 14
리 회전하고, 더 멀리 떨어지고 극에 가까울수록 더 천천히 회
전하는데, 그 회전은 더 작으면서 필연적으로 더 큰 회전과 똑

---

20) 앞의 제2권 1장 6절에서 말한 예언자 다윗.

21) 〈시편〉 제8편 2절 참조. 《불가타 성경》에는 elevata est magnificentia tua super caelos로 되어 있으며, 새 번역 《성경》에는 “하늘 위에 당신의 엄위를 세우셨습니다”로 번역되어 있다.

22) 각 하늘이 동쪽에서 서쪽으로 회전하는 데 중심이 되는 축의 두 극을 가리킨다. 그런데 최초 움직임의 하늘은 고정된 불변의 극들을 갖고 있는 것과는 달리, 그 안에 있는 다른 하늘들은 자기 자신에게만 움직이지 않는 극들을 갖고 있다.

23) 일종의 자전(自轉) 운동을 가리킨다.

24) 각 하늘의 자전 운동에서 적도는 가장 빨리 회전하고, 양쪽 극 부분은 가장 늦게 회전한다.

같은 시간이 걸려야 하기 때문이다. 게다가 하늘이 적도의 원에 더 가까울수록 자신의 극들과 비교해볼 때 더 고귀한데, 더 많은 움직임과 더 많은 실현성,[25] 더 많은 생명력과 더 많은 형식을 갖고 있으며, 또한 자기 위에 있는 하늘과 더 많이 접촉하고 따라서 더 많은 역량을 갖기 때문이다. 그러므로 붙박이별들의 하늘의 별들은 그 원에 가까울수록 다른 별보다 더 많은 역량으로 충만하다. 15

그리고 지금 다루고 있는 금성의 하늘에서는 그 원의 원주(圓周)[26] 위에 작은 천구가 있어서 그 하늘에서 스스로 회전하고 있는데, 그 작은 원을 가리켜 점성술사들은 주전원(周轉圓)이라 부른다.[27] 더 큰 천구가 두 개의 극을 중심으로 회전하는 것처럼 이 작은 천구도 마찬가지이다. 따라서 이 작은 천구도 적도의 원을 갖고 있고 있으며, 그 원에 가까울수록 더 고귀하다. 그리고 그 원의 원주 또는 등성이 위에 가장 눈부신 금성의 별이 고정되어 있다. 16

엄밀한 진리[28]에 따라 열 개의 하늘이 있다고 말했지만 그 숫자는 모든 하늘들을 포괄하는 것이 아니다. 왜냐하면 방금 말한 하늘, 말하자면 금성이 고정되어 있는 주전원은 그 자체로 하나의 하늘 또는 천구이지만, 다른 하늘들보다 자신을 운반하는 하늘과 더 비슷함에도 불구하고 그것과 똑같은 본질을 갖고 있지 않으며, 또한 그것과 함께 하나의 하늘로 일컬어지고 모두 그 별의 이름으로 부른다.[29] 17

---

25) 고유의 잠재적 가능성을 보다 완전하게 실현하는 것을 가리킨다.

26) 원문에는 dosso, 즉 "등성이"로 되어 있다.

27) 주전원에 대해서는 앞의 제2권 2장 1절의 역주 참조.

28) 지금까지 설명한 좁은 의미의 진리.

29) 금성의 예에서 알 수 있듯이 주전원, 말하자면 다른 큰 원의 원주 위에 고유

다른 하늘들과 다른 별들이 어떠한지에 대해서는 지금 다룰 18
것이 아니다. 지금 내가 관심을 기울이고 있으며 현재로서는 필요한 것이 충분하게 설명된 셋째 하늘에 대하여 말한 것으로 충분하다.

의 중심을 갖고 있는 이차적 원들에 대한 이론은, 붙박이별들을 배경으로 태양이나 다른 행성들이 서로 다른 속도로 회전하는 운동을 설명하기 위해 당시의 천문학자들이 고안해낸 것이다.

제4장

앞 장에서 이 셋째 하늘이 무엇이고 또한 그 안에 어떻게 배 1
치되어 있는지 증명하였으니, 그것을 움직이는 자들이 누구인
지 증명하는 일이 남아 있다.
그러니까 먼저 하늘들을 움직이는 자들은 물질에서 분리된 실 2
질, 즉 지성들인데, 그들을 보통 사람들은 천사들이라 부른다는
것을 알아야 한다. 이제는 진리가 밝혀졌지만 하늘에 대해서와
마찬가지로 그 창조물들에 대해서도 많은 사람들이 서로 다른
견해를 갖고 있었다. 《형이상학》의 아리스토텔레스도 포함된 3
것처럼 보이는(비록 《천체에 관하여》 제1권에서는 우발적으로 달
리 말하는 것처럼 보이지만) 일부 철학자들은, 그들이 단지 하늘
들에서 회전운동이 있는 만큼의 숫자만 존재하고 그 이상은 아
니라고 믿었고, 따라서 그 이외 다른 자들이 있다면 아무 활동
도 없이 영원히 불필요하게 존재하게 될 것인데, 그들에게는 활
동이 바로 존재 이유이기 때문에 그것은 불가능하다고 말했다.
아주 탁월한 인물인 플라톤 같은 다른 사람들은, 단지 하늘의 4
운동들과 똑같은 숫자의 지성들뿐만 아니라, 모든 인간은 하나의
종류이고, 모든 황금도 하나의 종류이고, 모든 크기는 또 다른
종류라는 식으로 사물들의 종류(말하자면 사물들의 유형)와 똑
같은 숫자의 지성들이 존재한다고 주장하였다. 그리고 하늘의 지 5
성들이 각자 자신의 하늘을 존재하게 만드는 것처럼, 그들은 각

자 자기 종류의 다른 사물과 복사물들을 존재하게 만든다고 생각하였다. 플라톤은 그것들을 "이데아"라고 불렀는데, 그것들은 보편적 형식들과 본성들이라고 말할 수 있는 숫자만큼 존재한다.

겐틸리스[1]는 비록 플라톤처럼 철학적인 의미로 생각하지 않 6
았지만 그것들을 신들과 여신들이라 불렀고, 그 모습들을 경배하였고, 그들을 위해 거대한 신전들을 세워주었다. 예를 들면 권능의 여신이라 불렀던 유노,[2] 지혜의 여신이라 불렀던 팔라스 또는 미네르바,[3] 불의 신이라 불렀던 불카누스,[4] 곡물의
여신이라 불렀던 케레스[5]에게 그렇게 하였다. 그런 것들과 그 7
런 견해들은 이교도들의 제사와 믿음 등의 풍습을 여러 곳에서 묘사하는 시인들의 증언으로 분명히 알 수 있으며, 또한 원하는 사람은 쉽게 볼 수 있듯이 옛날 장소와 건물들의 이름이나 별명을 통해 남아 있는 많은 옛 이름들에서도 분명히 나타난다.

위에서 말한 그런 견해들이 인간의 이성과 적지 않은 경험에 8
의해 제공되었지만, 그래도 여전히 그들은 이성의 결함과 교육의 결핍[6]으로 인해 진리를 지각하지 못하였다. 단지 이성만으로도 위에서 말한 창조물들[7]의 숫자는 인간이 이해할 수 있는 결과들보다 훨씬 더 많다는 것을 알 수 있기 때문이다.

---

1) 라틴어 겐틸리스(Gentilis)〔이탈리아어는 젠틸리(gentili)〕는 원래 "가문"이나 "부족"을 의미하는 단어 겐스(Gens)에서 유래하였는데, 로마 후기에 들어와 보다 넓은 의미로 "종족", "민족"을 가리키면서 로마인이 아닌 "이방인들"을 의미하였고, 로마 제국의 그리스도교화가 이루어지면서 이교도나 야만 문화를 가리키는 용어로 사용되었다. 따라서 "이교도들"로 옮길 수도 있다.

2) 그리스 신화의 헤라.

3) 그리스 신화의 아테나. 팔라스는 그녀의 별명 중의 하나였다.

4) 대장장이의 신으로 그리스 신화의 헤파이스토스에 해당한다.

5) 로마 신화에서 농업과 곡물의 여신으로 그리스 신화의 데메테르에 해당한다.

6) 이교도들에 있어 신성한 계시의 결핍을 의미한다.

7) 순수한 지성적 존재인 천사들.

한 가지 이유는 이런 것이다. 그들은 모두 또는 대부분이 모 9
든 축복으로 충만해 있으며, 또한 그 축복받은 자들이 가장 완
전한 상태에 있다는 것은, 철학자든, 이교도든, 유대인이든,
그리스도교인이든, 어느 무리의 사람이든, 누구도 의심하지 않
는다. 그러니까 여기 존재하는 그대로의 인간의 본성은 단 하나 10
의 축복만 갖고 있는 것이 아니라, 두 가지, 말하자면 시민적
삶의 축복과 관조적 삶의 축복을 갖고 있기 때문에, 만약 그들
이 세상을 관리하는 데에서 활동적 삶, 즉 시민적 삶의 축복만
갖고 있으며, 가장 탁월하고 가장 신성한 삶인 관조적 삶의 축
복을 갖고 있지 않다고 생각한다면 불합리할 것이다.[8] 그리고 11
그들의 지성은 하나이고 또한 영원하기 때문에, 세상을 관리하
는 축복을 가진 자는 다른 축복을 가질 수 없으므로, 그런 임무
에서 벗어나 단지 관조하면서 살아가는 다른 자들이 있어야 한
다. 그런 삶은 더욱 신성하고, 또한 신성한 것일수록 더 하느님 12
과 비슷하기 때문에, 그런 삶을 하느님께서 더 사랑하신다는 것
이 분명하다. 만약 더 많은 사랑을 받는다면 그의 축복은 더욱
크고, 만약 축복이 더 크다면, 하느님께서는 다른 자들[9] 보다
그에게 더 많이 살아 있는 존재들을 주셨을 것이다. 그러므로
그 창조물들의 숫자는 그 결과가 드러내는 것보다 훨씬 더 많다
고 결론을 내릴 수 있다. 아리스토텔레스가 《윤리학》 제 10권 13
에서 말하는 것처럼 보이는 것,[10] 즉 분리된 실질들[11] 에게는
단지 관조적 삶만이 적합하다고 말하는 것도 그것과 배치되지

---

8) 관조적 삶과 활동적 삶에 대한 설명으로는 제4권 17장 9절 이하 참조.

9) 다른 범주, 말하자면 하늘을 움직이는 천사들의 범주를 가리킨다.

10) 특히 관조적 활동의 행복에 대해 논의하는 《니코마코스 윤리학》 제10권 7장 참조.

11) 육신이 없는 순수한 지성적 존재들, 또는 천사들.

않는다. 단지 관조적 삶만이 그들에게 적합하다고 하더라도, 그들 중 단지 일부의 관조에 의하여 하늘의 순환, 즉 세상의 관리가 이루어지는데, 그 세상은 움직이는 자들의 관조 속에서 이해되는 시민적 질서와 비슷하다.

또 다른 이유로 어떤 결과도 자신의 원인보다 크지 않은데, 원 14
인은 자신이 갖고 있지 않은 것을 줄 수 없기 때문이다. 그러니까
성스러운 지성은 모든 것, 무엇보다 특히 인간 지성의 원인이므
로, 당연히 인간의 지성은 성스러운 지성을 능가하지 못하고 거
기에 엄청나게 압도당한다. 그러므로 만약 위에서 말한 이유들과 15
다른 이유들로 인해 하느님께서 거의 헤아릴 수 없이 많은 정신
적 존재들을 창조하실 수 있었다는 것을 우리가 이해한다면, 그
분께서 그렇게 많은 숫자를 창조하셨다는 것은 분명하다. 다른
많은 이유들을 제시할 수 있지만 현재로서는 이것으로 충분하다.

이와 관련하여 우리가 제시할 수 있는 이런 이유들과 다른 이 16
유들이 완전하게 증명되지 않았더라도 놀라지 말기 바란다. 하
지만 그래도 우리는 동일하게 그들의 탁월함에 감탄해야 하고
(철학자가 《형이상학》 제 2권에서 말하듯이 그 탁월함은 인간의 마
음의 눈을 초월한다), 그들의 존재를 주장해야 한다. 우리는 그 17
들에 대해 어떤 감각(우리의 인식은 감각에서 시작된다)도 없지
만,[12] 위에서 말한 이유와 다른 많은 이유들로 인해 아주 생생
한 그들 존재의 일부 빛이 우리의 지성 속에 빛나고 있다. 마치
눈을 감고 있는 사람이, 박쥐의 동공을 통과하는 듯한 약간의
광채나 빛살을 느끼기 때문에, 대기가 빛난다고 주장하는 것과
같다. 우리의 영혼이 육체의 기관들에 의해 묶이고 갇혀 있는
동안에는 그와 똑같이 우리 지성의 눈은 닫혀 있다.

---

12) 우리는 감각을 통해 천사들을 지각하거나 인식할 수는 없다.

제5장

그러니까 사도[1]가 "하느님께서 예전에는 예언자들을 통하여 1
여러 번에 걸쳐 여러 가지 방식으로 조상들에게 말씀하셨다"고
말한 것처럼, 이스라엘 백성은 자신의 예언자들에게서 부분적
으로 교육을 받았음에도 불구하고, 옛날 사람들은 가르침의 결
함으로 인해 영적인 창조물들에 대한 진리를 보지 못하였다.

하지만 우리는 그분, 그들을 창조하신 분, 그들을 보호하고 2
계시는 분, 말하자면 우주의 황제[2]께서 보내신 분, 즉 높으신
하느님의 아들이시며, 아담과 요아킴의 딸이며 진정한 여인 동
정녀 마리아의 아들이신 그리스도, 바로 우리에게 죽음을 당하
셨고, 그 죽음을 통해 우리에게 생명을 갖다 주신 분에 의해 그
에 대한 가르침을 받았다. 복음서의 저자 요한[3]이 말하듯이, 3
"그분은 어둠 속에서 우리를 비춰주는 빛"[4]이셨으며, 그분 없이
는 우리가 알 수도 없고 진실로 보지도 못하는 그것들에 대한
진리를 우리에게 말해주셨다.

---

1) 바오로를 가리킨다. 뒤이어 인용되는 구절은 〈히브리인들에게 보낸 서간〉 1절 1장이다.

2) 하느님.

3) 〈요한복음서〉의 저자 요한을 가리킨다.

4) 〈요한복음서〉 1장 5절. 새 번역 《성경》은 "그 빛이 어둠 속에서 비치고 있지만"으로 옮기고 있다.

그분께서 우리에게 보여주신 최초의 것이자 최초의 비밀은 4
위에서 말한 창조물들[5] 중의 하나였으니, 바로 천상의 치유자
께서 열세 살 젊은 처녀 마리아에게 보내신 위대한 심부름꾼[6]
이었다. 그 우리의 구세주께서는 아버지[7] 께서 당신에게 많은 천
사들의 군대를 주실 수 있었으며, 아버지께서 천사들에게 당신
을 섬기고 봉사하라고 명령하셨을 때 당신이 부정하지 않았다
고 당신의 입으로 말하셨다. 그러므로 그 창조물들이 무수하다 5
는 것은 분명하다. 그분의 신부이자 비밀들의 보관소인 거룩한
교회[8] (그녀에 대해 솔로몬[9] 은 말한다. "기쁨을 주는 것들로 가득
한 채, 자기 친구에게 몸을 기대고 사막에서 올라오는 이 여인은
누구인가?")는 그 가장 고귀한 창조물들이 거의 무수하다고 말
하고 믿고 설교하기 때문이다. 그리고 그들을 세 품계(品階),
말하자면 거룩한 또는 신성한 세 주요 계층으로 구분하였는데,
각각의 품계는 세 계급으로 구성되어 있고, 따라서 교회는 영적
인 창조물들이 아홉 계급이라 생각하고 또 주장한다.[10]

---

5) 천사의 지성들.

6) 마리아에게 성령에 의해 예수 그리스도를 잉태하였다는 사실을 알려준 대천사 가브리엘을 가리킨다.

7) 즉 성부(聖父).

8) 중세의 은유적 관념에 의하면 교회는 그리스도의 신부이다.

9) 솔로몬은 "가장 아름다운 노래" 〈아가〉의 저자이다. 뒤이어 인용되는 구절은 8장 5절로, 새 번역 《성경》은 "자기 연인에게 몸을 기댄 채/ 광야에서 올라오는 저 여인은 누구인가?"로 번역하고 있다.

10) 이어서 단테는 천사들의 서열과 품계에 대해 설명한다. 여기에서 단테는 교황 그레고리우스 1세(재위 590~604년)의 《위대한 도덕》(*Magna moralia*) 제32권의 견해를 따르고 있다. 반면에 《신곡》에서는 위(僞) 디오니시우스(Pseudo-Dyonisius, 또는 일명 아레오파고스 사람 디오니시우스)의 《천상의 위계에 관하여》(*De coelesti hierarchia*)의 견해에 따른다(〈천국〉 28곡 참조). 참고로 《신곡》에서 설명하는 천사들의 품계와 라틴어 이름, 각자 관리

첫째는 천사들의 계급이고, 둘째는 대천사들의 계급이고, 셋 6
째는 트로니의 계급이며, 이 세 계급이 첫째 품계를 구성한다. 고귀함이나 창조에서 첫째가 아니라(왜냐하면 다른 품계들이 더 고귀하고, 또한 모든 품계들이 동시에 창조되었기 때문이다), 우리가 그들의 높이로 올라가는 순서에서 첫째라는 뜻이다.[11] 그 다음이 도미나티오, 그 다음이 비르투테스, 그 다음이 프린키파투스이며, 그들이 둘째 품계를 구성한다. 그들 위에는 포테스타테스와 케루빔이 있고, 모두의 위에 세라핌이 있으며, 그들이 셋째 품계를 구성한다.

그들의 관조[12]에서 가장 주요한 원인은 그 품계들이 차지하 7

하는 하늘은 다음과 같다.

* 상급 3품(三品)

1. 세라핌(seraphim), 치품(熾品) 천사: 최초 움직임의 하늘.
2. 케루빔(cherubim), 지품(智品) 천사: 붙박이별들의 하늘.
3. 트로니(throni), 좌품(座品) 천사: 토성의 하늘.

* 중급 3품

4. 도미나티오(dominatio), 주품(主品) 천사: 목성의 하늘.
5. 비르투테스(virtutes), 역품(力品) 천사: 화성의 하늘.
6. 포테스타테스(potestates), 능품(能品) 천사: 태양의 하늘.

* 하급 3품

7. 프린키파투스(principatus), 권품(權品) 천사: 금성의 하늘.
8. 아르칸겔루스(archangelus), 대(大)천사: 수성의 하늘.
9. 안겔루스(angelus), 천사: 달의 하늘.

세라핌과 케루빔은 구약의 여러 곳에서 언급되는데, 새 번역 《성경》은 각각 "사랍"(〈이사야〉 6장 1-7절)과 "커룹"(〈창세기〉 3장 24절 외 여러 곳)으로 번역하고 있다. 또한 트로니에서 프린키파투스까지는 각각 "왕권", "주권", "권능", "권력", "권세"로 번역하고 있는데(〈에페소 신자들에게 보낸 서간〉 1장 21절, 〈콜로새 신자들에게 보낸 서간〉 1장 16절 참조), 그것이 천사들을 가리키는지, 아니면 그냥 보통명사인지 알 수 없게 되어 있다.

11) 천사들은 위로, 즉 하느님에게 가까이 올라갈수록 계급이 높아지고 더 고귀해진다.

고 있는 위치와 그 계급들이 차지하고 있는 위치이다. 신성하신
폐하께서는 하나의 실질을 갖고 있는 세 위격(位格) 안에 존재
하시기 때문에,[13] 그 세 위격에 대해 세 가지 방식으로 관조할
수 있다. 성부의 최고 권능을 관조할 수 있기 때문에, 첫째 품 8
계, 말하자면 고귀함에서 첫째이며 우리가 헤아릴 때 마지막이
되는 품계가 그것을 관조한다. 또한 성자의 최고 지혜를 관조할
수 있기 때문에, 둘째 품계가 그것을 관조한다. 그리고 성령의
가장 열렬한 최고의 사랑을 관조할 수 있기 때문에, 셋째 품계
가 그것을 관조하는데, 우리에게 가장 가까운 그들은 자신이 받
는 선물들을 우리에게 준다.

그리고 성스러운 삼위일체 안에서 각각의 위격은 세 가지 방 9
식으로 고찰될 수 있기 때문에, 각 품계에서 세 계급이 서로 다
르게 관조한다. 성부를 단지 그분과 관련해서만 고찰할 수 있으
며, 그런 관조를 세라핌들이 하는데, 그들은 최초의 원인에 대
해 다른 어떤 천사보다 더 많이 본다. 성부를 성자에 대해 갖는 10
관계에 따라, 말하자면 어떻게 그분과 분리되고 또 어떻게 그분
과 결합되는지 고찰할 수 있으며, 케루빔들이 그것을 관조한
다. 또한 성부를 그분에게서 성령이 나아오는 데에 따라, 말하
자면 어떻게 그분과 분리되고 또 어떻게 그분과 결합되는지 고
찰할 수 있으며, 포테스타테스들이 그런 관조를 한다. 똑같은 11
방식으로 성자와 성령에 대해서도 관조할 수 있다. 따라서 오로
지 자기 자신만이 완벽하게 볼 수 있는 빛을 관조하기 위해서는
아홉 가지 방식으로 관조하는 영혼들[14]이 존재해야 한다.

그리고 여기에서 한 마디 하지 않을 수 없다. 그들이 창조되 12

---

12) 하느님에 대한 특별하고 특유한 인식을 의미한다.

13) 삼위일체의 신비를 가리킨다.

14) 아홉 계급의 천사들.

자마자 곧바로 모든 계급들 중에서 일부가 상실되었는데,[15] 그
숫자는 아마 10분의 1 정도일 것이며, 그것을 복원하기 위해 나
중에 인간의 본성이 창조되었다.[16]

아홉 개의 움직이는 하늘들은 바로 그 숫자, 계급, 품계들에 13
대해 이야기하고 있으며, 열 번째 하늘은 바로 하느님의 통일성
과 안정성을 선언하고 있다. 따라서 〈시편〉의 저자가 말하듯이
"하늘은 하느님의 영광을 이야기하고 창공은 그분 손의 솜씨를
알린다."[17] 따라서 달의 하늘을 움직이는 자들은 천사들의 계 14
급에 속하고, 수성의 하늘은 대천사들, 금성의 하늘은 트로니
들이 움직인다고 믿는 것이 합리적이다.[18] 그 중 트로니들은
성령의 사랑을 본성으로 부여받았기 때문에 선천적인 자신의 작
업, 말하자면 사랑으로 가득한 그 하늘을 움직이는 일을 하고
있으며, 그 하늘의 형식은 바로 사랑에서 강력한 열정을 이끌어
내고, 그렇기 때문에 이곳 아래에 있는 영혼들[19]은 그들의 성
향에 따라 사랑에 불붙게 된다.[20] 그리고 옛 사람들은 그 하늘 15
이 이곳 아래에서 사랑의 원인이 된다는 것을 깨달았기 때문에,
아모르가 베누스의 아들이라고 말하였다. 예를 들면 베르길리

---

15) 루키페르(Lucifer)를 비롯한 일부 천사들은 창조된 후 얼마 지나지 않아 하느님에게 반역하였고, 그 결과 지옥으로 떨어져 악마들이 되었다(《신곡》 〈천국〉 29곡 49-51행과 〈지옥〉 7곡 11-12행, 8곡 82행 참조).

16) 말하자면 인간의 창조는 천사들의 그 "상실된" 부분을 보충해야 할 필요성에 의한 것이라는 주장이다.

17) 〈시편〉 제19편 2절.

18) 앞의 제2권 5장 5절의 역주에서 지적하였듯이 《신곡》에서는 금성의 하늘을 움직이는 천사는 프린키파투스, 즉 권품천사로 되어 있다.

19) 하늘 아래 지구에 살고 있는 인간들.

20) 하지만 뒤에서 말하듯이 "옛 사람들"의 관점에서 보면 금성은 베누스, 즉 아름다움과 사랑의 여신에게 바쳐진 행성이다.

우스는 《아이네이스》 제 1권에서 증언하는데, 베누스가 아모르에게 "내 아들이여, 티포에우스[21]의 화살들에 신경 쓰지 않는 최고 아버지의 아들이여"[22] 하고 말하며, 오비디우스의 《변신》 제 5권에서는 베누스가 아모르에게 "아들이여, 나의 무기여, 나의 힘이여"[23] 하고 말한다.

그 하늘의 관리에 배치된 트로니들의 숫자는 그리 많지 않은 16
데, 그 숫자와 관련하여 대해 철학자들이나 점성술사들은 그 하
늘의 회전에 대해 서로 다르게 판단함에 따라 서로 다른 견해를
갖고 있었다. 하지만 모두 그 하늘의 운동들만큼 많다는 데에는
일치하였다. 《별자리들에 관한 책》[24]에 요약되어 있는 점성술 17
사들의 가장 훌륭한 증명에 의하면 그 운동은 세 가지이다. 첫
째는 그 별이 자신의 주전원을 따라 움직이는 운동이고, 둘째는
태양의 하늘과 마찬가지로 그 주전원이 하늘 전체와 함께 움직
이는 운동이고, 셋째는 그 하늘 전체가 붙박이별들의 하늘의 운
동에 따라 서쪽에서 동쪽으로 100년에 1도씩 움직이는 운동이
다. 그러므로 이 세 가지 운동을 세 명의 움직이는 자들이 관리
한다. 또한 그 하늘 전체가 주전원과 함께 매일 한 번씩 동쪽에 18

---

21) 그리스 신화에서 티포에우스(또는 티폰)는 가이아가 낳은 괴물로 제우스와 싸우다가 제우스의 번개에 맞아 죽었다.

22) 베르길리우스, 《아이네이스》 제1권 664-665행. 천병희의 번역본(숲, 2004, 64쪽)은 "내 아들아, 너는 내 힘이고 내 권능이다. 너만이/ 나의 아버지이신 최고신 윱피테르께서 튀포에우스에게 던지신/ 벼락을 보고 비웃을 수 있다"로 되어 있다.

23) 오비디우스, 《변신》 제5권 365행. 천병희의 번역본(《변신 이야기》, 숲, 2005, 247쪽)은 "내 무기이자 내 팔이자 내 권세인 내 아들/ 쿠피도야"로 되어 있다.

24) 알프라가누스(뒤의 제2권 13장 11절 참조)의 *Liber de aggregationibus scientiae stellarum*을 가리키는데, 이 책은 12세기 말에 라틴어로 번역되어 유럽에 소개된 후 오랫동안 많은 영향을 끼쳤다.

서 서쪽으로 움직이고 회전한다. 그 운동이 어떤 지성에 의한 것인지, 아니면 최초 움직임에 이끌린 것인지는 단지 하느님만 아시기 때문에, 내가 판단을 내리는 것은 주제넘은 것처럼 보인
다. 그 움직이는 자들은 단지 지성만으로 각자가 움직이는 그 19
고유의 범위 안에서 회전 운동을 관리한다. 그런 수동적 원리[25] 를 자체 안에 갖고 있는 그 하늘의 가장 고귀한 본질은, 그것을 이해하고 움직이는 힘과 닿음으로써 회전한다. 내가 닿는다고 말한 것은 힘이 직접 지향하는 물리적인 접촉을 의미하지 않는다.

나는 바로 그 움직이는 자들에게 말을 건네고 질문을 했던 것 20
이다.[26]

---

25) 회전하도록 움직여질 수 있고 또 움직여져야 하는 수동적 원리를 가리킨다.
26) 지금 해설하고 있는 첫째 칸초네의 첫째 연에서 그렇게 했다는 뜻이다.

제 6장

앞서 이 논고의 제 3장에서 말했듯이 위에 제시한 칸초네의 첫째 부분을 잘 이해하기 위해서는 하늘들과 그것들을 움직이는 자들에 대해 논의하는 것이 필요했기 때문에, 앞의 세 장에서 거기에 대해 논의하였다. 1

그러니까 나는 금성의 하늘을 움직이는 자들이라고 설명한 자들에게 이렇게 말한다. "지성만으로"(말하자면 위에서 말했듯이 단지 지성만을 갖고) "셋째 하늘을 움직이는 그대들이여, / 내 가슴속의 이야기를 들어보오."[1] 여기에서 감각을 갖고 있는 그들에게 어떤 소리를 들어보라고 "들어보오" 하고 말하는 것이 아니라, 지성으로 이해하는 그들의 듣는 방식으로 들어보라고 말하는 것이다. 그리고 나는 "내 가슴속의 이야기를 들어보오" 하고 말하는데, 그것은 말하자면 아직 밖으로 표현되지 않았기 때문에 나의 내부에 있는 것이다. 또한 이 칸초네 전체에서 말하는 "가슴"은 이런 의미와 저런 의미[2]에 따라 영혼과 육체의 어떤 특별한 장소가 아니라, 내부의 비밀[3]로 간주된다는 것을 알아야 한다. 2

---

1) 이탈리아어와 통사적인 차이로 인해 앞의 번역문과 다르게 보일 수도 있다. 특히 문맥에 따라 종결 어미를 적절하게 바꾸기도 하였다.

2) 문자 그대로의 의미와 우의적 의미.

3) 자기 내부에 비밀을 간직하고 있는 장소.

내가 말하고 싶은 것을 들으라고 그들을 불렀기 때문에, 나는 왜 그들에게 말하는 것이 적합한지 두 가지 이유를 제시한다. 하나는 내 상황의 특이함인데, 다른 사람들은 그것을 체험하지 않았기 때문에, 자신의 작업에서 그 결과를 이해하는 자들[4] 만큼 이해하지는 못할 것이다. 그런 이유로 나는 "너무나도 이상하여 다른 사람에게 말할 수 없는" 것이라고 말한다. 3

또 다른 이유로, 사람은 혜택이나 모욕을 받을 경우 가능하다면 다른 사람보다 먼저 그것을 준 자에게 이야기해야 하기 때문이다. 그것이 혜택일 경우에는 그것을 받는 사람이 혜택을 준 자에게 감사한다는 것을 보여주기 위해서이며, 모욕일 경우에는 부드러운 말로 그렇게 한 자를 착한 연민으로 유도하기 위해서 4
이다. 그런 이유로 나는 "가장 고귀한 창조물인 그대들이여,/ 5
그대들의 힘을 뒤따르는 하늘이/ 나를 지금 이런 상태로 이끌지요" 하고 말한다. 그러니까 그대들의 작업, 즉 그대들의 회전이 나를 현재의 상태로 이끌었다는 뜻이다. 따라서 앞에서 말했듯이, 나는 그들에게 말해야 한다고 하면서 결론을 내렸다. 그래서 "그러니 내가 겪고 있는 삶의 이야기를/ 그대들에게 말하는 것은 정당해 보인다"고 말한다. 그런 이유를 제시한 다음 그들에게 이해해줄 것을 부탁한다. "나를 이해해달라고 부탁합니다."

하지만 모든 유형의 담론에서 말하는 사람은 무엇보다도 자기 말을 듣도록 설득하는 것, 말하자면 아름답게 꾸미는 것, 수사학자들이 알고 있듯이, 다른 모든 설득의 시작이 되는 것을 목표로 해야 한다. 그리고 듣는 사람이 주의를 기울이게 만드는 가장 효과적인 설득은 새롭고 엄청난 것들을 말하겠다고 약속하는 것이다. 그래서 귀를 기울여 달라고 부탁한 후 나는 그런 6

4) 천사들.

설득, 말하자면 아름답게 꾸미기를 배치하여, 그들에게 나의 의도를 알려준다. 그러니까 새로운 것, 즉 내 영혼 안에서 나타나는 분열과, 엄청난 것, 즉 그들의 별의 가치에 대해 말하는 것이다. 그리고 나는 그것을 첫째 부분의 마지막에서 말한다. “나는 내 가슴의 이상한 상태에 대해, / 어떻게 슬픈 영혼이 그 안에서 울고 있는지, / 또 그대들의 별빛을 통해 내려오는 한 정령이/ 어떻게 거기에 반대하여 말하는지 이야기하겠소.”

이 구절을 잘 이해하도록, 나는 그 정령이 새로운 여인[5]을 7
아름답게 꾸미고 칭찬하고 싶은 빈번한 생각일 뿐이라고 말한
다. 그리고 그 영혼은 공감[6]이 수반된 또 다른 생각일 뿐인데,
그것은 앞의 생각[7]에 반대하면서 영광스러운 베아트리체에 대
한 기억을 아름답게 꾸미고 칭찬한다. 그런데 내 마음의 마지막 8
느낌, 즉 공감은 기억이 도움을 주는 그 생각에 의해 확고했기
때문에, 나는 그것을 “영혼”이라 부르고, 다른 것을 “정령”이라
부르는 것이다. 마치 양쪽 다 시민인데도 공격하는 사람들이 아
니라 지키는 사람들을 가리켜 도시라고 부르는 것[8]과 마찬가지
이다.

또한 그 정령이 별의 빛을 통해 온다고 말하는데, 모든 하늘 9
들의 빛살은 그들의 힘이 이곳 아래의 사물들에게 내려오는 길
이라는 것을 알아야 하기 때문이다. 그리고 빛살은 빛의 원천에
서 대기를 거쳐 비춰지는 사물까지 내려오는 광휘일 뿐이고, 빛

---

5) 베아트리체가 사망한 뒤 곧바로 단테의 마음을 위로하였던 “고귀한 여인”을 가리킨다(《새로운 삶》 제35-39장 참조).

6) 베아트리체에 대한 기억과 생각에는 단테의 모든 감정이 공감하기 때문이다.

7) 새로이 나타난 “고귀한 여인”에 대한 생각.

8) “도시”라고 말할 때에는 그곳을 지배하는 사람들을 생각하는 것이지, 비록 같은 시민이지만 거기에 반대하는 사람들을 생각하지 않는다는 뜻이다.

은 별에서만 나오며, 나머지 하늘을 환히 비치고 투명하기 때문
에, 나는 그 정령, 즉 그 생각이 그들의 하늘 전체가 아니라 그
들의 별에서 내려오는 것이라고 말한다. 그 별[9] 은 우리에게 가 10
장 가까울 때에도 우리에게서 지구 중심까지 거리[10] 인 3,250마
일의 167배 이상 멀리 떨어져 있지만, 자신을 움직이는 자들의
고귀함으로 인해 우리의 영혼들과 다른 것들에 커다란 영향을
주는 아주 큰 힘을 갖고 있다.

이것이 칸초네의 첫째 부분에 대한 문자 그대로의 설명이다. 11

---

9) 금성.

10) 말하자면 지구의 반지름.

제 7장

위의 설명으로 첫째 부분의 문자 그대로의 의미를 충분히 이 1
해할 수 있을 것이다. 따라서 이제 내가 내부의 싸움에서 느끼
는 것이 드러나는 둘째 부분을 이해해야 한다. 이 부분은 다시 2
두 구역[1]으로 나뉘는데, 첫 구역, 즉 첫째 연[2]에서는 그 서로
다른 갈등의 성격을, 나의 내부에 자리 잡은 그것들의 뿌리에
따라 이야기하고, 다음에 그 서로 다른 각각의 생각이 말하는
것을 이야기한다. 그러니까 먼저 지는 쪽이 말하는 것, 즉 이
부분에서는 둘째 연이고 칸초네의 셋째 연에서 말하는 것에 대
해 이야기하고, 그 다음에 이긴 쪽이 말하는 것, 즉 이 부분에
서는 둘째 연이고 칸초네의 셋째 연에서 말하는 것에 대해 이야
기한다.

그러니까 첫 구역의 의미를 명백히 밝히기 위해서는 사물들 3
이 그 형식의 최종적인 고귀함에 따라 명명(命名)되어야 한다는 것을 알아야 한다. 인간이 감각이나 다른 어떤 덜 고귀한 것에 의해서가 아니라 이성에 의해 명명되어야 하는 것과 마찬가지이다. 그러므로 인간이 살아간다고 말할 때에는 그의 가장 고귀한 부분의 특별한 삶과 실현으로 이루어지는 이성을 사용한

---

1) 원문에는 divisione로 되어 있는데. 앞의 더 큰 구분 단위인 parte를 "부분"으로 옮겼기 때문에 약간 어색하지만 "구역"으로 옮겼다.

2) 뒤에서 설명하듯이 칸초네 전체에서 보면 둘째 연에 해당한다.

다는 것으로 이해하여야 한다. 따라서 이성으로부터 멀어지고 4
단지 감각적 부분만을 사용하는 사람은, 아주 탁월한 보에티우스가 "그는 당나귀처럼 산다"[3] 고 말했듯이, 인간으로 살아가는 것이 아니라 동물처럼 살아간다. 내가 직접적으로 그렇게 말하는 이유는, 생각은 이성 고유의 활동인데, 동물들은 이성을 갖고 있지 않아서 생각을 하지 않기 때문이다. 그리고 단지 하등동물뿐만 아니라 인간과 비슷한 모습과 양(羊)의 정신을 갖고 있는 동물, 또는 다른 역겨운 동물들에 대해서도 그렇게 말하는 것이다.

그러므로 내 가슴, 즉 내 내부의 삶은 달콤한 생각('설득적인' 5
만큼 '달콤한',[4] 말하자면 아름답고, 감미롭고, 즐겁고, 유쾌한 생각)이 되고, 내가 말을 건네는 그들[5]의 주인이신 하느님의 발치에 자주 가던 생각이 되었다고 말한다. 말하자면 나는 생각
속에서 축복받은 자들의 왕국을 관조했다는 뜻이다. 그리고 곧 6
바로 나는 생각 속에서 그 위[6]로 올라가곤 했던 마지막 이유로 "그곳에서 어느 영광의 여인을 보았다"고 말하는데, 나는 그녀의 우아한 계시를 통해 그녀가 천국에 있다고 확신하였으며 또 지금도 확신하고 있다는 것을 말하기 위해서이다. 따라서 나는 가능할 때마다 생각 속에서 홀린 듯이 자주 그곳으로 올라가곤 하였다.

그리고 계속해서 나는 그 생각의 효과에 대해 말하는데, 그 7

---

3) 보에티우스, 《철학의 위안》 제4권 산문 3, 22절 참조.

4) soave("달콤한")와 suaso("설득적인") 사이의 유사성을 염두에 둔 표현이다. 단테는 이런 관념을 우구초네(제4권 6장 5절 참조)의 저술 《유래들》에서 이끌어냈다고 한다.

5) 금성을 관리하는 천사들.

6) 앞에서 말한 "축복받은 자들의 왕국", 즉 천국.

달콤함, 내 생각이 가던 곳으로 가기 위해 죽음을 열망할 정도
로 커다란 달콤함을 말하기 위해서이고 그래서 말한다. "그녀에
대해 너무나도 달콤하게 말했으니, / 내 영혼은 말했지요. '나는
달아나고 싶어.'" 이것이 나의 내부에서 싸우는 생각들 중 하나
의 뿌리이다. 또한 여기에서 그 축복받은 여인을 보기 위해 올 8
라가던 것을 가리켜 '영혼'이 아니라 '생각'이라고 말하고 있다는
것을 알아야 하는데, 그것은 그런 행위에 대한 특별한 생각이기
때문이다.[7] 앞의 장에서 말했듯이 영혼은 공감이 동반된 일반
적인 생각을 가리킨다.

그리고 나는 "하지만 이제 다른 생각이 나타나 그를 쫓아냈 9
다"고 말하는데, 다른 싸우는 생각의 뿌리에 대해 이야기하면
서, 위에서 말한 생각[8]이 내 삶이 되었기 때문에, 다른 생각이
나타나서 그것을 중지시킨다고 말하는 것이다. 나는 "쫓아냈다"
고 말하는데, 그것이 반대되는 생각이라는 것을 보여주기 위해
서이다. 자연히 반대되는 것은 다른 것을 쫓아내고, 달아나는
것은 힘이 부족하여 달아나기 때문이다. 그리고 새로 나타난 그 10
생각은 나를 사로잡고 모든 영혼을 이길 힘을 갖고 있었으며,
내 가슴, 즉 나의 내면을 떨게 만들어서 나의 외부 모습이 새로
운 표정으로 그것을 드러낼 정도로 지배한다고 말한다.

뒤이어서 나는 그 새로운 생각의 효과를 통해 그것의 힘을 보 11
여주기 위해, 그것이 나에게 한 여인을 보여주며 유혹의 말을
한다고, 말하자면 나를 더욱 잘 이끌기 위해 그녀의 눈을 보는
것이 구원이라고 말하면서 내 지성적 사랑의 눈앞에서 이야기

---

7) 앞에서 단테는 베아트리체에 대한 생각을 "영혼"이라 불렀다. 따라서 여기에의 "생각"은 단지 그녀를 관조하기 위해 천국으로 올라가는 그 특별한 생각만을 가리키기 위한 것으로 이해해야 할 것이다.

8) 베아트리체에 대한 생각.

한다고 말한다. 그리고 그 생각은 경험 있는[9] 영혼에게 더욱 12
잘 믿도록 만들기 위해, 고통스러운 한숨을 두려워하는 사람은 그 여인의 눈을 바라보지 않아야 한다고 말한다. 외부로는 아름답지 않게 보이지만 안으로는 정말로 아름답게 보이기 때문에 그것은 멋진 수사학적 방법이다. 그 새로운 사랑의 생각은 그녀 눈의 힘에 대해 깊게 말하는 것보다 더 강하게 내 마음을 이끌 수는 없다.

9) 베아트리체에 대한 사랑에서 이미 "고통스러운 한숨"을 체험하였기 때문에.

제 8장

어떻게 또 무엇 때문에 사랑이 태어나고, 또한 서로 다른 생 1
각들이 내 안에서 싸우는지 증명하였으니, 이제 내 안에서 서로
다른 생각들이 싸우고 있는 부분[1]의 의미를 펼쳐 보여야 할 것
이다. 먼저 영혼, 즉 옛 생각의 부분에 대해 말한 다음 다른 생 2
각에 대해 말하는 것이 좋은데, 바로 이런 이유 때문이다. 말하
는 사람이 가장 강조하고 싶은 것은 언제나 마지막에 말하도록
간직하고 있어야 하는데, 마지막에 말하는 것이 듣는 사람의 마
음속에 더 오래 남기 때문이다. 나는 내가 말을 건네는 자들[2] 3
이 하지 않는 것보다 하는 것에 대하여 더 많이 말하고 논의하
고 싶었기 때문에, 먼저 무너지는 부분의 상황에 대해 말하고
논의한 다음, 발생하는 다른 부분의 상황에 대해 말하고 논의하
는 것이 합리적이었다.

사실 여기에서 하나의 의혹이 일어나는데, 그것을 밝히지 않 4
고 지나갈 수는 없다. 누군가는 이렇게 말할 수도 있다. “사랑
은 내가 말을 건네는 그 지성들의 효과이며, 또한 처음의 생각
도 나중의 생각과 마찬가지로 사랑이라면, 모든 원인은 자신의
결과를 사랑하기 때문에 오히려 앞의 것을 간직해야 하고, 또한
그것을 사랑함으로써 다른 것을 구해야 마땅한데,[3] 무엇 때문

1) 칸초네의 셋째 연을 가리킨다.
2) 금성의 천사들.

에 그들의 힘은 하나를 무너뜨리고 다른 하나를 발생시키는가?"
이런 질문에 대해서는 앞에서 말했듯이 그들의 효과는 사랑 5
이라고 말함으로써 쉽게 대답할 수 있다. 또한 그들은 단지 그
들의 회전운동 아래에 있는 자들 안에서만 사랑을 유지할 수 있
기 때문에, 자신들의 영향권 밖의 장소에서 영향권 안의 장소
로, 말하자면 이승의 삶에서 떠난 영혼으로부터 아직 이승에 있
는 영혼에게로 사랑을 옮긴다. 인간의 본성은 인간의 형식 속에
서 자신의 보존을 아버지에게서 아들에게로 옮기는데, 그런 자
신의 효과를 영원히 아버지 안에 보존할 수 없기 때문에 그렇게
하는 것과 마찬가지이다. 나는 "효과"라고 말했는데, 육체와 결 6
합된 영혼은 바로 영혼의 효과이기 때문이며, 영혼은 육체에서
떠난 후 인간을 넘어서는 본성 속에서 영원히 지속되기 때문이
다. 이렇게 그 문제는 해결되었다.

하지만 여기에서 영혼의 불멸성에 대하여 다루었으므로 잠시 7
벗어나 거기에 대해 논의하고자 한다. 왜냐하면 영혼에 대해 논
의하면서 그 축복받고 살아 있는 베아트리체에 대한 이야기를
끝내는 것이 좋을 것이며, 그녀에 대해 나는 이 책에서 더 이상
의도적으로 이야기하지 않고자 한다.[4]

모든 어리석음 중에서 가장 어리석고 비열하고 해로운 것은 8
이승의 삶 이후에는 다른 삶이 없다고 믿는 것이다. 우리가 철
학자들이나 다른 현명한 저자들의 모든 책을 들춰보더라도 모
두 우리의 어떤 부분은 영원히 존속한다는 것에 동의한다. 아리 9
스토텔레스는 《영혼에 관하여》(*De anima*)에서 특히 그것을 주
장하는 것처럼 보이고, 모든 스토아 철학자도 무엇보다 그것을

---

3) 여기에서 "그것"과 "다른 것"이 구체적으로 무엇을 가리키는지 분명하지는 않다.

4) 실제로 이후 단테는 더 이상 베아트리체의 이름을 직접 거론하지 않는다.

주장하는 것처럼 보이고, 키케로도 특히 《노년(老年)에 관하여》[5]에서 그것을 주장하는 것처럼 보이고, 이교도들의 믿음에 따라 글을 쓴 모든 시인도 그것을 주장하는 것처럼 보이고, 유대인이든, 사라센 사람이든, 타타르 사람이든, 또는 어쨌든 이성에 따라 살아가는 다른 어떤 사람이든, 모든 종교적 믿음도 그것을 주장하는 것처럼 보인다. 만약 그 모든 사람들이 잘못 생각하였다면, 단순히 이야기하기도 끔찍한 불가능한 일이 일어났을 것이다.

인간의 본성이 이곳 아래에 있는 다른 모든 본성들보다 가장 10
완전하다는 것은 모두가 확신하고 있다. 이것은 아무도 부정하지 않으며, 아리스토텔레스는 《동물들에 관하여》 제 12권에서[6] 인간이 모든 동물들 중에서 가장 완전하다고 말하면서 그렇게
주장하였다. 그러니까 많은 생명체들이 예를 들어 짐승들처럼 11
완전하게 죽을 운명이고, 또 살아 있는 동안 모두 그런 희망, 즉 다른 삶에 대한 희망이 없을 것이기 때문에, 만약 우리의 희망이 헛된 것이라면, 우리의 결점은 다른 어떤 동물보다도 더 클 것이다. 왜냐하면 이미 많은 사람들이 그 다른 삶을 위하여 이승의 삶을 버렸기 때문이다. 그렇다면 가장 완전한 동물, 즉 인간이 가장 불완전하고(그것은 불가능한 일이다), 또한 인간의 가장 완전한 부분인 이성이 그에게 가장 커다란 결점의 원인이 되어야 할 것이다(그렇게 말하는 것은 정말로 이상해 보인다).

게다가 앞에서 말했듯이 많은 사람들이 다른 삶에서 살기 위 12
해 육체의 죽음으로 달려갔는데, 그렇다면 본성은 스스로에게

5) 원래의 제목은 *Cato maior de senectute*, 즉 《대(大) 카토, 노년에 관하여》이다. 이 책의 후반부에서 키케로는 영혼의 불멸에 대한 자신의 믿음을 이야기한다.

6) 실제로는 《동물들에 관하여》 제13권이다.

반대하여 그런 희망을 인간의 마음속에 심어준 것이 될 것이며, 그것도 불가능한 일이다.

13
더구나 우리는 꿈의 계시들 속에서 우리의 불멸성에 대한 끊임없는 증거를 본다. 만약 우리 내부에 어떤 불멸의 부분이 없다면 그런 계시들은 존재하지 않을 것이다. 신중하게 생각해 본다면, 육체가 있든 또는 육체가 없든(그 점에 대하여 나는 서로 다른 견해들을 보았기 때문에 "육체가 있든 또는 육체가 없든"이라고 말했다) 계시하는 자는 불멸이어야 할 것이다. 그리고 계시하는 자에게 직접 이끌리거나 계시를 받는 사람은 계시하는 자와 비례해야 하는데,[7] 죽어야 할 것과 죽지 않는 것 사이에는 어떤 비례도 없다.

14
또한 그리스도의 가장 진실한 가르침이 우리에게 그것을 확신시켜 주었는데, 그것은 실이자 진리이자 빛이다. 그것을 통해 우리는 아무런 방해도 받지 않고 그 불멸의 행복으로 가기 때문에 그것은 길이며, 어떤 오류도 허용하지 않기 때문에 진리이며, 세속적인 무지의 어둠 속에서 우리를 비춰주기 때문에 빛
이다. 그 가르침은 다른 모든 이성들 위에서 우리에게 확신시켜 15
주었는데, 바로 우리의 불멸성을 보고 측정하시는 그분께서 우리에게 주셨기 때문이다. 우리의 죽어야 할 부분과 죽지 않는 부분[8]이 섞여 있는 동안에는, 우리는 그 불멸성을 완전하게 볼 수 없다. 그러나 믿음을 통해서는 그것을 완전하게 볼 수 있지만, 이성을 통해서는 어둠의 그림자와 함께 보게 되는데, 죽어
야 할 부분이 죽지 않는 부분과 뒤섞여 있기 때문이다. 우리 안 16
에 두 부분이 함께 있기 때문에 그것은 아주 강력하게 논의되어야 할 것이며, 따라서 나는 다음 장에서 논의하겠듯이, 이곳의

---

7) 계시를 받는 자도 어떤 불멸의 부분을 갖고 있어야 한다는 것이다.
8) 즉 육체와 영혼.

삶 이후에 다른 더 나은 삶으로, 즉 내 영혼이 싸우고 있을 때 사랑에 빠졌던 그 영광스러운 여인[9]이 살고 있는 곳으로 갈 것이라고 믿고, 주장하고, 또 확신한다.

9) 베아트리체.

제 9장

우리의 주제로 돌아오자면, 나는 "하늘에서 축복받은 천사 같 1
은 여인에 대해"로 시작하는 연에서, 내 영혼이 내부에서 이야
기하는 것, 말하자면 새로운 생각에 반대하는 옛 생각을 보여주
고자 한다. 그래서 먼저 영혼의 탄식 어린 말의 원인을 간단하
게 보여주기 위해 이렇게 말한다. "하늘에서 축복받은 천사 같
은 여인에 대해/ 나에게 이야기하던 그 소박한 생각은/ 이제 파
괴해야 할 반대자를 만났지요." 그것은 바로 위에서 "괴로운 마
음의 생명력이 되었던 것"이라고 말했던 그런 특별한 생각이다.

그리고 "내 영혼은 더욱 고통스러워 울면서" 하고 말하면서, 2
나는 내 영혼이 아직 그 생각의 편이고 슬픔에 젖어 말한다는
것을 보여준다. 내 영혼은 갑작스러운 변화에 깜짝 놀란 듯이
탄식하면서 이렇게 말한다. "오, 세상에, 나를 위안하던/ 이 자
비로운 생각이 어떻게 달아나는지!" 분명히 "위안하던"이라고
말할 수 있는데, 하늘로 올라가곤 하던 그 생각은 큰 상실감에
빠져 있는 영혼에게 많은 위안을 주었기 때문이다.

그리고 뒤이어 자신을 변명하듯이 내 모든 생각, 즉 내가 "지 3
친 이 영혼"이라 부른 영혼은 몸을 돌려 눈을 비난하면서 말하
는데, 그것은 "지친 이 영혼은 나의 눈에게 말하는군요"에서 분
명히 드러난다. 영혼은 눈에게 말하면서 세 가지를 비난한다.

첫째, 그 여인이 내 눈을 바라본 시간을 저주한다. 여기에서 4

비록 여러 가지가 동시에 눈 속으로 들어갈 수 있을지라도, 동
공의 지점으로 직선으로 들어오는 것만 진정으로 보게 되고, 또
그것만이 상상의 영역 속에 각인된다는 것을 알아야 한다. 그것 5
은 시각적 정령[1]이 달려가는 신경이 바로 그곳을 향하고 있기
때문이다. 그러므로 눈이 다른 눈을 바라볼 때 그 다른 눈도 마
주보지 않을 수 없다. 왜냐하면 바라보는 눈이 직선을 따라 동
공 안으로 형태를 받는 것처럼, 바로 그 직선을 따라 자신의 형
태가 자신을 바라보는 눈 안으로 들어가기 때문이다. 그리고 많
은 경우 바로 이 직선을 따라 다른 모든 무기가 가볍게 보이도
록 만드는 자[2]의 활이 화살을 쏜다. 따라서 내가 "그 여인을 바
라보았던" 하고 말한 것은, 그녀의 눈과 내 눈이 서로 바라보았
다는 것을 말하기 위해서였다.

둘째, 눈이 충고에 따르지 않은 것을 비난하면서 이렇게 말 6
한다. "왜 그녀에 대한 내 말을 믿지 않았는가?" 그런 다음 세
번째로 넘어가 미리 대비하지 못했다고 스스로를 비난하지 말
고, 눈이 충고에 따르지 않는 것을 비난해야 한다고 말한다. 영
혼은 언젠가 그 여인에 대해 이야기하면서, 그 여인이 들어올
길을 열었다면, 그녀의 눈은 분명히 나를 압도하는 힘을 갖고
있을 것이라고 말했기 때문이다. 그래서 "내가 말했지. '그녀의
눈 속에는 분명히'" 하고 말한 것이다. 그리고 내 영혼은 그 여 7
인의 행동을 받아들일 준비가 되어 있는 자신의 성향을 알고 있
었으며, 따라서 그녀를 두려워하였다고 생각해야 한다. 왜냐하
면 철학자가 《영혼에 관하여》 제 2권에서 말했듯이[3] 행위자의

---

1) 원문에는 spirito로 되어 있으며, 따라서 "정신", "기운" 등으로 옮길 수도 있다.

2) 사랑의 신 아모르를 가리킨다.

3) 아리스토텔레스, 《영혼에 관하여》 제2권 2장 참조.

행동은 준비된 수용자에 의해 받아들여지기 때문이다. 그러므로 만약 밀랍이 두려워하는 정신을 갖고 있다면, 돌멩이보다 햇빛이 오는 것을 더 두려워할 것이다. 왜냐하면 밀랍의 성향은 더 큰 효과와 함께[4] 햇빛을 받아들이기 때문이다.

마지막으로 영혼은 눈의 오만함이 위험하였다고 분명히 말하 8
면서 이렇게 말한다. "그런데 나를 죽인 그를 바라보지 않아야 한다고/ 내가 깨달았어도 아무런 소용이 없었네." 앞에서 "나와 같은 영혼들을 죽이는 자"라고 말했던 그 자를 "바라보지 않아야 한다고" 말하는 것이다. 이렇게 해서 내 영혼의 말이 끝나고, 거기에 대해 다음 장에서 설명하듯이 새로운 생각이 대답을 한다.

4) 그렇지만 밀랍에게는 부정적인 효과이다.

제 10장

이렇게 내 영혼, 말하자면 무너지는 옛 생각이 말하는 부분의 1
의미를 설명하였다. 이제 뒤이어 거기에 반대하는 새로운 생각
이 말하는 부분의 의미를 설명해야 하는데, 그 부분은 "우리의
영혼이여"로 시작하는 연에 모두 들어 있다. 정확한 이해를 위 2
하여 이 부분은 두 구역으로 나뉘어야 할 것이다. 첫 구역에서
는 반대하는 생각이 영혼에게 비겁하다고 비난하고, 뒤이어 비
난받은 그 영혼이 해야 할 것을 명령하는데, 그 두 번째 구역은
"그녀가 위대함 속에서 얼마나 자비롭고 소박한지"로 시작된다.

그리고 새로운 생각은 자신의 마지막 말에 이어서 말한다. 3
사실 당신은 죽은 것이 아니며, 그런데도 죽은 것처럼 보이는
이유는 새로 나타난 여인 때문에 당신이 비겁하게도 당황해하
기 때문이라고 말이다. 여기에서 보에티우스가 《철학의 위안》
에서 말했듯이 "사물들의 모든 갑작스러운 변화는 마음의 어떤
변화 없이 나타나지 않는다"[1]는 것을 주목해야 한다. 새로운
생각의 비난은 바로 그런 것이다. 그 생각을 "사랑의 요정"이라 4
불렀는데, 내 공감이 그에게 기울어졌다는 것을 보여주기 위해
서였다. 그러므로 그것을 충분하게 이해하고 그의 승리를 인정

---

1) 보에티우스, 《철학의 위안》 제2권 산문 1, 6절 참조. 정의채의 번역본(바오로딸, 2007〔제3판〕, 43쪽)은 "모든 사물의 돌변은 사람들의 마음에 어떤 풍파 같은 것을 불러일으킨다"로 옮기고 있다.

할 수 있는데, 벌써 "우리의 영혼"이라 부르면서 영혼과 친숙해졌기 때문이다.

그리고 앞에서 말했듯이 비난받은 영혼이 자신에게 오도록, 5
해야 할 것을 명령하면서 영혼에게 그녀가 "얼마나 자비롭고 소박한지" 보라고 말한다. 왜냐하면 영혼이 사로잡혀 있는 소심함에 대한 치유책은 두 가지[2]인데, 그 두 가지는 특히 함께 결합되었을 때 사람들이 좋은 희망을 갖도록 만들기 때문이다. 특히 자비는 자신의 빛으로 다른 모든 선을 빛나게 한다. 따라서 베르길리우스는 아이네아스[3]에 대해 말하면서 그를 최대한 칭찬
하기 위하여 자비롭다고 말한다. 민중이 믿는 것, 말하자면 다 6
른 사람의 불행에 대하여 슬퍼하는 것은 자비가 아니라, 자비의 특별한 효과로 동정이라 부르는 감동이다. 그렇지만 자비는 감동이 아니라, 사랑, 동정, 그리고 다른 자애로운 감성들을 받아들일 준비가 되어 있는 마음의 고귀한 성향이다.

그런 다음 그녀가 "얼마나 현명하고 친절한지 보라"고 말한 7
다. 그리고 이제 세 가지를 말하는데, 그것은 우리가 얻을 수 있는 것들 중에서 특히 사람을 즐겁게 해주는 것들이다. 그녀가 "현명하다"고 말하는데, 여인에게서 현명한 것보다 더 아름다운 것이 무엇일까? 또한 "친절하다"고 말하는데, 여인에게서 친절한 것보다 더 좋은 것은 없다. 그리고 불쌍한 민중들은 이 단어에 대해서도 속지 말아야 한다. 그들은 친절이 바로 너그러움이라 생각하고, 또 너그러움은 일반적이지 않은 특별한 친절이라

2) 뒤이어 설명하듯이 자비와 연민.

3) 아이네아스(Aeneas, 그리스 신화에서는 아이네이아스)는 트로이아 왕족의 후예인 안키세스와 베누스 사이에서 태어났는데, 트로이아가 멸망한 후 이탈리아 반도로 건너가 로마 건국의 시조가 되었다. 베르길리우스의 《아이네이스》는 그의 일대기를 노래한 작품이다.

생각한다! 친절함과 정숙함은 완전히 똑같은 것이다. 그리고 8
요즈음과는 정반대로 예전에는 궁정에서 덕성과 아름다운 풍습
들이 실행되었기 때문에, 그 단어는 궁정에서 나온 것이며,[4]
따라서 친절함은 궁정의 풍습을 의미하게 되었다. 만약 오늘날
그 단어를 궁정에서, 특히 이탈리아의 궁정들에서 이끌어낸다
면 단지 치욕스러움만을 의미할 것이다.

그리고 "위대함 속에서"라고 말한다. 여기에서 의미하는 세속 9
적인 위대함은 특히 앞에서 언급한 두 가지 선함을 동반할 때
잘 어울린다. 왜냐하면 사람의 선과 악[5]을 분명하게 보여주는
빛을 펼쳐 보이기 때문이다. 그 빛을 갖지 않음으로써 얼마나
많은 현명함과 얼마나 많은 덕망 어린 습관이 드러나지 않는가!
또 그 빛을 갖고 있음으로써 얼마나 많은 어리석음과 얼마나 많
은 악덕들이 구별되는가! 불쌍하고, 멍청하고, 사악하고, 미친 10
높은 사람들[6]은 낮은 상태에 있는 것이 더 나을 것인데, 이 세
상에서나 저승의 삶에서도 마찬가지로 치욕스러울 것이기 때문
이다. 실제로 솔로몬은 〈코헬렛〉에서 "그리고 나는 태양 아래
에서 또 다른 불행을 보았는데, 모아놓은 재산이 그 주인을 망
치게 하는 것이었다"[7]고 말한다.

그리고 이어서 내 영혼에게 그녀의 아름다움을 깨닫게 될 때 11
면 그녀에 대해 아주 만족할 것이라고 약속하면서, 이제 그녀를
나의 여인이라 부를 것을 강요하고, 그래서 "만약 속지 않는다

---

4) "친절함(cortesia)"의 어원은 "궁정(corte)"에서 나왔다는 뜻이다.

5) 원문에는 l'altro, 즉 "〔선과는〕 다른 것"으로 되어 있다.

6) 이른바 "위대한 사람들"을 가리킨다.

7) 〈코헬렛〉 5장 12절 참조. 새 번역 《성경》은 "고통스러운 불행이 있으니/ 나는 태양 아래에서 보았다, / 부자가 간직하던 재산이 그의 불행이 되는 것을"로 옮기고 있다.

면, 그대는 볼 것이다"고 말한다. 그리고 이 연의 마지막까지 다른 말은 하지 않는다.

이 칸초네에서 내가 그 천상의 지성들에게 말하는 모든 것의 12
문자 그대로의 의미는 여기에서 끝나게 된다.

제 11장

마지막으로 이 칸초네의 주요 부분들을 나누면서 이 해설이 1
위에서 말했듯이, 나는 그 칸초네 자체에게 직접 말을 건네면서
말한다. 이 부분을 보다 충분하게 이해하도록, 이것은 모든 칸 2
초네에서 일반적으로 **토르나타**[1]라고 부르는 부분이라는 것을
말하고 싶다. 처음으로 그것을 사용한 시인들은 칸초네를 노래
한 다음 그 멜로디의 일부와 함께 다시 되돌아올 수 있도록 활
용하였기 때문이다. 하지만 나는 그런 의도로 거의 활용하지 않 3
았는데, 다른 사람들이 그것을 깨닫도록, 칸초네의 음악적 배
치에 따라 멜로디에 필요한 행들의 숫자에 맞추려고 하지 않고,
이 칸초네와 다른 칸초네들에서 볼 수 있듯이, 고유의 의미를
벗어나 무엇인가 말할 필요가 있을 경우 칸초네의 장식을 위해
활용하였다. 따라서 나는 지금 모든 담론의 훌륭함과 아름다움 4
은 서로 다르고 구별되어 있다고 말하고 싶다. 왜냐하면 훌륭함
은 그 내용 안에 있고, 아름다움은 말의 장식 안에 있으며, 비

---

1) **토르나타**(tornata)는 프로방스어 **토르나다**(tornada)에서 나온 말로 "되돌아옴", "복귀"를 의미한다. 뒤이어 단테가 암시하듯이 처음에는 칸초네, 즉 "노래"의 후렴으로 앞에 이미 나온 구절이나 그 일부를 그대로 반복하는 것을 가리켰지만, 보다 일반적인 의미에서 시의 짤막한 마지막 연을 가리키는 용어로 정착되었다. 그 내용은 대부분 작별 인사나 헌사(獻詞) 등으로 되어 있다.

록 훌륭함이 특히 더 많은 즐거움을 줄지라도, 그 두 가지 모두
가 즐거움을 주기 때문이다. 그러므로 이 칸초네 안에 화자로서 5
말하도록 도입된 자들의 상이함으로 인해 그 훌륭함을 느끼기
어렵고 또 많은 구별이 필요하지만, 그 아름다움을 쉽게 볼 수
있기 때문에, 나는 다른 사람들이 이 칸초네의 훌륭함보다 아름
다움에 더 많은 관심을 기울이게 만드는 것이 필요하다고 생각
하였다. 그것이 바로 내가 이 부분에서 말하는 것이다.

하지만 종종 충고는 주제넘게 보이는 경우가 있기 때문에 어 6
떤 상황에서 수사학자는 간접적으로 다른 사람에게, 그러니까
자기가 말하고자 하는 사람이 아닌 다른 사람에게 말을 하는 데
익숙해져 있다. 사실 여기에서 나는 바로 그런 방법을 쓰고 있
는데, 칸초네에게 말하고 있지만 그 의도는 사람들을 지향하고
있기 때문이다. 그래서 나는 이렇게 말한다. 칸초네여, 그대를 7
잘 이해하는 사람들은 드물다고, 말하자면 적다고 말이다. 그리
고 그 이유를 말하는데, 그것은 두 가지이다. 첫째 그대가 복잡
하게 말하기 때문이고(앞에서 말한 이유 때문에[2] 나는 "복잡하다"
고 말한다), 둘째 그대가 어렵게 말하기 때문이다(의미의 새로움
과 관련하여 나는 "어렵다"고 말한다). 뒤이어 나는 칸초네에게 충 8
고하여 이렇게 말한다. 만약 혹시라도 그대의 말을 듣고 의아해
하는 사람들 앞에 가게 되면, 당황하지 말고 그들에게 이렇게
말해다오. 당신들은 나의 훌륭함을 보지 못하니, 최소한 나의
아름다움에 관심을 기울이시오. 위에서 말했듯이, 나는 여기에 9
서 단지 이런 말 이외에 다른 것을 말하고 싶지 않다. 오, 이 칸
초네의 의미를 이해하지 못하는 사람들이여, 그렇다고 해서 거
부하지 말고 그 아름다움에 관심을 기울이시오. 그 아름다움은

2) 이 칸초네를 잘 이해하기 위해서는 여러 가지 많은 구별이 필요하기 때문이다.

문법학자들[3]이 관심을 기울이는 구성, 수사학자들이 관심을 기울이는 담론의 순서, 음악가들이 관심을 기울이는 각 부분들의 운율에 있어 탁월하기 때문이오. 잘 살펴보는 사람은 칸초네에서 그런 것이 아름답다는 것을 발견할 것이다.

이것이 앞에서 첫 번째 음식이라 불렀던 첫째 칸초네의 모든 문자 그대로의 의미이다.

3) 시의 어휘들과 통사의 훌륭한 활용에 관심을 기울이는 사람들을 가리킨다.

제 12장

문자 그대로의 의미가 충분히 설명되었으니 진실하고 우의적 1
인 설명으로 넘어가야 한다. 그러므로 다시 처음부터 시작하자
면, 위에서 말했듯이 내 영혼의 최초 즐거움[1]을 잃어버렸을
때, 나는 어떠한 위안도 소용없을 정도로 커다란 슬픔에 잠겨
있었다.

하지만 얼마 후 치유되려고 노력하고 있던 내 영혼은, 나 자 2
신의 위안이나 다른 사람의 위안도 소용없었기 때문에, 위안받
지 못하는 사람이 스스로를 위안하기 위해 사용하는 방법에 의
존해 보기로 결정하였다. 그리고 나는 많은 사람에게 알려지지
않은 보에티우스의 책을 읽기 시작했는데, 추방되고 감옥에 갇
힌 보에티우스가 위안을 찾았던 책이다. 그리고 키케로가 우정 3
에 대해 논의하면서, 진정으로 탁월한 인물 라일리우스[2]에게
그의 친구 스키피오[3]의 죽음에 대하여 위로의 말을 하였다는
다른 책[4]에 대한 이야기를 듣고 그 책을 읽기 시작했다. 처음 4

---

1) 베아트리체를 가리킨다.

2) 제1권 12장 3절의 역주 참조.

3) 스키피오 아이밀리아누스(Publius Cornelius Scipio Aemilianus, 기원전 185~129)는 포이니 전쟁의 영웅 스키피오 아프리카누스의 큰아들의 양자로 소(小) 스키피오로 부르기도 한다. 그는 가이우스 라일리우스의 절친한 친구였는데, 그가 죽은 후 라일리우스는 매우 슬퍼하였고, 키케로는 그것을 소재로 우정에 대한 저술을 남겼다.

에는 그 책의 의미를 이해하기 어려웠지만, 마침내 나는 내 문
법 기술[5]과 약간의 지성이 허용하는 만큼 그 의미를 이해하게
되었다. 그 약간의 지성 덕택에 《새로운 삶》에서 볼 수 있듯
이, 나는 예전에도 거의 꿈을 꾸듯이[6] 많은 것들을 본 적이 있
었기 때문이다.

그리고 은(銀)을 찾으러 가는 사람이, 아마 성스러운 배려가 5
없지 않겠지만, 뜻밖에도 어떤 감추어진 원인에 의해 제공되는
금을 발견하는 경우가 이따금 있는 것처럼, 나 자신을 위안하려
고 노력하던 나는 내 눈물에 대한 치료뿐만 아니라, 저자들과
지식과 책들의 말까지 발견하게 되었다. 그런 것들을 고찰하면
서 나는 그 저자들과 지식과 책들의 여주인이었던 철학이 최고
라고 결론을 내렸다.[7] 그리고 그녀는 고귀한 여인과 같다고 상 6
상하였으며, 자비로운 모습이 아닌 다른 어떤 모습으로 그녀를
상상할 수는 없었다. 그래서 내 마음의 일부가 기꺼이 그녀를
바라볼 때에는 거기에서 시선을 다른 쪽으로 돌리기 어려울 정
도였다. 그리고 그런 모습에 이끌려 나는 그녀가 진정으로 모습 7
을 드러내는 곳, 말하자면 종교인들의 학교들과 철학자들의 토
론들에 다니기 시작하였다.[8] 그리하여 아마 약 30개월의 비교

---

4) 제1권 12장 3절에서 언급한 《우정에 관하여》를 가리킨다.

5) 라틴어 능력.

6) 말하자면 불완전하고 불분명한 환영(vision)으로 보았다는 것을 의미한다. 그렇지만 《새로운 삶》에 대한 지적은 거기에서 나타나는 환영들에 대한 암시보다, 젊은 시절 그 책을 쓸 무렵 아직은 분명하지 않고 불완전하지만 이미 철학적 지식을 갖고 있었다는 주장으로 볼 수 있다.

7) 뒤에서 자세히 설명하듯이 단테는 "고귀한 여인"을 철학과 동일시한다.

8) 당시 피렌체에는 여러 수도회에서 운영하는 학교들이 있었다. 도미니쿠스 수도회 학교는 산타 마리아 노벨라(Santa Maria Novella) 성당에 있었고, 프란체스코 수도회 학교는 산타 크로체(Santa Croce) 성당에 있었으며, 아

적 짧은 기간에[9] 나는 그녀의 감미로움을 느끼기 시작하였으니, 그녀에 대한 사랑은 다른 모든 생각을 쫓아내고 파괴할 정도였다.

그리하여 그 덕분에 나는 첫 사랑의 생각으로부터 상승된 느 8
낌이 들었기에, 거의 깜짝 놀란 듯이 내 입을 열어 위의 칸초네를 노래하면서, 다른 것들 아래에서[10] 나의 상황을 보여주었다. 왜냐하면 내가 사랑에 빠진 여인에 대해서는 어떤 속어 시로도 공개적으로 노래할 수 없었기 때문이며, 또한 듣는 사람들도 그 허구적인 말들을 이해할 만한 준비가 되어 있지 않았기 때문이며, 또한 그들은 실제로 내가 다른 사랑이 아니라 바로 그런 사랑을 원한다고 완전히 믿었으므로,[11] 마치 허구적인 의
미처럼 그 진정한 의미[12]를 믿지 않았을 것이기 때문이다. 그 9
래서 나는 "지성만으로 셋째 하늘을 움직이는 그대들이여" 하고 노래하기 시작했던 것이다. 위에서 말했듯이, 그 여인은 하느님의 딸, 모든 것의 여왕, 가장 고귀하고 가장 아름다운 철학이었기 때문에, 그 셋째 하늘과 그것을 움직이는 자들이 누구였는지 보아야 한다. 앞에서 살펴본[13] 순서대로 먼저 하늘에 대해

우구스티누스 수도회는 산토 스피리토(Santo Spirito) 성당에 있었는데, 외부 세속인들의 출입도 허용되었다. 또한 대학의 일부 기관에서 철학자들과 학자들의 공개적인 토론회들이 개최되었고, 거기에는 모든 사람이 참석할 수 있었다. 그것은 일반인들이 지식과 교양을 얻을 수 있는 기회이자 동시에 높은 수준의 문화적 만남의 무대가 되었다.

9) 철학 연구의 방대함과 어려움을 고려하면 30개월은 비교적 짧은 기간이라고 말할 수 있다.

10) 문자 그대로의 의미 아래에 감추어진 우의적인 방식으로.

11) 대부분의 사람들이 우의적인 의미에서 철학에 대한 사랑이 아니라, 바로 현실적인 여인에 대한 사랑으로 이해하였다는 지적이다.

12) 문자 그대로의 의미가 아닌 우의적인 의미를 가리킨다. 간단히 말해 고귀한 여인에 대한 사랑은 바로 철학에 대한 사랑이었다는 주장이다.

설명하겠다. 여기에서는 구분하고 단어를 설명하면서 나아갈 필요가 없다. 왜냐하면 허구적인 말이 겉으로 말하는 것을, 그것이 의미하는 것으로 바꾸기만 하면,[14] 앞의 설명으로부터 그 의미가 충분하게 밝혀질 것이기 때문이다.

---

13) 문자 그대로의 의미를 설명하면서.

14) 문자 그대로의 의미에서 진정한 우의적인 의미로 바꾸기만 하면.

제13장

셋째 하늘이 의미하는 것을 이해하기 위해서는 먼저 그 "하늘"이라는 단어로 내가 말하려는 것을 살펴본 다음, 어떻게 또 무엇 때문에 그 셋째 하늘에 대해 말할 필요가 있었는지 살펴보아야 한다. 1

내가 말하는 하늘은 학문을 의미하고, 하늘들은 학문들을 의미하는데, 그것은 하늘들이 주로 학문들과 함께 공유하는 세 가지 유사성 때문이며, 또한 "셋째"라는 단어에 대하여 설명하면서 보겠듯이, 그것들이 서로 일치하는 것처럼 보이는 순서와 숫자 때문이다. 2

첫 번째 유사성은 둘 다 움직이지 않는 하나의 지점[1]을 중심으로 회전한다는 것이다. 왜냐하면 각각의 하늘은 자신의 중심점 주위를 회전하는데, 그 중심점은 하늘이 움직이더라도 움직이지 않기 때문이다. 그와 마찬가지로 각 학문은 자신의 주제 주위를 움직여도 그 주제는 움직이지 않는데, 어떤 학문도 고유의 주제를 증명하지 않고 전제로 하기 때문이다.[2] 3

두 번째 유사성은 둘 다 비춰준다는 점이다. 각각의 하늘은 보이는 사물들을 비춰주고, 그와 마찬가지로 각 학문은 지성으 4

1) 고유의 중심점을 의미한다.

2) 학문적 성찰의 주제는 단지 전제될 수 있을 뿐이며, 증명되거나 설명될 수 있는 것은 아니라는 뜻이다.

로 이해할 수 있는 것들을 비춰주기 때문이다.

세 번째 유사성은 자신에게 배치된 것들을 완전함으로 이끈 5
다는 것이다. 그중에서 특히 첫 번째 완전함, 말하자면 실질적
인 생성[3]으로 이끄는 것과 관련하여, 모든 철학자들은 비록 서
로 다르게 설명하지만, 하늘들이 그 원인이라는 것에 동의하고
있다. 가령 플라톤, 아비켄나,[4] 알가젤[5] 같은 일부 철학자들
은 움직이는 자들[6]이 원인이라고 하고, 소크라테스, 플라톤,
철학자 디오니시우스[7] 같은 일부는 특히 인간의 경우 별들 자
체가 원인이라고 하고,[8] 아리스토텔레스나 다른 페리파토스학
파[9] 철학자들 같은 일부는 씨앗의 자연적인 따뜻함 속에 있는
천상의 역량이 원인이라고 하였다. 그와 마찬가지로 학문들은 6
우리에게 두 번째 완전함[10]으로 이끄는 원인이다. 철학자가

---

3) 사물은 고유의 실질 속에서 완전하다는 것을 의미한다.

4) 아비켄나(Avicenna, 980~1039) 또는 이븐 시나(Ibn Seena)라는 이름으로 유럽에 알려진 페르시아 출신의 철학자, 신학자, 물리학자, 의사, 천문학자로 본명은 Abū Alī al-Husayn ibn Abd Allāh ibn Sīnā이다. 수백 권에 달하는 그의 방대한 저술들은 중세 유럽에 소개되어 많은 영향을 주었다.

5) 알가젤(Algazel, 1058~1111)이라는 이름으로 유럽에 알려진 페르시아 출신의 무슬림 철학자이며, 신학자, 법학자로 본명은 Abu Hāmed Mohammad ibn Mohammad al-Ghazzālī.

6) 하늘들을 움직이는 지성들 또는 천사들.

7) 위(僞) 디오니시우스 또는 일명 아레오파고스 사람 디오니시우스(제2권 5장 5절의 역주 참조)를 가리키는지, 아니면 기원전 4세기 스토아학파의 철학자 디오니시우스를 가리키는지 분명하지 않다.

8) 플라톤은 인간의 영혼이 별들에서 온다고 생각하였다(제4권 21장 2절 참조).

9) 아리스토텔레스에 의해 형성된 학파로 그는 아테나이의 아폴론 신전의 경내인 리케이온(Lykeion)에 학원을 세우고 제자들을 가르쳤다. 페리파토스라는 이름은 스승과 제자가 정원에서 함께 거닐고 산책하면서 가르쳤기 때문에 유래하였다고 한다. 따라서 "소요학파(逍遙學派)"로 옮기기도 한다.

10) 행위의 완전함을 가리킨다.

《윤리학》 제 6권에서 진실은 지성의 선이라고 말하면서 주장하듯이, 학문의 습관을 통해 우리는 우리의 최종적 완전함인 진리를 관조할 수 있다. 다른 많은 유사성과 함께 그런 유사성으로 인해 학문은 바로 "하늘"이라고 말할 수 있다.

이제 무엇 때문에 "셋째" 하늘이라고 말하는지 살펴보아야 한 7
다. 그러기 위해서는 하늘들의 순서와 학문들의 순서 사이의 비슷함에 대하여 고찰해 보아야 한다. 위에서 말했듯이 우리에게 가까운 일곱 하늘은 행성들의 하늘이며,[11] 다음에 그 하늘들 위에 두 개의 움직이는 하늘들[12]이 있고, 그 모든 하늘들 위에 하
나의 움직이지 않는 하늘[13]이 있다. 일곱 하늘들에는 3학과 4 8
학,[14] 말하자면 문법,[15] 논리학,[16] 수사학, 수학, 음악, 기하학, 천문학이 상응한다. 붙박이별들의 하늘인 여덟째 하늘에는 자연학[17]이라 부르는 자연 학문과 형이상학이라 부르는 첫째 학문이 상응하고, 아홉째 하늘에는 도덕의 학문[18]이 상응한다. 또한 움

---

11) 앞의 제2권 3장 7절 이하 참조. 지구에 가까운 순서대로 보면 달, 수성, 금성, 태양, 화성, 목성, 토성의 하늘이다.

12) 붙박이별들이 하늘과 최초 움직임의 하늘이다.

13) 최고의 하늘 엠피레오.

14) 로마 시대부터 귀족 출신 젊은이들이 공부해야 했던 일종의 교양 과목이었던 아르테스 리베랄레스(artes liberales)는 모두 일곱 가지 학문 분야로 구성되고, 그것은 다시 3학(trivium)과 4학(quadrivium)으로 나뉘었다. 그 구체적인 과목들은 시대에 따라 약간씩 달라지기도 하였다.

15) 제1권 11장 14절에서 단테는 "그리스 문법"이라는 표현으로 그리스어를 가리켰는데, 여기에서 말하는 "문법(gramatica)"은 라틴어를 가리킨다.

16) 원문에는 dialettica로 되어 있는데, 문자 그대로의 의미로 보면 "변증법"으로 번역할 수도 있다.

17) 물리학으로 옮길 수도 있으나, 아리스토텔레스의 《자연학》과 밀접하게 연결되어 있기 때문에 자연학으로 옮겼다.

18) 도덕 철학 또는 윤리학을 가리킨다.

직이지 않는 하늘에는 신학이라고 부르는 신성한 학문이 상응한다. 그리고 왜 그런지에 대한 이유를 간단하게 살펴볼 것이다.

달의 하늘과 문법은 서로 비교될 수 있는 두 가지 속성으로 9
인해 유사하다고 말하고 싶다. 만약 달을 잘 살펴보면 다른 별
들에서는 볼 수 없는 두 가지 고유한 것이 보이기 때문이다. 하
나는 그 안에 있는 그림자[19]인데, 그것은 고유 물질의 희박함
에 의한 것이며, 다른 부분들과는 달리 여기에서는 태양의 빛살
들이 도달하여 반사될 수 없다.[20] 다른 하나는 밝기의 변화인
데, 태양이 바라보는 위치에 따라 때로는 한쪽에서 빛나고 또
때로는 다른 쪽에서 빛난다. 그런데 그 두 가지 속성을 문법이 10
갖고 있다. 왜냐하면 그 무한함으로 인해 이성의 빛이 특히 어
휘들과 관련하여 그 안에 완벽하게 도달할 수 없고, 때로는 이
쪽에서 또 때로는 저쪽에서 빛나는데, 일부 어휘들, 일부 어형
변화들, 일부 구문들이 예전에는 없었는데 지금은 사용되고 있
으며, 또한 호라티우스[21]가 《시학》의 서두에서 "오래 전부터
사용되지 않던 많은 어휘들이 다시 나타날 것이다"고 말했듯이,
예전에 사용되던 많은 것들이 앞으로 다시 사용될 것이기 때문
이다.

---

19) 달의 약간 어둡게 보이는 부분을 가리킨다.

20) 달에서 "그림자", 즉 얼룩 반점이 보이는 이유는 달을 구성하는 물질이 일부에서는 빽빽하고 일부에서는 희박하기 때문이라는 설명이다. 빽빽한 곳에서는 햇빛이 잘 반사되지만, 희박한 곳에서는 잘 반사되지 않아 어둡게 보인다는 것이다. 그런 주장은 아베로에스(제4권 13장 8절 참조)의 영향에 의한 것으로 생각되는데, 단테는 나중에 《신곡》 〈천국〉 2곡 61행 이하에서 베아트리체의 설명을 통해 그런 견해를 철회한다.

21) 퀸투스 호라티우스(Quintus Horatius Flaccus, 기원전 65~8)는 로마 시대의 유명한 풍자 시인으로 그의 짤막한 논문 《시학》(*Ars poetica*)은 아리스토텔레스의 《시학》과 함께 후대에 많은 영향을 끼쳤다. 뒤의 인용문은 그의 《시학》 70-71절에서 나온 것이다.

그리고 수성의 하늘은 두 가지 속성에서 논리학과 비교될 수 11
있다. 수성은 하늘에서 가장 작은 별인데, 그 직경의 크기가
232마일에 불과하고, 알프라가누스[22]가 말하는 바에 의하면,
지구 직경 6,500마일의 28분의 1에 해당하기 때문이다. 다른
속성은 다른 어떤 별보다 태양의 빛살에 의해 가려져 있다는 것
이다.[23] 그런데 이 두 가지 속성이 논리학에 들어 있다. 논리 12
학은 그 범위에 있어 다른 어떤 학문보다 작은데, 옛날 기술과
새로운 기술에서 발견되는 본문 하나로 완벽하게 편집되고 그 안
에 모든 것이 들어 있기 때문이다.[24] 또한 다른 어떤 학문보다
많이 감추어져 있는데, 다른 어떤 학문보다 복잡하고 불확실한
논증방식으로 이루어지기 때문이다.

그리고 금성의 하늘은 두 가지 속성에서 수사학과 비교될 수 13
있다. 하나는 다른 어떤 별보다 보기에 부드러운 그 모습의 명
료함이고, 다른 하나는 때로는 새벽에 또 때로는 저녁에 나타난
다는 것이다. 그런데 그 두 가지 속성이 수사학에 들어 있다. 14
수사학은 다른 모든 학문들 중에서 가장 부드러운데, 무엇보다
도 그런 부드러움을 목표로 하기 때문이다. 그리고 수사학자가
듣는 사람의 얼굴 앞에서 말할 때에는 새벽에[25] 나타나고, 수

---

22) 유럽에는 알프라가누스(Alfraganus)라는 이름으로 알려진 9세기 페르시아 출신의 유명한 천문학자로 본명은 Abū al-'Abbās Aḥmad ibn Muḥammad ibn Kathīr al-Farghānī.

23) 수성은 태양에 가장 가깝기 때문에 단지 새벽이나 저녁에만 관찰될 수 있다.

24) 여기에서 단테는 아리스토텔레스의 《오르가논》(*Organon*) 중에서 변증법과 관련된 부분을 인용하고 있다. 중세 유럽에서 변증법과 논리학은 하나의 기술로 간주되었으며, 13세기 중엽에 이르러 **옛날 기술**(Ars vetus)〔또는 **옛날 논리학**(Logica vetus)〕과 **새로운 기술**(Ars nova)〔또는 **새로운 논리학**(Logica nova)〕로 구분하여 고찰하였다.

25) 앞에서 나타난다는 뜻이다. 새벽에 샛별, 즉 금성은 동쪽에서 태양보다 앞에 나타난다.

사학자가 문자를 통해 멀리에서 말할 때에는 저녁에, 말하자면
뒤에서 나타난다.

그리고 태양의 하늘은 두 가지 속성에서 수학과 비교될 수 있 15
다. 하나는 다른 모든 별들이 그 빛에 의해 형성된다는 것이고,
다른 하나는 눈이 그것을 바라볼 수 없다는 것이다. 그런데 그 16
두 가지 속성이 수학에 들어 있다. 모든 학문이 그 빛으로 빛나
는데, 학문의 모든 대상이 어떤 숫자의 측면에서 고찰될 수 있
으며, 그런 대상들의 고찰에서는 언제나 숫자와 함께 진행되기
때문이다. 예를 들어 자연 학문의 대상은 유동적인 물체인데, 17
그 유동적인 물체는 연속성의 원칙을 자체 안에 갖고 있고, 그
것은 바로 무한한 숫자의 원칙을 자체 안에 갖고 있다. 또한 그
것의 주요 고찰은 자연물들의 원칙들을 고찰하는 것인데, 그 원
칙은 세 가지, 말하자면 질료, 형상, 결여(缺如)[26] 이며, 거기
에서도 그런 숫자의 측면을 찾아볼 수 있다. 그 모든 것 전체뿐 18
만 아니라 세밀하게 잘 고찰해보면 각 개별 안에도 숫자가 있
다. 그런 이유 때문에 아리스토텔레스가 《자연학》 제1권에서
말하는 바에 의하면,[27] 피타고라스는 모든 사물이 숫자라고 생
각하여 자연물들의 원칙으로서 홀수와 짝수를 부여하였다. 수 19
학에 속하는 숫자에서 태양의 다른 속성도 찾아볼 수 있는데,
지성의 눈은 그것을 바라볼 수 없다는 것이다. 왜냐하면 숫자는

---

26) 아리스토텔레스의 《자연학》에서 말하는 세 가지 원칙이다. "질료"는 유동적인 물체를 구성하고, "형상"은 실질적이거나 우발적인 것이며, "결여"는 변화과정에서 첫 번째 사물의 특징이었던 것이 두 번째 사물에서 없어지는 것, 즉 부재(不在)를 가리킨다. 참고로 김진성은 아리스토텔레스의 《형이상학》을 번역하면서(이제이북스, 2007) 각각 "밑감(재료)", "꼴(형상)", "못 갖춤(결여)"로 옮겼다.

27) 아리스토텔레스, 《자연학》 제1권 5장 및 토머스 아퀴나스의 주석 제1권 10장 참조.

그 자체로 고려해보면 무한하고, 따라서 우리는 그것을 이해할
수 없기 때문이다.

그리고 화성의 하늘은 두 가지 속성에서 음악과 비교될 수 있 20
다. 하나는 가장 아름다운 관계[28]인데, 움직이는 하늘들을 헤
아리면, 가장 아래쪽이나 가장 위쪽 어디에서부터 시작하든,
화성의 하늘은 다섯째이며, 모든 하늘, 즉 위와 아래에서 각각
첫째, 둘째, 셋째, 넷째 하늘들의 한가운데에 있다. 다른 하나 21
는 프톨레마이오스가 《테트라비블로스》[29]에서 말하듯이 화성
은 사물들을 건조시키고 불태우는데, 그 열기가 불의 열기와 비
슷하기 때문이다. 화성의 색깔이 마치 불붙은 것처럼 보이는 이
유가 바로 그것인데, 뒤따르는 수증기들의 빽빽함과 희박함에
따라 때로는 더 심하고 또 때로는 덜하기도 한다. 그런 수증기
들은 《유성론》[30] 제 1권에 증명되어 있는 것처럼 종종 저절로
불이 붙기도 한다. 그렇기 때문에 알부마사르[31]의 말에 의하 22
면, 그 수증기들이 불붙은 것은 왕들의 죽음과 왕국들의 변화를
의미한다고 하는데, 그것은 화성[32]의 지배력에 의한 효과들이

---

28) 화성이 다른 움직이는 하늘들과 맺고 있는 관계를 가리키는데, 아홉 개의 움직이는 하늘들 중에서 한가운데에 있다.

29) 원문에는 *Quadripartito*로 되어 있는데, 프톨레마이오스의 점성술에 관한 저술 《테트라비블로스》(*Tetrabiblos*)를 라틴어로 《콰드리파르티투스》(*Quadripartitus*) ("네 부분"이라는 뜻이다)로 번역한 것에서 유래한다.

30) 알베르투스 마그누스(제3권 5장 12절 참조)의 《유성론(流星論)》(*De meteoris*)을 가리킨다. 뒤에 언급되는 내용에 대해서는 제1권 4장 9절 참조.

31) 알부마사르(Albumasar, 787~886) 또는 알 팔라키(al-Falaki)라는 이름으로 유럽에 알려진 페르시아의 수학자, 천문학자, 점성술사로 본명은 Ja'far ibn Muhammad Abū Ma'shar al-Balkhī. 그의 저작들은 라틴어로 번역되어 중세 유럽에 많은 영향을 끼쳤다.

32) 화성은 전쟁의 신 마르스(Mars)의 행성이며, 따라서 무력을 장악하고 있는 왕이나 제후들이 그 영향력을 받는 것으로 생각하였다.

기 때문이다. 따라서 세네카는 아우구스투스[33] 황제의 사망 때
하늘에서 불의 공을 보았다고 말하고, 또한 피렌체에서는 파멸
의 초기에 화성을 뒤따르는 그 수증기의 엄청난 양이 십자가 형
상으로 하늘에서 보였던 것이다.[34] 그러한 두 가지 속성이 음 23
악에 있는데, 음악은 조화로운 말과 노래들에서 볼 수 있듯이
완전히 관계들에 의존하며,[35] 그런 것들의 조화가 감미로울수
록 그 관계는 더욱 아름답다. 그런 관계는 이 학문에서 가장 아
름다운데, 무엇보다도 그것을 목표로 하기 때문이다. 또한 음 24
악은 거의 대부분 마음의 수증기들로 되어 있는 인간의 정신들
을 자기 쪽으로 끌어당겨 다른 모든 활동을 거의 중단하도록 만
든다. 음악을 들을 때의 영혼 전체도 그와 같으며, 그 모든 것
의 역량[36]은 소리를 받아들이는 감각의 정신에게로 달려간다.

그리고 목성의 하늘은 두 가지 속성에서 기하학과 비교될 수 25
있다. 하나는 그것의 훌륭한 절제와 대립되는 두 하늘, 즉 화성
의 하늘과 토성의 하늘 사이에서 움직인다는 것이다.[37] 그러므

---

33) 카이사르가 암살당한 뒤 그의 양자였던 옥타비아누스(Gaius Octavianus, 기원전 63~서기 14)가 권력을 잡고 기원전 27년 최초의 로마 황제가 되었는데, 아우구스투스(Augustus)라는 칭호는 "존엄한 사람"을 의미한다.

34) 일반적으로 542년 고트 족의 왕 토틸라(Totila)가 피렌체에 침략하여 파괴한 사건을 암시하는 것으로 해석되었다. 하지만 디노 콤파니(Dino Compagni, 1255?~1324)의 《연대기》에 의하면, 1301년 11월 1일 발루아의 샤를이 단테가 속한 겔피 백당(Guelfi Bianchi)을 몰아내기 위해 침입하였을 때 하늘에 십자가 형상이 나타났다고 한다. 그 결과 단테는 망명의 길을 떠나게 되었고, 따라서 단테의 관점에서 보면 피렌체의 "파멸"이 시작되었다고 해석할 수도 있다.

35) 다른 음계들이나 리듬, 멜로디, 박자 등에 의한 일련의 상호관계들에 의존하는 것을 가리킨다.

36) 원문에는 비르투(virtù)로 되어 있다.

37) 뒤이어 말하듯이 차가운 토성과 뜨거운 화성 사이에서 적당한 온도를 갖고

로 프톨레마이오스는 앞에 인용한 책에서 화성이 토성의 차가움과 화성의 열기 한가운데에서 절제된 구성의 별이라고 말한다. 다른 하나는 모든 별들 중에서 거의 은빛으로 하얗게 보인 26
다는 것이다. 그런데 이 두 가지 속성이 기하학의 학문 속에 있다. 기하학은 대립되는 두 가지, 즉 점과 원(여기에서 내가 말하는 "원"은 입방체이든 표면이든 모든 둥근 것을 광범위하게 가리킨다) 사이에서 움직인다. 왜냐하면 에우클레이데스[38]가 말하듯이 점은 기하학의 시작이고, 또한 그의 말에 의하면, 원은 거기에서 가장 완전한 형상이며, 따라서 기하학의 끝으로 간주되어야 한다. 그러니까 기하학은 마치 시작과 끝처럼 점과 원 사이 27
에서 움직이며, 이 두 가지는 그것의 확실함과 대립된다. 왜냐하면 점은 그 보이지 않음으로 인해 측정할 수 없으며, 원은 그 원호(圓弧)로 인해 완전하게 사각형으로 만들 수 없고, 따라서 정확하게 측정할 수 없기 때문이다.[39] 또한 기하학은 가장 하얀색인데, 어떤 오류의 얼룩도 없고, 자기 자신이나 광학(光學)이라 일컬어지는 자신의 시녀 학문에 있어 가장 확실하기 때문이다.

그리고 토성의 하늘은 천문학과 비교될 수 있는 두 가지 속성 28
을 갖고 있다. 하나는 황도(黃道) 12궁을 가로지르는 운동에서 느리다는 것인데, 점성술사들의 글에 의하면, 그 회전에 29년 이상의 시간이 필요하기 때문이다. 다른 하나는 다른 모든 행성들보다 위에 있다는 것이다. 그런데 이 두 가지 속성이 천문학 29

있다는 것을 의미한다.

38) 영어 이름 유클리드로 널리 알려진 기원전 4세기의 그리스 수학자로 기하학을 집대성하였다.

39) 기하학자가 원을 정확하게 측정할 수 없다는 지적은 《신곡》 〈천국〉 33곡 133행 이하에서도 다시 한 번 강조된다.

에 있다. 왜냐하면 자기 원[40]의 완성, 말하자면 그 학문의 습득에는 엄청나게 많은 시간이 걸리는데, 위에서 말한 다른 어떤 학문보다 검증들이 더 많고, 또한 거기에서 잘 판단하기 위해서는 더 많은 경험이 필요하기 때문이다. 그리고 다른 모든 학문들보다 위에 있다. 아리스토텔레스가 《영혼에 관하여》의 서두에서 말하듯이, 학문은 그 주제와 확실함에서 고귀한 만큼 고귀한데, 위에서 말한 다른 어떤 학문보다 천문학은 하늘의 운동이라는 고귀하고 높은 주제 덕택에 고귀하고 높으며, 또한 가장 완전하고 규칙적인 원칙에서 나오는 것으로서 아무런 결함도 없는 확실함으로 인해 높고 고귀하기 때문이다. 만약 누군가 천문학에 결함이 있다고 믿는다면, 그것은 그 학문 때문이 아니라, 프톨레마이오스가 말하듯이 우리의 태만함[41] 때문이며, 따라서 그 탓으로 돌려야 한다.[42]

40) 토성이 공전 궤도를 한 바퀴 일주하면서 그리는 원을 가리킨다.

41) 여기에서 "태만함(negligenza)"은 단지 게으름뿐만 아니라 "부주의", "경솔함"도 내포한다.

42) 프톨레마이오스, 《콰드리파르티투스》 제1권 1장 2절 참조.

제14장

처음의 일곱 하늘에 대한 비교에 뒤이어, 앞에서 여러 번 이야기한 것처럼 세 개의 다른 하늘에 대한 비교로 나아가야 한다. 붙박이별들의 하늘은 세 가지 속성에서 자연학과 비교될 수 있고, 다른 세 가지 속성에서 형이상학과 비교될 수 있다. 그 하늘은 자신의 두 가지 눈에 보이는 것을 우리에게 보여주는데, 바로 수많은 별들과 은하, 즉 민중들이 성 야고보의 길[1] 이라고 부르는 것을 보여주며, 또한 두 극(極) 중의 하나[2] 를 우리에게 보여주고, 다른 하나는 감춘다. 그리고 동쪽에서 서쪽으로 움직이는 자신의 운동 하나를 우리에게 보여주고, 서쪽에서 동쪽으로의 다른 운동은 우리에게 거의 감추고 있다.[3] 그러므로 순 1

1) 정확한 어원은 알 수 없으나, 중세에 은하수를 가리켜 "성 야고보의 길"이라 불렀다. 예수의 열두 제자 중 하나인 성 야고보(제베대오의 아들 야고보)의 유해가 묻혀 있는 곳으로 유명한 스페인의 산티아고 데 콤포스텔라(Santiago de Compostela)로 가는 도보 순례의 길들은 지금도 유명한데, 별빛을 안내자 삼아 그 길을 가던 것과 관련된 것으로 짐작된다(콤포스텔라라는 이름이 바로 "별들의 평원"이라는 뜻에서 나왔다고 한다).

2) 북극을 가리킨다. 당시의 견해에 의하면 지구 북반구에만 땅이 있어 인간이 거주할 수 있으며, 남반구는 온통 바다로 뒤덮여 있고 인간이 갈 수 없는 연옥의 산이 높이 솟아 있다고 믿었다(《신곡》〈지옥〉 26곡 127행 이하 참조). 따라서 감추어진 다른 한 극인 남극은 우리의 눈에 보이지 않는다.

3) 북극과 남극의 축을 중심으로 붙박이별들이 동쪽에서 서쪽으로 회전하는 운동은 매번 24시간이 걸린다. 반면에 주야 평분선(晝夜平分線) 또는 천구의

서에 따라 먼저 자연학과의 비교를 살펴본 다음, 형이상학과의
비교를 살펴보아야 한다.

먼저 붙박이별들의 하늘은 우리에게 수많은 별들을 보여준 2
다. 이집트의 현인들이 남쪽으로 그들에게 보이는 마지막 별까
지 포함하여 본 것에 의하면, 1,022개의 별들이 있는데, 나는
바로 거기에 대하여 말하고자 한다. 만약 그 세 개의 숫자, 말
하자면 2와 20, 1,000을 자세히 살펴본다면, 그 숫자에 자연학
과 아주 커다란 유사성이 있다. 왜냐하면 2를 통해 우리는 필연 3
적으로 한 지점에서 다른 지점으로 가는 공간적인 운동을 이해
할 수 있기 때문이다. 그리고 20은 변화의 운동을 의미한다. 왜
냐하면 10 이상의 숫자에서는, 다른 아홉 개의 숫자와 10 자신
을 합침으로써 그 10 자체를 변화시키지 않으면 나아갈 수 없기
때문이다. 또 그것이 받는 가장 아름다운 변화는 바로 자기 자
신의 변화로, 그 최초의 변화는 20이기 때문에, 이 숫자를 통해
위에서 말한 운동을 의미하는 것은 합리적이다. 그리고 1,000 4
은 성장의 운동을 의미하는데, 그 1,000은 이름으로서 가장 큰
숫자이며, 그것을 곱하지 않고는 더 크게 성장할 수 없기 때문
이다.[4] 그리고 자연학은 그 첫 번째 책[5]의 제 5권에서 증명되
었듯이 단지 이 세 가지 운동만을 증명한다.

또한 은하를 통해 이 하늘은 형이상학과 커다란 유사성을 갖 5
고 있다. 은하에 대해 철학자들은 서로 다른 견해를 갖고 있었

적도를 따라 정반대로 서쪽에서 동쪽으로 움직이는 운동은 100년에 1도씩 움직이며(뒤의 11절 참조), 따라서 거의 보이지 않는다.

4) 1,000 이후의 숫자 단위는 1,000의 배수에 해당하는 "1백만", "10억" 등으로 되어 있다.

5) 자연학과 관련된 아리스토텔레스의 많은 저술들 중 첫 번째는 그냥 《자연학》으로 알려진 저술로 모두 여덟 권으로 이루어져 있는데, 그중에서 제5권을 가리킨다. 언급되는 내용에 대해서는 《자연학》 제5권 2장 참조.

다는 것을 알아야 한다. 피타고라스의 추종자들에 의하면 언젠가 태양이 자신의 길에서 벗어났는데, 뜨거운 열기에 적합하지 않은 다른 지역을 지나가면서 그 지나간 장소를 불태웠고, 거기에다 불탄 자국을 남겼다고 한다. 내 생각에 그들은 오비디우스가 《변신》 제 2권 서두에서 이야기하는 파에톤[6]의 우화에서 영
향을 받은 것 같다. 아낙사고라스[7]나 데모크리토스[8] 같은 다 6
른 철학자들은 그것이 그 부분에서 반사된 태양의 빛이라고 하
였고, 논증적 추론으로 앞의 견해를 반박하였다. 이와 관련하 7
여 아리스토텔레스가 말한 것은 정확하게 알 수 없는데, 그의 견해가 서로 다른 번역들에서 똑같지 않기 때문이다. 나는 그것이 번역자들의 오류 때문이라고 생각한다. 왜냐하면 새로운 번역[9]에서는 그것이 언제나 수증기들을 끌어당기는 별들 아래에 수증기들이 그 구역에 모인 것이라고 말하는 것처럼 보이는데, 그것은 진실한 근거를 갖고 있지 않은 듯하다. 옛날 번역에서 은하는 그 구역에 고정된 수많은 별들일 뿐이며, 너무 작아 이 아래에서는 구별할 수 없지만, 거기에서 나오는 희미한 빛을 우리가 은하라고 부른다는 것이다. 그리고 그 구역의 하늘이 더 빽빽해서 그 빛을 붙잡아 두고 반사시키기 때문일 수도 있다.

---

6) 그리스 신화에서 태양의 신 헬리오스의 아들로 아버지의 태양 마차를 잘못 몰아 하늘의 일부를 불태웠고, 그 흔적이 은하수가 되었다고 한다. 그 일화에 대해서는 오비디우스, 《변신》 제2권 35행 이하 참조.

7) 아낙사고라스(기원전 500?~428)는 이오니아 출신의 고대 그리스 철학자였다.

8) 데모크리토스(기원전 460?~370?)는 고대 그리스의 자연 철학자로 고전 원자론을 확립하였다.

9) 단테가 말하는 아리스토텔레스 저술들의 새로운 번역은 토머스 아퀴나스의 해설이 붙은 것을 가리키고, 뒤이어 말하는 옛날 번역은 아퀴나스의 스승 알베르투스 마그누스의 해설이 붙은 번역을 가리킨다.

그런 견해는 아리스토텔레스와 함께 아비켄나와 프톨레마이오스도 갖고 있는 것처럼 보인다.

그러므로 은하는 우리가 볼 수는 없고 단지 그것들의 효과를 8
통해서만 이해하는 그런 별들의 효과이며, 또한 형이상학은 그
와 비슷하게 우리가 그 효과를 통해서만 이해할 수 있는 최초의
실질들에 대해 다루기 때문에, 붙박이별들의 하늘이 형이상학
과 매우 유사하다는 것은 분명하다.

또한 우리에게 보이는 극은 지각할 수 있는 사물들을 의미하 9
는데, 그런 사물들을 전체적으로 포괄하여 자연학이 다룬다.
또 우리에게 보이지 않는 극은 물질이 없고 따라서 지각할 수
없는 사물들을 의미하는데, 그것들은 형이상학이 다룬다. 그렇
기 때문에 앞에서 말한 하늘은 두 학문과 매우 유사하다.

그리고 두 가지 운동을 통해 그 두 학문을 의미한다. 그 하늘 10
은 매일 회전하고 정확한 지점으로 새로운 순환을 하는 운동을
통하여, 썩어 없어질 자연의 사물들을 의미한다. 그것들은 매
일 자신의 길을 가고 그것들의 물질은 형태를 바꾸는데, 바로
그런 것들을 자연학이 다룬다. 또한 100년에 1도씩 서쪽에서 11
동쪽으로 움직이는, 거의 감지할 수 없는 운동을 통하여, 썩지
않는 것들을 의미하는데, 그것들은 하느님의 창조에 의해 시작
은 있지만 끝이 없을 것이며, 바로 그런 것들을 형이상학이 다
룬다. 그러므로 이 운동은 그런 것들을 의미하는데, 그 회전에 12
시작은 있었지만 끝이 없을 것이기 때문이다. 왜냐하면 회전의
끝은 동일한 지점[10]으로 다시 가는 것인데, 그런 운동에 따르
면 이 하늘은 그곳으로 돌아갈 수 없을 것이기 때문이다. 왜냐
하면 세상의 시작 때부터 지금까지 6분의 1 조금 더 회전하였는

10) 말하자면 처음 출발했던 지점.

데,[11] 우리는 벌써 세상 시간의 마지막 단계[12]에 있으며, 사실 천체 운동의 종결을 기다리고 있기 때문이다.

그러므로 여러 가지 속성으로 붙박이별들의 하늘은 자연학과 13
형이상학에 비교될 수 있다는 것이 분명하다.

앞에서 최초 움직임의 하늘이라고 불렀던 수정의 하늘은 아주 14
분명하게 도덕 철학[13]과 비교된다. 왜냐하면 토머스 아퀴나스[14]가 《윤리학》 제 2권에 대해 말하는 바에 의하면, 도덕 철
학은 우리를 다른 학문들에 배치한다.[15] 그러므로 철학자가 15
《윤리학》 제 5권에서 말하듯이, 합법적 정의[16]는 우리가 배우도록 학문들을 배치하고, 또 그 학문들을 버리지 않도록 배운 것을 가르치라고 명령한다.[17] 이와 마찬가지로 위에서 말한 하늘은 자신의 운동을 통해 다른 모든 하늘들의 일상적인 회전을

---

11) 100년에 1도씩 회전하는 것으로 계산하면, 세상이 창조된 이후 6,000년이 조금 더 지났다는 뜻이다.

12) 아우구스티누스의 《요한 복음서에 대한 논고》(*In evangelium Ioannis tractatus*) 제9권 10-16절에 의하면, 이 세상의 시기는 여섯 단계로 나뉜다. 첫째 시기는 노아까지이고, 둘째 시기는 아브라함까지, 셋째 시기는 다윗까지, 넷째 시기는 다니엘까지, 다섯째 시기는 예수 그리스도까지이며, 마지막 여섯째 시기는 이 세상의 시간이 끝날 때까지이다. 그리고 이 마지막 시기는 다른 모든 시기들에 해당하는 약 4,000년이 될 것이라고 한다.

13) 윤리학을 가리킨다.

14) 토머스 아퀴나스(Thomas Aquinas, 1226~1274)는 이탈리아 몬테카시노 출신의 도미니쿠스회 수도사로 가장 뛰어난 스콜라 학자로 꼽힌다. 《신곡》에서 단테는 그를 태양의 하늘에 배치하고 있는데(〈천국〉 10-12곡 참조), 《신곡》 전체가 그의 스콜라 사상을 시적으로 형상화한 것으로 평가되기도 한다.

15) 다른 학문들을 배우고 사용하도록 한다는 뜻이다. 《니코마코스 윤리학》에 대한 토머스 아퀴나스의 주석 제2권 1장 참조.

16) 사람들 사이의 관계들을 규정하는 정의.

17) 《니코마코스 윤리학》에 대한 토머스 아퀴나스의 주석 제1권 2장 참조.

명령하고, 그 회전을 통해 다른 모든 별들은 자기 모든 부분들
의 역량[18] 을 받아서 이곳 아래로 내려 보낸다. 만약에 그 하늘 16
의 회전이 그것을 명령하지 않는다면, 별들의 역량이나 모습마
저 이 아래에는 거의 오지 않을 것이다. 그러므로 만약 그 아홉
째 하늘이 움직이지 않는다고 하면, 붙박이별들의 하늘에서 3
분의 1은 지구의 어떤 장소에서도 보이지 않을 것이며, 토성은
14년 6개월 동안 지구의 어떤 장소에서도 보이지 않을 것이
며,[19] 목성은 6년 동안 보이지 않을 것이며, 화성은 거의 1년
동안, 그리고 태양은 182일 14시간(여기에서 '일'은 그 많은 날들
로 측정되는 시간을 가리킨다) 동안 보이지 않을 것이며, 금성과
수성은 거의 태양과 똑같이 모습을 감추었다가 나타날 것이며,
달은 14일 12시간 동안 모든 사람의 눈에 보이지 않을 것이다.
그리고 사실 이 아래에서는 동물이나 식물이 태어나거나 살아 17
갈 수 없을 것이며, 밤이나 낮도 없고, 주일이나 달이나 해도
없고, 온 세상이 무질서할 것이며, 다른 하늘들의 운동도 불필
요하게 될 것이다. 그와 마찬가지로 만약 도덕 철학이 존재하지 18
않는다면, 다른 학문들은 얼마 동안 보이지 않을 것이며, 행복
은 나타나거나 존재할 수 없을 것이며, 오래 전에 썼고 나중에
발견된 학문들도 불필요할 것이다. 그러므로 명백하게 그 하늘
은 도덕 철학과 비교될 수 있다.

그리고 엠피레오 하늘은 고유의 평화로 인해 모든 평화로 충만 19
한 신성한 학문과 유사하다. 그 학문은 고유의 주제, 즉 하느님
의 가장 탁월한 확실함으로 인해 복잡한 논증들이나 견해들의
어떤 싸움도 허용하지 않는다. 여기에 대해 그분[20] 께서는 제자

---

18) 여기에서는 영향력으로 볼 수 있다.

19) 본문에는 "감추어져 있을 것"으로 되어 있다.

20) 예수 그리스도.

들에게 "나는 너희에게 평화를 남기고 간다. 내 평화를 너희에
게 준다"[21] 고 말하시면서, 당신의 가르침, 즉 내가 말하는 이
학문을 그들에게 남겨주셨다. 그 학문에 대해 솔로몬은 이렇게 20
말한다. "왕비가 예순 명, 후궁이 여든 명, 궁녀가 수없이 많지
만, 나의 비둘기, 나의 티 없는 여인은 오직 하나."[22] 그는 다
른 모든 학문을 왕비, 연인, 시녀라고 부르는 것이다. 그리고
이 학문을 암비둘기라 부르는데, 싸움의 얼룩이 전혀 없기 때문
이며, 또 이 학문을 완벽하다고 부르는데, 우리의 영혼이 평온
해지는 진실을 우리에게 완벽하게 보여주기 때문이다.

하늘들과 학문들의 비교에 대해 이렇게 논의하였으니, 셋째 21
하늘이라는 말로 내가 의도한 것은, 위에서 명백해졌듯이, 셋째 하늘과 유사한 수사학이라는 것을 알 수 있다.

---

21) 〈요한복음서〉 14장 27절.

22) 〈아가〉 6장 8-9절.

제 15장

이렇게 논의된 유사성을 통해 내가 말하는 그 움직이는 자들 1
이 누구인지 알 수 있으며, 그 하늘을 움직이는 자들은, 위에서
말했듯이, 보에티우스나 키케로처럼 달콤한 말로 그 아주 고귀
한 여인 철학을 사랑하도록, 말하자면 공부하도록 나를 이끌었
는데, 그들의 별, 즉 그녀에 대한 글의 빛들로 이끌었다. 그러
므로 모든 학문에서 글은 빛으로 가득한 별이며, 그 빛은 그 학
문을 증명한다. 그것을 명백히 이해하면 허구적인 문자 그대로 2
의 의미에 대한 설명을 통해 위에 제시한 칸초네의 첫째 연의
진정한 의미를 알 수 있다.

그리고 똑같은 설명을 통해 둘째 연도 충분히 이해할 수 있는 3
데, "그는 나에게 한 여인을 보여주며 말하지요"라고 말하는 부
분까지이다. 여기에서 그 여인은 철학이라는 것을 알아야 한다.
사실 철학은 달콤함으로 가득하고, 솔직함으로 장식되어 있고,
지혜에 있어 놀랍고, 자유에 있어 명예로운 여인인데, 그것은
그녀의 고귀함에 대해 다룰 셋째 논고에서 명백해질 것이다.

그리고 "구원을 보고 싶은 사람은/ 이 여인의 눈을 바라보아 4
라" 하고 말하는 부분에서 그 여인의 눈은 바로 철학의 검증이
며, 그 검증은 지성의 눈 속으로 곧바로 들어가 모순들로부터
자유로운 영혼을 사랑에 빠지게 만든다. 철학이 자신의 연인
들[1]과 함께 이야기할 때 그 눈의 검증들 속에서 나타나는, 오,

너무나도 달콤하고 말로 표현할 수 없는 모습들이여, 인간의 마음을 곧바로 훔쳐 가는 자들이여! 그대 안에 진정으로 구원이 있고, 그 구원으로 인해 그대를 바라보는 사람은 축복을 받으며, 악덕과 무지의 죽음으로부터 안전하게 벗어난다.

그리고 "만약 고통스러운 한숨을 두려워하지 않는다면" 하고 5
말하는데, 여기에서는 '만약 의혹들[2]의 싸움과 공부의 노고를 두려워하지 않는다면'이라는 뜻으로 이해해야 한다. 그런 것들은 그 여인의 첫 눈길 때부터 무수하게 나타날 것이지만, 나중에는 그녀의 빛이 계속 비치면서 마치 태양의 얼굴과 마주치는 아침 안개들처럼 사라질 것이며, 마치 대기가 한낮의 빛으로 깨끗해지고 빛나는 것처럼, 친숙해진 지성[3]은 자유롭고 확신으로 가득 차게 된다.

그와 마찬가지로 "내 영혼은 너욱 고통스러워 울면서" 하고 6
말하는 부분까지의 셋째 연도 문자 그대로의 설명을 통해 이해될 수 있다. 여기에서는 일부 도덕적인 의미[4]에 관심을 기울여야 하는데, 그것은 이런 말로 지적할 수 있다. 그러니까 사람은 더 중요한 친구를 위해 덜 중요한 친구에게서 받은 봉사를 잊어서는 안 되지만, 정말로 한쪽만 따르고 다른 한쪽은 버려야 한다면, 보다 나은 친구를 따라야 하는데, 다른 버리는 친구에게는 솔직하게 괴로운 마음을 표현하면서 자신이 따르는 친구를 더 사랑하는 이유를 밝혀야 한다는 것이다.

그리고 "지친 이 영혼은 나의 눈에게 말하는군요" 하고 말하 7
는 부분은, 그 매우 갑작스러운 사랑의 원인이 되었던 그 여인

---

1) 철학을 사랑하는 철학자들.

2) 학문에 필연적으로 수반되는 의심과 논의, 불확실함 등을 가리킨다.

3) 이제 철학과 친숙해진 지성을 가리킨다.

4) 앞의 제2권 1장 5절에서 말하는 도덕적 의미를 가리킨다.

의 첫 모습이 내 지성의 눈 속으로 들어가던 순간이 매우 힘들
었다는 것을 의미할 뿐이다.

또한 "나와 같은 영혼들"이라고 말하는 것은, 불쌍하고 사악 8
한 쾌락들과 저속한 습관들에서 자유롭고, 재능과 기억력을 갖
춘 영혼들을 의미한다.

그리고 "죽이는" 하고 말하고, 또 "나를 죽인" 하고 말하는데, 9
그것은 위에서 그 여인의 구원 능력에 대해 말한 것과 모순되는
것처럼 보인다. 그러므로 여기에서는 두 생각 중의 하나[5]가 말
하고, 다른 곳에서는 다른 생각[6]이 말한다는 것을 알아야 하는
데, 그 두 생각은 위에서 분명히 말한 것처럼 서로 싸우고 있
다. 따라서 누가 올라가고 누가 내려가는지 잘 살펴본다면, 저
기에서는 '예' 하고 말하고 여기에서는 '아니오' 하고 말한다고
해서 놀랄 필요가 없다.

그리고 "사랑의 요정"이라고 말하는 넷째 연은 내 공부에서 10
나오는 생각을 의미한다. 그러므로 이 우의에서 사랑이라는 말
은 언제나 그런 연구, 즉 어떤 것을 사랑하는 마음이 그것에 열
심히 매달리는 것을 의미한다는 것을 알아야 한다.

또한 "그대는 그녀가/ 놀라운 기적들로 꾸며진 것을" 볼 것이 11
라고 말할 때에는 그녀를 통해 그 기적들의 아름다움을 볼 것이
라고 예고한다. 사실 기적들의 아름다움은 그 원인들을 보는 데
에 있는데, 철학자가 《형이상학》의 서두에서 그런 아름다움을
봄으로써 사람들은 그 여인을 사랑하게 된다고 말하면서 주장
하는 것처럼 보이듯이, 그녀는 그런 원인들을 증명한다. 그리
고 그 "기적"이라는 용어에 대해서는 다음 논고에서 보다 충분
하게 논의할 것이다.

---

5) 옛 사랑에 대한 생각.

6) 새로운 사랑에 대한 생각.

이 칸초네의 뒤이어 나오는 다른 모든 것은 다른 설명을 통해 충분하게 명백해졌다. 그러므로 나는 이 둘째 논고를 끝내면서 이렇게 말하고 또 주장한다. 나의 첫 사랑이 우주의 황제[7]의 가장 아름답고 가장 명예로운 딸이 된 이후 내가 사랑한 여인은 바로 피타고라스가 철학이라는 이름을 부여했던 여인이라고 말이다. 12

여기에서 첫 번째 음식으로 앞에 내놓은 칸초네를 설명하려고 했던 둘째 논고가 끝난다. 13

7) 하느님.

제3권

둘째 칸초네

내 마음속에서 내 여인에 대하여[1]
열렬하게 이야기하는 사랑[2]은
나와 함께 그녀의 것들을 자주 옮기고,
그로 인해 내 지성은 길을 잃고 헤매네.
그의 말은 너무나도 감미롭게 울려,
내 영혼은 귀를 기울이고 느끼면서 말하네.
"오, 불쌍한 내 신세여! 내 여인에 대해
내가 듣는 찬사를 표현할 수 없구나!"
그녀에 대한 찬사를 표현하고 싶다면
나는 내 지성이 이해하지 못하는 것을
분명히 먼저 내버려둬야 하고,
이해하는 것도 대부분 내버려둬야 하니,
내가 말할 수 없을 것이기 때문이네.
그러니 혹시 그녀를 칭찬하려는
내 시구들이 부족하다면,
그것에 대해 빈약한 지성을 비난하고,
사랑이 말하는 것을 모두 표현하지 못하는
우리의 언어를 비난해야 할 것이네.

온 세상을 돌아다니는 태양은,

---

1) Amor che ne la mente mi ragiona로 시작하는 이 칸초네는 〈시 81번〉(*Rime LXXXI*)으로 《신곡》에서도 언급되는데, 단테의 절친한 친구로 음악가였던 카셀라(Casella)가 이 첫 구절에 곡을 붙여 노래하는 것으로 나온다(〈연옥〉 2곡 112행 참조). 그리고 《속어론》 제2권 6장에도 첫 구절이 인용되어 있다.

2) 사랑의 신 아모르를 가리킨다(제2권 첫째 칸초네 51행의 역주 참조). 이 칸초네의 다른 곳도 마찬가지이다.

사랑이 나에게 말하도록 만드는
그 여인이 있는 곳을 비추는 시간보다
더 고귀한 것을 비추지 못하는구나.
저 위의 모든 지성[3]이 그녀를 바라보고,
이곳에서[4] 사랑에 빠지는 사람들은,
사랑이 그녀의 평화를 느끼게 할 때
생각 속에서 언제나 그녀를 발견하네.
그녀의 존재는 그걸 주신 분[5]의 마음에 들어
그분은 우리 본성의 요구보다 더 많은
당신의 역량을 언제나 그녀에게 넣어주시며,
그녀의 순수한 영혼은
그분에게서 그런 역량을 받아
그녀의 품행[6] 속에서 그대로 드러내네.
그녀의 아름다움 속에서 보이는 것처럼,
그녀가 빛나고 있는 사람들의 눈들[7]은
가슴속에 열망이 가득한 소식을 전하고,
그것은 허공으로 나가 한숨이 되네.

그녀 안으로 거룩한 역량이 내려오네,
그분을 바라보는[8] 천사에게 그러하듯이.
혹시 믿지 못하는 고귀한 여인이 있거든
그녀와 함께 가서 그녀의 행동을 보시오.
그녀가 말하는 곳에는 하늘에서
정령이 내려와 증언해 주네,

---

3) 하늘에 있는 천사들.

4) 하늘 아래의 지상 세계에서.

5) 하느님.

6) 원문에는 "그녀가 이끄는 것"으로 되어 있으며, 바로 그녀의 육체를 가리킨다.

7) 그녀의 모습이 사람들의 눈 속에서 빛나고 있다는 것을 의미한다.

8) 하느님을 직접 바라보고 관조하는.

그녀가 갖고 있는 커다란 가치는
우리의 것보다 훨씬 크다는 것을.
  그녀가 다른 사람들에게 보여주는
부드러운 행동들은 각자 자기 목소리가
들리도록 경쟁하듯이 사랑을 부르네.
그녀에 대해 이렇게 말할 수 있네,
그녀에게 있는 것은 여인에게 고귀하고,
그녀를 닮은 것은 아름답다고.
그녀의 모습은 마치 기적을 믿도록
만드는 것 같다고 말할 수 있네.
그러므로 우리의 믿음은 도움을 받고,
그녀는 영원함에 의해 그렇게 정해졌네.

  그녀의 모습에서 나타나는 것들은
천국의 즐거움들을 보여주네,
사랑이 자신의 장소처럼 가져다주는
그녀의 눈과 달콤한 미소 속에서.
  햇살이 연약한 시력을 압도하듯이,
그것들은 우리의 지성을 넘어서고,
나는 계속해서 응시할 수가 없으니
조금만 말하는 것으로 만족해야 하네.
  그녀의 아름다움은, 모든 선한 생각을
불러일으키는 고귀한 정령으로 인해
생명력 넘치는 불꽃들을 내뿜고 있으니,
사람들을 비열하게 만드는
타고난 악덕들을 벼락처럼 쳐부수네.
그러니 조용하고 소박해 보이지 않는다고
자신의 아름다움을 비난받는 여인은
소박함의 예로 그녀를 바라보시오!
그녀는 모든 타락을 창피하게 만들고,

세상을 움직이신 분이 그녀를 생각하셨네.[9)]

칸초네여, 너는 너의 어느 자매[10)]와는
정반대로 말하는 것처럼 보이는구나.
네가 소박하다고 말하는 여인을
그녀는 거만하고 오만하다고 부르니까.
너는 알지, 하늘은 언제나 맑고 빛나며
그 자체로는 절대로 흐려지지 않는데,
우리의 눈들이 여러 가지 이유들로
때로는 별이 어둡다고 말한다는 것을.
그러니 그녀가 거만하다고 말할 때
그녀의 진실한 모습을 보지 않고
겉으로 보이는 것에만 따르는데,
영혼이 두려워하였고 지금도 두려워하여,
그녀가 날 보는 곳에서 내가 보는 것은
모두 나에게 거만하게 보였기 때문이네.
그러니 미안하지만, 만약 필요하다면,
가능할 때 그녀에게 가서 말해다오.
"여인이시여, 당신이 괜찮다면, 나는
온 사방에서 당신에 대해 말하겠습니다."

---

9) 이 세상을 창조한 하느님이 그녀를 창조하였다는 뜻이다.

10) "사랑에 대해 이야기할 줄 아는 그대들이여(Voi che savete ragionar d'Amore)"로 시작되는 단테의 발라드를 가리킨다. 이 작품은 〈시 80번〉(*Rime LXXX*)으로 알려져 있다.

제1장

앞의 논고에서 설명하였듯이 나의 두 번째 사랑은 어느 여인 1
의 자비로운 모습에서 시작되었다. 그리고 그 사랑은 내 삶이
그 열정을 받아들일 준비가 되어 있는 것을 발견하고 마치 불처
럼 조그마한 불티에서 커다란 불꽃으로 불타올랐고, 그리하여
그녀의 빛나는 모습은 단지 깨어 있을 때뿐만 아니라 잠잘 때에
도 내 마음속으로 들어왔다. 아모르가 나에게 주었던 욕망, 그 2
녀를 보고 싶은 욕망이 얼마나 커다란 것이었는지 말할 수도 없
고 또 이해할 수도 없을 것이다. 또한 나는 단지 그녀만 그렇게
열망하였을 뿐만 아니라, 친숙함이나 어떤 친척 관계로 그녀와
가까운 모든 사람들까지 열망하였다. 오, 밤이 되어 다른 사람 3
들은 눈을 감고 잠자면서 쉬고 있는데, 나의 눈은 내 사랑이 있
는 곳을 뚫어지게 응시하던 밤들이 얼마나 많았던가! 마치 감
출 수 없게 커져버린 화재가 밖으로 모습을 드러내고 싶어 하듯
이, 완전하게 감출 수 없는 의지가 나를 엄습하여 사랑에 대해
말하게 되었다. 그리고 비록 나 자신의 충고에 대한 통제력은 4
별로 없었지만, 아모르의 의지 때문인지 아니면 나의 결단성
덕분인지, 여러 차례 충고에 가까이 다가갔고, 그래서 사랑에
대해 말할 때에는 사랑하는 사람을 칭찬하는 것보다 더 아름답
고 유익한 말은 없다고 결론을 내리게 되었다.

세 가지 이유가 나를 그런 결정으로 이끌었다. 그중 하나는 5

나 자신에 대한 사랑이었는데, 모든 사람이 알고 있듯이, 그것은 다른 모든 사랑의 출발점이 된다. 왜냐하면 친구를 명예롭게 만드는 것보다, 자신에게 명예가 되는 더 합당하고 친절한 방법은 없기 때문이다. 비슷하지 않은 자들 사이에는 우정이 있을 수 없으므로, 우정이 있는 곳에는 어디든지 비슷함이 있다고 이해할 수 있다. 또 비슷함이 있는 곳에는 어디든지 칭찬
과 비난이 함께 돌아다닌다. 그리고 이런 이유에서 두 가지 가 6
르침을 얻을 수 있다. 하나는 누구든지 사악한 사람이 친구로 보이는 것을 원하지 않는다는 것인데, 그럴 경우 친구가 되는 사람에 대한 좋지 않은 여론이 형성되기 때문이다. 다른 하나는 누구도 자기 친구를 공개적으로 비난하지 않아야 한다는 것인데, 앞에서 말한 것을 잘 생각해 보면, 그것은 바로 자기 자신의 눈을 손가락으로 찌르는 것과 같기 때문이다.

두 번째 이유는 그 우정이 지속되기를 바라는 것이었다. 그 7
러므로 철학자가 《윤리학》 제9권에서 말하듯이,[1] 신분이 비슷하지 않은 사람들 사이의 우정에서 그 우정을 지속시키기 위해서는, 그들 사이에 비슷하지 않은 것을 거의 비슷한 것으로 만
들어 주는 어떤 관계가 있어야 한다는 것을 알아야 한다. 예를 8
들면 주인과 하인 사이가 그렇다. 하인은 주인에게서 혜택을 받을 때 비록 주인에게 비슷한 혜택을 되돌려줄 수 없지만, 그래도 아주 열성적인 열성으로 최상의 것을 되돌려 주려고 해야 하며, 그럼으로써 그 자체로는 비슷하지 않은 것이 훌륭한 의지를 보여줌으로써 비슷해지고, 그런 의지가 명백해짐으로써
우정은 확고해지고 지속되기 때문이다. 그래서 나는 나 자신이 9
그 여인보다 열등하다고 생각하고 또 내가 그녀에게서 혜택을

1) 아리스토텔레스, 《니코마코스 윤리학》 제9권 12장 참조. 또한 제8권 3장에서도 비슷한 내용이 언급된다.

받았다고 생각했기 때문에, 내 능력에 따라 그녀에 대해 칭찬
하기로 결정하였는데, 내 능력은 그 자체로는 비슷하지 않지만
최소한 열성적인 의지를 보여준다. 가능하다면 나는 더 그렇게
하고 싶기 때문이다. 그럼으로써 내 능력은 그 고귀한 여인의
능력과 비슷하게 될 것이다.

세 번째 이유는 신중함의 논지였다. 왜냐하면 보에티우스가 10
말하듯이,[2] 현재, 즉 바로 "눈앞을 바라보는 것만으로 충분하
지 않고", 따라서 더 너머 미래에 일어날 수 있는 것을 바라보
는 신중함이 우리에게 주어져 있기 때문이다. 그러니까 나는 11
내 뒤에 오게 될 많은 사람들이 혹시 내가 첫 사랑에서 바뀌었
다는 말을 듣고, 마음이 가볍다고 나를 비난할지도 모른다고
생각하였다. 그리고 그런 비난을 피하려면 나를 변화시킨 그
여인이 누구인지 말하는 것보다 더 나은 것이 없었다. 왜냐하 12
면 그녀의 탁월함이 명백해지면 그녀의 역량을 고려할 수 있고,
또한 그녀의 아주 뛰어난 역량을 이해하면 마음의 모든 안정이
유동적인 것으로 바뀔 수 있다고 생각하고, 그럼으로써 나를
가볍고 불안정하다고 평가하지 않을 수 있기 때문이다.

그리하여 나는 그 여인을 칭찬하기 시작하였는데, 가장 적합 13
한 방식은 아닐지라도 최소한 내가 할 수 있는 방식으로 "내 마
음속에서 내 여인에 대하여" 하고 노래하기 시작했다.

이 칸초네는 중요한 세 부분으로 구성되어 있다. 첫째 부분 14
은 서문인데, 이야기하는 첫째 연 전체이다. 둘째 부분은 그 다
음 세 개의 연으로, 거기에서는 말하고자 하는 것, 즉 그 고귀
한 여인에 대한 칭찬을 다루고 있는데, 그중에서 첫째 연은 "온
세상을 돌아다니는 태양은"으로 시작한다. 셋째 부분은 마지막

---

2) 《철학의 위안》 제2권 산문 1, 15절 참조. 정의채의 번역본(바오로딸, 2007〔제3판〕, 44쪽)은 "목전의 것만을 보는 것은 부족한 일이다"로 옮기고 있다.

다섯 번째 연으로, 거기에서는 칸초네에게 말을 건네면서 그녀에 대한 온갖 의혹을 씻어낸다. 이 세 부분에 대하여 순서대로 논의해야 할 것이다.

제2장

이 칸초네의 서문으로 배치된 첫째 부분부터 시작하자면 먼저 그것은 세 부분으로 나뉘어야 한다는 것을 말하고 싶다.[1] 첫째, 말로 표현할 수 없는 이 주제의 상황을 다루기 때문이다. 둘째, 그 주제를 완벽하게 다루기에는 내가 부족하다는 것을 이야기하는데, 그 둘째 부분은 "그녀에 대한 찬사를 표현하고 싶다면"으로 시작한다. 마지막으로 나는 나의 부족함에 대해 변명하면서, 내 잘못이라고 하지 않아야 한다고 말하는데, 그 부분은 "그러니 혹시 그녀를 칭찬하려는"으로 시작한다. 1

그러니까 나는 "내 마음속에서 내 여인에 대하여" 하고 말하는데, 여기에서는 특히 화자가 누구이고, 그가 이야기하는 장소가 어디인지 살펴보아야 한다. 2

사랑이란, 그 진실한 의미를 포착하고 섬세하게 고찰해 보면, 영혼과 사랑받는 사물 사이의 결합에 지나지 않으며, 그 결합을 향해 자기 고유 본성의 영혼은 자유롭거나 또는 방해받은 3
데 따라 빠르거나 느리게 달려간다. 그런 본성의 이유는 다음과 같은 것이 될 수 있다. 모든 실질적 형식[2]은, 《원인에 관하여》[3]에 쓰여 있듯이, 바로 하느님이신 최초의 원인에서 유래하 4

1) 말하자면 첫째 부분이 또 다시 세 부분으로 세분된다는 것이다.

2) 영혼이 있는 모든 존재.

3) 《원인에 관하여》(*De causis*) 또는 《원인에 관한 책》(*Liber de causis*)은 익

는데, 가장 단순한 그 원인 때문이 아니라, 그 원인이 내려오는
질료와 이차적인 이유들 때문에 다양성을 부여받게 된다. 그러
므로 바로 그 책에서 신성한 선의 주입에 대해 다루면서 말하듯
이 "그래서 선과 선물들은 그것을 받는 사물의 참여로 인해 다
양해진다."[4] 그러므로 모든 결과는 자기 원인의 본성의 일부를 5
간직하고 있기 때문에(알페트라기우스[5]가 둥근 물체에 의해 발생
한 것은 어떤 식으로든 둥근 성격을 갖고 있다고 주장하면서 말하
듯이), 모든 형식은 어떤 식으로든 신성한 본성의 일부를 갖고
있다. 신성한 본성이 나뉘어서 그것들 안에 분배되는 것이 아
니라, 태양의 본성이 다른 별들에 의해 공유되는 것과 마찬가
지로 그것들에 의해 공유되는 것이다. 그리고 형식이 고귀할수 6
록 그런 본성을 더 많이 간직한다. 그러므로 하늘 아래에서 생
성된 것들 중에서 가장 고귀한 형식인 인간의 본성은 다른 것보
다 신성한 본성을 더 많이 받고 있다. 그리고 하느님께 있어 존 7
재의 의지는 가장 자연스럽기 때문에(위에 인용한 책에서 볼 수
있듯이 "첫 번째는 존재하는 것이고, 그 이전에는 아무 것도 없기"
때문에),[6] 인간의 영혼은 자연히 모든 열망을 다해 존재하려고

명의 저자에 의한 아랍어 저술로 중세에 라틴어로 번역되었는데, 오랫동안 아리스토텔레스의 저작으로 간주되었다. 이 책은 그리스의 신플라톤주의 철학자 프로클로스(Proklos, 410?~485)의 저술 《신학의 요소들》에서 발췌한 내용으로 이루어져 있다.

4) 《원인에 관하여》 제19〔20〕장 158절 참조.

5) 라틴어 이름 알페트라기우스(Alpetragius, ?~1204)로 유럽에 알려진 아랍 천문학자이며 철학자로 본명은 Nur ad-Din al-Betrugi인데, 오늘날의 모로코에서 태어나 스페인의 세비야에 정착하였다. 라틴어로 번역 소개된 그의 천체에 관한 저술은 알베르투스 마그누스가 많이 인용하고 있다. 뒤의 내용은 그의 저술 《천체의 움직임에 관하여》(*De motibus coelorum*) 제8장 9절 참조.

6) 《원인에 관하여》 제4장 37절 참조.

한다. 또한 인간의 존재는 하느님께 의존하고 또 하느님을 통해 유지되기 때문에, 자연히 자신의 존재를 강화하기 위하여 하느님과 결합되기를 열망하고 원한다. 그리고 자연과 이성의 8
선들 안에서 신성한 선이 드러나기 때문에, 자연히 인간의 영혼은 정신적인 방식으로[7] 그 선들과 결합되게 되는데, 그것들이 완전해 보일수록 더 빠르고 더 강하게 결합된다. 또 그런 모습[8]은 영혼의 인식 능력이 투명하거나 또는 방해받는 데에 따라 결정된다.

그런 결합이 바로 우리가 사랑이라 부르는 것이며, 그것을 9
통해 우리는 영혼이 사랑하는 것들을 외부에서 바라봄으로써 영혼의 내부가 어떠한지 알 수 있다. 신성한 빛이 나에게 많이 드러나는 이 사랑, 말하자면 내 영혼과 그 고귀한 여인의 결합이 바로 내가 말하는 화자이다. 그에게서 내 영혼과 정신적으로 하나가 되어버린 그 여인의 가치를 바라보고 검토하는 생각들이 계속해서 나오는 것이다.

그가 그렇게 말하는 장소는 바로 마음이다. 하지만 그곳이 10
"마음"이라고 말한다고 해서 이전보다 더 많이 이해하는 것은 아니며, 따라서 그 마음이 정말로 무엇을 의미하는지 알아야
한다. 그러니까 철학자는 《영혼에 관하여》 제 2권에서 영혼의 11
능력들을 구분하면서 영혼이 세 가지 중요한 능력, 즉 살고, 느끼고, 생각하는 능력을 갖고 있다고 말한다.[9] 그리고 움직이는 능력에 대해서도 말하지만, 그것은 느끼는 능력과 통합될 수 있는데, 느낌이 있는 모든 영혼은 모든 감각으로 또는 일부 감각으로 움직이며, 따라서 움직이는 것은 느끼는 것과 결합된

7) 말하자면 사랑을 통해.

8) 완전해 보이거나 또는 덜 완전해 보이는 모습.

9) 《영혼에 관하여》 제2권 2장 및 3장 참조.

능력이기 때문이다.

또 그가 말하는 바에 의하면, 그 능력들은 서로 관련되어 있 12
어서 하나가 다른 능력의 토대가 된다는 것이 분명하다. 또한 토대가 되는 능력은 그 자체로 분리되어 존재할 수 있지만, 거기에 의존하는 다른 능력은 그것과 분리되어 존재할 수 없다. 그러므로 살아가는 것을 유지하는 식물적 능력[10]은 느끼는 능력, 말하자면 보고, 듣고, 맛보고, 냄새를 맡고, 접촉하는 능력의 토대가 되며, 그런 식물적 능력은 마치 모든 식물들에서
볼 수 있듯이 그 자체로 영혼이 될 수 있다. 그것 없이 감각적 13
능력은 있을 수 없으며, 살아 있지 않으면서 감각적 능력을 가진 것은 아무 것도 없다. 그리고 이 감각 능력은 지성적 능력, 말하자면 이성의 토대가 된다. 따라서 생명이 있는 것들 중에서 감각 능력 없이 이성적 능력을 가진 것은 찾아볼 수 없지만, 가령 짐승이나 새들, 물고기들, 그리고 다른 모든 야수들에게
서는 이성 능력 없이 감각 능력이 발견되기도 한다. 그 모든 능 14
력을 갖고 있으며 또한 다른 모든 것보다 가장 완전한 영혼은 바로 인간의 영혼이며, 그것은 마지막 능력, 즉 이성의 고귀함과 함께 마치 영원한 지성[11]처럼 신성한 본성의 일부를 갖고 있다. 영혼은 그런 탁월한 능력으로 고귀해지고 물질을 벗어버림으로써, 천사에게 그렇듯이 신성한 빛이 그 안에도 비치기 때문이다. 그렇기 때문에 인간은 신성한 동물이라고 철학자들이 말하는 것이다.

영혼의 이 가장 고귀한 부분 안에, 철학자가 특히 《윤리학》 15
제6권에서 말하듯이, 여러 가지 역량들이 들어 있다. 그에 의하면 그 안에 학문적이라 부르는 역량이 있고, 이성적 또는 숙

10) 영혼의 첫째 능력인 살아가는 능력.

11) 천사의 지성.

고하는 역량이 있으며, 또한 그것들과 함께(아리스토텔레스가 같은 곳에서 말하듯이) 창안하는 역량과 판단하는 역량처럼 다른
역량들도 있다. 그 아주 탁월한 능력[12] 안에 있는 그 모든 아 16
주 고귀한 역량들과 다른 역량들을 모두 통틀어서, 우리가 그 의미를 알고 싶어 했던 용어, 즉 "마음"이라는 용어로 부르는 것이다. 그러므로 분명히 마음이라는 말은 영혼의 이 마지막 가장 고귀한 부분을 의미한다.

그것이 바로 그런 의미라는 것은 분명하다. 왜냐하면 그런 17
마음은 단지 인간과 신성한 실질들에 대해서만 부여되기 때문이다. 그것은 가령 보에티우스에게서 분명하게 볼 수 있는데, 그는 철학에게 "그대와, 사람들의 마음속에 그대를 넣어주신 하느님"이라고 말하는 곳에서 먼저 인간에게 그런 마음을 부여한다. 그린 다음 하느님의 마음에 대해 말하면서 하느님께 이렇게 말한다. "당신, 가장 아름다우시고, 아름다운 세상을 마음속에 갖고 계시는 당신은 최고의 견본에서 모든 사물을 생성하십
니다."[13] 그것은 야수들에게는 절대로 부여되지 않을 뿐만 아 18
니라, 그 가장 완전한 부분이 결여되어 있는 것처럼 보이는 많은 인간들에게는 그것을 부여할 수도 없고 또 부여해서도 안 되는 것처럼 보인다. 따라서 그런 사람들을 라틴어[14]에서 아멘티(amenti) 또는 데멘티(dementi),[15] 말하자면 마음이 없는 자들이라고 부른다.

---

12) 말하자면 이성적 능력.

13) 《철학의 위안》 제3권 운문 9, 6-8절 참조. 정의채의 번역본(바오로딸, 2007〔제3판〕, 111쪽)은 "당신에겐 흠이라곤 전혀 없고/ 최고선의 형상인 당신에게서/ 모든 것을 그 원형에 따라 만드셨고"로 옮기고 있는데, 시의 행들을 임의적으로 바꾸어 이 구절이 9-11행에 있다.

14) 원문에는 "문법(gramatica)"으로 되어 있다.

15) 각각 amens와 demens의 복수로, 둘 다 마음(mens)이 결여된 것을 의미한다.

그러므로 이제 무엇이 마음인지 알 수 있다. 그것은 신성(神 19
性)의 일부가 되는 영혼의 가장 고귀하고 섬세한 부분이다. 그
것이 바로 내가 "내 마음속에서 내 여인에 대하여" 하고 말하는
장소이다.

제 3장

그 사랑이 내 마음속에서 작용한다고 내가 아무런 이유도 없 1
이 말하는 것이 아니라, 충분한 이유로 그렇게 말하기 때문에,
그것이 작용하는 장소에 대해 알아봄으로써 그것이 어떤 사랑
인지 이해할 수 있을 것이다.
그러니까 위에서 말했듯이 모든 사물은 위에서 증명한 이유 2
로 고유의 특별한 사랑을 갖고 있다는 것을 알아야 한다. 단순
한 실체들[1]은 고유의 장소에 대한 자연스러운 사랑을 자체 안
에 갖고 있으며, 따라서 흙은 언제나 지구의 중심으로 내려가
고, 불은 달의 하늘을 따라 늘어선 위의 둥근 구역에 대한 사랑
을 갖고 있기 때문에 언제나 그곳을 향해 올라간다.[2] 일차적인 3
복합 실체들은 가령 광물들처럼 자신의 생성 장소로 배정된 곳
에 대한 사랑을 갖고 있으며, 바로 그곳에서 성장하고 활력과
능력을 얻는다. 그러므로 자석은 자신이 생성된 쪽에서 역량을
받는 것을 볼 수 있다.[3] 일차적 생명체인 식물들은 고유의 체 4

---

1) 뒤에서 말하듯이 물, 불, 흙, 공기의 4대 기본 원소를 가리킨다.

2) 당시의 우주관에 의하면, 지구의 대기와 달의 하늘 사이에 둥글게 지구를 에워싸고 있는 일종의 불의 하늘, 또는 화염권(火焰圈)이 있다고 믿었다. 이런 관념은 《신곡》 〈연옥〉 9곡 28-33행에서도 나타난다.

3) 나침반의 바늘이 언제나 자신이 생성된 장소인 북극을 가리킨다는 것인지, 아니면 자석이 광물 속의 철분 쪽을 향해 움직인다는 것인지 분명하지 않다.

질이 요구하는 데 따라 더욱 분명하게 특정 장소에 대한 사랑을 갖고 있다. 따라서 어떤 식물은 물 옆을 선호하는 것처럼[4] 보이고, 어떤 식물은 산꼭대기에서 자라고, 또 어떤 식물은 산의 능선이나 산의 발치에서 자라는 것을 볼 수 있는데, 만약 그것들을 옮기면, 마치 자기와 가까운 것에서 분리된 것처럼 완전히 죽거나 아니면 초라하게 살아간다. 야생 동물들은 단지 장소에 대한 명백한 사랑을 갖고 있을 뿐만 아니라 서로 사랑하는 것도 볼 수 있다.

인간은 완전하고 고결한 것들에 대한 고유의 사랑을 갖고 있 5
다. 그러므로 인간은 비록 인간의 영혼이 유일하게 단순한 실질이지만, 고유의 고귀함으로 인해 자체 안에 그 모든 것들의 본성을 갖고 있으며, 그 모든 사랑을 가질 수 있을 뿐만 아니라 실제로도 갖고 있다.

그 대상[5]을 지배하는 단순한 실체의 본성으로 인해 인간은 6
자연히 아래로 내려가는 것을 사랑한다. 그러므로 자기 몸을 위로 움직일 때 더 힘이 든다.

두 번째로 복합적 실체의 본성으로 인해 자기 생성의 장소와 7
시간도 사랑한다. 그래서 모든 사람은 자신이 생성된 장소에
서, 그리고 다른 어느 때보다 자신이 생성된 시간[6]에 가장 강
한 신체를 갖게 된다. 그러므로 위대한 오비디우스와 루카누 8
스,[7] 그리고 다른 시인들의 헤라클레스에 대한 이야기를 읽어

---

4) 원문에는 "거의 물 쪽으로 피하는 것처럼"으로 되어 있다.

5) 여기에서는 인간을 가리킨다.

6) 1년 중에서 자기가 태어난 시기를 가리킨다.

7) 마르쿠스 안나이우스 루카누스(Marcus Annaeus Lucanus, 서기 39~65)는 로마 시대의 시인으로 미완성의 역사적 서사시 《파르살리아》(*Pharsalia*)를 남겼다. 그는 폭군 네로를 몰아내기 위한 음모에 가담했다가 사형 당하였다.

보면, 그는 안타이오스[8]라는 거인과 싸웠는데, 그 거인은 피곤해질 때마다, 또 자신의 의지로나 헤라클레스의 힘에 눌려 땅바닥에 자기 몸을 길게 눕힐 때마다, 자신이 생성된 대지의 힘과 활력이 완전히 그의 몸 안에서 되살아났다. 그것을 알아차린 헤라클레스는 마침내 그를 붙잡아 단단히 움켜잡고 땅에서 들어 올려 대지와 다시 닿지 않도록 하였고, 넘치는 힘으로 그를 이겨서 죽였다.[9] 작품들의 증언에 의하면 그 싸움은 아프리카에서 있었다.

그리고 세 번째 본성, 즉 식물들의 본성으로 인해, 인간은 특정한 음식을 사랑하는데, 감각적인 것으로서가 아니라 영양적인 것으로서 사랑한다.[10] 그리고 그런 음식은 그 본성의 작용을 완전한 것으로 만들지만, 다른 음식은 그렇지 않고 오히려 불완전하게 만든다. 따라서 어떤 음식은 사람들은 균형 있고 튼튼하고 생생하게 좋은 혈색이 되도록 만들며, 또 어떤 음식은 그와 정반대로 만드는 것을 볼 수 있다. 9

그리고 네 번째 동물들의 본성, 말하자면 감각적 본성으로 인해, 인간은 다른 사랑을 갖고 있는데, 짐승들처럼 감각적인 느낌에 따라 사랑하는 것이다. 인간에게 있어 그런 사랑은 최대한 통제되어야 하는데, 특히 입맛과 접촉의 쾌락에서 과도한 작용을 할 수 있기 때문이다. 10

그리고 다섯 번째 마지막 본성, 말하자면 진정한 인간의 본 11

8) 그리스 신화에서 그는 가이아와 포세이돈의 아들로 리비아 사막에서 사자들을 잡아먹고 살았는데, 어머니인 대지를 밟고 있는 한 절대 죽지 않았다고 한다. 하지만 헤라클레스는 그를 공중에 들어 올려서 죽였다.

9) 오비디우스, 《변신》 제9권 183-184행, 루카누스, 《파르살리아》 제4권 598-660행 참조.

10) 음식의 맛보다는 영양 때문이라는 뜻이다.

성, 또는 보다 정확히 말하자면 천사의 본성, 즉 이성적 본성으로 인해, 인간은 진실과 덕성을 사랑한다. 또 그런 사랑에서 진정하고 완전한 우정이 탄생하는데, 그것은 바로 철학자가 《윤리학》 제 8권에서 우정에 대해 다루면서 말하는 것이며, 고결함에서 나오는 우정이다.[11)]

그러니까 위에서 증명하였듯이 그런 본성을 마음이라 부르기 12
때문에, 나는 "내 마음속에서 내 여인에 대하여" 하고 말했는데, 그 사랑이 그런 아주 고귀한 본성에서, 즉 진실과 덕성에서 탄생한 사랑이라는 것을 이해시키기 위해서였으며, 또한 내 사랑이 감각적인 쾌락을 위한 사랑이었다고 의심할지도 모르는, 모든 그릇된 견해를 나에게서 멀리 떼어놓기 위해서였다. 그런 다음 나는 "열렬하게"라고 말했는데, 그 사랑의 지속성과 열기
를 표현하기 위해서였다. 그리고 나는 그가 "그녀의 것들을 자 13
주 옮겨서 내 지성이 길을 잃게 만든다"고 말했다. 그것은 진심으로 하는 말이다. 왜냐하면 그녀에 대해 말하면서 내 생각들은 종종 그녀에 대해 내가 이해할 수 없는 것들을 결론짓고자 하였고, 그래서 나는 길을 잃고 당황하였으며, 겉으로는 거의 정신이 나간 사람처럼 보였기 때문이다. 마치 직선으로 고정된 시선으로 바라보는 사람이 처음에는 가까이 있는 것을 분명하게 보는데, 더 나아가면 덜 분명하게 보고, 또 더 멀리 나아가면 의혹을 갖게 되고, 그러다가 최대한 멀리 나아가게 되면 시야에서 벗어나 아무것도 보지 못하게 되는 것과 같다.

---

11) 아리스토텔레스는 《니코마코스 윤리학》 제8권 전반에 걸쳐 광범위하게 필리아(philia)에 대해 다루고 있다. 단테는 이것을 amistà(또는 amistade)로 옮겼으며, 영어로도 일반적으로 friendship으로 번역된다. 여기에서는 《향연》의 전체 맥락을 고려하여 "우정"으로 옮겼다. 참고로 이창우, 김재홍, 강상진의 번역본(이제이북스, 2006, 22쪽)은 "친애"로 번역하고 있다.

그것이 내가 주제로 삼은 것의 첫 번째 말로 표현할 수 없는 14
것이며, 뒤이어 "그의 말은" 하고 말하면서 다른 표현할 수 없는 것에 대해 이야기한다. 내 생각들은(그것은 바로 아모르의 말이다) "너무나도 감미롭게 울리고", 그래서 나의 영혼, 즉 나의 애정은 그것을 내 혀로 말할 정도로 불타오른다. 그런데 나는 그것을 말할 수 없기 때문에, 내 영혼이 탄식하면서 "오, 불쌍한 내 신세여!" 하고 말한다.

그것은 말로 표현할 수 없는 또 다른 것, 말하자면 지성이 보 15
는 것[12]을 언어가 완벽하게 표현할 수 없는 것이다. 그래서 "내 영혼은 귀를 기울이고 느낀다"고 말하는데, 단어들에 "귀를 기울이고", 소리의 달콤함을 "느낀다"는 뜻이다.

12) 말하자면 생각.

제4장

이 주제의 말로 표현할 수 없는 두 가지에 대해 설명하였으므로, 이제 나의 부족함에 대해 이야기하는 말에 대한 논의로 나아가야 한다. 1

나의 부족함은 두 가지인데, 앞에서 말했듯이 그녀의 위대함이 두 가지로 초월적인 것과 마찬가지이다. 내 지성의 빈약함으로 인해 그녀에 대한 진실의 많은 부분을 내버려둬야 하고, 마치 투명한 물체처럼 멈춰 세우지 않고 받아들이는 내 마음속에서 빛나는 것의 많은 부분을 내버려둬야 하기 때문이다. 그것을 나는 "분명히 먼저 내버려둬야 하고" 하는 구절에서 말하 2
였다. 그리고 "이해하는 것도" 하고 말하는데, 내 지성이 이해 3
하지 못하는 것뿐만 아니라 내가 이해하는 것도 나는 충분히 표현할 수 없다는 것을 의미한다. 왜냐하면 나의 언어는 내 생각 속에서 그녀에 대해 말하는 것을 말할 수 있을 정도로 유능하지 않기 때문이다. 따라서 진실과 비교해 보면 내가 말할 것은 얼마 되지 않는다는 것을 알아야 한다. 잘 살펴보면 결과적으로 그것은 그녀에 대한 커다란 칭찬인데, 그것이 바로 나의 주요 의도였다. 모든 부분이 주요 의도에 기여하는 그런 화법(話法)은 수사학자의 작업실에서 나온 것이라고 충분히 말할 수 있다.

또한 "그러니 혹시 내 시구들이 부족하다면" 하고 말하면서, 4
나는 내가 뒤집어쓰지 않아야 하는 잘못에 대해 나 자신을 변호

한다. 내 말이 그녀의 위엄에 비해 열등하다고 다른 사람들이 생각할 수 있기 때문이다. 그래서 혹시 내 시구들, 말하자면 그녀에 대해 말하기 위해 배치된 단어들에 결함이 있다면, 지성의 미약함과 우리 언어의 부족함을 비난해야 한다고 말하는 것이다. 우리의 언어는 특히 생각이 사랑에서 나오는 곳에서는 그 생각에 굴복하여 충분히 뒤따라갈 수 없는데, 거기에서 영혼은 다른 어느 곳보다 깊게 몰두하기 때문이다.

누군가는 이렇게 말할 수 있다. "당신은 당신 자신을 비난하 5
면서 동시에 변명한다." 이것은 잘못의 변명이 아니라 잘못에
대한 논의인데, 그 잘못은 바로 나의 언어와 지성에서 나온 것
이기 때문이다. 왜냐하면 만약 훌륭하다면 나는 그것에 대해
있는 그대로 칭찬을 받아야 하고, 만약 결함이 있다면 비난을
받아야 하기 때문이다.

거기에 대해 나는 나 자신을 비난하는 것이 아니라 정말로 변 6
명하고 있다고 간단하게 대답할 수 있다. 따라서 여기에서 알아
야 한다. 철학자가 《윤리학》 제 3권에서 말하듯이, 사람은 자신
의 능력으로 하거나 또는 하지 않은 것들에 대해서만 칭찬을 받
거나 비난을 받아야 하고, 반면 자신의 능력이 닿지 않는 것들
에 대해서는 칭찬이나 비난을 받지 않아야 하는데, 비록 그런
것들이 바로 그 사람 자신의 일부일지라도, 칭찬이나 비난은 다
른 사람에게 돌려져야 하기 때문이다.[1] 그러므로 우리는 어떤 7
사람이 보기 흉한 신체로 태어났다고 그를 비난하지 않아야 하
는데, 아름답게 보이는 것은 그의 능력이 아니기 때문이다. 그
러나 본성의 잘못이 원인이 되어, 그가 만들어진 질료의 나쁜
성향에 대해서는 비난해야 한다. 마찬가지로 우리는 어떤 사람

1) 여기에서 단테는 《니코마코스 윤리학》 제3권 1장에 대한 토머스 아퀴나스의 주석을 인용하고 있다.

이 태어날 때부터 갖고 있는 육체적 아름다움 때문에 그를 칭찬
하지 않아야 하는데, 그가 그렇게 만들지 않았기 때문이다. 오
히려 그 제작자, 즉 인간의 본성을 칭찬해야 하는데, 그것은 질
료의 방해를 받지 않을 때 자신의 질료 안에서 수많은 아름다움
을 창출하기 때문이다. 따라서 자기 몸의 흉한 모습을 비웃고 8
조롱하던 황제에게 어느 신부가 "하느님께서 주인이십니다. 그
분이 우리를 만드신 것이지, 우리 자신이 만든 것이 아닙니다"
하고 말한 것은 잘한 것이다.[2] 그것은 바로 〈시편〉의 어느 구
절에 적힌 예언자의 말[3]로 신부의 대답과 한 마디도 다르지 않
다. 그러므로 흉한 모습으로 태어난 사람들이, 완전히 고결하게
이루어져야 하는 자신의 활동을 장식하는 것보다 자기 신체를
꾸미는 데에 관심을 기울이고 있는데, 그것은 바로 자기 작품을
내버려두고 다른 사람의 작품을 장식하는 것에 불과하다는 것을
알아야 한다.

그러니까 우리의 주제로 돌아오자면, 우리의 지성은, 자신이 9
보는 것을 이끌어내는 역량, 말하자면 유기적인 역량, 즉 상상
력의 결함으로 인해, 어떤 것들에게로는 올라갈 수 없는데(왜냐
하면 상상력은 적절한 수단을 갖고 있지 않아 지성을 도와줄 수 없
기 때문이다), 예를 들면 물질에서 분리된 실질들[4]이 그렇다.
우리는 비록 그것들에 대해 약간의 고찰을 할 수 있을지라도,
완벽하게 이해하거나 포착할 수는 없다. 그렇다고 해서 인간을 10
비난하지 않아야 하는데, 그가 그런 결함을 만든 장본인이 아

2) 신성 로마 제국의 황제로 성인(聖人) 또는 절름발이라는 별명으로 널리 알려진 하인리히(Heinrich) 2세(973~1024)와 관련된 일화로 알려져 있다.

3) 〈시편〉 제100편 3절 참조. 새 번역 《성경》은 "그분께서 우리를 만드셨으니 우리는 그분의 것, / 그분의 백성, 그분 목장의 양 떼이어라"로 번역하고 있다.

4) 천사의 지성들을 가리킨다.

니기 때문이다. 그것은 보편적 본성, 말하자면 하느님께서 만드신 것인데, 하느님께서는 이승의 삶 동안에 우리에게서 그런 빛[5]이 박탈되는 것을 원하셨다. 무엇 때문에 그분께서 그렇게
11 하셨는지 논의하는 것은 주제넘은 일이 될 것이다. 그러므로 만약 나의 성찰이 나를, 상상력이 지성에 미치지 못한 곳으로 옮겨놓은 것이라면, 내가 이해하지 못한다고 해서 나를 비난할 것이 아니다. 게다가 우리 자신이 아니라 보편적 본성이 우리의 재능에, 또 그 재능의 모든 작용에 한계를 부여하였다.

12 그리고 여기에서 우리 재능의 한계는 말하는 것보다 생각하는 것에서 훨씬 더 방대하고, 신호로 이해시키는 것[6] 보다 말하는 것에서 훨씬 더 방대하다는 것을 알아야 한다. 그러므로 만약 우리의 생각, 단지 완전한 지성에 이르지 못하는[7] 생각뿐만 아니라 완전한 지성에 도달하는 생각도 어쨌든 우리의 언어를 능가한다고 해서, 우리를 비난할 것이 아닌데, 우리가 그렇게
13 만든 것이 아니기 때문이다. 그래서 진정으로 나 자신을 변명하면서 "그것에 대해 빈약한 지성을 비난하고, / 사랑이 말하는 것을 모두 표현하지 못하는/ 우리의 언어를 비난해야 할 것이다"고 말한 것이다. 왜냐하면 우리가 인간의 장점을 평가하는 데에서 고려해야 할 훌륭한 의지는 분명 아주 명백하게 보일 것이기 때문이다.

14 지금 내가 말하고 있는 이 칸초네의 첫째 주요 부분은 바로 그렇게 이해되어야 한다.

---

5) 분리된 실질들, 즉 지성들에 대한 직접적이고 완벽한 통찰.

6) 눈짓이나 몸짓으로 뜻을 전달하는 것을 가리킨다.

7) 완벽하게 이해하지 못하는.

제 5장

첫째 부분에 대한 설명에서 그 의미가 분명하게 밝혀졌으므 1
로 이제 둘째 부분으로 나아가야 할 것이다. 둘째 부분을 보다
잘 살펴보기 위해서는, 그것이 세 개의 연으로 구성되어 있으
니 세 부분으로 구분하여 볼 것이다. 첫째 부분에서 나는 그 여
인을 영혼에 대해서나 육체에 대해 총체적으로 또 일반적으로
칭찬하고, 둘째 부분에서는 영혼에 대한 특별한 찬양으로 내려
가고, 셋째 부분에서는 육체에 대한 특별한 찬양으로 내려간
다. 첫째 부분은 "온 세상을 돌아다니는 태양은"으로 시작하고, 2
둘째 부분은 "그녀 안으로 거룩한 역량이 내려오네"로 시작하
고, 셋째 부분은 "그녀의 모습에서 나타나는 것들은"으로 시작
한다. 이 부분들을 순서대로 논의할 것이다.

그러니까 나는 "온 세상을 돌아다니는 태양은" 하고 말하는 3
데, 여기에서 완벽한 이해를 하기 위해 어떻게 태양이 세상의 주위를 도는지 알아야 한다. 먼저 나는 여기에서 세상이라는 말로 우주 전체를 가리키지 않고, 단지 땅과 바다의 부분만을 가리킨다는 것을 말하고 싶은데, 대부분 그렇게 부르기 때문에 일반적인 말의 용법에 따른 것이다. 그러므로 누군가는 "저 사람은 온 세상을 보았다"고 말하면서 사실은 땅과 바다의 부분을 말하기도 한다.

피타고라스와 그의 추종자들은 이 세상이 별들 중의 하나이 4

며, 그것과 똑같이 만들어진 다른 세상이 맞은편에 있다고 주장하였고, 그것을 안티크톤(Antichthon)[1]이라 불렀다. 그리고 그 두 세상이 모두 서쪽에서 동쪽으로 회전하는 같은 천구 안에 들어 있으며, 바로 그 회전 때문에 태양이 우리의 주위를 돌고, 그래서 때로는 보이고 또 때로는 보이지 않는다고 주장하였다.
또한 두 세상의 중심에 불이 있다고 말했는데, 불이 물이나 흙 5
보다 더 고귀한 실체라 생각하고, 또한 중심은 네 가지 단순한 실체의 장소들 중에서 가장 고귀한 장소라고 생각하였기 때문이다. 따라서 불은 위로 올라가는 것처럼 보일 때에도 사실은 중심으로 내려간다고 말했다.

나중에 플라톤은 다른 견해를 갖고 있었는데 《티마이오스》라 6
부르는 책에서 쓴 바에 의하면,[2] 땅은 바다와 함께 모든 것의 중심이며, 그 둥그런 전체[3]가 하늘의 최초 움직임에 따라 자신의 중심 주위로 회전하지만, 자신의 빽빽한 질료와 그것[4]으로부터 가장 멀리 떨어진 거리 때문에 아주 천천히 회전한다는 것이다.

그런 견해는, 자연이 자신의 비밀들을 가장 많이 보여준 그 7
영광스러운 철학자[5]에 의해 《천체와 세상에 관하여》 제 2권에서 그릇된 것으로 증명되었다. 거기에서 그는 이 세상, 말하자면 땅이 그 자체로는 움직이지 않으며 영원히 고정되어 있다고

---

1) 그리스어로 "반지구(反地球)"라는 뜻으로 기원전 6세기에 나타난 주장인데, 우주 안의 모든 물체가 "불의 중심" 주위를 회전한다는 가설을 토대로 하였다.

2) 뒤의 내용은 아리스토텔레스의 《천체와 세상에 관하여》 제2권 13장에 나오는데, 거기에서 《티마이오스》에 그렇게 적혀 있다고 말한다.

3) 지구를 가리킨다.

4) "하늘의 최초 움직임"을 가리키는 것으로 보는 것이 합리적이지만, "지구의 중심"으로 해석할 수도 있다.

5) 아리스토텔레스.

증명하였다. 아리스토텔레스가 그런 사람들을 논박하고 진리를
주장하기 위해 말했던 증명들을 나는 여기에서 이야기하지 않
으려고 한다. 왜냐하면 내가 지금 말하는 사람들에게는, 그의
위대한 권위에 의거하여, 이 땅이 고정되어 있고 회전하지 않
으며, 땅이 바다와 함께 하늘의 중심이라는 것을 아는 것으로
충분하기 때문이다.

하늘은 우리가 볼 수 있듯이 그 중심 주위를 계속해서 회전하 8
고 있다. 그리고 그 회전에는 필연적으로 두 개의 고정된 극이
있어야 하고, 또 그 두 극에서 동일한 거리에 있으면서 가장 빨
리 회전하는 하나의 원[6]이 있어야 한다. 두 극 중에서 하나, 즉
북극은 드러난 땅[7]의 거의 전체에서 볼 수 있으며, 다른 하나,
즉 남극은 드러난 땅 거의 전체에서 볼 수 없다. 두 극의 한가운
데에 있는 원은 바로 그 아래에서 태양이 양자리와 저울자리[8]와
함께 회전하는 하늘의 부분이다.

그러므로 그 우리의 극에서 돌멩이 하나가 떨어진다면, 그것 9
은 저 너머 대양(大洋)으로, 그러니까 만약 그 자리에 어떤 사람
이 있다면 북극성이 언제나 머리 한가운데 위에 있게 되는 곳,
바로 그 바다의 지점으로 떨어질 것이다(만약 로마에서 그 지점
까지 곧장 북쪽을 향해 간다면, 그 거리는 거의 2,600마일, 또는
조금 덜 될 것이라고 믿는다). 그러니까 이것을 보다 잘 이해하 10
기 위해, 내가 말한 장소에 도시가 하나 있으며 그 이름이 마리
아라고 상상해 보자. 또한 다른 극, 즉 남극에서 돌멩이 하나가
떨어진다면 그것은 이 지구에서 마리아와 정반대되는 곳인 그

---

6) 이른바 "하늘의 적도"를 가리킨다(앞의 제2권 3장 13절 참조).

7) 육지를 가리킨다. 당시의 관념에 의하면 지구 북반구의 일부만 육지로 되어 있고, 남반구를 비롯한 나머지는 온통 바다로 뒤덮여 있다고 생각하였다.

8) 황도 12궁에서 각각 봄과 가을의 시작 무렵에 태양과 함께 하는 별자리이다.

대양의 지점으로 떨어질 것이다(로마에서 그 두 번째 돌멩이가 떨어질 지점까지 곧장 남쪽을 향해 간다면, 그 거리는 거의 7,500마일, 또는 조금 덜 될 것이라고 믿는다). 그리고 이곳에 또 다른 11
도시가 하나 있고 그 이름이 루치아라고 상상해 보자. 두 도시 사이의 거리는 어느 쪽에서 선을 그린다고 하더라도 10,200마일이 될 것인데, 그것은 이 지구 전체 원주의 절반이고, 따라서 마리아의 주민들은 발바닥을 루치아 주민들의 발바닥과 마주보게 하고 있다.

또한 어느 부분이나 마리아나 루치아로부터 똑같은 거리에 있 12
는 이 지구상의 원[9] 하나를 상상해 보자. 내가 점성술사들의 글을 통해서나, 알베르투스 마그누스[10]의 저술 《장소들의 본성에 관하여》와 《요소들의 속성과 원인에 관하여》를 통해서나,[11] 또한 루카누스의 책 제 9권의 증언을 통해[12] 이해하는 바에 의하면, 그 원은 저 아래 남쪽에서 이 드러난 땅을 대양과 나눌 것인데, 첫 번째 기후대[13]의 거의 완전히 끝부분에 해당하고, 거기에는 다른 사람들 사이에 가라만테스 사람들[14]이 사는데, 그

9) 말하자면 지구의 적도에 해당한다.

10) 알베르투스 마그누스(Albertus Magnus, 1193~1280)는 대(大) 알베르투스로 번역되기도 하는데, 독일 출신의 스콜라 철학자이며 신학자로 쾰른에서 가르칠 때 토머스 아퀴나스가 그의 제자였다.

11) 알베르투스 마그누스, 《장소들의 본성에 관하여》(*De natura locorum*) 제1장 9절, 《요소들의 속성과 원인에 관하여》(*De causis et proprietatibus elementorum*) 제3장 38절 참조.

12) 루카누스, 《파르살리아》 제9권 438행 이하 참조.

13) 옛날 지리학에서는 사람들이 거주할 수 있는 북반구를 적도와 평행이 되도록 일곱 클리마(clima), 즉 기후대로 나누었는데, 그 중에서 첫째 기후대가 적도에 가장 가까운 곳이다.

14) 고대부터 가라만테스(Garamantes)로 알려진 사람들은 아프리카 북부 리비아 북서쪽에 거주한 민족으로 알려져 있다. 1960년대에 고고학자들이 그들

들은 거의 언제나 벌거벗고 있으며, 카토[15]가 로마 사람들과 함께 카이사르[16]의 지배에서 도망쳐 그 사람들에게까지 갔다.

이 지구 위에 그 세 장소를 표시하면 어떻게 태양이 그 주위 13
를 도는지 쉽게 알 수 있다. 그러니까 태양의 하늘은 서쪽에서 동쪽으로 회전하는데, 일상적 운동, 말하자면 낮과 밤의 운동과 정반대가 아니라, 그 운동과 비스듬하게 반대 방향으로 움직인다. 따라서 그 원[17]은 하늘의 양 극[18] 사이에서 같은 거리에 있고, 태양의 몸체가 그 위에 놓여 있는데, 그것이 처음 두 극의 적도[19]를 정반대되는 두 부분, 말하자면 양자리의 시작 지점과 저울자리의 시작 지점에서 자르고,[20] 거기에서 두 개의 반원으로 나뉘는데, 하나는 북쪽에 있고, 다른 하나는 남쪽에 있다. 그 두 반원의 한가운데 지점은 양쪽에서 똑같이 처음 원으

의 중심지를 발굴하여 가라마(Garama)라고 명명하였다. 가라만테스 사람들에 대해서는 베르길리우스의 《아이네이스》 제6권 794행, 루카누스의 《파르살리아》 제9권 512행에서도 언급된다.

15) 마르쿠스 포르키우스 카토(Marcus Porcius Cato, 기원전 95~46)는 로마의 정치가로 폼페이우스의 편에 서서 카이사르에 대항하였으나 패배하여, 아프리카 북부 카르타고 근처의 도시 우티카에서 자결하였다. 감찰관(censor)을 역임했던 증조할아버지(기원전 234~149)와 이름이 같기 때문에 구별하기 위해 이탈리아에서는 우티카의 카토로 부르는데, 우리나라에서는 대개 대(大) 카토와 소(小) 카토로 구분하여 번역한다. 중세에 그는 자유의 수호자로 높게 평가되었으며, 단테는 《신곡》에서 그를 연옥의 파수꾼으로 배치하고 있다.

16) 율리우스 카이사르(Gaius Julius Caesar, 기원전 100~44)는 로마의 정치가이자 탁월한 장군으로 공화정 시대를 종결하고 제정 시대로 넘어가는 기틀을 마련하였으나, 기원전 44년 암살당하였다.

17) 태양의 길에 해당하는 황도를 가리킨다.

18) 황도의 양 극이다.

19) 천구의 적도를 가리킨다.

20) 황도와 천구의 적도가 교차하는 두 지점은 각각 춘분과 추분에 해당한다.

로부터 23도 1분 이상[21] 떨어져 있는데, 하나는 게자리의 시작
지점이고, 다른 하나는 염소자리의 시작 지점이다.[22]
그러므로 태양이 처음 두 극의 적도 아래를 지날 때, 마리 14
아[23]는 필연적으로 태양이 양자리의 시작 지점에서 아래의 땅
또는 바다 주위의 세상을, 마치 전체 몸체의 절반밖에 보이지
않는 맷돌처럼 도는 것을 보게 된다.[24] 그리고 그 맷돌이 91회
전과 조금 더 회전할 때까지 마치 포도주 압착기의 나사 모양으
로 위로 올라오는 것을 보게 된다.[25] 그리고 그 회전들이 완수 15
될 때, 마리아에게 있어 태양의 상승은, 땅의 가운데에 있는 우
리에게 낮이 밤의 절반과 똑같을 때 태양이 상승하는 것과 거의
똑같다.[26] 그리고 만약 어떤 사람이 마리아에서 똑바로 서 있
고 언제나 태양을 향해 얼굴을 돌리고 있다면, 태양이 오른손
쪽으로 가는 것을 보게 될 것이다.[27] 그런 다음 똑같은 방식으 16
로 태양은 다시 91회전과 조금 더 회전하면서 아래로 내려가다
가, 마침내 자신의 모습을 일부분만 보여주면서 아래의 땅 또

21) 실제로는 23도 27분 떨어져 있다.

22) 각각 하지와 동지 때 태양이 위치하는 지점이다.

23) 위에서 북극에 있다고 상상한 도시.

24) 춘분 때 북극에서 바라보면 태양은 수평선상에서 절반만 보인다.

25) 양자리의 시작 무렵은 춘분이고, 춘분 이후 하지 때까지 태양은 북쪽으로 올라가는데, 그 기간은 대략 3개월로(365일 ÷ 4 = 91.25) 태양이 지구의 주위를 91회전과 조금 더 도는 기간이다(실제로는 그 숫자만큼 지구가 자전하면서 공전한다).

26) 북반구의 육지에서 적도와 북극의 중간에 있는("땅의 가운데에 있는") 우리에게 동지, 즉 낮의 길이가 밤 길이의 절반이 될 때, 태양이 상승하는 만큼 상승한다는 뜻이다.

27) 북극에서 태양을 바라보기 때문에 얼굴은 언제나 남쪽을 향하게 되고, 따라서 동쪽에서 서쪽으로 움직이는 태양은 왼쪽에서 오른쪽으로 가는 것으로 보인다.

는 바다 주위의 세상을 돌게 된다. 그리고는 모습을 감추고,[28)]
이제 루치아가 보기 시작하는데, 태양이 마리아가 보는 것과
똑같은 숫자로 회전하면서 자기 주위로 올라갔다가 내려가는
것을 보게 된다. 그리고 만약 어떤 사람이 루치아에서 똑바로 17
서 있고 언제나 태양을 향해 얼굴을 돌리고 있다면, 태양이 왼
손 쪽으로 가는 것을 보게 될 것이다. 그러므로 그 두 곳에서는
1년에 6개월이 낮이고 또 똑같은 기간 동안이 밤이며, 또한 한
쪽이 낮이면 다른 쪽은 밤이라는 것을 알 수 있다.

그리고 앞에서 말했듯이 이 지구 위에 가라마 사람들이 거주 18
하는 원[29)]은 바로 자기 위로 태양이 회전하는 것을 보는데, 양
자리 아래를 지날 때에는 어느 곳[30)]에서든지 절반밖에 볼 수 없
는 맷돌 같은 모습이 아니라 바퀴 같은 모습으로 보게 된다.[31)]
그런 다음 태양이 91회전과 조금 더 회전하는 동안 자신에게서
멀어져 마리아 쪽으로 가는 것을 보고, 또 똑같은 기간 동안 자
신에게로 오는 것을 보게 된다. 또한 돌아온 다음에는 저울자리
아래로 가고, 또 다시 91회전과 조금 더 회전하는 동안 멀어져
루치아 쪽으로 갔다가, 똑같은 기간 동안 되돌아온다. 지구 전 19
체를 에워싸고 있는 이 원에서는 태양이 이쪽으로 가든 아니면
저쪽으로 가든 언제나 낮과 밤의 길이가 똑같으며, 1년에 두 번
은 엄청나게 뜨거운 여름이고, 또 두 번은 온화한 겨울이다.

그리고 우리가 상상한 두 도시와 중간 원 사이[32)]의 두 지역에 20

---

28) 추분이 지나면 북극에서는 태양이 보이지 않게 된다.

29) 지구의 적도를 가리킨다.

30) 북극이나 남극의 어느 곳을 가리킨다.

31) 춘분 때 남극이나 북극에서는 태양이 지평선이나 수평선상에서 절반밖에 보이지 않지만, 적도에서는 온전한 모습으로 보인다.

32) 양쪽 극과 적도 사이.

서는 그 도시에서 멀거나 가까운 정도에 따라 태양이 서로 다르
게 보인다. 앞에서 말한 것을 통해 고귀한 재능을 가진 사람은
(그에게는 약간의 노고를 남겨두는 것이 좋다) 그것을 알 수 있다.
그러므로 이제 알 수 있듯이, 세상은 신성한 섭리를 통하여, 21
태양의 천구가 회전하여 같은 지점으로 돌아오면[33] 우리가 살
고 있는 이 지구는 모든 부분에서 똑같은 시간 동안 밝음과 어
둠을 받도록 정해져 있다. 오, 그렇게 정하신, 말로 표현할 수 22
없는 지혜시여, 당신을 이해하기에는 우리의 마음이 얼마나 초
라한가! 그리고 내가 즐거움과 유익함을 주기 위해 이 글을 쓰
고 있는 그대들이여, 그대들은 그런 것들을 향하여 눈을 위로
들지 않고, 그대들 어리석음의 진흙탕 속만 바라보면서 얼마나
무지 속에서 살고 있는가!

---

33) 1년 동안 황도를 완전히 한 바퀴 돌고나면.

제 6장

앞 장에서 어떻게 태양이 회전하는지 증명하였으니, 이제는 지금 우리가 다루는 부분의 의미를 설명할 수 있다. 그러니까 이 첫 부분에서 나는 그 여인을 다른 것들과 비교하여 칭찬하기 시작한다. 그리고 태양이 세상을 돌면서 그녀만큼 고귀한 것을 보지 못한다고 말하는데, 그 말에 의하면 결과적으로 그녀는 태양이 비추는 모든 것들 중에서 가장 고귀하다는 뜻이다. 1

그리고 "비추는 시간"이라고 말하는데, 여기에서 "시간"은 천문학자[1]들이 두 가지로 이해한다는 것을 알아야 한다. 하나는 낮과 밤이 모두 24시간, 말하자면 낮이 12시간, 밤이 12시간으로 되어 있는데, 낮이 길어지거나 또는 짧아지는 데에 따르는 것이다. 그런 시간은 낮과 밤이 길어지거나 짧아지는 데 따라 낮과 밤에 더 커지거나 작아진다. 그런 시간은 바로 교회에서 첫째 시간, 셋째 시간, 여섯째 시간, 아홉째 시간이라 말하면서 사용하며 가변적 시간[2]이라 부른다. 2

---

1) 원문에는 astrologo로 되어 있고, 따라서 "점성술사"로 옮길 수도 있다(제2권 13장 8절 참조).

2) 원문에는 ore temporali로 되어 있고, 따라서 "일시적 시간" 또는 "잠정적 시간"으로 옮길 수도 있다. 고전 시대부터 낮 시간, 즉 해가 뜰 때부터 질 때까지의 시간을 12등분하여 헤아리는 것이 관례였다. 그 전통을 이어받아 중세 유럽에서는 낮의 길이와 교회의 성무일도(聖務日禱)(또는 성무일과)에 맞추어 낮의 시간을 4등분하여 첫째 시간, 셋째 시간, 여섯째 시간, 아홉째 시

다른 하나는 낮과 밤이 모두 24시간인데, 낮과 밤이 길어지거나 짧아지는 데 따라, 때로는 낮이 15시간, 밤이 9시간이 되며, 또 때로는 밤이 16시간, 낮이 8시간이 되는데, 그것을 균등한 시간이라 부른다.[3] 그래서 주야 평분시[4]에는 이 시간이나 일시적 시간이라 부르는 것이 똑같아지는데, 낮과 밤의 길이가 똑같기 때문에 그렇다. 3

그리고 나는 "저 위의 모든 지성이 그녀를 바라본다"고 말하면서 다른 어떤 것과 관련시키지 않고 그녀를 칭찬한다. 나는 하늘의 지성들[5]이 그녀를 바라본다고 말하고, 이 아래의 고귀한 사람들이 자신에게 가장 즐거운 것을 갖고 있을 때 그녀에 4
대해 생각한다고 말한다. 여기에서 저 위의 모든 지성은, 《원인에 관하여》에 의하면, 자기 위에 있는 것과 자기 아래에 있는 것을 알고 있다.[6] 말하자면 자신의 원인으로서 하느님을 알고, 자신의 결과로서 자기 아래에 있는 것을 안다. 그리고 하느님은 모든 사물의 가장 보편적인 원인이시기 때문에 그분을 앎으로써 지성의 방식에 따라 모든 사물을 안다. 그러므로 지성들은 모두 인간의 형식을 아는데, 그 형식이 신성한 마음속에서 의도를 통해 결정되었기 때문이다. 특히 하늘을 움직이는 지성들이 가장 잘 아는데, 그들은 그 인간 형식과 다른 모든 생 5

간으로 나누었는데, 춘분과 추분 무렵에는 대략 오전 6시, 9시, 12시, 오후 3시에 해당한다. 그런데 계절에 따라 낮의 길이가 달라지기 때문에, 각 시간의 길이도 균일하지 않고 매일 달라지며, 따라서 일시적이고 잠정적인 길이의 시간이 될 수밖에 없다.

3) 오늘날 우리가 사용하는 시간처럼 낮과 밤의 길이와 상관없이 24시간을 균등하게 배분한 시간이다.

4) 말하자면 춘분과 추분.

5) 천사들.

6) 《원인에 관하여》 제7〔8〕장 72-74절 참조.

성된 형식의 가장 특별한 원인이기 때문이며, 또한 자신들의
모범이자 전형(典型)으로서 가능한 한 가장 완전한 형식[7]을 알
고 있다. 만약 그 인간의 형식이 개별적으로 완전하게 구현되 6
지 않았다면, 그것은 앞에서 말한 모범의 결함이 아니라, 개별
성을 제공하는 질료의 결함 때문이다. 그러므로 "저 위의 모든
지성이 그녀를 바라본다"고 말하면서, 나는 그녀가 인간의 본
질, 즉 신성한 마음속에 있으며, 따라서 다른 모든 마음들 속
에, 무엇보다도 이곳 아래에 있는 이런 사물들을 하늘과 함께
창조하는 그 천사들의 마음들 속에 있는 인간 본질의 의도적인
모범으로서 창조되었다는 것을 말하고 싶었던 것이다.

그리고 그것을 확인하기 위해 나는 "이곳에서 사랑에 빠지는 7
사람들"이라고 덧붙여 말한다. 여기에서 모든 존재는 자신의 완
전함을 최대한 바라며, 그 안에서 자신의 모든 욕망이 잠잠해
지고, 그것을 위해 모든 것을 원한다는 것을 알아야 한다. 그것
은 바로 언제나 모든 즐거움이 불완전해 보이게 만드는 욕망인
데, 왜냐하면 그런 욕망이 생각 속에 남아 있지 않도록 우리의
영혼에게서 갈증을 없애주는 것보다 이승의 삶에서 더 큰 즐거
움은 없기 때문이다. 그런데 그 여인은 정말로 그런 완전함이 8
기 때문에, 이곳 아래에서 가장 평화로울 때 최대한의 즐거움
을 얻는 사람들은 자기 생각 속에서 그 여인을 발견하는데, 다
시 한 번 말하지만, 그녀는 인간의 본질에서 가능한 한 최대로
완전하기 때문이다.

그런 다음 "그녀의 존재는 그걸 주신 분의 마음에 든다"고 말 9
하면서, 그 여인이 모든 인류 중에서 가장 완전할 뿐만 아니라,
인간에게 합당한 것 이상으로 신성한 선을 받기 때문에 가장 완

---

7) 하느님이 생각한 신성한 형식.

전한 것 이상이라는 것을 보여준다. 그러므로 마치 모든 장인 10
(匠人)이 다른 작품들보다 자신의 최고 작품을 더 사랑하듯이,
하느님께서는 다른 사람들보다 최상의 인간을 더 사랑하신다고
합리적으로 믿을 수 있다. 그분의 너그러움은 어떤 한계의 필
요성에 의해 제한되지 않기 때문에, 그분의 사랑은 받는 사람
에게 합당한 것을 고려하지 않고, 덕성과 은총의 선물과 은혜
를 통해 그것을 넘어선다. 그러므로 여기에서 나는, 바로 그녀
의 완전함을 원하셔서 그녀를 창조하신 하느님께서 우리의 본
성에 합당한 것의 한계를 넘어서서 당신의 선을 그녀에게 불어
넣어 주신다고 말한 것이다.

그리고 나는 "그녀의 순수한 영혼"이라고 말하는데, 바로 감 11
각들이 증언하는 것을 증명한다. 여기에서 철학자가 《영혼에 관
하여》 제2권에서 말하듯이, 영혼은 육체를 구현하며, 또 만약
구현한다면 육체의 원인이라는 것을 알아야 한다.[8] 그리고 위
에서 인용한 《원인에 관하여》에 쓰여 있듯이, 모든 원인은 자
신의 원인으로부터 받은 선을 자신의 결과 안에 불어넣기 때문
에, 영혼은 자신의 원인, 즉 하느님의 선을 자신의 육체에 불어
넣는다.[9] 그러니까 그녀에게서는 육체의 측면에서 놀라운 것들 12
을 볼 수 있기 때문에, 바라보는 사람들이 모두 그것들을 보고
싶어 하므로, 그녀의 형식, 즉 고유의 원인으로서 육체를 이끄
는 그녀의 영혼은 경이롭게 하느님의 은총 어린 선을 받는 것이
분명하다.

그렇게 우리의 본성에 합당한 것을 넘어서는 그런 모습(위에 13

---

8) 영혼이 없는 육체는 단지 잠재성을 가진 육체에 불과하며, 영혼의 존재가 육체를 구현하고 생명을 불어넣는다는 뜻이다(아리스토텔레스, 《영혼에 관하여》 제2권 1장 이하 참조).

9) 《원인에 관하여》 제1장 16-17절 참조.

서 말했듯이 그녀에게서 가장 완전한 모습)을 통해 그 여인은 하느님의 은혜를 받아 고귀해졌다는 것이 증명된다.

이것이 두 번째 주요 부분의 첫째 부분에 대한 모든 문자 그 14
대로의 의미이다.

제 7장

영혼에 대해서나 육체에 대해 전체적으로 그 여인을 칭찬한 후에 나는 특히 영혼과 관련하여 그녀를 칭찬하는데, 먼저 그녀의 선이 그 자체로서 위대한 것에 대해 칭찬하고, 그 다음에 그녀의 선이 다른 사람에게 위대하고 또한 세상에 유익한 것에 대해 칭찬한다. 이 둘째 부분[1]은 "그녀에 대해 이렇게 말할 수 있네" 하고 말하는 곳에서 시작한다. 1

그래서 나는 먼저 "그녀 안으로 거룩한 역량이 내려오네" 하고 말한다. 여기에서 신성한 선은 모든 것에 내려오며, 그렇지 않다면 존재할 수 없다는 것을 알아야 한다. 하지만 그 선은 가장 단순한 원리[2]에서 나오지만, 그것을 받는 사물에 따라 서로 다르게 더 많거나 적게 받는다. 그러므로 《원인에 관하여》에 이렇게 쓰여 있다. "최초의 선은 사물들 위로 지나가면서 자신의 선을 보낸다."[3] 사실 모든 사물은 자신의 역량과 존재의 방식에 따라 그런 지나감으로부터 받는다. 2

그리고 그런 것에 대한 눈으로 볼 수 있는 예는 태양에서 찾아볼 수 있다. 태양의 빛은 하나이고, 하나의 원천에서 나오는 것이지만, 알베르투스[4]가 지성에 대해 논의하는 책에서 말하듯 3

1) 두 번째 부분을 또 다시 세분한 둘째 부분으로 칸초네의 셋째 연에 해당한다.

2) 신성한 선은 하나이며 따라서 가장 단순하다.

3) 《원인에 관하여》 제19〔20〕장 157-158절 참조.

이, 물체들에 따라 서로 다르게 받아들이는 것을 볼 수 있다.
어떤 물체들은 자체 안에 혼합된 투명함의 밝기를 많이 갖고 있
기 때문에, 태양이 그것들을 보자마자 빛나게 되고, 자신의 모
습과 자체 안에서 빛을 증가시킴으로써 다른 물체를 아주 눈부
시게 만드는데, 가령 금이나 다른 돌이 그렇다. 또 어떤 물체들 4
은 완전히 투명하기 때문에, 빛을 받아들일 뿐만 아니라 방해
하지도 않고, 오히려 다른 사물들에 비치는 빛을 자신의 색깔
로 물들이기도 한다. 또 어떤 물체들은 투명함의 순수성에서
아주 탁월하여, 눈의 조화로운 시력을 능가하고, 눈을 피곤하
게 만들지 않고는 볼 수 없을 정도로 눈부시게 빛나기도 하는
데, 가령 거울이 그렇다. 또 어떤 물체들은 투명함이 없어서 빛
을 거의 받아들이지 않는데, 가령 흙이 그렇다. 그렇게 하느님 5
의 선은 분리된 실질들, 말하자면 물질의 조잡함이 없고 형식
의 순수함으로 인해 거의 투명한 천사들에 의해서는 다른 식으
로 받아들여지고, 또한 인간의 영혼에 의해서는 또 다른 식으
로 받아들여지는데, 인간의 영혼은, 마치 머리만 밖으로 내놓
고 온통 물속에 있는 사람을 가리켜 완전히 물속에 있다고 말할
수도 없고 완전히 물 밖에 있다고 말할 수도 없는 것처럼, 비록
한쪽으로는 물질로부터 자유롭지만 다른 한쪽으로는 물질의 방
해를 받는다. 또 자신의 영혼이 완전히 물질 속에 갇혀 있지만
그래도 약간 고귀해진 동물들에 의해 다른 식으로 받아들여지
고, 식물들에 의해서는 다른 식으로, 광물들에 의해서는 또 다
른 식으로 받아들여진다. 그리고 흙에 의해서는 다른 요소들과
다른 식으로 받아들여지는데, 흙은 가장 물질적이고, 따라서

---

4) 알베르투스 마그누스를 가리키며, 뒤이어 말하는 책과 그 내용은 《지성과 지성적인 것들에 관하여》(*De intellectu et intelligibili*) 제1권 3장 2절에서 인용한 것이다.

최초의 가장 단순하고 가장 고귀한 덕성, 말하자면 오로지 지성적인 존재, 즉 하느님과 가장 조화를 이루지 못하고 가장 멀리 떨어져 있기 때문이다.

여기에서 일반적인 등급들을 설정하였지만 더 세부적인 등급 6
을 부여할 수도 있다. 말하자면 인간의 영혼들 중에서 어느 영혼은 다른 영혼보다 더 많은 선을 받는다. 그리고 우주의 지성적 서열에서는, 감각들의 서열에서 보았듯이, 가장 낮은 형식에서 가장 높은 형식으로 또 가장 높은 형식에서 가장 낮은 형식으로 거의 연속적인 등급들을 따라 올라가거나 내려간다. 그리고 지성적 존재인 천사의 본성과 인간의 영혼 사이에는 중간에 다른 어떤 등급이 없고, 등급들의 서열에서 서로가 거의 연속이며, 인간의 영혼과 야생 짐승들 중 가장 완전한 영혼 사이에도 중간에 다른 어떤 등급이 없다. 그리고 우리가 볼 수 있듯이 많은 사람들이 너무나도 비열하고 또 천한 상황에 있어서 거의 짐승과 다름없어 보이기도 한다. 그러므로 어떤 사람은 거의 천사와 다름없을 정도로 너무나도 고귀하고 또 높은 상황에 있다고 확고하게 주장하고 또 믿어야 한다.

그렇지 않다면 인류는 다른 어떤 쪽으로도 연속적이지 않을 7
것인데, 그것은 불가능하다. 아리스토텔레스는 《윤리학》 제 7 권에서 그런 사람들을 신성하다고 말했으며,[5] 나는 바로 그 여인이 그렇다고 말하는데, 신성한 역량이 마치 천사에게 내려오듯이 그녀에게 내려오기 때문이다.

그리고 나는 "혹시 믿지 못하는 고귀한 여인이 있거든" 하고 8
말하면서 그것을 경험으로 증명하는데, 신성한 빛이 가장 자유롭게 빛나는 곳인 이성적 영혼의 고유한 작업들 속에서, 말하

5) 아리스토텔레스, 《니코마코스 윤리학》 제7권 1장 참조.

자면 일반적으로 태도와 품행이라 일컬어지는 말과 행동들 속에서 얻을 수 있는 그녀에 대한 경험을 통해 증명한다.

그러니까 동물들 중에서 유일하게 인간만이 자기 내부에 이 9
성을 갖고 있기 때문에 합리적이라고 말하는 품행과 행동을 갖고 있다는 것을 알아야 한다. 그리고 만약 누군가가 가령 특히 까치나 앵무새 같은 새들에서 보이듯이 어떤 새는 말을 하고, 또 가령 원숭이나 다른 동물에서 보이듯이 어떤 동물은 행동이나 품행을 보인다고 말하면서 그와 반대되는 말을 하려고 한다면, 나는 그런 것을 가능하게 해주는 이성을 갖고 있지 않기 때문에 그들이 말을 하거나 품행을 보이는 것은 사실이 아니라고 대답하겠다. 그들에게는 그런 작용들의 원리가 없으며, 또한 그들은 그것이 무엇인지도 모르고, 그것을 통해 무엇인가를 의미하려고 하지도 않으며, 단지 보고 듣는 것을 재생할 뿐이다.
그러므로 물체들의 모습이 가령 거울처럼 어떤 빛나는 물체 안 10
에서 재생되는 것처럼, 거울이 보여주는 물체의 모습은 진짜가 아니다. 그와 마찬가지로 이성의 모습, 말하자면 짐승의 영혼이 재생하거나 보여주는 행동과 말은 진짜가 아니다.

나는 '혹시 내가 말하는 것을 믿지 못하는 고귀한 여인은 그 11
녀와 함께 가서 그녀의 행동을 보라'고 말하는데(남자들보다 여자들이 더욱 솔직하게 여자에 대한 경험을 갖기 때문에 나는 '남자'라고 말하지 않는다), 그녀의 말과 그녀의 품행이 보이는 것을 말함으로써, 나는 그런 여인[6]이 그녀에게서 느낄 것에 대해 말
한다. 그녀의 말은 고귀함과 달콤함으로 인해 그 말을 듣는 사 12
람의 마음속에 사랑의 생각을 유발하는데, 나는 그것을 천상의 정령이라 부른다. 왜냐하면 위에서 말했듯이 그것은 저 위에서

---

6) 위에서 말한 믿지 못하는 여인.

발생하고, 저 위에서 그 내용이 내려오기 때문이다. 그리고 그런 생각에서 그녀는 바로 경이로운 덕성의 여인이라는 확고한
13 확신이 나온다. 그리고 그녀의 행동은 부드러움과 절제로 인해, 훌륭한 본성으로 그 능력의 씨앗이 뿌려질 수 있는 곳이면 어디든지 사랑을 일깨우고 느끼게 만든다. 그 자연스러운 씨뿌리기는 다음 논고[7]에서 설명하는 것처럼 이루어진다.

14 그런 다음 나는 "그녀에 대해 이렇게 말할 수 있네" 하고 말하면서, 어떻게 그녀의 영혼의 선과 덕성이 다른 사람들에게 좋고 유익한지 이야기하고자 한다. 먼저 "그녀에게 있는 것은 여인에게 고귀하다"고 말하면서, 어떻게 그녀가 다른 여인들에게 유익한지 이야기한다. 여기에서 나는 여인들에게 명백한 모범을 제시하는데, 그녀들이 그 모범을 보고 뒤따름으로써 스스로 상냥하게 보일 수 있도록 하기 위해서이다.

15 둘째로 어떻게 그녀가 모든 사람에게 유익한지 이야기하면서 그녀의 모습은 우리의 믿음을 도와준다고 말한다. 믿음은 다른 모든 것들보다 인류 모두에게 유익한데, 우리는 그 믿음을 통
16 해 영원한 죽음에서 벗어나고 영원한 삶을 얻기 때문이다. 그녀는 우리의 믿음을 도와주는데, 우리 믿음의 가장 중요한 토대는 바로 십자가에 못 박히신 분(그분께서 우리의 이성을 창조하셨는데, 그 이성이 당신의 능력보다 열등하기를 원하셨다[8])에 의해 이루어진 기적들, 그리고 나중에 당신의 성인(聖人)들에 의해 그분의 이름으로 이루어진 기적들이기 때문이다. 하지만 많은 사람들이 너무나도 완고하여 어떤 안개 때문인지 그 기적들에 대해 의혹을 갖고 있으며, 눈에 보이는 경험이 없으면 어떤 기적도 믿지 못한다. 그런데 이 여인은 눈에 보이는 기적과

7) 제4권 21장 참조.

8) 그렇기 때문에 인간은 기적들을 이해할 수도 없고 설명할 수도 없다.

같으며, 사람들의 눈은 매일 그 기적을 경험할 수 있고, 그 덕
분에 우리는 다른 기적을 믿을 수 있기 때문에, 이 여인이 경이
로운 자기 모습으로 우리의 믿음을 도와준다는 것은 분명하다.
그러므로 마지막으로 나는 "영원함에 의해", 말하자면 영원히 17
그녀는 이 시간 속에 살아가는 사람들에게 믿음에 대한 증거로
서 하느님의 마음속에서 "정해졌다"고 말한다.

이렇게 해서 문자 그대로의 의미에 따른 두 번째 부분의 둘째 18
세부 부분이 끝난다.

제8장

신성한 지혜의 효과들[1] 중에서 인간이 가장 경이로운데, 어 1
떻게 신성한 역량이 하나의 형식 속에 세 가지 본성[2]을 함께 합쳐 놓았는지, 또한 그런 형식 속에 그의 거의 모든 역량을 위한 기관들이 배치되어 있으므로 인간의 육체는 얼마나 섬세하게 조화를 이루어야 하는지 고려해보면 그렇다. 왜냐하면 많은 기관들 사이에 잘 상응하기 위해서는 커다란 조화가 필요하므로, 수많은 사람들 중에서 완전한 사람은 소수이기 때문이다.
만약 이 창조물이 그렇게 경이롭다면, 분명히 말뿐만 아니라 2
생각으로도 두려움을 갖고 그 상태를 다루어야 할 것이다. 〈집회서〉의 말에 의하면 "모든 것에 앞서는 하느님의 지혜를 누가 찾았던가?" 그리고 다른 곳에서는 "너보다 더 높은 것들을 요구하지 말고, 너보다 더 강한 것을 찾지 마라. 하느님께서 너에게 명령한 것들을 생각하고, 또한 그분의 일들에 대해서는 호기심을 갖지 말라"[3]고, 말하자면 알려고 안달하지 말라고 말한다.

1) 말하자면 창조물들.

2) 식물적 본성, 감각적 본성, 지성적 본성(앞의 제3권 2장과 3장 참조).

3) 〈집회서〉 1장 3절과 3장 21-22절 참조. 새 번역 《성경》에는 각각 "누가 하늘의 높이와 땅의 넓이를, 심연과 지혜를 헤아릴 수 있으랴?", "너에게 너무 어려운 것을 찾지 말고/ 네 힘에 부치는 것을 파고들지 마라. / 너는 명령받은 일에만 전념하여라. / 숨겨진 일은 너에게 필요한 것이 아니다"로 번역되어 있다. 1장 3절의 경우 완전히 달라 보이지만 단테가 인용하는 《불가타

그러므로 그녀의 육체에서는 영혼의 선에 의해 분명한 아름다 3
움이 나타나기 때문에, 나는 이 셋째 세부 부분[4]에서 그런 창
조물의 일부 상태에 대해 말하고자 하는데, 두려움과 함께 걱
정스러운 마음으로, 비록 충분하지는 않지만, 그 커다란 매듭
에서 최소한 일부분이라도 풀어보려고 시작한다.

영혼의 측면에서 그 여인을 칭찬하는 세부 부분의 의미를 분 4
명하게 밝혔으니, 이제 내가 "그녀의 모습에서 나타나는 것들은"
하고 말하면서 육체의 측면에서 어떻게 그녀를 칭찬하는지 살펴
보아야 한다. 나는 그녀의 모습에서 천국의 즐거움들을 보여주 5
는 것들이 나타난다고 말한다. 그런데 그런 즐거움들 중에서 가
장 고귀하고 또한 다른 모든 즐거움들의 시작이자 끝이 되는 즐
거움은 만족하는 것[5]이며, 그것은 바로 축복받는 것이다. 그런
즐거움이 비록 방식은 다르지만[6] 정말로 그녀의 모습 안에 있
다. 왜냐하면 그녀를 바라보면서 사람들은 만족감을 느끼도록
그녀의 아름다움이 바라보는 사람들의 눈을 부드럽게 충족시켜
주기 때문이다. 하지만 그것은 천국에서의 영원한 만족과는 다
른 방식인데, 그것은 누구에게도 있을 수 없기 때문이다.

그리고 그 경이로운 즐거움이 그녀의 어디에서 나타나는지 누 6
군가 질문할 수 있기 때문에, 나는 그녀의 육체에서 두 부분, 즉
인간의 즐거움과 즐겁지 않음이 가장 많이 나타나는 두 부분을

성경》에 의하면 문자 그대로 Sapientiam Dei praecedentem omnia quis investigavit?로 되어 있다.

4) 두 번째 부분에서 또 다시 세분된 셋째 부분으로 칸초네의 넷째 연에 해당한다.

5) 하느님의 의지와 완전히 일치하여 만족하는 것, 즉 평온하고 평화로운 상태에 있는 것을 가리킨다.

6) 뒤이어 설명하듯이 천국에서 축복을 받는 것과는 달리 이것은 영원한 관조가 아니기 때문이다.

구별한다. 그러니까 영혼은 어디든지 자신의 임무를 가장 많이
수행하는 곳을 가장 집중적으로 장식하려고 하며, 그곳에서 가장
섬세하게 작용한다는 것을 알아야 한다. 그러므로 우리가 볼 수 7
있듯이, 영혼은 외부의 다른 어떤 부분보다 자신의 임무를 가장
많이 수행하는 곳인 인간의 얼굴에서 아주 섬세하게 작용하고,
또 그곳에서 섬세해짐으로써 질료가 허용하는 한 어떤 얼굴도 다
른 얼굴과 유사하지 않다. 왜냐하면 모든 사람에게 있어 서로 다
른 질료의 최종적인 능력은 그곳에서 실현되기 때문이다.

그리고 영혼은 얼굴에서 특히 두 곳, 말하자면 눈과 입에서 8
작용하기 때문에(왜냐하면 영혼의 세 가지 본성은 거의 모두 그
두 곳에 지배권을 갖고 있기 때문이다), 그곳을 특별히 장식하고,
또 아름답게 보이려는 모든 관심을 바로 그곳에 집중하고 있다.
나는 그 두 곳에서, "그녀의 눈과 달콤한 미소 속에서" 그런 즐
거움들이 나타난다고 말한다. 그 두 장소는 아름다운 유사성으 9
로 인해 육체의 건물 안에 거주하는 여인, 말하자면 영혼의 발
코니라고 부를 수 있는데, 왜냐하면 비록 거의 베일에 가려 있
지만 그녀는 그곳에서 종종 자기 모습을 드러내기 때문이다.

그녀는 눈 속에서 자신을 명백하게 드러내므로, 그곳을 잘 10
살펴보는 사람은 그녀의 현재 감정을 알 수 있다. 그러므로 철
학자가 《수사학》에서 말하듯이, 인간 영혼의 고유한 감정은 여
섯 가지, 말하자면 자비, 열성, 연민, 질투, 사랑, 수치심이
있는데,[7] 영혼은 그중 어느 감정에 사로잡히더라도, 아주 커다
란 역량으로 내부에 가둬두지 않는다면, 눈의 창문에 그 모습
을 드러내지 않을 수 없다. 그렇기 때문에 누군가는 내부의 부

---

7) 아리스토텔레스, 《수사학》(*Ars Rhetorica*) 제2권 4장 이하 참조. 하지만 아리스토텔레스는 11가지 감정에 대해 언급하는데, 단테는 단지 6가지만 눈을 통해 외부로 드러난다고 생각하였다.

끄러움이 밖으로 드러나지 않도록 자신의 눈을 뽑아내기도 하였는데, 가령 시인 스타티우스[8]는 테바이 사람 오이디푸스[9]에 대해 이야기하면서 "그는 영원한 어둠으로 자신의 저주받은 수치심을 해결하였다"고 말한다.

또한 영혼은 마치 유리 뒤의 색깔과 거의 비슷하게 입에서 모 11
습을 드러낸다. 웃음이란 영혼의 즐거움이 빛나는 것, 즉 내부
에 있는 것이 밖으로 드러나는 빛이 아니라면 무엇이란 말인가?
그러므로 자신의 영혼이 절제된 즐거움 속에 있음을 보여주려
는 사람은 자기 얼굴을 조금만 움직이고 적절히 유보하면서 절
제 있게 웃어야 한다. 따라서 앞에서 말했듯이 그렇게 모습을
드러내는 여인은 방종하지 않고 정숙하게 보인다. 그러므로 12
《네 가지 주요 덕성의 책》[10]은 우리에게 "네 웃음이 천박하지
않도록 하라"고, 말하자면 암탉처럼 시끄럽지 않도록 하라고 명
령한다. 아, 내가 지금 말하는 내 여인의, 눈으로 보지 않는다
면 전혀 느낄 수 없는[11] 놀라운 웃음이여!

---

8) 스타티우스(Publius Papinius Statius, 서기 45?~96)는 로마 시대의 시인으로 그의 대표작 《테바이스》(*Thebais*)는 모두 12권으로 이루어진 방대한 서사시로 오랜 세월에 걸쳐 완성되었다. 뒤에 나오는 문장은 《테바이스》 제1권 47-48행에서 인용된 것이다. 《신곡》에서 스타티우스는 연옥에서 1,200년이 넘는 오랜 세월 동안 형벌을 받은 뒤 천국으로 올라가는 것으로 나오며, 상당히 오랫동안 단테와 함께 여행한다(〈연옥〉 21곡 이하 참조).

9) 그리스 신화의 인물로 테바이의 왕 라이오스와 왕비 이오카스테의 아들이다. 비극적 운명에 이끌려 그는 자기 아버지를 죽이고 자기 어머니와 결혼하게 되었으며, 나중에 그 사실을 알고 스스로 자신의 두 눈을 뽑아내고 방랑하다가 죽었다.

10) 《네 가지 주요 덕성의 책》(*Liber de quatuor virtutibus cardinalibus*)은 6세기 포르투갈의 성직자 마르티누스 데 브라가(Martinus de Braga)의 저술인데, 단테 시대에는 일반적으로 세네카의 작품으로 간주되었다. 뒤의 구절은 제4장 8절에서 인용된 것이다.

그리고 나는 아모르가 그녀에게 그런 것들을 마치 자신의 장 13
소처럼 그곳[12]에 가져다준다고 말한다. 여기에서 사랑은 두 가지로 고찰될 수 있다. 첫째, 그 장소들에 대한 영혼의 특별한 사랑으로, 둘째, 사물들이 사랑하고 또 사랑받도록 해주며, 또한 영혼에게 그 장소들을 장식하라고 명령하는 보편적인 사랑으로 고찰될 수 있다.

그리고 나는 "그것들은 우리의 지성을 넘어선다"고 말하면서, 14
그토록 탁월한 아름다움을 내가 머뭇거리고 다루면서 조금만 말하는 것처럼 보이는 데 대해 나 자신을 변명한다. 그리고 나는 두 가지 이유 때문에 조금만 말한다고 이야기한다. 하나는 그녀의 모습에서 나타나는 것들이 우리, 즉 인간의 지성을 압도하기 때문이다. 또 나는 그런 압도함이 어떻게 이루어졌는지 말하는데, 그것은 태양이 건강하고 강한 시선이 아니라 연약한 시선을 압도하는 것과 똑같은 방식으로 이루어진다. 다른 하나는 그것들을 계속해서 응시할 수 없다는 것인데, 왜냐하면 그곳에서는 영혼이 취하고, 따라서 바라본 직후에 곧바로 자신의 모든 작용에서 길을 잃기 때문이다.

그런 다음 나는 "그녀의 아름다움"이 "불꽃들을 내뿜고 있다"고 15
말하면서 그녀의 결과[13]에 대해 다루고자 하는데, 그녀에 대해 전체적으로 다룰 수 없기 때문이다. 그러므로 우리의 지성을 압도하여[14] 그 실제 모습을 볼 수 없는 모든 것들에 대해서는 그것들의 결과에 대해 다루는 것이 유익하다는 것을 알아야 한다. 그러니까 하느님, 분리된 실질들, 최초의 질료에 대하여 그렇게 다

11) 소리 없는 미소이기 때문에 눈으로만 볼 수 있다.

12) 눈과 입.

13) 또는 "효과"로 옮길 수도 있다.

14) 우리의 지성으로 이해할 수 없는 것을 가리킨다.

룸으로써 우리는 거기에 대한 일부 지식을 얻을 수 있다. 그래서 나는 그녀의 아름다움이 "불꽃들", 말하자면 사랑과 자비의 열기를 내뿜고, 또한 그 불꽃들은 "고귀한 정령", 말하자면 고귀한 정령으로 형성된 열기, 즉 좋은 생각을 발생시키는 올바른 욕구로 생명력에 넘친다고 말한다. 그리고 그녀의 아름다움은 단지 그렇게 할 뿐만 아니라, 좋은 생각들의 정반대, 특히 좋은 생각들의 적인 선천적 악습들을 무너뜨리고 파괴하기도 한다. 16

여기에서 인간에게 있어 어떤 악습들은 그가 자연스럽게 타고난 것이며(마치 어떤 사람들은 성마른 성향으로 인해 쉽게 화내는 경향이 있는 것처럼), 그런 악습들은 선천적, 즉 본성적이라는 것을 알아야 한다. 다른 악습은 습관에 의한 것인데, 그것은 가령 무절제, 특히 포도주의 무절제처럼 성향의 잘못이 아니라 습관의 잘못 때문이다. 그런 악습은 좋은 습관을 통해 회피하고 극복될 수 있으며, 철학자가 《윤리학》 제2권에서 말하듯이,[15] 사람은 좋은 습관을 통하여 절제하는 데 별로 힘들이지 않고 덕성 있게 될 수 있다. 17

실제로 선천적인 감정과 습관적인 감정 사이에는 그런 차이가 있는데, 습관적인 감정들은 좋은 습관을 통하여 완전히 사라질 수 있다. 왜냐하면 그것들의 원천, 말하자면 나쁜 습관은 그 정반대를 통하여 파괴될 수 있기 때문이다. 하지만 선천적인 감정들, 즉 그런 감정을 가진 사람의 본성에서 유래하는 감정들은, 비록 좋은 습관을 통해 아무리 많이 가벼워지더라도 그 최초의 충동[16]과 관련해서는 완전히 사라지지 않지만, 그 지속과 관련해서는 충분히 완전하게 사라질 수 있다.[17] 왜냐하 18

15) 아리스토텔레스, 《니코마코스 윤리학》 제2권 1장과 2장 참조.

16) 본문에는 "운동"으로 되어 있는데, 본능적인 충동을 가리킨다.

17) 타고난 악습은 완전히 없앨 수 없지만, 좋은 습관과 노력을 통해 그 지속 시

면 습관은 그런 감정들의 원천이 들어 있는 본성과 비교될 수
있는 것이 아니기 때문이다. 그러므로 본성의 충동에 대항하여 19
나쁜 본성의 자신을 이끌고 통제하는 사람은, 좋은 본성을 가진 사람이 좋은 몸가짐을 유지하거나 또는 옳은 길에서 벗어났다가 되돌아오는 것보다 더 많은 칭찬을 받을 만하다. 고분고분한 말〔馬〕보다 나쁜 말을 통제하는 사람이 더 칭찬을 받아야 하는 것과 같다.

그러니까 앞에서 말했듯이 그녀의 아름다움에서 뿜어져 나오 20
는 그 불꽃들은 선천적, 말하자면 본성적인 악습들을 깨뜨린다고 말하면서, 나는 그녀의 아름다움이 그녀를 바라보는 사람들의 본성을 새롭게 만들어주는 능력을 갖고 있다는 것, 그리고 그것이 기적이라는 것을 이해시키려고 한다. 또 이것은 위의 다른 장에서[18] 말한 것, 즉 그녀가 우리의 믿음을 도와준다고 말한 것을 확인해준다.

마지막으로 "그러니 조용하고 소박해 보이지 않는다고" 말하 21
는데, 나는 마치 다른 사람에게 경고하는 척하면서, 그런 아름다움이 만들어진 목적을 이끌어낸다. 그리고 어떤 결함으로 인해 자신의 아름다움이 비난받는다고 느끼는 여인이 있다면 그 가장 완전한 모범을 보라고 말한다. 여기에서 그런 아름다움이 단지 선을 증진시키기 위해서뿐만 아니라, 나쁜 것을 좋은 것으로 만들기 위해서도 만들어졌다는 것을 알 수 있다.

그리고 마지막으로 "세상을 움직이신 분", 즉 하느님께서 "그 22
녀를 생각하셨다"고 덧붙이는데, 신성한 의도로 자연이 그런 효과를 생성하였다는 것을 이해시키기 위해서이다.

이렇게 해서 이 칸초네의 주요 둘째 부분 전체가 끝난다. 23

간을 줄일 수 있다는 뜻이다.

18) 앞의 제3권 7장 16절 참조.

제9장

내가 의도한 대로 칸초네의 두 부분을 설명하였으니, 이 논 1
고의 순서는 셋째 부분으로 나아갈 것을 요구하는데, 거기에서
나는 이 칸초네와 내가 지금 말하는 것[1]에 반대하여 나타날 수
있는 비난으로부터 칸초네를 깨끗하게 만들고자 한다. 왜냐하
면 이 시를 쓰기 전에, 그 여인이 나에게 상당히 거만하고 오만
하게 보였기 때문에, 나는 발라드[2] 한 편을 썼고, 거기에서 오
만하고 매정한 여인이라고 말했는데, 그것은 여기 위에서 설명
하는 것과는 정반대처럼 보이기 때문이다. 그래서 나는 칸초네 2
에게 마치 어떻게 변명하는 것이 좋을지 가르쳐주는 척하면서
실제로는 그 발라드를 변명하는데, 이것은 무생물에게 말을 건
네는 수사학적 비유로 수사학자들이 의인법(擬人法)이라 부르
며, 시인들이 자주 사용한다. 이 셋째 부분은 "칸초네여, 너는
너의 어느 자매와는"으로 시작된다. 이 부분의 의미를 보다 용 3
이하게 이해할 수 있도록 세 개의 세부 부분으로 나누고자 한
다. 첫째 부분은 무엇 때문에 변명이 필요한지 말하고, 둘째 부
분에서는 "너는 알지, 하늘은 언제나" 하고 말하면서 변명을 한
다. 마지막으로 나는 마치 가르침을 받는 사람에게 무엇을 해

---

1) 즉 해설을 가리킨다.

2) 앞에서 말한 "사랑에 대해 이야기할 줄 아는 그대들이"로 시작하는 발라드(칸초네 73행의 역주 참조).

야 할지 말하는 것처럼, 칸초네에게 "그러니 미안하지만, 만약 필요하다면" 하고 말한다.

그러니까 먼저 이렇게 말한다. '칸초네여, 너는 그 여인을 그 4
렇게 칭찬하여 말하는데, 너는 너의 어느 자매와는 정반대인 것처럼 보이는구나.' 나는 유사성 때문에 "자매"라고 말하는데, 마치 같은 부모에게서 태어난 여성을 자매라고 부르는 것처럼, 같은 작업자[3]에 의해 작업된 작품을 자매라고 부를 수 있기 때문이다. 왜냐하면 우리의 작업은 어떤 면에서는 낳는 것이기 때문이다. 그리고 나는 '네가 그 자매와는 정반대로 말하는 것처럼 보인다'고 말하면서 이렇게 지적한다. '너는 그녀를 소박하다고 말하는데, 네 자매는 잘난 체한다고, 즉 똑같은 말이지만 거만
하고 오만하다고 말한다'고 말이다. 이렇게 주장한 다음 나는 예 5
를 들어 번벙하는데, 때로는 진실이 겉모습과 다르게 보이고 또 때로는 다른 관점에서 보면 같아 보일 수 있는 예이다. 나는 "너는 알지, 하늘은 언제나 맑고 빛나며" 하고 말한다. 말하자면 하늘은 언제나 맑지만, 때로는 어떤 이유로 인해 어둡다고 말할 수 있다.

여기에서 아리스토텔레스가 《영혼에 관하여》와 《감각과 감 6
각물에 관하여》에서 주장하듯이,[4] 엄밀하게 말하면 색깔과 빛만이 눈에 보인다는 것을 알아야 한다. 물론 다른 것들도 눈에 보이기는 하지만, 엄밀하게 말하자면 그렇지 않은데, 다른 감각들도 그것들을 지각하므로, 엄밀하게 말하면 그것들이 눈에 보인다고 말할 수도 없고, 또 엄밀하게 말하면 촉감으로 느낀다고 말할 수도 없기 때문이다. 모양이나 크기, 숫자, 운동,

3) 말하자면 저자를 가리킨다.

4) 아리스토텔레스, 《영혼에 관하여》 제2권 6-7장, 《감각과 감각물에 관하여》 (*De sensu et sensato*) 제1장 참조.

움직이지 않음 등 감각으로 느낀다고 말할 수 있는 다른 것들도
마찬가지인데, 그것들을 우리는 여러 감각을 통해 지각한다.
하지만 엄밀하게 말하면 색깔과 빛만이 눈에 보이는데, 그것은
다른 어떤 감각이 아니라 단지 시각으로만 지각하기 때문이다.
엄밀한 의미에서 눈에 보이는 그것들이 눈에 보이는 다른 것들 7
과 마찬가지로 눈 속으로 들어가는데(사물들이 아니라 형식들이
들어간다), 마치 훤히 비치는 유리를 통과하듯이, 투명한 매
체[5]를 통하여 실제로 들어가는 것이 아니라 그 형상[6]이 들어
가는 것이다. 눈에 보이는 형상은 그 매체를 통과하여 눈의 동 8
공 안에 있는 액체에서 멈추게 되는데, 왜냐하면 그 액체에 끝
이 있어서(마치 거울에서 유리는 납으로 끝나는 것처럼) 더 이상
통과할 수 없고, 거기에서 막혀 공처럼 멈추고, 그래서 투명한
매체 안에서는 나타나지 않던 형식이 그 액체 속에서 끝나고 뚜
렷하게 나타나기 때문이다. 그런 이유 때문에 다른 유리가 아
니라 납으로 도금된 유리[7]에서 모습이 나타난다. 그 동공으로
부터 감각적 역량이 주요 원천처럼 있는 뇌의 앞부분까지 계속
나아가는 시각적 정령은 곧바로 순식간에 그 형상을 재현하고,
그렇게 해서 우리는 보게 된다. 보이는 것[8]이 진실한 것, 말하 9
자면 가시적인 사물 자체 그대로가 되기 위해서는, 형상이 눈
에 도달할 때까지 통과하는 매체에 아무런 색깔이 없어야 하고,
동공의 액체도 마찬가지여야 하기 때문이다. 만약 그렇지 않다
면 가시적 형상은 매체의 색깔과 동공의 색깔로 얼룩질 것이다.

---

5) 투명한 대기를 가리킨다.

6) 원문에는 "의도에 따라"로 되어 있는데, 여기에서 "의도"는 사물의 형상 또는 이미지를 가리킨다.

7) 거울.

8) 그야말로 눈에 보이는 그대로의 비전(vision)을 가리킨다.

그러므로 사물들이 거울 속에서 어떤 색깔로 보이도록 만들고 싶은 사람들은 유리와 납 사이에 색깔을 집어넣어 유리가 그 색깔에 물들도록 만든다.

사실 플라톤과 다른 철학자들에 의하면, 우리가 보는 것은 가 10
시적인 것이 눈으로 오기 때문이 아니라, 시각적 능력이 외부의 가시적인 것으로 가기 때문이라고 말했는데, 그런 견해는 아리스토텔레스에 의해 《감각과 감각물에 관하여》에서 그릇된 것으로 증명되었다.[9]

시각의 작용 방식에 대해 살펴보았으므로, 비록 별이 언제나 11
똑같이 밝고 빛나며, 또한 《천체와 세상에 관하여》에서 증명되었듯이,[10] 한정된 운동 외에는 어떤 변화도 받지 않는데도 불구하고, 여러 가지 이유들로 인해 밝지 않고 빛나지 않는 것처
럼 보일 수도 있다는 것을 쉽게 알 수 있다. 그러니까 계속해서 12
바뀌는 매체 때문에 그렇게 보일 수도 있다. 그 매체는 태양이 있거나 또는 없음에 따라 많은 빛에서 적은 빛으로 바뀌며, 태양이 있을 경우 그 투명한 매체는 너무나도 빛으로 가득하여 별빛을 능가하고, 따라서 별이 더 이상 빛나지 않는 것처럼 보인다. 또한 그 매체는 끊임없이 올라오는 땅의 수증기들로 인해 희박한 것에서 빽빽한 것으로, 건조한 것에서 축축한 것으로 바뀌기도 한다.[11] 그렇게 바뀐 매체는 자신을 거쳐 오는 별의 모습을 바꾸는데, 빽빽할 때에는 어둡게 만들고, 축축할 때에는 색깔을 바꾼다.

그리고 시각 기관, 즉 눈에 의해 그렇게 보일 수도 있는데, 13

---

9) 아리스토텔레스, 《감각과 감각물에 관하여》 제2장 참조.

10) 아리스토텔레스, 《천체와 세상에 관하여》 제1권 2장 및 3장 참조.

11) 아리스토텔레스에 의하면, 구름과 바람은 각각 땅에서 뿜어져 나오는 축축한 수증기와 마른 수증기에 의한 것이라고 한다.

눈은 질병이나 피곤함으로 인해 어떤 색깔을 띠거나 허약해지
기도 한다. 종종 어떤 질병의 쇠약으로 인해 동공의 얇은 막이
매우 충혈되어서 사물들이 거의 완전히 붉게 보이고 또한 별도
그렇게 물들어 보이는 경우에 그렇다. 그리고 시력이 쇠약해짐 14
으로 인해 시각적 정령이 흩어지고, 따라서 마치 젖은 종이에
쓴 우리의 글씨들이 그렇듯이 사물들이 또렷하지 않고 흩어져
보이기도 한다. 바로 그런 이유 때문에 많은 사람들이 읽으려
고 할 때 글들을 눈에서 멀리하여, 그 모습이 눈에 보다 쉽고
보다 또렷하게 들어오도록 하고, 그럼으로써 글자들이 시력에
분명히 남아 있게 한다. 그렇게 별도 흐리게 보일 수 있다. 나 15
는 이 칸초네가 태어난 바로 그 해에 그런 것을 경험했는데, 열
심히 글을 읽는 바람에 시력이 매우 피곤해졌고, 그 결과 시각
적 정령이 쇠약해져서 별들이 모두 약간 하얀 그림자에 뒤덮인
모습으로 보였다.[12] 그래서 어둡고 차가운 곳에서 오랫동안 휴
식을 취하고 맑은 물로 눈을 식히자 흩어졌던 시력이 회복되어
나는 이전의 좋은 시력 상태를 되찾았다.

그렇게 위에서 말한 여러 가지 많은 원인들로 인하여 별이 실 16
제의 모습과는 다른 모습으로 보일 수도 있다.

12) 그런데 이 칸초네를 집필한 구체적인 시기에 대해서는 학자들마다 약간씩 상이한 견해를 보인다. 예를 들어 발테르 마우로(Walter Mauro)는 《향연》에서 해설되는 칸초네 세 편을 모두 1293년에서 1295년 사이에 썼다고 주장하지만, 최근 《향연》을 영어로 번역한 리처드 랜싱은 단테가 이 칸초네를 1294년에서 1298년 사이에, 말하자면 그의 나이 30세 무렵에 썼다고 주장한다. 어쨌든 《새로운 삶》을 마무리한 후에 단테는 철학 공부에 몰두하여 많은 책을 읽었다.

제 10장

진실을 밝히는 데 필요한 이런 여담에서 벗어나 우리의 주제 로 돌아와 말하자면, 우리의 눈이 때로는 별을 그것의 진실한 상태와는 다르게 "부르는", 말하자면 판단하는 것과 마찬가지로, 그 짤막한 발라드는 지나치게 열망에 사로잡힌 영혼의 질병으로 인해 사실과는 어긋나는 겉모습에 따라 그 여인을 고찰하였다. 나는 "영혼이 두려워하였다"고 말하면서 그것을 명백히 밝히는데, 그녀의 모습에서 본 것은 나에게 두려움을 줄 정도였기 때문이다. 1

여기에서 《생성과 소멸에 관하여》에 나오는 철학자의 말에서 이해할 수 있듯이,[1] 능동자가 수동자[2]에게 밀접하게 연결될수록 열정이 더 강렬해진다는 것을 알아야 한다. 그러므로 원하는 사물이 원하는 사람에게 가까이 다가갈수록 열망은 더욱 커지고, 영혼은 거기에 사로잡혀 더욱 탐욕스러운 욕망에 연결되고 더욱 이성에서 벗어나게 된다. 그리하여 진실을 구별하지 못한 채 단지 겉모습에 따라 사람을 인간으로 판단하지 않고 거의 동물처럼 판단하기도 한다. 2
그런 이유 때문에 진실에 의하 3

---

1) 아리스토텔레스의 《생성과 소멸에 관하여》(*De generatione et corruptione*)에 대한 토머스 아퀴나스의 주석 제1권 23장 참조.

2) 여기에서 "능동자(agente)"는 열정을 결정하는 것을 가리키고, "수동자(paziente)"는 그 열정을 받고 겪는 것을 가리킨다.

면 고귀한 모습이 거만하고 오만하게 보일 수도 있다. 그리고
그러한 감각적 판단에 따라 그 짤막한 발라드는 말했던 것이다.
그러므로 이 칸초네는 짤막한 발라드와는 다르게 진실에 따라
그 여인을 고찰한다는 것을 잘 이해할 수 있다.

또한 나는 아무런 이유도 없이 "내가 그녀를 보는 곳"이라 말 4
하지 않고, "그녀가 날 보는 곳"이라 말하는 것이 아니다. 여기
에서 나는 그녀의 눈이 나에게 가하는 커다란 역량을 이해시키
고 싶은 것이다. 왜냐하면 그녀의 눈빛은 마치 내가 투명한 것
처럼 나의 온 구석을 뚫고 지나갔기 때문이다. 그리고 그것을
설명하려면 자연적인 이유들과 초자연적인 이유들을 거론할 수
있을 것이지만, 여기에서는 지금까지 말한 것으로 충분하고,
다른 곳에서 보다 자세하게 설명할 것이다.

그리고 나는 "그러니 미안하지만, 만약 필요하다면" 하고 말 5
하면서, 칸초네에게 앞에서 말한 이유 때문에 '필요한 곳', 말하
자면 누군가 그런 모순을 의아하게 생각하는 곳에서 '스스로를
변명하라'고 강요한다. 그것은 누구든지 그것, 즉 이 칸초네가
그 발라드와 일치하지 않는 것을 의아하게 생각한다면, 위에서
말한 그런 이유를 보라고 말하기 위한 것이다.

수사학에서 이런 비유는 매우 칭찬받을 만하고 또 필요한 것 6
인데, 말하자면 어느 사람에게 말을 하면서 그 의도는 다른 사
람에게 전달하려고 할 때 필요한 것이다. 권고는 언제나 칭찬
받을 만하고 또 필요하지만, 모든 사람의 입에서 언제나 어울
리는 것은 아니기 때문이다. 그러므로 가령 아들이 아버지의 7
악덕을 알고 있을 때, 신하가 영주의 악덕을 알고 있을 때, 또
어느 친구가 자기 친구에게 권고를 하면 그의 부끄러움이 더 많
아지거나 그의 명예가 줄어들 것을 알고 있거나, 또는 자기 친
구가 인내심을 잃고 권고에 분노하리라는 것을 알고 있을 때,

이런 비유는 매우 멋지고 매우 유용하며, 또한 '감추기'라 부를
수 있다. 그것은 마치 현명한 병사가 성(城)의 한 곳을 공격함 8
으로써 다른 곳의 방어를 약화시키고, 전투와 지원병의 의도가
그곳으로 가지 않도록 하는 것과 비슷하다.

또한 나는 칸초네에게 그 여인에 대하여 말할 수 있는 허락을 9
그녀에게 받으라고 권한다. 여기에서 사람은 칭찬받는 사람이
좋아할지 먼저 주의 깊게 고려하지 않은 채 주제넘게 다른 사람
을 칭찬하지 않아야 한다는 것을 알 수 있다. 왜냐하면 말하는
사람의 결함이나 듣는 사람의 결함으로 인해, 누군가를 칭찬한
다고 믿었는데 비방하는 경우가 종종 있기 때문이다. 그러므로
그런 것에서는 아주 신중해야 한다. 그런 신중함은 허락을 요
구하는 것과 같은데, 내가 칸초네에게 허락을 받으라고 말하는
것과 똑같다.

이렇게 해서 이 논고의 모든 문자 그대로의 의미는 끝나게 된 10
다. 작품의 순서는 벌써 진실을 찾아 우의적인 설명으로 나아
갈 것을 요구하기 때문이다.

제 11장

순서가 원하듯이 다시 처음으로 돌아가자면, 나는 그 여인이 1
바로 철학이라 일컬어지는 지성의 여인이라고 말한다. 하지만 칭찬은 자연히 칭찬받는 사람을 알고 싶은 욕망을 표현하며, 어떤 것을 안다는 것은, 철학자가 《자연학》 첫머리에서 말하듯이,[1] 그 자체로서 고찰되고 또한 그 모든 원인과 관련하여 고찰되는 있는 그대로의 모습을 이해한다는 것을 의미하는데, 그것은 《형이상학》 제 4권〔정의(定義)란 바로 이름이 의미하는 개념이라고 말하는 곳〕에서 말하듯이,[2] 비록 이름이 그것을 의미할지라도, 이름에 의해 드러나지 않기 때문에, 여기에서는 그녀의 칭찬에 대한 설명으로 더 나아가기 전에, 그 철학이라 부르는 것이 무엇인가, 말하자면 그 이름이 무엇을 의미하는가 말해야 한다. 그것이 증명된 후에 이 우의에 대하여 보다 효과 2
적으로 다룰 것이다. 그러므로 먼저 나는 누가 맨 처음 그 이름을 부여하였는지 말한 다음 그 의미에 대해 설명할 것이다.

---

1) 아리스토텔레스, 《자연학》 제1권 1장 참조.

2) 아리스토텔레스, 《형이상학》 제4권 7장 참조. 정의란 이름 안에 표현된 것을 밝히는 것이라는 말이다. 김진성의 《형이상학》 번역본(이제이북스, 2007, 192-193쪽)은 해당 구절을 이렇게 옮기고 있다. "정의는 그들이 (낱말로써) 무엇인가를 뜻해야(의미해야) 한다는 필연성에 바탕을 둔다. 이로써 규정은, 이름은 이것에 대한 표현물인데, 정의가 될 것이기 때문이다."

그러니까 옛날 이탈리아에, 파울루스 오로시우스[3]가 말하는 바에 의하면, 우리의 구세주께서 오시기 대략 750년 전에 있었던 로마 건국의 초기 무렵, 로마인들의 두 번째 왕 누마 폼필리우스[4]의 시절에 아주 고귀한 철학자가 살았는데, 그의 이름은 피타고라스였다.[5] 그가 그 시대에 살았다는 것은 티투스 리비우스[6]가 자기 책의 첫 부분에서 우연하게 지적하는 것처럼 보인다.[7] 그 사람 이전에는 학문의 추종자들을 철학자라 부르지 않고 현인이라고 불렀는데, 예를 들면 지금도 사람들에게 명성이 알려진 옛날의 일곱 현인들이 그랬다. 그들 중 첫째의 이름은 솔론, 둘째는 킬론, 셋째는 페리안드로스, 넷째는 클레오불로스, 다섯째는 린도스, 여섯째는 비아스, 일곱째는 프리에네 3

4

3) 파울루스 오로시우스(Paulus Orosius, 385?~420)는 로마 시대의 역사가, 신학자로 성 아우구스티누스의 제자였으며, 대표작 《이교도에 대항한 역사》(*Historiae adversum paganos*)를 남겼는데, 뒤에 나오는 내용은 제7권 3장에서 인용된 것이다.

4) 전설에 의하면 기원전 753년에 건국된 로마는 기원전 509년 공화정이 시작되기 전까지는 왕정이었으며, 전설상의 왕 네 명을 포함하여 모두 일곱 명의 왕이 다스렸는데, 누마 폼필리우스(Numa Pompilius, 재위 기원전 717~673년)는 로물루스의 뒤를 이은 두 번째 왕이었다.

5) 피타고라스(기원전 582?~497?)는 그리스의 철학자, 수학자로 만물의 근원을 숫자로 보았으며, 고전 철학과 수학의 발전에 결정적인 역할을 하였다. 그는 소아시아 근처의 사모스에서 태어났지만 젊은 시절 남부 이탈리아의 크로톤으로 이주하여 비밀 종교 단체를 결성하기도 하였다. 하지만 그는 기원전 6세기의 인물로 로마의 누마 왕과는 동시대 인물이 아니다.

6) 티투스 리비우스(Titus Livius, 기원전 59~서기 17)는 로마의 역사가로 그의 기념비적인 역사서 《로마사》(*Ab urbe condita*)는 로마의 건국부터 아우구스투스 시대까지의 역사를 서술하고 있다.

7) 리비우스의 《로마사》 제1권 18장, 오로시우스의 《이교도에 대항한 역사》 제7권 3장 참조. 하지만 단테는 이 부분을 주의 깊게 읽지 않았거나 잘못 기억하고 있는 듯한데, 피타고라스가 누마 왕과 동시대에 살았다는 언급은 어디에도 없다.

우스이다.[8] 피타고라스는 스스로 현인이라고 생각하느냐는 질 5
문을 받고 자신에게 그런 칭호를 사용하는 것을 부정하였으며,
자신은 현인이 아니라 지혜를 사랑하는 사람이라고 말했다. 그
리고 거기에서 나중에 지혜를 탐구하는 모든 사람을 '지혜를 사
랑하는 사람', 말하자면 '철학자'라 부르게 되었다. 왜냐하면 그
리스어 필로스(philos)는 라틴어로 '사랑'을 의미하기 때문이다.
따라서 우리는 필로스가 사랑하는 사람을 가리키고, 소포스
(sophos)는 지혜를 가리킨다고 말한다. 그러므로 그 두 단어가
'지혜를 사랑하는 사람'을 의미하는 '철학자'라는 이름을 형성한
다는 것을 알 수 있다. 그리고 그렇기 때문에 그것은 오만한 용
어가 아니라 겸손한 용어라는 것을 알 수 있다. 여기에서 그의 6
고유한 행위를 가리키는 용어 철학이 탄생하였는데, 그것은 마
치 '친구'라는 용어에서 그의 고유한 행위를 가리키는 용어, 즉
우정이 탄생한 것과 같다. 그러므로 첫째 단어와 둘째 단어의
의미를 고려하면, 철학은 지혜, 즉 지식에 대한 우정을 가리킨
다는 것을 알 수 있다. 그리고 어떤 면에서 보면 모든 사람에게
지식에 대한 욕망을 불러일으키는 자연스러운 사랑으로 인해
모든 사람이 철학자라고 말할 수 있다.

하지만 본질적인 감정들[9]은 모든 사람들에게 공통적이기 때 7

---

8) 단테는 성 아우구스티누스의 《신국론(神國論)》(*De civitate Dei*) 제18권 25장을 출전으로 삼아, 기원전 620년에서 550년 사이에 활동했던 고대 그리스의 일곱 현인을 인용하는데, 그중에서 두 명은 오류이다. 다섯째로 말하는 린도스는 클레오불로스의 고향이고, 일곱째 프리에네우스라고 거론하는 프리에네는 비아스의 고향이다. 누락된 두 명은 밀레토스의 탈레스와 미틸레네의 피타코스이다. 아테나이의 솔론은 뛰어난 정치가였고, 스파르테의 킬론은 고위 관리였으며, 코린토스의 페리안드로스는 통치자, 린도스의 클레오불로스는 철학자, 프리에네의 비아스는 철학자, 밀레토스의 탈레스는 철학자이며 수학자, 미틸레네의 피타코스는 정치가였다.

문에, 어떤 단어로 그 본질에 속하는 어떤 사람을 구별하기 위해 그런 감정들에 대해 말할 수는 없다. 그러므로 우리는 잔니가 마르티노[10]의 친구라고 말할 때, 단지 모든 사람이 모든 사람의 친구라는 자연스러운 우정을 의미하는 것이 아니라, 자연스러운 우정 위에서 발생하고 또한 개별 사람들에게서 서로 구별되고 고유한 우정을 의미한다. 마찬가지로 지식에 대한 공통적인 사랑이 있다고 해서 모든 사람을 철학자라고 부르지는 않는다.

《윤리학》 제 8권에 나오는 아리스토텔레스의 정의에 의하 8
면,[11] 친구라고 말하는 사람에게 있어 우정은 사랑받는 사람에게 감추어져 있지 않고 사랑받는 사람도 역시 그에게 친구이며, 따라서 호의는 쌍방적인데, 그것은 유익함이나 즐거움, 또는 고귀함에 의한 것이어야 한다. 그러므로 철학자가 되기 위해서는 지혜에 대한 사랑이 있어야 하는데, 그것은 쌍방 중에서 한쪽을 호의적으로 만든다. 또한 헌신과 몰두가 있어야 하는데, 그것은 다른 한쪽도 호의적으로 만들며, 그렇게 해서 그들 사이에 친밀함과 호의의 표현이 탄생하게 된다. 왜냐하면 사랑이나 헌신이 없이는 철학자라고 말할 수 없고, 두 가지 모두가 있
어야 하기 때문이다. 또한 《윤리학》에서 증명하듯이, 즐거움이 9
나 유익함에 의한 우정은 진정한 우정이 아니라 우연에 의한 우정인 것과 마찬가지로,[12] 즐거움이나 유익함에 의한 철학은 진정한 철학이 아니라 우연에 의한 철학이다. 그러므로 어떤 즐

9) 자연적인 감정들을 가리킨다.

10) 잔니(Gianni, 또는 조반니)와 마르티노는 흔한 이름으로 "아무개"를 가리킨다(제1권 8장 13절 참조).

11) 아리스토텔레스, 《니코마코스 윤리학》 제8권 2장 참조.

12) 아리스토텔레스, 《니코마코스 윤리학》 제8권 4장 참조.

거움을 위해 단지 어느 부분에서만 지혜와 친구가 되는 사람은 진정한 철학자라고 부르지 않아야 한다. 예를 들면 많은 사람들이 칸초네를 이해하고 거기에 몰두하는 것을 즐기거나, 수사학이나 음악에 몰두하는 것을 즐기면서, 똑같이 지혜의 일부가 되는 다른 학문들을 피하고 버리기도 한다.

또한 유익함을 위해 지혜의 친구가 되는 사람도 진정한 철학 10
자라고 부르지 않아야 한다. 예를 들면 법률가들, 의사들, 거의 모든 종교인들이 그러한데, 그들은 지식을 위해 공부하지 않고 돈이나 지위를 얻기 위해 공부한다. 그리고 만약 누군가 그들이 얻으려고 하는 것[13]을 준다면 그들은 더 이상 공부하려고 하지 않을 것이다. 그리고 우정의 종류들 중에서 유익함을 위한 우정이 가장 낮은 우정이라 말할 수 있는 것과 마찬가지로, 그런 사람들은 다른 어떤 사람들보다 철학자라는 이름에서 가장 낮다.

그러므로 고귀함을 위한 우정이 진실하고 완전하고 영원한 11
것처럼, 다른 어떤 이유 없이 오로지 고귀함을 위해, 그리고 친
구인 영혼의 선을 위해, 말하자면 올바른 욕망과 올바른 이유
를 위해 탄생한 철학은 진실하고 완벽하다. 따라서 사람들 사 12
이에서 진정한 우정은 각자가 서로를 총체적으로 사랑할 때 이루어지는 것처럼, 이제 진정한 철학자는 지혜의 모든 부분을 사랑하고, 또 지혜는 철학자를 완전히 자기 쪽으로 끌어당겨 그의 생각이 다른 것들로 향하도록 놔두지 않기 때문에 철학자의 모든 부분을 사랑한다고 말할 수 있다. 그러므로 지혜 자신이 솔로몬의 〈잠언〉에서 "나를 사랑하는 이들을 나는 사랑해 준다"[14]고 말한다.

---

13) 돈이나 지위 등 공부에 대한 대가를 가리킨다.

14) 〈잠언〉 8장 17절.

그리고 마음에서 벗어나 추상적으로 고찰되고 그 자체로만 고찰되는 진정한 우정은 훌륭한 행위에 대한 지식을 주제로 삼고, 그것에 대한 욕망을 형식으로 삼는 것과 마찬가지로, 영혼에서 벗어나 그 자체로만 고찰되는 진정한 철학은 이해하는 것을 주제로 삼고, 지성에 대한 거의 신성한 사랑을 형식으로 삼는다. 또한 진정한 우정의 실질적인 원인[15]은 덕성인 것처럼, 13

철학의 실질적 원인은 진리이다. 그리고 아리스토텔레스가 《윤리학》 제 9권에서 말하듯이,[16] 진정한 우정의 목적은 고유한 의미의 인간성에 따라, 말하자면 이성에 따라 공존하는 데에서 나오는 훌륭한 애정인 것처럼, 철학의 목적은 어떤 중단이나 결함도 허용하지 않는 가장 탁월한 애정, 말하자면 진리의 관조를 통해 얻어지는 진정한 행복이다. 14

따라서 이제 그 나의 여인이 누구인지, 그녀의 모든 원인과 그녀의 객관적인 실재를 통해 충분히 알 수 있으며, 또한 무엇 때문에 철학이라 부르고, 누가 진정한 철학자인지, 또 누가 우발적인 철학자인지 알 수 있다. 15

하지만 마음의 어떤 열기로 인해 때로는 행위와 감성의 한쪽 끝과 다른 쪽 끝[17]을 그 행위 자체와 감성의 용어로 부르기 때문에(마치 베르길리우스의 《아이네이스》 제 2권에서 아이네아스가 헥토르[18]를 부르는 곳에서 "오, 빛이여"는 행위를 가리키고, "트로이아 사람들의 희망이여"는 감성을 가리키는데, 헥토르가 빛이나 16

15) "작용적 원인"으로 번역할 수도 있다. 이 번역 용어에 대해서는 제4권 20장 10절의 역주 참조.

16) 아리스토텔레스, 《니코마코스 윤리학》 제9권 11장 참조.

17) 어떤 행위나 감성이 출발하는 끝부분인 원천과, 그 행위나 감성이 지향하는 종착지인 대상을 가리킨다.

18) 그리스 신화에서 트로이아 왕 프리아모스와 헤카베의 장남으로, 트로이아 전쟁에서 트로이아군의 총대장 역할을 하였으나, 결국 아킬레우스에게 죽는다.

희망이기 때문이 아니라, 그들에게 충고의 빛이 나오는 원천이고,
또 그들의 구원의 모든 희망이 놓여 있는 대상이기 때문에 그렇게
부르는 것과 같고,[19] 또한 마치 스타티우스의 《테바이스》 제5권에
서 힙시필레[20]가 아르케모로스에게 "오, 내 잃어버린 고향과 소유
지의 위안이여, 내 예속 상태의 영광이여" 하고 말하는 것과 같
고,[21] 또한 일상적으로 우리가 친구를 보여주면서 "내 우정을 보아
라" 하고 말하거나, 아버지가 아들에게 "내 사랑" 하고 말하는 것과
같다), 오랜 관습에 의해 철학이 가장 열렬하게 자신의 시선을
고정하는 학문들은 바로 그의 이름으로 불린다. 자연 학문, 도 17
덕, 형이상학이 그러하며, 그중에서 형이상학을 제일 철학[22]이
라 부르는데, 철학이 그곳에다 가장 필연적으로, 또 가장 열렬
하게 자신의 시선을 응시하고 있기 때문이다. 그러므로 왜 그
런 학문들이 이차적인 의미에서 철학이라 부르는지 알 수 있다.

일차적이고 진정한 철학(그것이 바로 내가 말하는 여인이다)이 18
그 고유의 본질에서 무엇인지 살펴보았고, 또 어떻게 그 고귀
한 이름이 관습에 의해 학문들에게 적용되는지 살펴보았으니,
이제 그녀에 대한 칭찬과 함께 앞으로 나아갈 것이다.

---

19) 베르길리우스, 《아이네이스》 제2권 280행 참조. 천병희의 번역본(숲, 2004, 87쪽)은 "오오! 다르다니아의 빛이여, 테우케르 백성들의 가장 믿음직한 희망이여"로 옮기고 있다.

20) 그리스 신화에서 렘노스의 왕 토아스의 딸로 해적들에게 붙잡혀 네메아의 왕 리쿠르고스에게 팔려갔다. 그리고 리쿠르고스의 아들 아르케모로스(오펠테스 또는 오피테스로 부르기도 한다)의 유모가 되었는데, 테바이를 공격하러 가는 장군들을 샘으로 안내하기 위해 아르케모로스를 풀밭에 잠시 눕혀 놓았고, 그 사이에 아이가 뱀에게 물려 죽었다고 한다.

21) 스타티우스, 《테바이스》 제5권 609-610행 참조.

22) 제1권 1장 1절 참조.

제 12장

이 논고의 첫 장에서 이 칸초네를 쓰도록 나를 움직인 원인에 1
대해 충분하게 설명하였으므로 여기에서는 더 이상 논의할 필
요가 없다. 앞에서 말한 설명에서 쉽게 추론할 수 있기 때문이
다. 그러므로 앞의 구분에 따라 문자 그대로의 의미를 거쳐 가
면서 필요한 곳에서 문자 그대로의 의미를 우의적인 의미로 바
꾸어 볼 것이다.

나는 "내 마음속에서 내 여인에 대하여/ 열렬하게 이야기하는 2
사랑"이라고 말한다. 여기에서 "사랑"[1]이라는 말은 그 여인의
사랑을 얻기 위해 내가 쏟은 노력[2]을 의미한다. 여기에서 노력
은 두 가지로 고찰될 수 있다는 것을 알아야 한다. 하나는 사람
을 학문과 예술의 습관으로 인도하는 노력이고, 다른 하나는
그렇게 얻은 습관 속에서 사용하고 활용하는 노력이다. 그리고 3
그 첫 번째 노력을 여기에서 나는 사랑이라 부르는데, 그것은
내 마음속에서 위에서 증명한 그 여인에 대해 지속적이고 새롭
고 매우 심오한 성찰들을 형성하였다. 우정을 얻기 위해 쏟는
노력이 으레 그렇게 하는데, 바로 우정을 원하면서 거기에서
큰 것을 먼저 고려한다. 사람들에게서 대개 우정의 탄생에 앞 4

1) 앞에서 말했듯이 사랑의 신 아모르를 가리킨다.
2) 원문에는 studio로 되어 있으며, 따라서 일부 맥락에서는 "공부" 또는 "연구"로 옮길 수도 있다.

서 나타나는 그런 노력과 애정이 그러한데, 특히 한쪽에서 이
미 사랑이 탄생하였고, 다른 한쪽에서 사랑이 탄생하기를 바라
고 추구할 때 그렇다. 왜냐하면 위에서 말했듯이 철학이 존재
하는 것은, 우정과 지혜가 서로 친구가 되고, 그리하여 위에서
말했듯이 서로가 완전히 상대방의 사랑을 받을 때이기 때문이
다. 또한 이 설명에서는 문자 그대로의 설명에서 서문으로 이 5
미 해설된 첫째 연에 대해 논의할 필요도 없는데, 처음의 설
명[3]을 통해 두 번째 의미[4]의 이해에 아주 쉽게 도달할 수 있기
때문이다.

따라서 이 논고의 실질적 출발점이 되는 둘째 연으로 나아가 6
야 하는데, 거기에서 나는 "온 세상을 돌아다니는 태양"이라고
말한다. 여기에서 알아야 하는데, 지각할 수 없는 것을 다루기
위해서는 지각할 수 있는 것을 통해 다루는 것이 적합하듯이,
지성으로 이해할 수 없는 것을 다루기 위해서는 지성으로 이해
할 수 있는 것을 통해 다루어야 한다. 그러므로 문자 그대로의
설명에서 물리적이고 지각할 수 있는 태양에서 시작하여 논의
하였듯이, 이제는 정신적이고 지각할 수 없는 태양, 즉 하느님
에 대해 논의하여야 한다.

온 세상에서 지각할 수 있는 어떤 것도 태양만큼 하느님에 대 7
한 예시가 될 수 없다. 태양은 지각할 수 있는 빛으로 먼저 자
기 자신을 비추고, 다음에 모든 천상의 실체들과 자연적 실체
들[5]을 비춘다. 그와 마찬가지로 하느님께서는 먼저 지성의 빛
으로 당신을 환하게 비추신 다음, 천상의 창조물들과 다른 지

---

3) 문자 그대로의 의미에 대한 설명.

4) 우의적인 의미.

5) 원문에는 le elementali, 즉 "원소들의 실체"로 되어 있는데, 기본적인 4대 원소들의 조합으로 이루어진 유형의 실체들을 가리킨다.

성적 존재들을 비추신다. 태양은 자신의 열기로 모든 사물에 8
생명력을 부여하고, 혹시 어떤 것이 그로 인해 파괴되더라도, 그것은 원인의 의도에서 그런 것이 아니라 우발적인 결과이다. 마찬가지로 하느님께서는 모든 사물들에게 선의 생명력을 부여하시는데, 혹시 어떤 사악한 것이 있더라도, 그것은 신성한 의도에서 그런 것이 아니라, 의도된 효과가 전개되는 과정에서
우발적으로 그렇게 되는 것이다. 만약 하느님께서 착한 천사들 9
과 악한 천사들을 창조하셨다면, 의도적으로 두 가지를 창조하신 것이 아니라 단지 착한 천사들만 창조하셨다. 나중에 의도에서 벗어나 악한 천사들의 악의가 나타나게 되었지만, 하느님께서 당신 안에서 그들의 악의를 예견하시지 못할 정도로 의도에서 벗어난 것은 아니다. 그렇지만 정신적 창조물을 창조하시려는 사랑이 너무나도 강렬했기 때문에, 하느님께서는 일부가 사악한 결과로 끝나리라는 것을 미리 알고 계셨지만, 창조를
단념하실 수 없었던 것이다. 만약 자연이 어느 나무의 꽃들이 10
특정 부분에서 말라죽을 것이라는 것을 미리 알고, 그 부분에는 꽃을 피우지 않거나, 헛된 꽃들[6]로 인해 열매 맺을 꽃들의 생산을 포기한다면, 그 자연을 칭찬하지 않아야 할 것이기 때문이다.

그러니까 모든 것을 이해하시는 하느님께서는(그분의 '돌아다 11
님'은 바로 그분의 '이해'이기 때문이다), 그 철학이 있는 곳을 바라볼 때 보시는 것보다 더 고귀한 것을 보시지 못한다. 왜냐하면 비록 하느님께서는 당신 자신을 바라보면서 동시에 모든 것을 한꺼번에 보시지만, 결과가 원인 속에 이미 있는 것과 마찬가지로 사물들의 구별이 이미 당신 안에 있으므로 구별된 사물

6) 열매를 맺지 못하고 말라죽게 될 꽃들.

들로 보시기 때문이다. 그러니까 모든 사물들 중에서 절대적으 12
로 가장 고귀한 것을 보시는데, 당신 속에서 가장 완벽하게 보
시고 또 당신의 본질 속에서 보시기 때문이다. 위에서 말한 것
을 상기해 본다면, 철학은 지혜의 사랑스러운 사용인데, 그것
은 하느님 안에 최대한 많이 들어 있다. 바로 하느님 안에 최고
의 지혜와 최고의 사랑과 최고의 행위가 있기 때문이며, 그분
에게서 나오지 않는다면 다른 어느 곳에도 있을 수 없기 때문이
다. 그러므로 신성한 철학은 신성한 본질에 관한 것인데, 거기 13
에서는 그분의 본질에 아무 것도 덧붙여질 수 없기 때문이다.
또 신성한 본질은 가장 고귀하기 때문에, 그 신성한 철학은 가
장 고귀하며, 마치 영원한 결혼에 의한 것처럼 가장 완벽하고
진정하게 그 안에서 존재한다. 다른 지성들 안에서는, 마치 어
떤 사랑하는 사람도 완전한 즐거움을 얻을 수 없고 단지 그녀의
모습을 바라보는 데에만 만족해야 하는 연인과 같이 불완전한
상태로 존재한다. 그러므로 하느님께서는 그 여인만큼 고귀한 14
것은 전혀 보실 수 없다고, 말하자면 이해하실 수 없다고 말할
수 있다. 내가 이렇게 말한 것은, 앞에서 말했듯이 하느님께서
는 모든 것의 원인으로서 당신 자신을 보시면서 다른 사물들을
보시고 구별하시기 때문이다. 오, 천국의 황제의 신부[7] 일 뿐만
아니라, 가장 사랑받는 자매이자 딸이 이해하는 가장 고귀하고
가장 탁월한 마음이여!

---

7) 철학을 가리킨다.

제13장

그녀에 대한 칭찬의 첫머리에서 일차적으로 고려할 때 그녀 1
는 신성한 실질 속에서 존재한다고 얼마나 섬세하게 말하는지 살펴보았으므로, 이제 앞으로 나아가 그녀가 창조된 지성들 속
에서 존재한다고 어떻게 이차적으로 말하는지 보아야 한다. 나 2
는 "저 위의 모든 지성이 그녀를 바라본다"고 말하는데, 앞에서 말한 하느님과 관계를 설정하면서 "저 위"라고 말한다는 것을 알아야 한다. 그렇기 때문에 나는 천상의 고향에서 쫓겨난 지성들[1]을 배제하는데, 그들은 철학을 할 수 없다. 왜냐하면 그들에게서 사랑은 완전히 꺼졌는데, 앞에서 말했듯이 철학하는 데에는 사랑이 필요하기 때문이다. 그러므로 지옥의 지성들은 그 아름다운 여인[2]을 볼 수 있는 기회를 박탈당하였다. 그리고 그녀는 지성의 행복이기 때문에, 그녀를 볼 수 없다는 것은 가장 쓰라리고 모든 슬픔으로 가득 차 있다.

그런 다음 나는 "이곳에서 사랑에 빠지는 사람들은" 하고 말 3
하면서, 그녀가 어떻게 이차적으로 인간의 지성 안에도 내려오는지 보여주기 위해 내려간다. 이어서 나는 이 논고를 통해 그녀를 칭찬하면서 그 인간의 철학에 대해 논의할 것이다. 그러니까 나는 "이곳", 즉 이승의 삶에서 사랑에 빠지는 사람들이

1) 반역한 천사들로 그들은 지옥에 떨어져 악마가 되었다.

2) 철학.

언제나 그런 것은 아니지만, 사랑이 자신의 평화를 느끼게 만
들 때, 생각 속에서 그녀를 느낀다고 말한다. 여기에서는 칸초
네[3] 에서 다루는 세 가지에 주목해야 한다.

첫째는 "이곳에서 사랑에 빠지는 사람들"이라고 말하는 부분 4
인데, 여기에서는 사람들 사이를 구별하는 것처럼 보인다. 그
리고 필연적으로 그런 구별을 해야 하는데, 왜냐하면 다음 논
고에서 의도적으로 논의하겠지만, 명백하게 드러나듯이 대다수
의 사람들은 이성보다 감각에 따라 살아가기 때문이다. 그리고
감각에 따라 살아가는 사람들은 그런 사랑에 빠질 수 없는데,
그녀에 대해 조금도 이해할 수 없기 때문이다.

둘째는 "사랑이 그녀의 평화를 느끼게 할 때"라고 말하는 부 5
분인데, 여기에서는 시간을 구별하는 것처럼 보인다. 그런 구
별도 필요한데, 창조된 지성들은 그 여인을 계속해서 바라보지
만, 인간의 지성은 그렇게 할 수 없기 때문이다. 인간의 본성은
(지성과 이성이 충족되는 관조 이외에도) 자신을 유지하기 위해
많은 것을 필요로 하기 때문이다. 그렇기 때문에 우리의 지혜
는 때로는 단지 가능하기만 하고 실현되지 않기도 하는데, 오
로지 지성적 본성으로만 완벽하게 이루어진 다른 지성들[4] 에게
는 그런 일이 일어나지 않는다. 그러므로 우리의 영혼이 관조 6
의 행위를 하고 있지 않을 때에는 진정으로 철학을 한다고 말할
수 없는데, 철학의 습관과 그녀를 일깨울 수 있는 능력을 갖고
있지 않는 한 그렇다. 따라서 철학은 때로는 이곳에서 사랑에
빠지는 사람들과 함께 하고, 또 때로는 그렇지 않다.

셋째는 그 사람들이 그녀와 함께 있는 시간, 말하자면 사랑 7

---

3) 본문에는 testo, 즉 "텍스트"로 되어 있는데, 서두의 칸초네를 가리킨다. 이후 여러 곳에서 그렇게 부른다.

4) 완전한 지성적 존재인 천사들.

이 자신의 평화를 느끼게 만들 때에 대해 말하는 부분인데, 그것은 단지 사람이 관조의 행위를 하고 있을 때를 의미할 뿐이다. 왜냐하면 노력[5]은 관조의 행위를 통해서가 아니면 그 여인의 평화를 느끼게 하지 않기 때문이다. 그러므로 이 여인은 일차적으로 하느님 안에서 존재하고, 이차적으로 지속적인 관조를 통해 창조된 지성들 안에서 존재하며, 그런 다음 지속적이지 않은 관조를 통해 인간의 지성 안에서 존재한다는 것을 알 수 있다.

그렇지만 그녀를 자신의 여인으로 삼는 사람은, 비록 언제나 8
최종적인 철학의 행위에 몰두해 있지 않더라도, 언제나 철학자로 불러야 하는데, 사람들은 주로 자신의 습관에 따라 불러야 하기 때문이다. 그러므로 단지 덕성 있는 행위를 하고 있을 때뿐만 아니라 덕성의 습관을 갖고 있을 경우 우리는 어떤 사람이 덕성 있다고 말하며, 또 어떤 사람이 능변(能辯)이라고 말하는 것은, 말을 하고 있지 않을 때에도 능변, 즉 말을 잘 하는 습관을 갖고 있기 때문이다. 그리고 이 철학에 대해서는 인간의 지성이 그녀에게 참여하고 있는 한, 다음의 칭찬은 그녀의 선에서 얼마나 많은 부분이 인간의 본성에 부여되는가 보여주기 위한 것이다.

그러므로 뒤이어서 "그녀의 존재는 그걸 주신 분의 마음에 들 9
어"(그녀는 최초의 원천이신 그분에게서 유래한다), "그분은 우리 본성의 요구보다 더 많은/ 당신의 역량을 언제나 그녀에게 넣어주시고", 그녀를 아름답고 역량 있게 만드신다고 말한다. 그러므로 일부 사람들이 철학의 습관을 갖게 되더라도, 누구도 고유한 의미에서 습관이라고 말할 수 있는 것을 갖지는 못한

5) 앞의 제3권 12장 2절에서 말한 노력을 가리킨다.

다.[6] 왜냐하면 첫 번째 노력,[7] 말하자면 습관을 탄생하게 하
는 노력은 철학을 완전하게 얻을 수 없기 때문이다. 여기에서 10
그녀에 대한 칭찬은 겸손하다는 것을 알 수 있다. 왜냐하면 실
제로 완전하든 또는 불완전하든, 그녀는 완전함의 이름을 잃지
않기 때문이다. 그리고 측량할 수 없는 그러한 그녀의 완전함
으로 인해 철학의 영혼은 "그녀의 품행 속에서 그대로 드러난
다"고, 말하자면 하느님께서 언제나 그녀 안에 당신의 빛을 넣
어주신다고 말한다. 앞에서 사랑은 철학의 형식이라고 말했으
며, 따라서 여기에서 그녀의 영혼이라 부른다는 것을 알아야
한다. 그런 사랑은 지혜의 실천 속에서 명백하게 드러나고, 그 11
것은 놀라운 아름다움을 가져오는데, 말하자면 어떤 상황에서
든지 언제나 만족하고 또한 사람들이 마치 자기 주인인 것처럼
섬기는 것들을 경멸하는 것이다. 그러므로 그것을 바라보는 다
른 불쌍한 존재들은 자신의 부족함을 다시 생각하면서 완전함
을 갈망하다가 결국 한숨의 피곤함 속에서 쓰러지고 만다. 그
렇기 때문에 "그녀가 빛나고 있는 사람들의 눈들은/ 가슴속에
열망이 가득한 소식을 전하고,/ 그것은 허공으로 나가 한숨이
된다"고 말하는 것이다.

---

6) 완전하게 철학의 습관에 도달하지는 못한다는 뜻이다.

7) 앞의 제3권 12장 2-3절 참조.

제 14장

문자 그대로의 설명에서 전체적인 칭찬을 한 다음 구체적인 1
칭찬으로 내려와 먼저 영혼에 대하여, 그 다음에 육체에 대하
여 칭찬하였듯이, 이제 칸초네는 전체적인 칭찬에 이어 구체적
인 칭찬으로 내려가려고 한다.

위에서 말했듯이 철학은 여기에서 지혜를 물질적 주제로 삼 2
고, 사랑을 형식으로 삼으며, 그 두 가지의 조합으로 관조를 실
행한다. 그러므로 뒤이어 "그녀 안으로 거룩한 역량이 내려오
네"로 시작하는 연에서 나는 철학의 일부가 되는 사랑을 칭찬하
려고 한다. 여기에서 알아야 하는데, 역량이 한 사물에서 다른 3
사물로 내려온다는 것은 후자가 전자와 비슷하게 되도록 만든
다는 것을 의미한다. 자연적 능동자들[1]에서 분명하게 볼 수 있
듯이, 그들의 역량이 수동적인 사물들 안으로 내려감에 따라
그것들은 가능한 한 자신들과 비슷해지게 된다. 그러므로 우리
가 볼 수 있듯이, 태양의 빛이 이 아래로 내려오면, 사물들은
각자의 성향에 따라 태양의 역량으로부터 빛을 받을 수 있는 만
큼 그 빛과 비슷해지게 된다. 그래서 하느님께서는 그 사랑이
당신과 비슷해질 수 있는 만큼 당신의 비슷함을 띠도록 만드신
다. 나는 "그분을 바라보는 천사에게 그러하듯이" 하고 말하면
서, 바로 그렇게 만드는 성격에 대해 설명한다. 그리고 여기에 4

1) 지각할 수 있는 사물들을 가리킨다.

서 최초의 능동자, 즉 하느님께서는 당신의 역량을 어떤 사물들에는 직접적인 빛살로, 또 어떤 사물들에는 반사된 광채로 불어넣어 주신다는 것을 알아야 한다.[2] 그러므로 하느님의 빛은 지성들[3] 안에서는 매개물 없이 빛나고, 다른 것들 안에서는 먼저 빛난 그 지성들에 의해 반사되어 빛난다.

그런데 여기에서 빛과 광채에 대해 언급하였으므로, 완전한 5
이해를 위해 나는 아비켄나[4]의 견해에 따라 그 용어들의 차이
를 설명하고자 한다. 철학자들의 관례에 의하면, 빛남이 그 발
생의 원천 안에 있기 때문에 '빛'이라 부르고, 그것이 원천과 도
착하는 첫 번째 물체 사이의 매개물 안에 있기 때문에 '빛살'이
라 부르고, 또한 그것이 다른 빛나는 부분 안에서 반사되기 때
문에 '광채'라 부른다.[5]

그러므로 나는 신성한 역량이 매개물 없이 그 사랑을 자신과 6
비슷하도록 이끈다고 말한다.[6] 그리고 그것은 무엇보다도 다음
과 같은 사실로 분명해질 수 있다. 신성한 사랑은 완전히 영원
하기 때문에 필연적으로 그 대상도 영원해야 하며, 따라서 그
것이 사랑하는 것들은 모두 영원하다. 또한 마찬가지로 그 사
랑이 사랑하도록 만드는데, 그 사랑이 닿는 지혜는 영원하기
때문이다. 그러므로 지혜에 대해 "나는 한 처음 시간보다 먼저

---

2) 어떤 사물에는 직접적으로, 또 어떤 사물에는 간접적으로 불어넣어 준다는 뜻이다.

3) 천사들.

4) 제2권 13장 5절 참조.

5) 원문의 luce, raggio, splendore를 각각 "빛", "빛살", "광채"로 옮겼는데, 그것들을 뚜렷하게 구별하기는 힘들다. 그리고 여기에서 splendore, 즉 "광채"는 반사된 빛을 가리킨다.

6) 하느님의 역량이 천사들의 매개 없이 직접 철학이라는 여인에게 내려온다는 뜻이다.

창조되었고, 다음에 오게 될 시간 속에서도 나는 사라지지 않
을 것이다"고 쓰여 있고, 또한 솔로몬의 〈잠언〉에서는 그 지혜
가 "나는 영원히 정해졌다"고 말하며, 〈요한복음서〉 첫머리에서
도 그녀의 영원함을 명백하게 볼 수 있다.[7]

그렇기 때문에 어디든지 그 사랑이 빛나는 곳에서는 다른 모 7
든 사랑이 희미해지고 거의 꺼지게 되는데, 그 영원한 대상이
다른 대상들을 엄청나게 압도하고 능가하기 때문이다. 탁월한 8
철학자들은 자신의 행동에서 그것을 명백하게 우리에게 보여주
었는데, 우리는 그들의 행동을 통해 그들이 지혜 이외에 다른
모든 것에는 신경을 쓰지 않았다는 것을 알 수 있다. 그래서 데
모크리토스는 자신의 몸에 무관심하여 수염도 머리칼도 손톱도
깎지 않았으며, 플라톤은 세속적인 재화에 무관심하여 왕의 아
들이었는데도 왕가의 권위에 신경을 쓰지 않았다.[8] 노 아리스
토텔레스는 다른 친구들에게 무관심하여 철학을 제외하고 자신
의 가장 좋은 친구, 즉 위에서 말한 플라톤에 반대하여 싸웠다.
그런데 가령 제논,[9] 소크라테스, 세네카, 그리고 다른 사람들
처럼 그런 생각 때문에 자신의 삶을 경멸하였던 많은 사람들이
있는데, 우리는 무엇 때문에 그들에 대해 말하는가? 그러니까

7) 해당 구절에 대한 새 번역 《성경》의 번역은 다음과 같다. "한처음 세기가 시작하기 전에 그분께서 나를 창조하셨고/ 나는 영원에 이르기까지 사라지지 않으리라"(〈집회서〉 24장 9절). "주님께서는 그 옛날 모든 일을 하시기 전에/ 당신의 첫 작품으로 나를 지으셨다"(〈잠언〉 8장 22절). "한처음에 말씀이 계셨다./ 말씀은 하느님과 함께 계셨는데/ 말씀은 하느님이셨다"(〈요한복음서〉 1장 1절).

8) 플라톤의 아버지 아리스톤은 아테나이의 마지막 왕 코드로스의 후손이었다고 하는데, 그 사실 여부에 대해서는 논란이 많으며, 대부분 사실이 아닌 것으로 생각한다. 단테가 그런 관념을 갖게 된 출전은 알려져 있지 않다.

9) 스토아학파의 창시자인 키티온 출신의 제논(기원전 334?~262?)을 가리킨다.

하느님의 덕성은 천사들에게 내려가는 것처럼 바로 그 사랑을 통해 인간들에게 내려가는 것이 분명하다.

그에 대한 증거를 제공하기 위해 뒤이어 칸초네는 "혹시 믿지 9
못하는 고귀한 여인이 있거든/ 그녀와 함께 가서 그녀의 행동을 보시오" 하고 말한다. 여기에서 고귀한 여인은 이성이라는 자기 고유의 능력에서 자유롭고 고상하고 지적인 영혼을 의미
한다. 그러므로 다른 영혼들은 여인이라 부를 수 없고 시녀라 10
고 불러야 하는데, 그들은 자기 자신을 위해서가 아니라 다른 사람을 위해 존재하기 때문이다. 철학자는 《형이상학》 제 2권에서, 다른 것을 위해서가 아니라 자기 자신을 위해 존재하는 것이 자유롭다고 말한다.[10]

그리고 "그녀와 함께 가서 그녀의 행동을 보라"고, 말하자면 11
그 사랑과 함께 가서 거기에서 발견하는 것을 보라고 말한다. 또 그것에 대해 다루면서 "그녀가 말하는 곳", 즉 철학이 활동하는 곳에는 천상의 생각이 내려오므로, 그녀는 인간의 활동 이상이라고 주장한다. 그리고 "하늘에서"라고 말하는데, 단지 그녀뿐만 아니라 그녀의 친구인 생각들도 낮고 지상적인 것들로부터 멀리
떨어져 있다는 것을 지적하기 위해서이다. 그런 다음 뒤이어 어 12
떻게 그녀는 모습을 드러내는 곳마다 자신의 부드러운 몸짓으로 사랑을 불붙이고 검증하는지 말하는데, 그녀의 모든 모습은 고귀하고 부드럽고 어떤 지나침도 없기 때문이다. 그리고 뒤이어서

---

10) 《형이상학》 제2권이 아니라 제1권 2장 3절에 나오는 구절이다. 김진성의 번역본(이제이북스, 2007, 39-40쪽)은 해당 구절을 이렇게 번역하고 있다. "마치 남이 아니라 자신을 위해 있는(존재하는) 사람을 '자유인'이라 부르듯이, 이런 앎만이 모든 앎들 가운데 또한 '자유롭다'고 우리는 말한다. 그것만이 자신을 위해 있기(존재하기) 때문이다." 이 구절은 1312년 또는 1313년에 라틴어로 집필한 짤막한 저술 《제정론》(*De Monarchia*) 제1권 12장 8절에도 인용되어 있다.

그녀와 함께 하도록 최대한 설득하기 위해 “그녀에게 있는 것은
여인에게 고귀하고, / 그녀를 닮은 것은 아름답다”고 말한다.
또한 덧붙여서 “그녀의 모습은 마치 기적을 믿도록/ 만드는 13
것 같다고 말할 수 있다”고 말하는데, 여기에서 그 여인의 시선
은 우리에게 너무나도 관대하게 부여되었기 때문에, 우리는 단
지 그녀가 보여주는 얼굴을 볼 수 있을 뿐만 아니라, 그녀가 감
추어둔 것들까지 열망하고 얻을 수도 있다는 것을 알아야 한다.
그러므로 그녀 덕택에 우리의 이성으로 많은 것을 보고, 또 그 14
결과 이성으로 이해할 수 있는 것처럼(그녀가 없다면 이것은 기
적처럼 보일 것이다), 바로 그녀 덕택에 모든 기적이 가장 높은
지성[11] 속에서 고유의 존재 이유를 가질 수 있고 또한 그 결과
존재할 수 있다고 믿게 된다. 우리의 믿음은 바로 그곳에서 기
원하며, 거기에서 예견된 것을 바랄 수 있다는 희망이 나오고,
또한 바로 거기에서 자비[12]의 활동이 탄생한다. 그 세 가지 덕 15
성을 거쳐, 스토아학파[13]와 페리파토스학파,[14] 에피쿠로스학
파[15]의 철학자들이 영원한 진리의 빛을 통해 하나의 의지로 서
로 조화롭게 모여 있는, 천상의 아테나이에서 철학을 하러 올
라갈 수 있다.

---

11) 하느님.

12) 믿음, 희망과 함께 그리스도교의 3대 덕목 중의 하나로 “사랑”으로 번역할 수도 있으나, 철학에 대한 사랑과 혼동될 수 있기 때문에 “자비”로 옮겼다.

13) 위의 8행에서 말한 키티온의 제논에 의해 기원전 3세기 아테나이에서 형성된 철학 유파를 가리킨다. 제논은 기원전 5세기에 아테나이의 아고라 근처에 세워진 공공건물 **스토아 포이킬레**(Stoa Poikile), 즉 “그림이 그려진 주랑(柱廊)”에서 가르침과 강의를 시작했기 때문에 그렇게 일컬어졌다.

14) 제2권 13장 5절 참조.

15) 사모스 섬 출신의 에피쿠로스(기원전 342?~270)에 의해 아테나이에 형성된 학파로 고통 없는 상태를 추구하는 쾌락주의로 일컬어진다.

제 15장

앞 장에서 그 영광의 여인은 자신의 구성 부분들 중의 하나, 1
즉 사랑에 따라 칭찬되었다. 이제 이 장에서 나는 "그녀의 모습
에서 나타나는 것들은"으로 시작하는 연을 설명하려고 하는데,
그녀의 다른 부분, 즉 지혜에 대해 칭찬하면서 논의해야 한다.
그러니까 칸초네는 '그녀의 얼굴에서는 천국의 즐거움을 보여 2
주는 것들이 나타난다'고 말하면서, 그것들이 나타나는 장소,
말하자면 눈과 미소를 확인한다. 여기에서 지혜의 눈은 진리를
가장 확실하게 보는 그녀의 증명이며, 미소는 어떤 베일 아래
에서 지혜의 내적인 빛을 드러내는 그녀의 설득이라는 것을 알
아야 한다. 이 두 가지 속에서 천국에서 가장 큰 선인 축복받음
의 가장 높은 즐거움을 느낄 수 있다. 그 눈과 그 미소를 바라 3
보지 않는다면, 그런 즐거움은 이 아래의 어떤 것에서도 찾을
수 없다. 그 이유는 다음과 같다. 모든 사물은 자연스럽게 자신
의 완전함을 바라는데, 그 완전함이 없으면 인간은 행복해질
수 없다. 즉 축복을 받을 수 없다. 왜냐하면 다른 무엇을 갖는
다 해도 완전함이 없으면 자기 내부에 욕망이 남아 있을 것인
데, 그것은 축복과 함께 공존할 수 없으며, 또한 축복은 완전한
것이지만 욕망은 결함이 있는 것이기 때문이다. 어느 누구도
자기가 갖고 있는 것을 바라지 않고, 자기가 갖고 있지 않은
것, 즉 명백하게 결여된 것을 바라기 때문이다. 그런데 오로지 4

그녀의 시선 속에서만 인간의 완전함, 말하자면 가장 중요한
부분으로서 우리의 모든 본질이 의존하고 있는 이성의 완전함
을 얻을 수 있다. 다른 모든 우리의 활동들(느끼고, 영양을 취하
고, 또 나머지 모든 것들)은 오로지 그것만을 위하여 존재하고,
또한 그 완전함은 다른 무엇을 위해서가 아니라 바로 자기 자신
만을 위하여 존재한다. 그러므로 이것[1]이 완전하면 저것[2]도
완전한데, 인간은 바로 인간으로서 모든 욕망이 끝나는 것을
보고, 그리하여 축복을 받기 때문이다. 그러므로 〈지혜서〉에서 5
"지혜와 교훈을 업신여기는 자는 불쌍하다"고 말한다.[3] 왜냐하
면 그것은 행복함의 상태를 빼앗는 것이기 때문이다. 철학자의
말에 의하면 지혜의 습관에 뒤따라 행복함(말하자면 만족함)이
나타난다. 그러므로 어떻게 그녀의 모습에서 천국의 즐거움들
이 나타나는지 알 수 있다. 그렇기 때문에 위에서 말한 〈지혜
서〉에서 그녀에 대해 말하면서 "지혜는 영원한 빛의 광채이고
하느님께서 하시는 활동의 티 없는 거울이다"고 말한다.[4]

그리고 나는 "그것들은 우리의 지성을 넘어선다"고 말하며, 6
그것들[5]의 초월성 때문에 그것들에 대해 조금밖에 말할 수 없
다고 나 자신을 변명한다. 여기에서 그것들은 어떤 면에서 우리
의 지성을 눈부시게 만든다는 것을 알아야 한다. 왜냐하면 우리
의 지성이 바라볼 수 없는 것들이 존재하기 때문인데, 가령 하
느님, 영원함, 일차적 질료가 그러하며, 그것들은 가장 확실하
게 알 수 있듯이 완전한 믿음으로 존재한다고 믿지만, 우리는

1) 이성의 활동.
2) 행복 또는 축복.
3) 〈지혜서〉 3장 11절.
4) 〈지혜서〉 7장 26절.
5) 철학 또는 지혜의 눈과 미소.

그 본질을 이해할 수 없다. 우리는 단지 소극적 추론[6]을 통해서만 그에 대한 인식에 가까지 다가갈 수 있기 때문이다.

그럼에도 불구하고 여기에서 누군가는 그 지혜가 인간에게 7
어떤 것들을 완전하게 보여주지 못하면서, 어떻게 인간이 축복을 받게 할 수 있는지 강한 의혹을 가질 수도 있다. 인간에게는 알고자 하는 자연스러운 욕망이 있는데, 그 욕망을 충족시키지 않고는 행복할 수 없기 때문이다.

이에 대해서는 모든 사물에 있어 자연스러운 욕망은 욕망하 8
는 자의 가능성에 따라 측정될 수 있다고 분명하게 대답할 수 있다. 그렇지 않으면 욕망은 자기 자신과 모순되게 될 것인데, 그것은 불가능하고, 또한 자연은 쓸모없이 욕망을 창조한 것이 될 것인데, 그것 역시 불가능하다.

욕망은 자신의 완전함을 욕망함으로써 바로 자신의 불완전함 9
을 욕망할 것이기 때문에 자기 자신과 모순되게 될 것이다. 왜냐하면 언제나 계속적인 욕망을 욕망하고, 절대 자기 욕망을 충족시키지 못할 것이기 때문이다(저주받은 욕심쟁이가 그런 오류에 빠지는데, 그는 도달하기 불가능한 숫자를 뒤쫓음으로써 언제나 계속적인 욕망을 욕망하고 있다는 사실을 깨닫지 못한다). 또한 그것은 어떤 목적도 지향하지 않을 것이므로 자연은 쓸모없이 욕망을 창조한 것이 될 것이다. 따라서 이승의 삶 속에서 인간의 욕망은 여기에서 알 수 있는 지혜에 비례하며, 그 한계는 자연의 의도를 벗어나는 오류를 통해서가 아니면 넘어설 수 없다.
마찬가지로 그 욕망은 천사의 본성 안에서 비례하고, 각자의 10
본성이 이해할 수 있는 그런 지혜의 양에 의해 제한된다. 그리고 그것은 바로 성인(聖人)들이 서로 질투하지 않는 이유인데,

6) 원문에는 "사물들을 부정함으로써만"으로 되어 있다.

각자 자신의 욕망, 즉 자기 선의 본성과 비례하는 욕망의 목적에 도달하기 때문이다. 그러므로 하느님과 다른 어떤 것들이 도대체 무엇인지 알려고 하는 것은 우리의 본성으로는 불가능하기 때문에, 자연히 우리는 그것을 알려고 욕망하지 않는다. 이렇게 해서 의혹은 해결된다.

그런 다음 "그녀의 아름다움은 불꽃들을 내뿜는다"고 말하면 11
서, 천국의 다른 즐거움, 즉 그녀의 아름다움에서 나오는 일차적 행복에 뒤따르는 이차적 행복으로 내려간다.[7] 여기에서 도덕성은 철학의 아름다움이라는 것을 알아야 한다. 왜냐하면 육체의 아름다움은 사지가 적절하게 배치된 정도에서 나오는 것처럼, 앞에서 말했듯이 철학의 육체에 해당하는 지혜의 아름다움은 그 즐거움을 감각으로 지각할 수 있게 해주는 도덕적 덕성
들의 질서에서 나오기 때문이다. 그렇기 때문에 그녀의 아름다 12
움, 즉 도덕성은 불꽃들, 말하자면 도덕적 가르침의 즐거움 속에서 발생하는 올바른 욕구를 내뿜는데, 그 욕구는 우리에게서 다른 악덕들뿐만 아니라 타고난 악덕들까지 멀어지게 해준다. 그리고 여기에서 아리스토텔레스가 《윤리학》 제 1권에서 정의하는 행복이 탄생하는데, 그 행복은 바로 영원한 삶에서 덕성에 따라 활동하는 것으로 이루어진다고 말한다.[8]

그리고 "자신의 아름다움을 비난받는 여인은" 하고 말하며 그 13
녀에 대한 칭찬을 계속하는데, 다른 사람들에게 그녀의 혜택에 대해 말하면서 그녀를 뒤따르라고, 말하자면 그녀를 뒤따름으로써 모두가 선해진다고 주장한다. 그러므로 "비난받는 여인",

---

7) 이승의 삶에서 일차적 행복은 지혜나 지식의 습득으로 얻어지고, 이차적 행복은 도덕적 삶을 영위함으로써 얻어진다.

8) 아리스토텔레스, 《니코마코스 윤리학》 제1권 6장 및 토머스 아퀴나스의 주석 제1권 10장 참조.

즉 자신의 아름다움이 정당하게 보여야 하는 대로 보이지 않는다는 비난을 받는 영혼은 그 예를 바라보라고 말한다.

여기에서 영혼의 아름다움은 습관들로 이루어진다는 것을 알 14
아야 하는데, 마지막 논고[9]에서 볼 수 있겠듯이, 특히 덕성은 때로는 허영이나 오만함으로 인해 덜 아름답고 덜 유쾌한 것이 될 수도 있다. 그렇기 때문에 그것을 피하기 위해서는 그녀를 바라보라고, 말하자면 그녀가 겸손함의 예가 되는 곳, 즉 도덕철학이라 일컬어지는 그녀의 부분을 바라보라고 말하는 것이다. 그리고 그녀(말하자면 지혜)의 그 부분을 바라봄으로써 악덕에 빠진 모든 사람이 올바르고 착하게 돌아올 것이라고 덧붙이면서, "그녀는 모든 타락을 창피하게 만든다"고, 말하자면 적절한 길에서 밖으로 벗어난 사람을 부드럽게 되돌린다고 말한다.

마지막으로 지혜에 대한 최대의 칭찬으로 나는 "세상을 움직 15
이신 분이 그녀를 생각하셨다"고 말하는데, 그녀가 모든 것의 어머니이며 모든 운동의 시작이라고, 또한 그녀와 함께 하느님께서는 세상을 시작하셨고, 특히 하늘의 운동을 시작하셨으니, 거기에서 모든 사물이 생성되고, 또 거기에서 모든 운동이 시작되고 움직였다고 말하기 위해서이다. 말하자면 하느님께서 세상을 창조하셨을 때 그녀는 지성 그 자체인 신성한 생각 속에 존재하였으며, 따라서 바로 그녀가 세상을 창조하였다고 말할
수 있다.[10] 그렇기 때문에 솔로몬은 〈잠언〉에서 지혜의 입장에 16
서 이렇게 말한다. "하느님께서 하늘들을 펼치실 때 나는 거기에 있었다. 확실한 율법과 확실한 테두리로 심연의 경계를 두르실 때, 위에 대기를 고정시키시고 물의 원천들[11]을 매달아두

---

9) 만약 《향연》이 완성되었다면, 마지막 논고는 제15권이 되었을 것이다.

10) 여기에서 단테는 지혜를 바로 하느님 존재의 일부로서 하느님과 동일시하고 있다. 로고스, 즉 말씀이 하느님 자신인 것과 같다.

실 때, 바다에 경계선을 두르시고 바닷물이 그 경계선을 넘지
못하도록 율법으로 정하실 때, 땅의 토대를 잡으실 때 나는 그
분과 함께 있었고, 모든 사물들을 배치하면서 날마다 즐거워하
였다."[12)]

오, 죽음보다 더 나쁘게 그녀의 우정에서 달아나는 그대들이 17
여,[13)] 눈을 뜨고 바라보시오. 그대들이 존재하기도 전에 그녀
는 그대들을 사랑하였고, 그대들이 만들어질 것을 준비하고 배
치하였답니다. 그리고 그대들이 만들어진 뒤에는 그대들을 올
바르게 인도하기 위해 그대들과 비슷한 모습으로 그대들에게
왔다오.[14)] 만약 그대들이 모두 그녀 앞에 올 수 없다면, 그 영 18
원한 황후의 의지를 선언하는 그녀의 친구들[15)]을 통하여 그녀
를 공경하고, 그들의 명령을 따르시오(솔로몬이 "의인들의 길은
동틀 녘의 빛과 같아 한낮이 될 때까지 점점 밝아진다"[16)]고 말하면
서 그대들에게 하는 말에 귀를 막지 마시오). 그들을 뒤따르고,
이 순간적인 삶의 길에서 그대들에게 빛이 되어야 할 그들의
활동을 바라보시오.

여기에서 이 칸초네의 진정한 의미에 대한 설명을 끝낼 수 있 19

11) 구름을 가리킨다.

12) 〈잠언〉 8장 27-30절 참조. 새 번역 《성경》은 다음과 같이 번역하고 있다. "그분께서 하늘을 세우실 때,/ 심연 위에 테두리를 정하실 때 나 거기 있었다./ 그분께서 위의 구름을 굳히시고/ 심연의 샘들을 솟구치게 하실 때,/ 물이 그분의 명령을 어기지 않도록/ 바다에 경계를 두실 때,/그분께서 땅의 기초를 놓으실 때/ 나는 그분 곁에서 사랑받는 아이였다./ 나는 날마다 그분께 즐거움이었고/ 언제나 그분 앞에서 뛰놀았다."

13) 여기에서 단테는 독자들에게 직접 말을 건넨다.

14) 최고의 지혜인 예수 그리스도가 인간의 모습으로 인류를 구원하기 위해 온 것을 암시한다.

15) 철학자들이나 현인들, 사도들, 성인들 등을 가리킨다.

16) 〈잠언〉 4장 18절.

다. 사실 토르나타[17]로 덧붙인 마지막 연은 문자 그대로의 설
명을 통하여 여기에서 아주 쉽게 추론해볼 수 있다. 다만 내가
이 여인을 "거만하고 오만하다고" 부르는 부분은 예외이다. 여
기에서 그녀 철학은 처음에 그녀의 육체 부분, 말하자면 지혜
와 관련하여, 나에게 미소를 짓지 않았기 때문에, 말하자면 내
가 그녀의 설득을 이해하지 못하였기 때문에 나에게는 거만하
게 보였고, 또한 나에게 눈을 돌리지 않았기 때문에, 말하자면
내가 그녀의 검증을 보지 못했기 때문에 오만하게 보였는데,
그 모든 것이 나의 잘못이었다는 것을 알아야 한다. 이런 말과 20
문자 그대로의 의미에 대한 설명을 통해 토르나타의 우의적 의
미는 명백해졌다. 그러므로 이제는 더 앞으로 나아가기 위해
이 논고를 끝내야 할 시간이다.

17) 제2권 11장 2절 참조.

제4권

셋째 칸초네

내 생각 속에서 즐겨 찾던[1]
달콤한 사랑의 시들을 이제
나는 버려야 하니, 그 시들로
돌아가고 싶지 않기 때문이 아니라,
나의 여인에게서 나타난
무섭고 경멸적인 몸짓들이[2]
예전의 말하는 방식[3]을
가로막아 버렸기 때문이네.
적당한 시간을 기다려야 할 것 같으니,
내가 사랑을 이야기할 때 사용하던
부느러운 문체를 이제는 내려놓고,
진정으로 사람을 고귀하게 만드는
가치에 대하여, 나는
거칠고 섬세한 운율[4]로 말하리다.
그리하여 고귀함[5]의 시작은
재물이라고 생각하는 사람들의

---

1) Le dolci rime d'amor ch'i' solia로 시작하는 이 칸초네는 〈시 82번〉(*Rime LXXXI*)이다.

2) 앞의 제3권에 나오는 둘째 칸초네("내 마음속에서 내 여인에 대하여")와 "사랑에 대해 이야기할 줄 아는 그대들이여"로 시작하는 발라드를 의도적으로 암시하고 있다.

3) 사랑의 시에서 사용하던 방식.

4) "문체"로 옮길 수도 있다. 원래 rima는 시의 운율, 특히 "각운(脚韻)"을 의미하는데, 일반적으로 "운문" 또는 "시"를 가리키는 용어로 사용되기도 한다.

5) 원문에는 gentilezza(뒤의 89행에서는 nobiltate)로 되어 있는데, 사회 계층의 관점에서 "귀족" 또는 "귀족의 신분"을 의미하기도 한다. 그렇기 때문에 뒤에서는 가문과 관련하여 설명한다.

그릇되고 천박한 판단을 반박하리.
내 여인이 자신을 사랑하도록
그녀의 눈 속에서 거주하는 주인님[6]을
나는 먼저 증인으로 부르겠네.

통치를 했던 어떤 사람[7]은
고귀함이란 재물의 오랜 소유에다
좋은 행동들이 결합된 것이라고
자기 견해에 따라 생각하였고,
지식이 얕은 또 다른 사람[8]은
그런 말을 이어받아서, 그 뒤의
마지막 말[9]을 없앴는데,
자기에게 그것이 없었기 때문이네!
그 뒤를 이어 많은 사람들이
오랫동안 아주 부자였던 가문 출신인
사람을 고귀하다고 생각하는데,

---

6) 뒤의 해설(제4권 2장 17절 참조)에서 설명하듯이, 철학("내 여인")의 증명 속에 거주하는 진리를 가리킨다.

7) 뒤의 제4권 3장 6절에서 구체적으로 이름이 거론되는 페데리코(Federico) 2세[1194~1250. 독일어 이름은 프리드리히(Friedrich) 2세]를 가리킨다. 그는 게르만 계통의 호엔슈타우펜 왕가 출신으로 이탈리아에서 태어나 1198년부터 시칠리아의 왕이 되었고, 1220년 신성 로마 제국의 황제가 되었다. 단테는 뒤이어 나오는 고귀함에 대한 정의가 그의 것이라고 하지만, 실제로는 대부분 아리스토텔레스의 견해이다(아리스토텔레스, 《정치학》 제4권 8장 참조). 단테는 《제정론》 제2권 3장 4절에서 고귀함에 대해 말하면서 그런 사실을 인정하고 있다. 참고로 성염의 《제정론》 번역본(철학과현실사, 1997)은 nobilites를 "품위"로 옮기고 있다.

8) 구체적으로 어떤 특정한 인물을 가리키는 것인지, 아니면 일반적인 사람들을 암시하는 것인지 알 수 없다.

9) 말하자면 고귀함에 대한 정의의 뒷부분(20행)에서 말하는 "좋은 행동들"을 가리킨다.

그런 그릇된 견해가 우리들 사이에서
너무나도 오래 지속되었기에,
실제로는 아무 것도 아닌데
'나는 이런 고귀한 사람의 아들,
또는 손자다' 말할 수 있는 사람을
고귀한 사람이라고 부른다네.
하지만 진실을 보자면 가장 천박하니,
그는 길을 보여주었는데도 헤매고,
죽은 채 땅을 걷는 사람 같구나!

'사람은 영혼 있는 나무토막이다'라고
정의하는 사람은 우선 사실을 말하지 않고,
그릇됨 외에도 전체적으로 말하지 않는데,
아마 더 이상 보지 못하고 있네.[10]
통치를 했던 사람도 그와 비슷하게
정의를 내리는 데에서 오류를 범했으니,
우선 그릇된 것을 제시하고 또한
결함과 함께 앞으로 나아갔기 때문이네.
재물이란, 사람들이 믿듯이,
고귀함을 줄 수도 없고 뺏을 수도 없는데,
고유의 본성에서 천박하기 때문이라네.
어떤 형상을 그리는 사람은
그 형상이 되지 않으면 그릴 수 없고,
곧게 솟은 탑은, 멀리서 흐르는
개울이 굽힐 수 없다네.
재물은 분명히 천박하고 불완전하여,
아무리 많이 모은다 해도 마음을
편안하게 만들지 못하고 더욱 괴롭히니,

10) 말도 되지 않는 그런 가설적인 정의를 내리는 사람은, 아마 지성이 부족하거나 무능해서 그렇게 하기 때문에, 변명의 여지가 있다는 것을 암시한다.

올바르고 진정한 마음을 가진 자는
재산을 잃어도 흔들리지 않는 법.

그들은 비천한 사람이 고귀해지거나,
혹시라도 비천한 아버지에게서 고귀한
가문이 유래하는 것을 원하지 않으니,
그들은 바로 그렇게 인정하네.
그러므로 그들의 주장은 스스로
모순되는데, 고귀함을 위해서는
시간이 필요하다고 주장하면서
시간을 통해 정의하기 때문이네.
또한 내가 앞에서 말한 바에 의하면
우리는 모두 고귀하거나 천박하고, 아니면
인간에게 하나의 기원이 없을 것인데,
나는 그런 견해에 동의하지 않으니,
그들도 그렇겠지, 만약 그리스도교 신자라면!
그러므로 건강한 지성들에게는
그들의 말이 거짓이라는 것이 분명하며,
따라서 나는 그들이 거짓이라 반박하고
또한 그들을 멀리하고 싶으니,
이제 느끼는 대로 말하고 싶다네.
고귀함이란 무엇이고, 어디에서 오며,
고귀한 사람의 표시가 무엇인지 말하겠네.

모든 덕성은 근본적으로
하나의 뿌리에서 나오는 것이니,
덕성이란 인간을 자신의 활동에서
행복하게 만들어 주는 것.
《윤리학》[11]이 말하는 바에 의하면,
그것은 자유로운 선택에 의한 습관으로

오로지 올바른 수단 속에만 있다고
바로 그렇게 말하고 있네.
　고귀함은 그 본질에서,
비천함이 언제나 악을 수반하듯이
언제나 자기 주체[12]의 선을 수반하고,
또한 그러한 덕성은 언제나
자신의 좋은 지성을 다른 사람에게 주니,
따라서 둘[13] 다 똑같은 점에서
똑같은 효과를 갖는 데에서 일치한다네.
그러므로 하나에서 다른 하나가 나오거나
각자가 제3의 것에서 나오지만,
하나가 다른 것만큼 가치가 있고 또한
더 많다면, 오히려 거기에서 나올 것이네.
내가 여기서 말한 것이 전제가 되리.[14]

　어디든 덕성이 있는 곳에 고귀함이 있지만
고귀함이 있는 곳에 항상 덕성이 있지 않다네,
어디든 별이 있는 곳에 하늘이 있지만
그 반대는 아닌 것처럼.
　여인과 젊은 나이에서는
부끄러워할 줄 알기 때문에
우리는 그런 건강함을 보는데,
그것은 덕성과는 다르네.
　검정색에서 흑자색이 나오듯이,
그녀에게서 모든 덕성 또는
앞에서 말한 덕성들의 종류가 나오네.

---

11) 아리스토텔레스의 《니코마코스 윤리학》을 가리킨다.
12) 말하자면 고귀함을 갖고 있는 고귀한 사람.
13) 즉 고귀함과 덕성.
14) 지금까지 말한 것이 뒤이어 설명할 내용의 전제가 될 것이라는 뜻이다.

그러므로 누구도 자랑하지 마오,
'나는 가문 출신으로 고귀하다'고.
모든 악에서 벗어나 그런 은총을
가진 사람들은 거의 신(神)과 같으니,
자신의 인격 속에서 완전하게 어울리는
영혼에게 오직 하느님께서만
고귀함을 선물하시며, 따라서 하느님께서
바르게 준비된 영혼에게 넣어주신
행복의 씨앗은 소수에게만 있다네.

그러한 선[15]으로 장식된 영혼은
그것을 감추지 않으니,
육체와 결합되는 순간부터
죽을 때까지 보여주기 때문이네.
그녀는 초기의 시기[16]에는
순종적이고 부드럽고 수줍어하며
자신의 조화로운 부분들로
자기 몸을 아름답게 장식하네.
장년기에는 절제 있고 강력하며
사랑과 친절한 칭찬으로 가득하고
단지 충실한 행위만 즐기네.
노년기에는 신중하고 정의롭고
너그러움을 느끼며, 다른 사람에게
유익하게 말하고 듣는 것을
그 자체로서 즐기네.
나중에 인생의 넷째 부분에서는
하느님과 다시 결합하여

---

15) 고귀함.

16) "청년기"를 가리킨다. 뒤이어 노래하는 인생의 네 시기 구별에 대해서는 뒤의 제4권 23장과 24장의 자세한 설명 참조.

자신을 기다리는 종말을 관조하며
지나간 과거를 축복하네.
얼마나 많은 사람이 속는지 보시오!

내 방황하는 자들의 반대자[17]여,
이제는 가서, 우리의 여인[18]이
있는 곳으로 가게 되거든,
그대의 임무를 감추지 말고
그녀에게 분명히 말할 수 있으리.
"나는 당신의 친구[19]에 대해 말합니다."

---

17) Contra-li-erranti. 지금 쓰고 있는 칸초네의 이름으로(뒤의 제4권 30장 3절 참조) 그렇게 부른다.

18) 철학을 가리킨다.

19) 철학의 친구로서 지금까지 논의한 고귀함을 가리킨다.

제 1장

사랑에 대하여 논의하는 현인들의 일치된 견해에 의하면, 또 1
우리가 경험으로 끊임없이 보는 바에 의하면, 아모르는 사랑하
는 사람을 사랑받는 사람과 연결하고 결합시켜 준다. 그렇기
때문에 피타고라스는 "우정에서는 여러 개가 하나로 된다"고 말
한다.[1] 그리고 결합된 것들은 자연히 자신들의 성질을 서로 공 2
유하여, 때로는 하나가 완전하게 다른 하나의 본성으로 전환되
는 경우도 있기 때문에, 사랑받는 사람의 열정이 사랑하는 사
람 속으로 들어가 한 사람의 사랑이 다른 사람에게 전달되며,
그와 마찬가지로 증오나 욕망, 다른 모든 감정도 그렇다. 그러
므로 어느 한 사람의 친구들은 다른 사람에 의해서도 사랑을 받
고, 또 적들은 증오되게 된다. 따라서 그리스 속담은 이렇게 말
한다. "친구들 사이에서는 모든 것이 공유되어야 한다."[2]
그러니까 나는 앞의 진실한 설명[3]에서 언급했던 그 여인의 3
친구가 되었으므로, 그녀의 사랑과 증오에 따라 사랑하고 증오
하기 시작하였다. 말하자면 그녀와 마찬가지로 진리의 추종자

---

1) 키케로의 《의무에 관하여》 제1권 17장 56절에 의하면 피타고라스가 한 말이라고 한다. 허승일의 번역본(서광사, 1989, 48쪽)은 "피타고라스가 우정에서 원하는 것처럼 여럿이 하나로 됨이 성취된다"로 번역하고 있다.

2) 이 그리스 속담도 키케로의 《의무에 관하여》 제1권 16장 51절에 언급되어 있다. 허승일의 번역본(서광사, 1989, 46쪽)은 "친구들간의 모든 것은 공동소유이다"로 번역하고 있다.

3) 셋째 논고의 우의적 의미에 대한 설명을 가리킨다.

들을 사랑하고, 오류와 거짓의 추종자들을 증오하기 시작하였
다. 하지만 모든 사물이 그 자체로는 사랑할 만하고, 혹시 악의 4
에 압도된 것이 아니라면 아무 것도 증오하지 않아야 하기 때문
에, 사물 그 자체가 아니라, 사물의 악의를 증오하고 거기에서
멀리 떨어지려고 노력하는 것이 합리적이고 적절하다. 그리고
만약 누군가가 그런 것을 의도한다면, 가장 탁월한 나의 여인
이 최대한으로 노력하는데, 바로 증오의 원인인 악의를 사물들
에서 없애려고 노력한다. 왜냐하면 그녀 안에 모든 이성이 있
고, 또한 그녀 안에 고결함의 원천이 있기 때문이다. 나는 가능 5
한 한 그녀의 행동과 감정을 뒤따르면서 사람들의 오류들을 경
멸하고 멸시하였는데, 방황하는 사람들보다 그 오류들에게 치
욕이나 오명을 안겨주기 위해서였다. 나는 오류들을 비난함으
로써 그것들을 싫어하게 만들고, 그래서 싫어하게 되면 내가
증오하는 오류에 사로잡힌 사람들이 거기에서 벗어나게 될 것
이라고 믿었다.

그 오류들 중 하나를 나는 특히 비난하였는데, 그것은 거기 6
에 사로잡힌 사람들에게 해롭고 위험할 뿐만 아니라, 그것을
비난하는 사람에게도 고통과 괴로움을 주는 것이다. 그것은 바 7
로 인간의 선과 관련된 오류인데, 그 인간의 선은 자연에 의해
우리 안에 심어지고, 일반적으로 "고귀함"이라 부르는 것이기
때문이다. 그런데 그 오류는 나쁜 습관과 지성의 결핍으로 인
해 너무 심해져서 거의 모든 사람의 견해가 왜곡되었을 정도이
다. 그리고 그릇된 견해에서 그릇된 판단들이 탄생하고, 또 그
릇된 판단들에서 옳지 않은 존경과 경멸이 탄생하였으며, 그렇
기 때문에 착한 사람들이 무례한 경멸을 당하고 또한 사악한 사
람들이 명예와 찬양을 받기도 하였다. 거기에서 어떤 결과가
나올지 섬세하게 관찰하는 사람은 알 수 있듯이, 그것은 세상

에서 최악의 혼란이었다.

나의 여인은 자신의 달콤한 모습을 나에게 약간 바꾸었는 8
데,[4] 특히 요소들의 일차적 질료가 하느님 안에 포함되어 있는
지[5] 고찰하고 파악하는 부분에서 그랬다(그런 이유 때문에 나는
그녀의 모습[6]을 자주 찾는 것을 잠시 동안 중단하였다). 그리고
나는 거의 그녀 없이 살아가면서 앞에서 말한 오류[7]와 관련된
인간의 부족함을 깊이 생각하고 사색하게 되었다. 그리고 그 9
여인의 가장 커다란 적인 게으름을 피하고, 그녀에게서 많은
친구들을 앗아가는 그런 오류를 근절하기 위하여, 나는 사악한
길을 걷고 있는 사람들에게 소리쳐서 그들이 올바른 길로 돌아
오게 하려고 결심하였고, 그래서 "내 생각 속에서 즐겨 찾던"
하고 시작하는 칸초네를 쓰기 시작하였다. 이 칸초네에서 나는
진정한 고귀함의 개념과 관련하여 사람들을 올바른 길로 다시
인도하려고 하였는데, 그것은 지금 내가 설명하려는 글을 이해
하면 알 수 있을 것이다.

이 칸초네에서 나는 꼭 필요한 치료법을 제공하려고 하였기 10
때문에, 어떤 비유로 말하는 것보다 그 약을 신속한 방식으로[8]
제공하는 것이 적합하였는데, 너무나도 타락하여 추악한 죽음
을 향해 달려가고 있는 건강함을 신속하게 되찾을 수 있도록 하
기 위해서였다.

---

4) 단테가 철학을 공부하는 과정에서 부딪친 어려움이나 난관을 암시하는 것으로 해석되기도 한다.

5) 그 당시 단테가 몰두해 있던 철학적 문제를 암시한다.

6) 증명과 설득이 나타나는 곳으로서의 철학 공부를 의미한다(제3권 15장 2절 참조).

7) 고귀함의 개념에 대한 오류.

8) 우의의 베일과 함께 비유적으로 말하지 않고, 직접적으로 말하고 있다는 뜻이다.

그러므로 이 칸초네의 설명에서는 우의적 의미를 드러낼 필요 11
가 없고, 단지 문자 그대로의 의미에 대해서만 논의하면 된다.
내가 말하는 나의 여인은 언제나 앞의 논의[9]에서 논의했던 그
녀, 말하자면 이 칸초네가 충분하게 논의하려고 하는 인간의 진
정한 고귀함의 꽃을 자신의 빛살로 생생하게 피어나게 하고, 그
열매를 맺게 만드는 가장 덕성 있는 빛, 즉 철학을 의미한다.

9) 둘째 칸초네에 대해 논의한 셋째 논고.

제 2장

지금 시작한 설명의 서두에서 이 칸초네의 의미를 보다 잘 이 1
해할 수 있도록 두 부분으로 나누는 것이 적합한데, 첫째 부분
은 서문으로 말하고, 둘째 부분에서 논고가 이어지기 때문이
다. 둘째 부분은 "통치를 했던 어떤 사람은" 하고 말하는 둘째
연에서 시작한다. 또 첫째 부분은 다시 세 개의 세부로 나눌 수 2
있는데, 첫째 세부에서는 왜 내가 즐겨 사용하던 말하기 방식
에서 떠나는지 말하고, 둘째 세부에서는 내가 이야기하고자 하
는 것에 대해 말하고, 셋째 세부에서는 나를 가장 도와줄 수 있
는 것, 즉 진리에게 도움을 요청한다. 둘째 세부는 "적당한 시
간을 기다려야 할 것 같으니"로 시작하고, 셋째 세부는 "내 여
인이 자신을 사랑하도록"으로 시작한다.

그러니까 나는 '내 생각들이 즐겨 찾던 달콤한 사랑의 시들을 3
이제 내버려둬야 한다'고 말하고 그 이유를 제시하는데, 그것은
더 이상 사랑의 시들을 쓰고 싶지 않기 때문이 아니라, 내 여
인에게서 새로운 모습이 나타나 사랑에 대해 말할 소재를 당분
간 나에게서 빼앗았기 때문이다. 여기에서 그 여인의 몸짓들이 4
단지 겉모습에서만 "무섭고 경멸적"이라고 말한다는 것을 알아
야 한다. 앞의 논고 제 10장에서 알 수 있듯이, 나는 다른 때에
도 겉모습이 사실과 다르다고 말한다. 어떻게 하나의 동일한
사물이 달콤하면서 동시에 씁쓸하게 보이는지, 또는 밝으면서

동시에 어둡게 보일 수 있는지, 거기에서 충분하게 알 수 있을 것이다.

뒤이어 나는 "적당한 시간을 기다려야 할 것 같다"고 말하면 5
서, 앞에서 말했듯이 내가 다루고자 하는 것에 대하여 말한다.
그리고 여기에서 "적당한 시간을 기다린다"는 말로 무엇을 의미
하는지에 대해 마른 발로 지나갈 수는 없는데,[1] 그것은 바로
내 변화의 가장 강력한 원인이기 때문이다. 그리고 우리의 모
든 활동에서, 특히 말하는 데 있어서 적당한 시간을 기다리는
것이 얼마나 합리적인가 알아야 한다.

아리스토텔레스가 《자연학》 제 4권에서 말하는 바에 의하 6
면,[2] 시간이란 "이전 및 이후와 관련된 운동의 숫자"이며, 또한
"천체 운동[3]의 숫자"는 이곳 아래의 사물을 서로 다르게 배치하
여 어떤 형성적 능력[4]을 받도록 한다. 봄이 시작될 무렵 땅은 7
초목과 꽃들의 형성 능력을 자체 안에 받도록 다른 방식으로 배
치되고, 겨울에는 또 다른 방식으로 배치되며, 한 계절은 씨앗
을 받도록 다른 계절과 다른 방식으로 배치되기 때문이다. 그
와 마찬가지로 우리의 마음은 육체의 구성을 토대로 하는데,
그 육체는 하늘의 순환[5]을 뒤따르도록 어떤 시간에는 이런 방
식으로 배치되고 또 다른 시간에는 저런 방식으로 배치된다.
그렇기 때문에 행위의 씨앗과 같은 말[6]은 매우 신중하게 억제 8

---

1) "마른 발로 지나갈 수 없다"는 은유는 어떤 주제나 문제에 대해 그냥 간과할 수 없다는 뜻이다.

2) 아리스토텔레스가 《자연학》 제4권 1장 참조.

3) 물리적 천체에서 가장 높은 **최초 움직임**의 하늘이 가하는 움직임을 가리킨다.

4) 원문에는 informazione로 되어 있는데, forma, 즉 "형식"을 부여하는 힘이나 능력을 의미한다.

5) 천체의 영향들을 의미한다.

6) 말에서 행위가 나온다는 뜻이다.

하거나 펼쳐야 하는데,[7] 제대로 받아들여지고 효과적인 결실을
맺기 위해서이며, 또한 거기에서 쓸모없음의 결함[8] 이 나타나지
않도록 하기 위해서이다. 그러므로 말하는 사람을 위해서나 듣
는 사람을 위하여 적절한 시간을 예상해야 한다. 만약 말하는
사람이 잘못 준비되어 있으면, 그의 말은 종종 해로우며, 만약
듣는 사람이 잘못 준비되어 있으면, 좋은 말도 나쁘게 받아들
여지기 때문이다. 그러므로 솔로몬은 〈코헬렛〉에서 "침묵할 때
가 있고 말할 때가 있다"고 말한다.[9] 그러므로 앞 장에서 말한 9
이유로 인해, 나는 사랑[10] 에 대해 말하기에는 혼란스러운 상태
에 있다고 느꼈기 때문에, 모든 욕망의 목적을 자체 안에 갖고
있으며, 마치 혜택을 베푸는 사람처럼, 기다리는 것을 유감으
로 생각하지 않는 사람들에게 선물하는 적당한 시간을 기다려
야 하는 것처럼 보였다. 그래서 사도 야고보는 자신의 〈서간〉 10
에서 "보라, 농부는 인내심 있게 첫 열매와 늦은 열매를 기다리
면서 땅의 귀중한 결실을 기다린다"[11] 고 말한다. 그리고 만약
그 원인을 잘 찾아보면 우리의 모든 분쟁은 시간을 잘 사용할
줄 몰라서 나타나는 것이다.

나는 "적당한 시간을 기다려야 할 것 같으니", "나의 문체", 11
말하자면 사랑에 대해 말하면서 내가 사용하던 "부드러운" 방식
을 내버려둘 것이며, 또한 사람을 진정으로 고귀하게 만들어
주는 "가치"에 대해 말하겠다고 말한다. 그리고 "가치"라는 말은

---

7) 말을 하거나 또는 하지 않는 데에서 신중을 기해야 한다는 뜻이다.

8) 말이 아무런 설득력을 갖지 못하고 따라서 아무런 효과도 없는 것을 가리킨다.

9) 〈코헬렛〉 3장 7절 및 20장 6-7절 참조.

10) 또는 아모르.

11) 〈야고보의 서간〉 5장 7절 참조. 새 번역 《성경》은 다음과 같이 옮기고 있다. "땅의 귀한 소출을 기다리는 농부를 보십시오. 그는 이른 비와 늦은 비를 맞아 곡식이 익을 때까지 참고 기다립니다."

여러 가지로 이해될 수 있지만, 뒤에서 살펴보겠듯이, 여기에
서의 “가치”는 거의 자연의 능력, 또는 자연에 의해 부여된 선
을 의미한다.

그리고 나는 그 주제를 “거칠고 섬세한 운율로” 다루겠다고 12
약속한다. 그러므로 “운율”이라는 말은 두 가지로, 즉 넓은 의
미와 좁은 의미로 고찰될 수 있다는 것을 알아야 한다. 좁은 의
미로는 일반적으로 마지막 음절과 마지막에서 둘째 음절에서
맞추는 일치[12] 만을 가리키고, 반면에 넓은 의미로는 운율이 일
치하도록 박자와 가락을 조절하여 맞추는 그런 모든 말하기[13]
를 가리키는데, 여기 이 서문에서는 그런 의미로 받아들이고
이해하기를 원한다. 따라서 이 서문은 낱말들의 소리와 관련해 13
서는 “거칠게” 말하는데, 그런 주제에는 부드럽지 않아야 하기
때문이다. 그리고 섬세하게 추론하고 논의하면서 진행하는 낱
말들의 의미와 관련해서 “섬세하게” 말한다. 그리고 나는 “그릇 14
되고 천박한 판단을 반박하겠다”고 덧붙이는데, 여기에서는 오
류로 가득한 사람들의 판단, 말하자면 진리에서 멀리 떨어져
있어서 “그릇되고”, 또한 마음의 천박함으로 확립되고 강화된
“천박한” 판단을 반박하겠다고 또 다시 약속한다.

그리고 이 점을 주의해야 하는데, 바로 이 서문에서는 먼저 15
진리를 다룬 다음에 그릇된 판단을 반박하겠다고 약속하고, 논
고에서는 그와 정반대로 한다. 왜냐하면 먼저 그릇된 판단을
반박하고 그런 다음 진리에 대하여 설명하는데, 그것은 약속한
것과 맞지 않는 것처럼 보이기 때문이다. 하지만 비록 그 두 가
지를 모두 의도하지만, 주로 진리를 다루는 것을 의도한다는

---

12) 그러니까 각운(脚韻)의 일치를 가리키는데, 각 행의 마지막 두 음절의 소리를 맞추는 것이다.

13) 말하자면 시 또는 운문을 뜻한다.

것을 알아야 한다. 단지 진리가 보다 잘 드러나도록 하기 위해
서만 그릇된 판단을 반박하고자 한다. 그리고 여기에서 먼저 16
주요 의도로서 진리를 다루겠다고 약속하는데, 그것은 듣는 사람들의 마음속에 듣고 싶은 욕망을 불러일으킨다. 반면 논고에서는 먼저 그릇된 판단을 반박하는데, 잘못된 견해들을 피하고 보다 자유롭게 진리를 받아들이도록 하기 위해서이다. 이런 방식은 바로 인간 이성의 스승인 아리스토텔레스가 사용하였는데, 그는 언제나 먼저 진리의 적들과 싸웠으며, 그런 다음 그들을 설득하고 진리를 보여주었다.

마지막으로 "나는 먼저 증인으로 부르겠다"고 말하면서, 진리 17
를 불러 나와 함께 있으라고 부탁하는데, 진리는 바로 철학의 눈, 말하자면 증명 속에 거주하는 주인이다. 또한 당연히 주인이 되어야 하는데, 만약 영혼이 그녀와 결혼하면 여주인이 되고, 그렇지 않으면 모든 자유가 박탈된 하녀가 되기 때문이다.
그리고 "내 여인이 자신을 사랑하도록" 하고 말하는데, 앞의 논 18
고에서 말했듯이, 지혜의 사랑스러운 사용이 되는 그녀 철학은, 자기 눈의 아름다움이 자신에게 나타날 때 자기 자신을 관조한다. 철학하는 영혼은 단지 진리를 관조할 뿐만 아니라, 자신의 관조 그 자체와 그것의 아름다움도 관조하고, 또 그럼으로써 자기 자신에게 관심을 돌리고 자신의 최초 관조[14]의 아름다움으로 인해 자기 자신을 사랑한다는 것을 말하기 위해서이다.

이렇게 해서 이 논고의 칸초네가 세 개의 세부를 통해 서문으 19
로서 전달하는 것에 대한 설명이 끝나게 된다.

14) 진리에 대한 관조.

제 3장

서문의 의미를 살펴보았으니 뒤이어서 논고를 진행해야 한 1
다. 그리고 보다 잘 설명하기 위해 세 개의 주요 부분으로 나누
는 것이 적합하다.[1] 첫째 부분에서는 다른 사람들의 견해에 따
라 고귀함에 대하여 다루고, 둘째 부분에서는 자기 고유의 견
해에 따라 고귀함에 대하여 다루고, 셋째 부분에서는 앞에서
말한 것을 약간 아름답게 장식하기 위해 칸초네에게 말을 건넨
다. 둘째 부분은 "모든 덕성은 근본적으로"에서 시작하고, 셋째 2
부분은 "내 방황하는 자들의 반대자여"로 시작한다. 그리고 이 주
요 세 부분에 뒤이어 또 다른 구분을 하는 것이 적합한데, 바로
증명하려는 개념을 보다 잘 이해하기 위해서이다. 그러므로 많 3
은 구분들을 하면서 진행하더라도 전혀 놀랄 필요가 없다. 왜
냐하면 지금 우리는 권위 있는 저자들이 별로 연구하지 않은 크
고 고상한 작업을 다루고 있으며, 이 칸초네의 의미에 따라 완
전하게 설명하기 위하여 지금 내가 시작하는 논고는 길고 섬세
한 것이 되어야 하기 때문이다.

그래서 나는 이 첫째 부분이 다시 두 개의 세부로 나뉜다고 4
말한다. 첫째 세부에서는 다른 사람의 견해들을 제시하고, 둘
째 세부에서는 그 견해들을 반박하는데, 이 세부는 "'사람은 영

1) 칸초네의 둘째 연, 말하자면 21행부터 끝까지를 다시 세 부분으로 나눈다는 뜻이다.

혼 있는 나무토막이다' 라고"로 시작된다. 그리고 그렇게 해서 5
남는 첫째 세부는 다시 두 구역으로 나뉘는데, 첫째는 황제의
견해에 대한 설명이고, 둘째는 모든 이성이 결여된 천박한 사
람들의 견해에 대한 설명이다. 이 둘째 구역은 "지식이 얕은 또
다른 사람은"으로 시작된다.

그러니까 나는 "통치를 했던 어떤 사람", 말하자면 황제의 직 6
무를 수행하였던 어떤 사람이라고 말한다. 여기에서 로마인들
의 마지막 황제였던 슈바벤의 페데리코[2]는(그와 그의 후손들이
사망한 후 루돌프, 아돌프, 알베르트가 선출되었음에도 불구하고
현재까지는 마지막이라는 뜻이다) 고귀함이 무엇인지 질문을 받
고, 대대로 물려받은 재산과 좋은 행동들이라고 대답했다는 것
을 알아야 한다.

그리고 나는 "지식이 얕은 또 다른 사람"이라고 말하는데, 그 7
런 사람은 그러한 정의를 모든 부분에서 검토하고 생각한 끝에
뒷부분, 즉 좋은 행동들을 제거하고, 앞부분, 즉 대대로 물려
받은 재산에만 머물렀다. 이 구절은 혹시 그가 좋은 행동들을
갖고 있지 않기 때문인지 칸초네가 의심하는 것처럼 보이는데,
고귀함의 이름을 잃고 싶지 않은 그는 자신에게 편한 대로, 말
하자면 대대로 물려받은 재산의 소유로 고귀함을 정의하였다.

---

2) 페데리코 2세(칸초네 21행 참조)의 호엔슈타우펜 가문은 독일의 슈바벤(Schwaben)을 근거지로 하였기 때문 슈바벤 왕가로 일컬어지기도 한다. 그는 1220년부터 1250년까지 신성 로마 제국의 황제였는데, 그가 죽은 뒤 단테의 《향연》 집필 당시까지 공식적으로 대관식을 거행한 황제는 없었다. 따라서 단테는 "로마인들의 마지막 황제"라는 표현을 쓰고 있다. 뒤이어 인용하는 합스부르크 가문의 루돌프(Rudolph) 1세(1218~1291), 나사우(Nassau)의 아돌프(Adolph, 1255?~1298), 루돌프 1세의 큰아들인 일명 오스트리아의 알베르트(Albert)〔또는 알브레흐트(Albrecht)〕 1세(1255~1308)는 그 후계자로 지명되었지만, 황제로 등극하지는 못하였다.

나는 거의 모든 사람이 그런 견해를 갖고 있다고 지적하면서, 8
오랫동안 부유한 가문 출신 사람이 고귀하다고 생각하는 모든
사람이 그 뒤를 따른다고 말하는데, 거의 모든 사람이 그렇게
짖어대고[3] 있기 때문이다.

이러한 두 가지 견해는(앞에서 말했듯이 그중 하나[4]는 전혀 고 9
려할 가치도 없지만) 상당히 무게 있는 두 가지 이유의 도움을
받고 있는 것처럼 보인다. 첫째 이유는 철학자가 말하는 것으
로,[5] 다수에게 진실처럼 보이는 것은 완전히 그릇된 것이 될
수 없다는 것이며, 둘째 이유는 황제의 정의라는 권위이다. 모 10
든 권위를 능가하는 진리의 힘을 보다 명백히 볼 수 있도록, 나
는 그 두 가지 이유가 얼마나 유용하고 강력한지 논의하고자 한
다. 그리고 황제의 권위에 대해서는 그 뿌리를 발견하지 못하
면 알 수 없기 때문에, 먼저 특별한 장[6]에서 의도적으로 거기
에 대해 다룰 필요가 있다.

---

3) 동물 같은 천박함을 경멸하기 위해 이렇게 표현하고 있다.

4) 천박한 사람들의 두 번째 견해를 가리킨다.

5) 아리스토텔레스, 《니코마코스 윤리학》 제1권 9장 및 토머스 아퀴나스의 주석 제7권 13장 참조.

6) 이어지는 제4장을 가리킨다.

제 4장

사실 황제의 위엄의 근본적 토대는 인간 문명사회의 필요성 인데, 그것은 하나의 목표, 즉 행복한 삶을 위해 설립된 것이 다. 그리고 다른 사람의 도움이 없으면 누구도 자기 혼자의 힘 으로 그 행복한 삶에 도달할 수 없는데, 사람은 혼자서 충족시 킬 수 없는 많은 것들을 필요로 하기 때문이다. 그래서 철학자 1
는, 인간은 원래 사회적 동물이라고 말한다.[1] 그리고 사람은 2
자신의 충족을 위하여 가족의 동반을 필요로 하듯이, 가정은 고유의 충족을 위하여 이웃을 필요로 하는데, 만약 그렇지 않 다면 행복을 방해할 많은 결점들을 감내해야 할 것이다. 그런 데 하나의 이웃만으로 모든 것을 충족시킬 수 없기 때문에, 그 것을 충족시키기 위해서는 도시가 있어야 한다. 또한 도시도 자신의 문화[2]와 자신의 방어를 위하여 이웃 도시들과의 상호 관계와 동맹[3]이 필요하고, 따라서 왕국들이 건설되었다.

---

1) 원문에는 compagnevole animale, 즉 "사교적인 동물"로 되어 있다. 나중에 제27장 3절에서는 비슷한 의미로 animale civile, 즉 "시민적 동물"이라는 표현을 사용한다. 그런데 아리스토텔레스가 인간을 가리켜 정확하게 "사회적 동물"이라고 말한 것은 아니다. 다만 《정치학》 제1권 2장에서 인간은 "정치적 동물(zoon politikon)"이라고 했는데, 나중에 세네카가 이 말을 "사회적 동물(animal socialis)"로 번역하였고, 토머스 아퀴나스는 그 두 표현이 사실상 똑같은 것이라고 했다는 것이다.

2) 원문에는 arti, 즉 "예술들" 또는 "기술들"로 되어 있다.

그리고 인간의 마음은 영토의 제한된 소유에 만족하지 않고 3
언제나 정복의 영광을 열망하기 때문에, 우리가 경험을 통하여
알 수 있듯이, 왕국과 왕국 사이에 불화와 전쟁이 일어날 수밖
에 없다. 그런데 그것은 도시들과 이웃 도시들, 집안의 이웃들,
개인의 집안들에게 재앙이 되고, 그리하여 행복은 방해받게 된
다. 그렇기 때문에 그런 전쟁과 그 원인들을 없애기 위해서는 4
필수적으로 모든 영토와, 인류가 소유하도록 주어진 모든 것이
제정(帝政),[4] 말하자면 단 하나의 군주국으로 되어야 하고, 단
한 명의 군주를 가져야 한다. 그 군주는 모든 것을 소유하고 있
으며 더 이상 바랄 것이 없기 때문에, 왕들이 자기 왕국의 경계
선 안에서 만족하도록 유지할 것이다. 그리하여 왕들 사이에
평화가 유지될 것이며, 그 평화 속에서 도시들이 편안히 쉬고,
그 편안함 속에서 이웃들이 서로 사랑하고, 그 사랑 속에서 집
안들이 필요한 모든 것을 갖고, 그런 가짐 속에서 인간은 행복
하게 살 것인데, 그것이 바로 인간이 태어난 목적이다.[5]

철학자가 《정치학》에서 말하는 것은 바로 이런 이유들로 환 5
원될 수 있다.[6] 즉 많은 사람들[7]이 하나의 목적을 지향할 때

3) 원문에는 fratellanza, 즉 "형제애"로 되어 있다.

4) 단테는 대문자로 시작하는 Monarchia라는 용어를 사용하는데, 문자 그대로의 의미에 의하면 "한 사람이 통치하는 정치 체제"를 의미한다. 따라서 뒤이어 말하듯이 "군주제(君主制)"로 옮길 수도 있다. 하지만 단테는 고대 로마 제국을 모델로 삼고 있으며, 여러 왕국들을 통합하고 지배하는 이른바 Imperium universale, 즉 "보편적 명령권"을 염두에 두고 있기 때문에 "제정"으로 옮겼다. 따라서 뒤에서 말하는 군주는 실질적으로 황제를 가리킨다. 단테가 사용하는 용어들의 의미와 우리말 번역 용어들에 대해서는 성염의 《제정론》 번역본(철학과현실사, 1997, 24쪽 및 43-46쪽) 앞부분에 실린 해설을 참조하기 바란다.

5) 제정에 대한 단테의 관념과 정치사상은 《제정론》에서 보다 상세하고 자세하게 논의되어 있다.

에는, 그들 중 하나가 관리하는 자, 또는 통치하는 자가 되어야 하고, 나머지 모두는 관리되고 통치되어야 한다는 것이다. 우리가 한 척의 배에서 볼 수 있듯이, 그 배의 상이한 임무들과 상이한 구체적 목적들은 단 하나의 목적, 말하자면 안전한 항로를 통해 원하는 항구에 도달하는 것을 지향하고 있다. 여기에서 각 책임자가 고유의 목적을 위해 자신의 작업을 지휘하듯이, 단 한 사람이 그 모든 구체적인 목적들을 고려하고 그것들을 모두 최종적인 목적을 위해 지휘하는데, 그가 바로 선장
이며, 그의 말에 모두 복종해야 한다. 우리는 그런 것을 종교 6
단체들, 군대들, 또는 앞에서 말했듯이 하나의 목적을 지향하는 모든 것들에서 볼 수 있다. 그러므로 보편적인 인류 사회의 완성을 위해서는 단 한 사람이 거의 선장과 마찬가지로 세상의 상이한 상황들을 고려하여 서로 상이하고 필수적인 임무들을 지휘하기 위해, 완전히 보편적이고 논박할 수 없는 명령의 임무를 가져야 한다는 것을 분명하게 알 수 있다.

그 탁월한 임무는 더 이상 아무 것도 덧붙일 필요 없이 **명령** 7
권[8]이라 일컬어지는데, 그것은 모든 다른 명령들의 명령이기 때문이다. 그러므로 그런 임무에 배치된 사람을 **황제**[9]라 부르

---

6) 아리스토텔레스, 《정치학》 제1권 5장 참조.

7) 원문에는 più cose, 즉 "많은 물건들"로 되어 있다.

8) Imperio(라틴어로는 Imperium)는 원래 고대 로마에서 시민들이 자신들의 대표에게 부여한 군사적 권력, 즉 명령할 수 있는 "권위"를 의미하였고, 따라서 그 대표는 바로 군대의 사령관이 되었다. 제정 로마에서 황제는 최고 명령권, 즉 사법권과 군대 통수권을 갖고 있었으며, 결과적으로 황제의 권위, 또는 황제를 우두머리로 삼는 군주 체제나 국가를 가리키는 데 사용되기도 한다. 따라서 "제국"으로 옮길 수도 있으며, 여기에서는 맥락에 따라 "명령권" 또는 "제국"으로 옮기고자 한다. 앞의 역주에서 인용한 성염의 번역본은 "제권(帝權)"으로 옮겼다.

9) 원래 Imperator는 **명령권**을 가진 자, 말하자면 군대의 "총사령관" 또는 "개선

는데, 그는 모든 명령들의 명령권자이기 때문이다. 그리고 그가 말하는 것은 모든 사람들에게 법률이며 또한 모든 사람들이 거기에 복종해야 하고, 다른 모든 명령들은 바로 그의 명령에서 힘과 권위를 얻는다. 따라서 황제의 위엄과 권위는 인간 사회에서 가장 높다는 것이 명백하다.

그런데 누군가는, 비록 이 세상에 황제의 임무가 필요하다고 8
해도, 로마 군주의 권위가 가장 높아야 할 합리적인 이유(여기에서는 바로 그것을 증명하고자 한다)가 없다고 말하면서 트집을 잡을 수도 있다. 로마의 권력은 이성에 의해서나 보편적인 합의의 법령에 의해 얻어진 것이 아니라 무력에 의해 얻어진 것이며, 따라서 그것은 이성과 반대되는 것처럼 보이기 때문이다.

이에 대해 그런 최고 관리자[10]의 선출은 우선적으로 모두를 9
위해 배려하시는 최고의 지혜, 즉 하느님에게서 나와야 한다고 쉽게 대답할 수 있다. 그렇지 않다면 모두를 위하여 평등한 선출이 되지 않을 것인데, 위에서 말한 관리자 이전에는 모두의 보편
적인 선을 생각한 사람이 아무도 없었기 때문이다. 그리고 라틴 10
사람들의 본성보다 그 명령권을 수행하는 데에서 더 부드럽고, 유지하는 데에서 더 강력하고, 또한 확장하는 데에서 더 유능한 본성은 과거에도 없었고 또 앞으로도 없을 것이기 때문에(경험을 통해 알 수 있는 것처럼), 특히 트로이아인들의 고귀한 피가 섞인 그 성스러운 백성,[11] 즉 로마를 하느님께서는 바로 그런 임무에
선택하셨다. 그러니까 그 임무는 아주 위대한 역량 없이는 얻어 11
질 수 없었고, 또한 그 임무를 수행하는 데에는 가장 위대하고

장군"을 의미하였다.

10) 황제.

11) 베르길리우스의 《아이네이스》에 의하면 로마 건국의 시조인 아이네아스(제2권 10장 5절 참조)의 아버지 안키세스는 트로이아 왕족의 혈통을 이어받았다.

가장 인간적인 너그러움이 요구되었기 때문에, 로마 백성이 거기에 가장 적합하였던 것이다. 그러므로 로마 사람들이 처음부터 무력으로 그 임무를 얻은 것이 아니라, 모든 이성을 초월하는 하느님의 섭리에 의해 얻은 것이다. 베르길리우스는 《아이네이스》 제1권에서 이런 견해에 동의하는데, 거기에서 그는 하느님의 이름으로 "나는 그들에게(말하자면 로마인들에게) 공간이나 시간의 한계를 부여하지 않고, 그들에게 끝없는 명령권을 주었다"고 말한다.[12)]
12 그러니까 트집을 잡는 사람이 믿는 것처럼 무력은 일차적 원인[13)]이 아니라 도구적 원인이었다. 망치의 두드림은 칼의 원인이며, 대장장이의 영혼은 일차적이고 실질적인 원인[14)]이 되는 것과 같다. 그렇게 해서 무력이 아닌 이성, 게다가 신성한 이성이 로마 제국의 기원이 되었던 것이다.

13 그러므로 두 가지 아주 분명한 이유를 통해 그 도시[15)]가 제국의 도시이며, 하느님에 의해 특별하게 탄생하였고, 하느님에 의해 특별하게 발전하였다는 것을 알 수 있다.

14 하지만 이 장에서 그런 주제를 너무 길게 다룰 수 없으며, 또한 긴 장은 기억의 적이기 때문에, 다른 장에서 또 다시 옆길로 벗어나 위에서 말한 원인들에 대하여 설명하고자 하는데, 유용함과 커다란 즐거움이 없지 않을 것이다.

---

12) 베르길리우스, 《아이네이스》 제1권 277-278행 참조. 원문에는 유피테르(그리스 신화의 제우스)가 아이네아스의 어머니 베누스에게 하는 말로 되어 있다. 천병희의 번역본(숲, 2004, 42쪽)은 "이들에게 시공(時空)의 한계를 정해주지 않을 것인즉, / 나는 그들에게 무한 권력을 주었다"로 옮겼다.

13) 원문에는 cagione movente, 즉 "동인(動因)" 또는 "움직이는 원인"으로 되어 있다.

14) "작용적 원인"으로 번역할 수 있을 것이다. 이 번역 용어에 대해서는 제4권 20장 10절의 역주 참조.

15) 로마.

제 5장

천사와 인간의 지각 능력을 완전히 넘어서는 하느님의 섭리는 1
종종 우리에게 감추어진 방식으로 진행되더라도 전혀 놀랄 필요
가 없다. 인간이 하는 일들도 종종 인간 자신에게 고유의 의도
를 감추기 때문이다. 그렇지만 영원한 지혜의 실행이, 우리의
이성이 이해할 수 있을 정도로 아주 분명하게 진행될 때에는 정
말로 놀라야 할 것이다. 그러므로 나는 이 장의 서두에서 솔로 2
몬의 입을 빌어 이렇게 말할 수 있다(그는 〈잠언〉에서 지혜를 대
신하여 말한다). "들어라, 나는 놀라운 것들을 말할 테니까."[1)]
최초의 인간이 위반한 죄[2)] 때문에 하느님에게서 멀어지고 흉 3
하게 변해버린 인간을 하느님의 헤아릴 수 없는 선이 다시 당신
에게 일치시키려고 하셨을 때, 그 삼위일체의 가장 높고 가장
확고한 결합 속에서 하느님의 아들이 그런 화합을 하도록 지상으
로 내려가기로 결정되었다.[3)] 그분이 이 세상에 오심에 있어 단 4
지 하늘뿐만 아니라 지상까지 최상으로 배치되어 있어야 하는

---

1) 〈잠언〉 8장 6절 참조. 새 번역 《성경》은 "들어라, 나는 고귀한 것들을 말하고"로 번역하고 있다.

2) "최초의 인간" 아담이 에덴동산의 금지된 열매를 따 먹은 죄, 즉 원죄를 가리킨다.

3) 예수 그리스도를 통해 하느님과 인간 사이에 다시 평화가 이루어졌다는 것을 의미한다. 인류의 구원을 위한 그리스도의 강생과 수난에 대한 단테의 관념은 《신곡》의 〈천국〉 7곡에서 보다 구체적으로 표현된다.

데, 지상의 최상 배치는 위에서 말했듯이 제정, 즉 모든 것이
한 명의 군주에게 속해 있는 것이다. 그리고 하느님의 섭리에
의해, 그 백성과 그 도시, 말하자면 영광스러운 로마가 그것을
완수하도록 정해졌다.

하늘의 왕[4]께서 들어가셔야 할 거처도 역시 가장 깨끗하고 5
순수해야 했기 때문에, 가장 성스러운 혈통이 정해졌고, 거기
에서 덕성 있는 수많은 후손들 이후에 다른 모든 여자들보다 최
고의 여인이 탄생하였으며, 그녀가 하느님의 아들의 침실이 되
도록 정해졌다. 그 혈통은 바로 다윗의 혈통이었고, 거기에서
인류의 자부심이자 영광, 말하자면 마리아가 태어났다. 따라서
〈이사야서〉에 이렇게 쓰여 있다. "이사이의 뿌리에서 작은 가
지가 돋아날 것이며, 그 뿌리에서 꽃이 솟아나리라."[5] 이사이
는 위에서 말한 다윗의 아버지였다.

그리고 이 모든 것이 동시에 일어났으니, 다윗이 태어나고 6
동시에 로마가 태어났다. 말하자면 아이네아스가 트로이아에서
이탈리아로 왔으며, 기록들이 증언하는 바에 의하면 그것이 바
로 로마 도시의 기원이었다. 그러므로 그 거룩한 도시의 탄생
을 위한 로마 제국의 성스러운 선택은 바로 마리아의 혈통의 뿌
리와 동시에 이루어졌다는 것이 명백하다.

그리고 부수적으로 지적해야 하는데, 하늘이 회전하기 시작 7
한 이후 하늘을 창조하고 지배하신 그분이 위에서 내려오셨을
때보다 더 나은 배치는 없었으며, 그것은 수학자들이 자신들의
기술을 통해 지금도 확인할 수 있다. 복음서의 저자 루카가 증 8
언하듯이,[6] 로마 백성의 군주이자 명령자인 단 한 사람의 목소

4) 예수 그리스도.

5) 〈이사야서〉 11장 1절 참조. 새 번역 《성경》에서는 "이사이의 그루터기에서 햇순이 돋아나고 그 뿌리에서 새싹이 움트리라"로 번역하였다

리에 의해 명령받았을 때보다 이 세상이 더 완전하게 배치된 적
은 과거에도 전혀 없었고 또 앞으로도 없을 것이다. 그리고 보
편적 평화가 사방에 있었기 때문에, 인류 공동체의 배가 부드
러운 항로를 따라 정해진 항구를 향해 그렇게 똑바로 달려간 적
은 과거에도 전혀 없었고 또 앞으로도 없을 것이다.[7] 오, 말로 9
표현할 수 없고 이해할 수도 없는 하느님의 지혜시여, 당신의
오심을 위하여 저 위쪽의 시리아[8]와 이곳 이탈리아에서 동시에
그렇게 미리 준비하셨군요! 오, 너무나도 멍청하고 비천한 짐
승들이여, 너희는 마치 인간인 것처럼 풀을 뜯어먹고, 감히 우
리의 믿음에 반대하여 말하려 하고, 실을 잣고 땅을 파헤치면
서, 하느님께서 너무나도 신중하게 정해 놓으신 것을 알려고
하다니! 너희와, 너희의 오만과, 너희를 믿는 자들은 저주 받
을지어다!

위에서 본 논고의 앞 장 마지막 부분에서 말했던 것처럼 하느 10
님께서는 로마에 특별한 탄생과 특별한 발전을 주셨다. 왜냐하
면 간단히 말해 로마의 최초 아버지였던 로물루스[9]부터 시작하

---

6) 〈루카 복음서〉 2장 1절 이하 참조.

7) 앞의 제4권 4장 5절에 나오는 배와 항구의 은유 참조.

8) 당시의 일부 지도들에서는 시리아가 위도 상으로 이탈리아보다 위쪽에 있는 것으로 묘사되어 있었다고 한다.

9) 로물루스(Romulus)는 기원전 753년 로마를 세운 건국자로 그의 이름을 따서 로마라 불렸다고 한다. 건국 신화에 의하면, 아이네아스의 먼 후손인 프로카스 왕의 동생 아물리우스가 왕위를 빼앗기 위해 형의 아들들을 죽이고 딸 실비아 레아를 강제로 여사제로 만들었는데, 그녀는 전쟁의 신 마르스와 동침하여 쌍둥이 아들 로물루스와 레무스(Remus)를 낳았다. 쌍둥이 두 아들은 로마를 가로질러 흐르는 티베르(이탈리아어로는 테베레) 강에 버려졌지만, 강의 신이 도와주고 또한 암 늑대가 젖을 먹이고 보호해 주었다. 그리고 근처의 농부에 의해 양육된 그들은 로마 부족의 우두머리가 되었으나, 서로 패권을 차지하기 위해 싸움을 벌였고, 결국 로물루스가 레무스를 죽이

여, 그 가장 완전한 시대, 말하자면 앞에서 말한 황제[10]의 시대에 이르기까지 로마의 발전은 인간의 활동뿐만 아니라 하느님의 활동을 통해서도 이루어졌기 때문이다. 처음에 로마를 통 11
치하였던 일곱 왕들,[11] 말하자면 소년기 로마의 통치자이며 후원자들이었던 로물루스, 누마, 툴루스, 안쿠스, 그리고 타르퀴니우스 왕들[12]을 고려해 보면, 로마의 역사에 관한 기록들, 특히 티투스 리비우스[13]를 통하여 알 수 있듯이, 그들은 역사적 시대의 요구에 따라 서로 다른 성격이었다.

또한 만약 왕들의 후원에서 해방된 이후 최고 청년기의 로마 12
를 고려해 보면, 최초의 집정관 브루투스[14]에서 최초의 최고 군주 카이사르[15]에 이르기까지 로마는 인간 시민들이 아니라

고 로마를 건국하게 되었다고 한다.

10) 최초로 로마 황제의 자리에 오른 아우구스투스(제2권 13장 22절 참조)를 가리킨다.

11) 로마 초기에는 왕정이었는데, 뒤이어 말하듯이 로물루스를 비롯한 일곱 명의 왕이 통치하였다고 한다. 로물루스의 뒤를 이어 누마 폼필리우스(Numa Pompilius), 툴루스 호스틸리우스(Tullus Hostilius), 안쿠스 마르키우스(Ancus Marcius), 루키우스 타르퀴니우스 프리스쿠스(Lucius Tarquinius Priscus), 세르비우스 툴리우스(Servius Tullius), 마지막으로 오만한 왕 루키우스 타르퀴니우스(Lucius Tarquinius Superbus)가 통치하였다. 기원전 509년 오만한 왕 타르퀴니우스가 쫓겨난 후 로마는 공화정 시대를 맞이하였고, 아우구스투스의 등장과 함께 제정으로 바뀌었다.

12) 제5대 왕과 제7대 왕은 모두 타르퀴니우스였다.

13) 제3권 11장 3절 참조.

14) 기원전 509년 오만한 왕 타르퀴니우스를 쫓아내는 데 앞장선 루키우스 유니우스 브루투스(Lucius Junius Brutus)를 가리킨다. 공화정 로마를 세운 그는 기원전 509년 최초의 집정관(consul)으로 선출되었다.

15) 카이사르(제3권 5장 12절 참조)는 제정 시대로 넘어가는 데 결정적인 역할을 하였고 따라서 최초의 황제로 간주되지만, 실질적으로는 황제의 자리에 오르지 못한 채 공화파에게 암살당하였다.

신적인 시민들에 의해 찬양되었으며, 그들은 로마를 사랑하는 데 있어 인간의 사랑이 아니라 신적인 사랑에 고취되었다는 것을 알 수 있다. 그리고 그것은 하느님께서 수많은 천상의 은총을 주입하면서 의도하신 특별한 목적이 없었다면 있을 수도 없었고 또 있어서도 안 되는 것이었다.[16]
13 파브리키우스[17]가 자기 조국을 버리고 싶지 않았기 때문에 거의 무한한 황금을 거부하였을 때, 신성한 영감이 없었다고 누가 말하겠는가? 삼니움족[18]이 타락시키려고 시도했던 쿠리우스[19]가 자기 조국에 대한 사랑 때문에 엄청난 양의 황금을 거절하면서, 로마 시민들은 황금이 아니라 황금 소유자들을 소유하고 싶다고 말했을 때에는? 또 스카이볼라[20]가 로마를 해방시키기 위해 생각했던 기

---

16) 로마의 발전이 하느님의 계획에 의하여 이루어졌다는 단테의 관념은 《제정론》에서도 반복되어 나타난다. "로마 제권이 완성되는 데 하느님이 기적들을 베푸셨음은 유명한 저술가들의 증언을 통해서 증명할 수 있다."(《제정론》 제2권 4장 5절. 성염 옮김, 철학과현실사, 1997, 148쪽) 뒤이어 열거되는 구체적인 사례들도 《제정론》에서 반복된다.

17) 파브리키우스 루스키누스(Gaius Fabricius Luscinus)는 로마의 정치가로 기원전 280년 그리스 북부 에페이로스의 왕 피로스가 이탈리아 반도에 침입하여 로마군과의 전투에서 승리한 후 그와 평화협상을 하였는데, 많은 황금으로 유혹하였으나 거부하였다고 한다. 《제정론》 제2권 5장 11절 참조.

18) 이탈리아 중부와 남부 삼니움(Samnium) 지방의 부족으로 여러 차례 로마와 싸우다가 기원전 290년 로마에 정복당하였다.

19) 마니우스 쿠리우스(Manius Curius Dentatus, ?~기원전 270)는 로마의 정치가로 기원전 290년 집정관이 되어 삼니움 족과 사비니 족을 물리쳤는데, 당시 삼니움 족 대표들이 막대한 양의 황금을 가져왔으나 거절하였다고 한다.

20) 원문에는 무키우스(이탈리아어로는 Muzio)로 되어 있는데, 기원전 6세기 로마의 전설적인 영웅 가이우스 무키우스 스카이볼라(Gaius Mucius Scaevola)를 가리킨다. 그는 로마를 공격한 에트루리아의 왕 포르센나를 죽이려다 실패하고 붙잡혔는데, 왕의 면전에서 실패의 원인은 자신의 오른손이라 말하면서 불에 집어넣어 태웠다고 한다. 《제정론》 제2권 5장 14절 참조.

습이 실패했다고 해서 자기 자신의 손을 불태운 것은? 그리고 14
공공의 선을 위해 자기 아들에게 사형 선고를 내렸던 토르콰투스[21]가 하느님의 도움 없이 그런 고통을 감내하였을 것이라고 누가 말하겠는가? 또 앞에서 말한 브루투스가 그와 비슷하게 했을 때에는?[22] 조국을 위하여 자기 목숨을 던졌던 데키우스 가문 사람들[23]과 드루수스 가문 사람들[24]에 대해서는 누가 그렇게 말하겠는가? 포로가 된 레굴루스[25]가 자신과 다른 로마의 포로들을 카르타고의 포로들과 교환하도록 카르타고에 의해 로마로 보내졌지만, 로마를 사랑한 나머지 카르타고 사절들이 물

---

21) 티투스 만리우스 토르콰투스(Titus Manlius Torquatus)는 기원전 4세기 로마의 정치가이며 장군으로 삼니움 족과의 전쟁이 한창일 때 자신의 아들이 명령을 어기자 규정대로 사형시켰다고 한다.

22) 앞의 12절에서 말한 루키우스 유니우스 브루투스도 명령을 어긴 자기 아들을 사형시켰다고 한다. 《제정론》 제2권 5장 13절 참조.

23) 3대에 걸쳐 조국 로마를 위해 목숨을 바친 사람들로 이름은 모두 푸블리우스 데키우스 무스(Publius Decius Mus)이다. 집정관이었던 아버지는 기원전 339년 라틴족과의 싸움에서 사망하였고, 역시 집정관을 역임한 그의 아들은 기원전 295년 삼니움 족과의 싸움에서, 손자는 기원전 279년 피로스와의 싸움에서 사망하였다. 《제정론》 제2권 5장 15절 참조.

24) 로마의 정치가들로 아버지 마르쿠스 리비우스 드루수스(Marcus Livius Drusus)는 기원전 109년 감찰관(censor)에 선출되었으나 이듬해에 사망하였고, 그의 아들은 기원전 91년 호민관(tribunus plebis)에 선출되어 개혁적인 정책을 추진하다가 암살당하였고, 그의 양자 리비우스 드루수스 클라우디아누스(Marcus Livius Drusus Claudianus)는 법무관(praetor)을 역임하였으나 카이사르 암살의 주동자였던 카시우스, 브루투스와 함께 필리피 전투에서 패하여 자살하였다.

25) 마르쿠스 아틸리우스 레굴루스(Marcus Atilius Regulus)는 제1차 포이니 전쟁이 한창이던 기원전 255년 집정관으로 로마군을 지휘하다가 포로로 붙잡혔다. 그리고 카르타고의 주장을 전달하고 포로들을 교환하라는 임무를 띠고 로마에 강화 사절로 파견되었는데, 원로원에게 카르타고의 강화 제의를 받아들이지 말라고 역설한 다음 다시 카르타고로 돌아가 처형당하였다.

러난 뒤 자신에게 해로운 충고를 한 것은, 신성한 성격이 아니
라, 단지 인간적인 성격에 의해 움직인 것이라고 누가 말하겠
는가? 쟁기를 버리고 독재관이 된 퀸크티우스 킨킨나투스[26]가 15
임무를 완수한 후 자발적으로 그 직책을 버리고 다시 쟁기로 돌
아간 것에 대해서는 누가 그렇게 말하겠는가? 추방당하고 망명
의 길로 쫓겨난 카밀루스[27]가 적들에 대항하여 로마를 해방시
키기 위해 돌아왔다가, 로마가 해방된 후 원로원의 권위를 훼
손하지 않기 위하여 스스로 다시 망명지로 돌아간 것은 신성한
영감이 없었다고 누가 말하겠는가? 오, 가장 신성한 가슴의 카 16
토[28]여, 누가 감히 그대에 대해 말하겠는가? 분명 그대에 대해
서는 말하는 것보다 차라리 침묵하는 것이 나을 것이며,[29] 히

---

26) 루키우스 퀸크티우스 킨킨나투스(Lucius Quinctius Cincinnatus, 기원전 519~430?)는 로마의 정치가로 곱슬머리를 손질하지 않고 내버려두었기 때문에 킨킨나투스라는 별명이 붙었다. 그는 집정관을 역임한 후 농사를 짓고 있었는데, 아이퀴 족이 침입하여 로마가 위기에 처하자 독재관(dictator)에 임명되었고, 조국을 구한 뒤 곧바로 다시 농사일로 돌아갔다고 한다. 《제정론》 제2권 5장 9절 참조.

27) 마르쿠스 푸리우스 카밀루스(Marcus Furius Camillus, 기원전 446?~365)는 로마의 뛰어난 장군이자 정치가로 여러 차례 전쟁에서 승리한 업적으로 제2의 건국자로 칭송되기도 한다. 그러나 정적들의 탄핵으로 인하여 스스로 망명의 길을 떠났는데, 기원전 390년 갈리아 족(그리스어로는 켈트 족)의 침입으로 로마가 위기에 처하자 귀국하여 독재관으로 취임하였고, 적을 몰아내고 임무가 끝나자 다시 망명지로 돌아갔다고 한다. 《제정론》 제2권 5장 12절 참조.

28) 앞의 제3권 5장 12절에 나오는 소 카토를 가리킨다. 단테는 그를 자유의 수호자로 높게 평가하며 《신곡》의 〈연옥〉 1곡 80행에서도 "오, 거룩한 가슴이여" 하고 부른다. 《제정론》 제2권 5장 15절에서도 "자유를 가장 엄정하게 수호한 인물"(성염 옮김, 철학과현실사, 155쪽)로서 카토에 대해 언급하며 키케로의 카토에 대한 견해를 인용하기도 한다.

29) 본문에서는 "침묵하는 것보다 더 잘 말할 수 없다"로 되어 있는데, 섣부르게 감히 언급하는 것보다 차라리 침묵하는 것이 더 낫다는 뜻이다.

에로니무스[30]가 《성경》의 서문에서 바오로에 대해 말하면서, 적게 말하는 것보다 차라리 침묵하는 것이 더 낫다고 말했는데, 그 뒤를 따르는 것이 더 나을 것이다.

그들과 다른 신성한 로마 시민들의 삶을 회고해 보면, 그렇 17
게 경이로운 일들이 일어난 데에는, 그들의 훌륭한 본성 위에 덧붙여진 어떤 신성한 선의 빛이 없지 않았으리라는 것이 분명하고 또 명백하다. 그리고 그런 탁월한 사람들은 하느님의 섭리가 로마 제국 안에서 실현되게 한 도구들이었으며, 그 제국 안에서 여러 차례 하느님의 두 팔이 나타나 보였던 것이 분명하
다. 또한 처음에 제국[31]의 패권을 장악하기 위해 알바 사람 18
들[32]이 로마 사람들에 대항하여 싸운 전투에서, 단 한 사람의 로마인이 자기 손으로 로마의 해방을 붙잡았을 때,[33] 하느님께

30) 에우세비우스 히에로니무스(Eusebius Hieronymus, 347?~420)는 크로아티아 남서부의 달마티아 지방에서 태어난 초기 교회의 교부(敎父)로 동방을 여행하면서 히브리어와 그리스어를 공부하였고, 로마로 돌아와 교황 다마수스 1세(재위 366~383년)의 위탁에 따라 성경을 라틴어로 번역하였다. 그의 라틴어 번역본 성경을 가리켜 일반적으로 《불가타(Vulgata)〔또는 볼가타(Volgata)〕 성경》이라 부른다.

31) 본문에는 "왕국"으로 되어 있다.

32) 전설에 의하면 이탈리아에 도착한 아이네아스의 아들 아스카니우스는 로마의 동남쪽 알바누스 언덕에 알바 롱가(Alba Longa)〔또는 붙여서 알바롱가(Albalonga)로 부르기도 한다〕라는 도시를 세웠는데 그곳의 주민들을 가리킨다. 아스카니우스의 뒤를 이은 왕들의 계보는 로물루스에까지 이르고, 따라서 로마의 모태로 간주된다. 알바 롱가는 초기 로마의 제3대 왕 툴루스 호스틸리우스에 의해 로마에 병합되었다.

33) 새로이 탄생한 로마와 알바 롱가는 오랫동안 싸웠지만 결판이 나지 않았고, 그래서 두 도시의 대표자들 사이에 결투를 하기로 결정하였다. 로마에서는 호라티우스(Horatius) 가문의 세 형제가 나오고, 알바 롱가에서는 쿠리아티우스(Curiatius) 가문의 세 형제가 나와서 결투를 벌였는데, 모두 죽고 호라티우스 가문의 형제 중 한 명만 살아남아 승리했다고 한다.

서 당신의 손을 대시지 않았던가? 갈리아 사람들[34] 이 로마 전체를 장악한 후 밤에 몰래 카피톨리움[35] 을 공격하였는데, 단지 한 마리 거위의 울음소리가 그것을 알려주었을 때에는[36] 하느
님께서 당신의 손을 대시지 않았던가? 한니발 전쟁[37] 으로 인해 19
수많은 시민들이 목숨을 잃고 세 모디우스[38] 의 반지들이 아프리카로 운반된 후, 만약 그 축복받은 젊은이 스키피오[39] 가 로마의 해방을 위해 아프리카로 건너가는 위업을 감행하지 않았다면 로마인들이 그 땅을 떠나려고 하였을 때에는, 하느님께서 당신의 손을 대시지 않았던가? 그리고 초라한 출신의 새로운

---

34) 본문에는 Franceschi, 즉 "프랑스 사람들"로 되어 있다.

35) 카피톨리움(Capitolium) 또는 카피톨리누스 언덕(Mons Capitolinus)〔이탈리아어로는 캄피돌리오(Campidoglio)〕은 로마 건국의 토대가 되었던 일곱 언덕 중에서 가장 높고 중요한 곳으로 유피테르와 유노, 미네르바를 섬기는 신전이 있었다.

36) 기원전 390년 갈리아 족이 침입하여 로마를 점령하였고, 마지막 거점이던 카피톨리누스 언덕을 밤에 공격할 때 아무도 모르고 있었는데, 거위 한 마리가 나타나 울음으로써 수비대에게 알려 주었다고 한다. 《제정론》 제2권 4장 7절 참조. 이 일화는《아이네이스》 제8권 652-656행에도 언급되어 있다.

37) 카르타고의 뛰어난 장군 한니발(Hannibal, 기원전 247~183)이 이탈리아 반도에 침입한 제2차 포이니 전쟁을 가리킨다.

38) 원문에는 moggio로 되어 있는데 고대 로마의 곡물을 재는 단위 모디우스(modius)에서 나온 것으로 약 8과 2/3리터 정도에 해당하였다고 한다. 기원전 216년 칸나이 전투에서 로마군은 한니발에게 대패하였고 수만 명의 로마 병사들이 전사하였는데, 전사자들의 손가락에서 엄청나게 많은 양의 금반지(로마 시민에게 금반지는 도장 역할을 했다)를 빼내 본국 카르타고로 보냈다고 한다.

39) 대(大) 스키피오로 일컬어지는 푸블리우스 코르넬리우스 스키피오(Publius Cornelius Scipio, 기원전 236~184)를 가리킨다(소 스키피오에 대해서는 제2권 12장 3절 참조). 한니발 전쟁 때 아직 젊은 나이였던 그는 아프리카의 자마에서 한니발의 군대를 물리친 후 아프리카누스(Africanus)라는 칭호를 얻었다.

시민,[40] 말하자면 키케로[41]가 카틸리나[42]처럼 막강한 시민에 대항하여 로마의 자유를 지켰을 때에는 하느님께서 당신의 손을 대시지 않았던가? 분명히 그렇다.

그러므로 그 거룩한 도시가 하느님께서 생각하시고 마련하신 20
대로 특별하게 탄생하고 특별하게 발전하였다는 것을 알기 위해 더 이상의 증거를 요구할 필요가 없다. 분명히 나는, 그 도시의 성벽 안에 들어 있는 돌들은 충분히 존경할 만한 가치가 있으며, 그 도시가 놓인 땅은 일반적으로 사람들이 말하고 주장하는 것보다 더 가치가 있다는 확고한 견해를 갖고 있다.

---

40) 원문에는 nuovo cittadino로 되어 있는데, 로마 시대에 귀족 가문 출신이 아니면서 원로원을 비롯한 고위 관직에 진출하는 사람을 가리켜 호모 노부스(homo novus), 즉 “새로운 사람”이라 불렀다. 키케로가 그런 “새로운 사람”의 대표적인 인물이었다.

41) 키케로는 로마에서 동쪽으로 100킬로미터 정도 떨어진 소읍 아르피노에서 태어난 보잘것없는 가문 출신이었지만 자수성가하여 원로원에 진출하였다.

42) 루키우스 세르기우스 카틸리나(Lucius Sergius Catilina, 기원전 108?~62)는 로마의 몰락한 귀족 출신으로 유능한 군인이자 정치가였는데 집정관에 입후보하였다가 선출되지 못한 후, 기원전 63년 공화정 로마를 전복시키려는 음모를 꾸미다가 키케로의 탄핵으로 실패하였다. 로마에서 달아난 그는 휘하에 모여든 무리와 함께 로마군에 대항하여 싸우다가 패배하여 죽었다.

제 6장

위에서 이 논고의 제 3장에서 황제의 권위와 철학적 권위의 1
고귀함에 대하여 논의하기로 약속했었다. 따라서 황제의 권위
에 대해 논의하였으므로 나는 계속해서 옆길로 벗어나 위에서
약속한 대로 철학자의 권위에 대하여 살펴보아야 한다. 그리고 2
여기에서 먼저 이 용어[1]가 무엇을 의미하는지 알아야 하는데,
여기에서는 고유의 위엄으로 인해 의심할 여지가 없어 보이는
황제의 권위에 대한 논의보다 바로 철학자의 권위에 대해 알아
보는 것이 훨씬 더 필요하기 때문이다.

그러니까 "권위"란 "저자[2]의 행위[3]"라는 것을 알아야 한다. 3
그 용어, 말하자면 세 번째 문자 c가 없는 "저자"[4]는 두 가지 원
천에서 유래했을 수 있다. 하나는 라틴어[5]에서 오랫동안 사용
하지 않는 동사, 대략 "낱말들을 연결하다"는 뜻의 동사, 즉 아

1) autoritade 또는 autorità(라틴어로는 auctoritas), 즉 "권위"를 가리킨다.

2) 라틴어 auctor에서 유래한 이 단어는 단지 책을 저술하는 "저자"만을 의미하지 않고, 보다 포괄적으로 무엇인가를 만드는 자, 즉 "창조자", "제작자", "창작자", "발명가", "발언자" 등을 가리킨다.

3) 여기에서의 "행위(atto)"는 모든 창조나 제작 활동을 포괄한다.

4) 이탈리아어로 autore인데, 라틴어 auctor에서 나온 이 단어를 일부 속어로 된 저술들에서 auctore로 쓴 것이 발견되기 때문에, 바로 앞에서 세 번째 문자 c 없이 표기한다는 것을 뜻한다.

5) 원문에는 "문법(gramatica)"으로 되어 있는데, 라틴어를 가리킨다.

우이에오(auieo)이다. 이 동사의 분명한 특징[6]을 잘 살펴보는
사람은 그 자체가 고유의 의미를 드러내고 있다는 것을 분명히
볼 것이다. 그것은 단지 낱말의 연결 고리들, 말하자면 모든 낱
말의 영혼이자 연결 고리가 되는 다섯 개의 모음으로만 이루어
져 있으며, 연결 고리의 모습을 형상화하도록 다른 방식으로 배
치된 다섯 모음으로 구성되어 있기 때문이다. 왜냐하면 A에서 4
시작하여 U로 되돌아가고, 그런 다음 곧장 I를 거쳐 E로 가고,
그런 다음 다시 되돌아가 O로 돌아가고, 그렇게 하여 실제로
A, E, I, O, U의 모습을 그리고 있는데, 그것은 바로 연결 고
리의 형상이기 때문이다. 이 동사에서 나오고 유래한 것으로서
의 "저자"는 단지 시인들을 가리키는 데에만 사용되고, 그들은
무사이[7]의 기술로 낱말들을 연결시키는데, 지금 우리는 그런
의미에는 관심이 없다.

"저자"라는 말이 유래하는 또 다른 원천은, 우구초네[8]가 자 5
기 저술 《유래들》의 서두에서 증언하듯이, 아우텐틴(autentin)
이라는 그리스어 어휘인데, 그것은 라틴어로 대략 "믿음과 복종
의 가치가 있는"을 의미한다. 그러므로 여기에서 파생된 "저자"
는 믿을 만하고 복종할 만한 가치가 있는 모든 사람을 가리키는
데 사용된다. 그리고 여기에서 지금 우리가 다루고 있는 어휘,

---

6) 원문에는 prima voce, 즉 "최초의 형태"로 되어 있다.

7) 제1권 7장 14절 역주 참조. 그리스 신화에서 제우스와 기억의 여신 므네모시네 사이에 아흐레 밤에 걸친 사랑으로 탄생한 아홉 자매를 가리킨다(단수는 무사). 그들은 음악과 시를 비롯하여 예술, 철학, 역사, 천문학 등 학문을 수호하는 여신들이다.

8) 우구초네 다 피사(Uguccione da Pisa, ?~1210)는 피사 출신의 교회법 학자로 특히 어원들에 대한 저술 《대규모 유래들》(*Magnae Derivationes*, 줄여서 *Derivationes*로 부른다)로 널리 알려져 있다. 단테는 여러 곳에서 그의 견해를 인용한다.

즉 "권위"가 나왔다. 따라서 "권위"는 대략 "믿음과 복종의 가치가 있는 행위"를 의미한다는 것을 알 수 있다. 그러므로 아리스토텔레스가 가장 믿을 만하고 복종할 만하다는 것을 내가 증명할 경우 그의 말은 가장 높고 고귀한 권위라는 것이 분명하다.

6
아리스토텔레스가 가장 믿을 만하고 복종할 만하다는 것은 이렇게 증명될 수 있다. 하나의 최종적인 기술이나 작업을 위해 정해진 다양한 기술과 작업의 장인(匠人)들과 작업자들 사이에서, 그런 목적을 추구하는 장인 또는 진정한 작업자는 유일하게 다른 모든 목적들의 최종적 목적을 고려하는 사람으로서 무엇보다도 모든 사람들이 복종하고 믿어야 한다. 그러므로 기사(騎士)는 검 제작자, 재갈 제작자, 안장 제작자, 방패 제작자, 그리고 기사도의 기술에 정해진 직업을 수행하는 모든 사람들이 믿어야 한다. 그리고 인간의 모든 활동은 하나의 목적, 말하자면 인간이 인간으로서 지향하도록 정해진 인간적 삶의 목적을 요구하기 때문에, 그 목적을 고찰하고 우리에게 증명해 주는 거장과 장인을 최대한 믿고 복종해야 한다. 그런 사람이 바로 아리스토텔레스이다. 그러므로 그는 가장 믿을 만하고 복종할 만하다.[9]

8
어떻게 해서 아리스토텔레스가 인간의 최종적인 활동을 지향하는 것으로서 인간 이성의 스승이자 지도자인가 보기 위해서는, 모든 사람이 자연히 원하는 우리의 목적을 바로 아주 오래전부터 현인들이 찾았다는 것을 알아야 한다. 하지만 그 목적을 원하는 사람들은 매우 많고 또한 그 욕망들은 모두 거의 완

9) 《향연》 전반에 걸쳐 아리스토텔레스는 이 세상에서 단테를 인도하는 안내자로 간주된다. 그것은 《신곡》에서 베르길리우스의 역할과 비슷하다. 아리스토텔레스에서 베르길리우스로의 변화는 도덕적 안내자로서 철학자보다 시인의 역할을 더 중요시한 것으로 해석되기도 한다.

전히 다르기 때문에, 비록 단 하나의 보편적 목적만 갖고 있다
고 하더라도, 인간의 모든 욕망이 올바르게 평온해질 수 있는
목적을 구별해내기는 매우 어려웠다.

따라서 인간 삶의 그 목적은 유일하게 엄격한 고결함이라고, 9
말하자면 아무런 거리낌 없이 엄격하게 진리와 정의를 뒤따르
고, 어떤 것에도 괴로움을 보이지 않고, 어떤 것에도 즐거움을
보이지 않고, 어떤 열정에도 반응을 보이지 않는 것이라고 생
각하고 믿었던 아주 옛날의 철학자들[10]이 있었는데, 그들 중
첫째이자 최고인 자는 제논이었다. 그들은 그 고결함을 "유용성 10
도 없고 이익도 없이 그 자체를 위하여 이성에 따라 칭찬할 만
한 것"이라고 정의하였다. 그들과 그들의 무리를 스토아 철학자
들이라 불렀는데, 위에서 내가 감히 언급하지 못한 영광스러운
카토[11]가 그 무리에 속했다.

다른 철학자들은 그들과 다르게 생각하고 믿었는데, 그들 중 11
에서 첫째이자 최고인 자의 이름은 에피쿠로스[12]였다. 그는 모
든 생명체가 태어나자마자 자연에 의해 타당한 목적을 지향하고,
또한 고통을 피하고 즐거움을 찾는 것을 보고, 우리 인간의 목적
은 쾌락[13](나는 voluntade〔의지〕라 말하지 않고 p자로 쓴다), 말
하자면 고통 없는 즐거움이라고 말했다. 그리고 그는 쾌락과 고 12
통 사이에 어떤 중간 단계도 부여하지 않았기 때문에, "쾌락"은

---

10) 뒤이어 말하는 키티온의 제논에 의해 기원전 3세기에 형성된 스토아학파(제3권 14장 15절 참조)의 철학자들을 가리킨다.

11) 위의 제4권 5장 16절에서 소 카토에 대해 감히 말할 수 없다고 말한 것을 가리킨다.

12) 에피쿠로스와 그의 학파에 대해서는 제3권 14장 15절의 역주 참조.

13) 원문에는 voluptade로 되어 있는데, 현대 이탈리아어로는 voluttà로 "쾌락", 특히 육체적 쾌락을 의미한다. 뒤이어 말하듯이 이 단어는 "의지"를 뜻하는 voluntade(현대 이탈리아어로는 volontà)와 철자 하나만 다를 뿐이다.

"고통 없음"에 지나지 않는다고 말했는데, 바로 키케로가 《선과
악의 목적에 관하여》 제 1권에서 그렇게 말하는 것처럼 보인
다.[14] 에피쿠로스의 이름을 따서 에피쿠로스학파로 일컬어지는
그런 사람들 중에는 내가 위에서 언급한 영광스러운 토르콰투스
의 혈통을 물려받은 로마의 귀족 토르콰투스[15] 도 있었다.

소크라테스와 그의 후계자 플라톤에서 출발하는 다른 철학자 13
들은 더욱 섬세하게 고찰하여, 우리가 우리 행동에서 잘못을 저
지를 수 있으며 또 지나침이나 부족함으로 인해 잘못을 저지른
다는 것을 깨달았고, 따라서 우리가 선택한 수단과 일치하며,
지나침도 없고 부족함도 없는 우리의 행동, 말하자면 덕성이 지
금 우리가 논의하고 있는 그런 목적이라고 말했으며, 그것을
"덕성 있는 행동"이라 불렀다. 그리고 그들은 플라톤과 그의 조 14
카 스페우시포스[16] 처럼 아카데메이아학파로 일컬어지는데, 플
라톤이 공부하던 장소, 말하자면 아카데메이아 때문에 그렇게
일컬어진다. 그들은 소크라테스에게서 이름을 따오지 않았는
데, 그의 철학에서는 아무 것도 주장되지 않았기 때문이다.[17]

하지만 스타게이로스 사람이라는 별명이 붙었던 아리스토텔레 15
스[18] 와 그의 동료 칼케돈의 제노크라테스[19] 는 자신들의 연구

---

14) 키케로, 《선과 악의 목적에 관하여》 제1권 5장 13절 참조.

15) 앞의 제4권 5장 14절에서 언급한 토르콰투스의 후손으로 기원전 65년 집정관을 역임한 루키우스 만리우스 토르콰투스(Lucius Manlius Torquatus)를 가리킨다.

16) 스페우시포스(Speusippos, 기원전 407~339)는 플라톤의 조카로 플라톤이 사망한 뒤 그가 세운 아카데메이아(Akadmeia)의 책임자가 되었다.

17) 소크라테스의 철학은 본질적으로 무엇을 주장하거나 단언하지 않고 오히려 부정하거나 해결될 수 없는 변증법을 토대로 하였다.

18) 아리스토텔레스는 그리스 북동부 칼키디케 반도의 스타게이로스(Stageiros) 〔또는 스타게이라(Stageira)〕에서 태어났기 때문에 그런 별명으로 부른다.

를 통해, 그리고 자연이 아리스토텔레스에게 부여한 특별하고 거의 신적인 재능을 통해, 소크라테스와 아카데메이아의 방식과 거의 비슷한 방식으로 그 목적을 이해하게 되었기 때문에, 도덕 철학에 마지막 손질을 가하여 완성시켰는데, 특히 아리스토텔레스가 그렇게 하였다. 아리스토텔레스는 여기저기 돌아다니면서 논의하기 시작하였기 때문에, 그들(즉 아리스토텔레스와 그의 동료들)은 페리파토스학파[20]라 일컬어졌는데, 그것은 "돌
아다니는 사람들"을 의미한다. 그리고 그 도덕 철학은 아리스토 16
텔레스에 의하여 완성되었기 때문에, 아카데메이아학파의 이름은 사라지고 그 무리에 속한 사람들은 모두 페리파토스학파라 일컬어지게 되었다. 그 사람들이 오늘날 사방에서 가르치는 데 있어 보편적인 지배권을 갖고 있으며, 그들의 가르침이 거의 보편적인 견해라 부를 수 있다. 그러므로 아리스토텔레스는 사람들을 그 목표로 이끌고 안내하는 사람이라는 것을 알 수 있다. 여기서는 바로 그것을 증명하려고 하였다. 그러므로 모든 것을 요약해 보면 나의 주요 의도는 명백하다. 말하자면 지금 우리가 관심을 기울이는 최고 철학자의 권위는 모든 활력으로 가득하다는 것이 분명하다.

또한 철학자의 권위는 황제의 권위와 대립하지도 않는다. 하 17
지만 철학자의 권위가 없는 황제의 권위는 위험하며, 황제의 권위가 없는 철학자의 권위는 허약한데, 본질적으로 그런 것이 아니라 사람들 사이의 불일치 때문이다. 따라서 두 권위가 결
합될 때 가장 유용하고 가장 강력한 활력으로 넘친다. 그러므 18
로 〈지혜서〉에 "백성들 앞에 서 있는 너희는 모두 지혜의 빛을

19) 소아시아 흑해 연안의 칼케돈에서 태어난 제노크라테스(기원전 396~314)는 아리스토텔레스의 동료이자 플라톤 아카데메이아의 지도자 중 한 명이었다.

20) 제3권 14장 15절 참조.

사랑하라"고 쓰여 있다.[21] 그것은 훌륭하고 완전하게 통치하기
위해 철학자의 권위와 황제의 권위를 결합시키라는 말이다. 현 19
재 통치하고 있는 너희는, 오, 불쌍하구나! 그리고 통치를 받
고 있는 너희는, 오, 더더욱 불쌍하구나! 자신의 노력을 통해
서나 다른 사람의 충고를 통해 어떤 철학자의 권위도 너희의 통
치에 결합되어 있지 않기 때문이다. 그러므로 〈코헬렛〉의 다음
과 같은 말을 모두에게 말할 수 있다. "왕이 어린아이이고, 제
후들[22]이 아침부터 먹는 땅이여, 너는 불행하다."[23] 그리고 어
떤 땅에게도 다음과 같은 말을 할 수가 없다. "왕이 고귀하
고,[24] 제후들이 욕망 때문이 아니라 필요 때문에 제 시간에 음
식을 먹는 땅이여, 너는 행복하다."[25] 이탈리아의 통치 홀(笏) 20
들을 잡은 너희들(나는 지금 카를로 왕[26]과 페데리코 왕,[27] 그리

---

21) 〈지혜서〉 6장 23절 참조. 새 번역 《성경》에는 "사람을 좀먹는 시기를 결코 길벗으로 삼지도 않겠다. / 시기는 지혜와 자리를 함께할 수 없기 때문이다"로 번역되어 있다. 하지만 단테가 인용하는 《불가타 성경》에는 문자 그대로 Diligite lumen sapientiae, omnes qui praeestis populi로 되어 있다.

22) 원문에는 principi, 즉 "군주들"로 되어 있다.

23) 〈코헬렛〉 10장 16절 참조. 새 번역 《성경》에는 "어린아이가 임금이 되어 다스리고/ 고관들이 아침부터 잔치를 벌이는 나라/ 너는 불행하다"로 번역되어 있다.

24) 위의 셋째 칸초네 14행에 나오는 "고귀함"에 대한 역주에서 말했듯이 "귀족"으로 옮길 수도 있다.

25) 〈코헬렛〉 10장 17절 참조. 새 번역 《성경》에는 "귀족이 임금이 되어 다스리고/ 고관들이 취하기 위해서가 아니라/ 힘을 얻기 위해서 제때에 음식을 먹는 나라/ 너는 행복하다"로 번역되어 있다.

26) 당시 나폴리의 왕이었던 카를로 단조(Carlo d'Angiò) 2세(1248~1309)를 가리키는데, 그는 프랑스 가문 출신으로 프랑스어 이름은 앙주(Anjou)의 샤를이다. 그는 《신곡》에서도 여러 차례 언급된다.

27) 스페인의 아라곤 왕가 출신으로 1295년부터 시칠리아의 왕이 된 페데리코(Federico) 2세(1272~1337)를 가리킨다(칸초네 21행에서 언급된 시칠리아

고 너희 다른 군주들과 폭군들에게 말하고 있다), 하느님의 적들이여, 주변을 둘러보아라! 그리고 너희 곁에 충고를 하기 위해 누가 앉아 있는지 살펴보고, 너희의 충고자들이 하루에 몇 번이나 너희에게 인간 삶의 그 목적에 대하여 지적해 주었는지 헤아려 보아라! 너희에게는 솔개처럼 지극히 천박한 것들 위로 아주 높게 떠 있는 것보다 제비처럼 낮게 날아다니는 것이 더 나을 것이다.

의 왕이자 신성 로마 제국의 황제였던 페데리코 2세와 구별해야 한다). 그는 《신곡》의 〈연옥〉 7곡 119행과 〈천국〉 19곡 130-135행에서도 언급된다.

제 7장

앞에 제안된 견해들을 뒷받침하는 것처럼 보이는 황제의 권위 1
와 철학자의 권위를 얼마나 존중해야 하는지 살펴보았으므로, 이제 우리가 의도했던 과정의 똑바른 길로 돌아와야 한다.[1)]

그러니까 민중의 그 마지막 견해[2)]는 너무나 오래 지속되어 2
서, 전혀 거리낌도 없고 어떤 이성의 탐색도 없이, 누군가는 아무 것도 아닌데도 불구하고 어떤 사람의 아들이나 손자라고 해서 고귀하다고[3)] 부르기도 한다. 그래서 칸초네는 이렇게 말한다. "그런 그릇된 견해가 우리들 사이에서/ 너무나도 오래 지속되었기에, / 실제로는 아무 것도 아닌데/ '나는 이런 고귀한 사람의 아들, / 또는 손자다' 말할 수 있는 사람을/ 고귀한 사람이
라고 부른다네." 그러므로 그릇된 견해가 뿌리를 내리도록 내버 3
려두는 것은 매우 위험한 태만함이라는 것을 주목해야 한다. 왜냐하면 마치 경작되지 않은 들판에 잡초들이 번창하여 넘치고 밀 이삭을 뒤덮어, 멀리서 바라보면 밀은 보이지 않고 결국에는 결실을 잃어버리는 것처럼, 마음속의 그릇된 견해가 비난받지 않고 교정되지 않으면, 더 자라나고 확산되어 이성의 이삭, 말

1) 제4장에서 제6장까지 옆길로 벗어났다가 다시 본론으로 돌아오겠다는 뜻이다.
2) 말하자면 고귀함은 단지 오랫동안 물려받은 재산에서만 유래한다는 견해.
3) 또는 "귀족이라고"로 옮길 수도 있다.

하자면 진실한 견해가 감춰지고 거의 파묻힌 것처럼 상실되기 때문이다. 그렇게 오랫동안 경작되지 않은 일반적인 견해의 들 4
판처럼 잡초가 우거진 들판을 괭이로 파헤치려고 하다니, 오, 이 칸초네에서 나의 임무는 얼마나 커다란지! 물론 나는 그 들판을 완전히 깨끗이 하려는 것이 아니라, 단지 이성의 이삭들이 아직 완전히 압도되지 않는 부분만 깨끗이 하려는 것이다. 말하자면 나름대로의 훌륭한 본성으로 인해 이성의 일부 희미한 불이 아직 살아 있는 사람들을 똑바로 이끌고자 하는데, 다른 사람들에 대해서는 마치 짐승을 대하듯이 관심을 기울여야 하기 때문이다. 이성의 불빛이 완전히 꺼져버린 사람을 다시 이성으로 인도한다는 것은, 나흘 전부터 무덤 속에 묻혀 있는 사람을 다시 되살리는 것보다 더 큰 기적처럼 보이기 때문이다.

그런 민중적 견해의 나쁜 상태에 대해 이야기한 다음, 나는 5
곧바로 그런 견해에 대하여 마치 끔찍한 것이나 되는 것처럼 통상적인 것 이상으로 논박의 타격을 가한다. "하지만 진실을 보자면 가장 천박하다"고 말한다. 그들이 가장 나쁜 거짓말쟁이들이라 말함으로써 그런 견해의 견딜 수 없는 사악함을 이해시키기 위해서이다. 왜냐하면 훌륭한 가문의 후손일지라도 사악한 사람은 천박할(말하자면 사악할) 뿐만 아니라 가장 천박하기 때문이다. 그리고 나는 길을 보여주었는데도 나중에 그 길을 잃어버린 예를 제시한다.

여기에서 그것을 증명하기 위하여 나는 다음과 같이 질문을 6
하고 거기에 대해 대답을 해야 할 것이다. 어느 들판에 정해진 오솔길들이 있고, 그 좁은 오솔길들 이외에는 생 울타리와 웅덩이들, 돌멩이들, 나무 더미들 등 거의 모든 장애물들이 있는 밭들이 펼쳐져 있다. 눈이 내려서 모든 것이 눈에 뒤덮여 있고 온 사방이 똑같은 모습이고, 따라서 어떤 오솔길의 흔적도 전

혀 보이지 않는다. 그 들판의 한쪽에서 누군가 와서 다른 쪽에 7
있는 집으로 가려고 한다. 그리고 자신의 노력으로, 말하자면
자신의 직감과 좋은 재능을 통해, 오직 자신만을 안내자로 삼
아 올바른 길을 따라 원하는 곳으로 가고 자신의 뒤에다 자기
발자국들의 흔적을 남긴다. 그 뒤에 다른 사람이 와서 그 집으
로 가려고 하는데, 그는 남아 있는 발자국들을 따라가기만 하
면 된다. 그런데 자기 자신의 잘못으로 인해 그는, 다른 사람이
안내도 없이 혼자의 힘으로 찾아낼 수 있었던 길을 잃어버리고,
가시덤불과 험한 곳 사이로 잘못 가게 되어, 가야 할 곳으로 가
지 못한다. 그들 중 누구를 가치 있는 사람이라고 해야 할까? 8
나는 앞에 간 사람이라고 대답하겠다. 다른 사람은 뭐라고 해
야 할까? 나는 가장 천박한 사람이라고 대답하겠다. 무엇 때문
에 단순하게 가치 없는 사람, 즉 천박한 사람이라고 하지 않을
까? 아무런 안내도 없이 길을 헤매는 사람을 단순하게 가치 없
는 사람, 즉 천박한 사람이라고 불러야 할 것이기 때문이다. 하
지만 그에게는 안내가 있었기 때문에, 그의 헤맴과 잘못은 더
할 수 없이 크며, 따라서 단순하게 천박한 것이 아니라 가장 천
박하다고 말해야 한다.

9 그러므로 자신의 아버지나 다른 조상을 통해 훌륭한 가문에서 태어났으면서도 사악한 사람은 단순히 천박할 뿐만 아니라 가장 천박하며, 다른 어떤 천한 사람보다 더 많은 경멸과 비난을 받아야 한다. 사람들이 그런 최악의 천박함에 떨어지지 않도록, 솔로몬은 〈잠언〉 22장에서 가치 있는 조상을 가진 사람에게 이렇게 권유한다. "너의 조상들이 정해놓은 옛 경계선을 범하지 마라."[4] 그리고 같은 책의 앞부분 4장에서는 "올바른 자

4) 〈잠언〉 22장 28절. 새 번역 《성경》에는 "네 선조들이 만들어 놓은 옛 경계선을 밀어내지 마라"로 번역되어 있다.

들", 말하자면 가치 있는 사람들의 길은 "눈부신 빛처럼 나아가
고, 사악한 자들의 길은 어둡다. 그들은 어디로 굴러 떨어지는
지 모른다"[5] 고 말한다.
마지막으로 "죽은 채 땅을 걷는 사람 같구나" 하고 말하면서 10
그에게 커다란 모욕이 되도록, 나는 그렇게 가장 천박한 사람
은 살아 있는 것처럼 보이지만 실제로는 죽었다고 말한다. 그
러므로 사악한 사람, 특히 훌륭한 자기 조상의 길에서 벗어나
는 사람은 죽었다고 말할 수 있다는 것을 주목해야 한다. 그리 11
고 그것은 다음과 같이 증명될 수 있다. 아리스토텔레스가 《영
혼에 관하여》 제 2권에서 "삶이란 생명체들의 존재이다"고 말하
는데,[6] 삶은 여러 가지 방식으로 이루어지고(식물에게는 생장하
는 것, 동물에게는 생장하고 느끼고 움직이는 것, 인간에게는 생장
하고 느끼고 움직이고 생각하는 것 또는 지성을 사용하는 것으로
이루어지고), 또한 사물들은 자신의 가장 고귀한 부분에 의해
명명(命名)되어야 하기 때문에,[7] 동물들(말하자면 짐승들)에
있어 삶은 느끼는 것이고, 사람들에게 있어 삶은 이성의 사용
이라는 것이 분명하다. 그러므로 만약 삶이 생명체들의 존재이 12
고, 사람에게 있어 삶은 이성을 사용하는 것이라면, 이성을 사
용하는 것이 사람의 존재이며, 그렇기 때문에 이성의 사용에서
벗어나는 것은 존재에서 벗어나는 것이며, 따라서 죽은 것이
다. 그리고 자기 삶의 목적에 대해 생각하지 않는 사람은 이성
의 사용에서 벗어나는 것이 아닌가? 또한 가야 할 길에 대해 생

5) 〈잠언〉 4장 18-19절. 새 번역 《성경》에는 "의인들의 길은 동틀 녘의 빛과 같아 한낮이 될 때까지 점점 밝아지지만/ 악인들의 길은 암흑과 같아 어디에 걸려 비틀거리는지도 모른다"로 번역되어 있다.

6) 아리스토텔레스, 《영혼에 관하여》 제2권 4장 참조.

7) 앞의 제2권 7장 3절 참조.

각하지 않는 사람은 이성의 사용에서 벗어나는 것이 아닌가?
분명히 벗어난다. 그리고 그것은 특히 눈앞에 발자국이 있는데
도 그것을 고려하지 않는 사람에게서 명백히 드러난다. 그러므 13
로 솔로몬은 〈잠언〉 5장에서 이렇게 말한다. “그는 가르침을
받지 않아 죽고, 수많은 자기 어리석음 속에서 길을 잃을 것이
다.”[8] 말하자면 가르침을 받지 않고[9] 스승을 따르지 않는 자는
죽는다는 뜻인데, 그런 가장 천박한 사람이 그렇다.

누군가는 이렇게 말할 수 있을 것이다. 어떻게 죽었는데 걸 14
어 다니는가? 나는 그가 사람으로서는 죽었고 동물로 남아 있
다고 대답하겠다. 철학자가 《영혼에 관하여》 제 2권에서 말하듯
이, 영혼의 능력들은 자기 자신 위에 있기 때문이다. 마치 사각
형은 삼각형 위에 있고, 오각형, 즉 다섯 개의 변이 있는 형상
은 사각형 위에 있는 것과 같다.[10] 그와 마찬가지로 지각 능력
은 생장 능력 위에 있고, 지적 능력은 지각 능력 위에 있다. 그 15
러므로 오각형의 마지막 변을 없애면 더 이상 오각형이 아니라
사각형이 남는 것처럼, 영혼의 마지막 능력, 말하자면 이성을
없애면, 더 이상 인간이 아니라 오로지 감각적 영혼만 가진 사
물, 말하자면 짐승이 남게 된다.

바로 이것이 지금 우리가 고찰하는 칸초네에서 다른 사람들 16
의 견해를 보여주는 둘째 연의 의미이다.

---

8) 〈잠언〉 5장 23절. 새 번역 《성경》에는 “그는 교훈을 받아들이지 않아 죽게 되고 너무 어리석어 길을 잃게 된다”로 번역되어 있다.

9) 원문에는 “제자가 되지 않고”로 되어 있다.

10) 아리스토텔레스, 《영혼에 관하여》 제2권 3장 참조.

제 8장

이성의 뿌리에서 돋아나는 가장 아름다운 나뭇가지는 분별력 1
이다. 토머스 아퀴나스가 《윤리학》에 대한 서문에서 말하듯
이[1] "한 사물과 다른 사물 사이의 관계를 아는 것이 바로 이성
의 행위이며", 그것이 바로 분별력이다. 그 나뭇가지의 가장 멋
지고 달콤한 열매들 중 하나는, 작은 것이 큰 것에게 가져야 하
는 존경심이다. 그래서 키케로는 《의무에 관하여》 제 1권에서 2
고결함 위로 빛나는 아름다움에 대해 말하면서 존경심은 고결
함의 일부라고 말한다. 그리고 존경심이 고결함의 아름다움인
것처럼, 그 정반대는 추악함이자 고결함의 퇴락이며, 그것은
우리의 속어로 불경함 또는 오만함이라 말할 수 있다. 그러므 3
로 키케로 자신이 같은 곳에서 "다른 사람들이 우리에 대해 어
떻게 생각하는지 알려고 하지 않는 것은 단지 오만할 뿐만 아니
라 방탕한 사람의 특징이다"고 말한다.[2] 바로 오만함과 방탕함
은 모든 존경심의 시작이며 척도가 되는 자기 자신을 모른다는
것을 의미한다는 말이다.

나는 황제[3]와 철학자에 대한 모든 존경심을 간직하면서 일부 4

1) 《니코마코스 윤리학》에 대한 토머스 아퀴나스의 주석 제1권 1장 참조.

2) 키케로, 《의무에 관하여》 제1권 27장 99절 참조. 허승일의 번역본(서광사, 1989, 75쪽)은 "각자가 자신에 대해 느끼는 것을 무시하는 것은 자만일 뿐만 아니라 전적으로 소견없는 짓"이라고 번역하였다.

사람들의 마음에서 악의를 없애고 또 그 자리에 진리의 빛을 세
우고 싶기 때문에, 위에서 말한 견해들의 논박으로 나아가기
전에, 그 견해들을 논박하면서도 어떻게 황제의 위엄이나 철학
자에 대해서도 불경스럽지 않게 논의할 수 있는지 보여주고자
한다. 만약 내가 이 책 전체의 어느 부분에서 불경스럽게 보인 5
다면, 바로 이 논고에서 가장 흉하게 보일 것인데, 고귀함에 대
하여 다루는 이곳에서 천박하지 않고 고귀하게 보여야 하기 때
문이다. 그리고 먼저 내가 철학자의 권위와 어긋나지 않는다는
것을 증명하고, 그런 다음 내가 황제의 위엄과 어긋나지 않는
다는 것을 증명할 것이다.

그러니까 철학자가 "다수에게 진실처럼 보이는 것은 완전히 6
그릇된 것이 될 수 없다"고 말할 때, 외부의 견해, 즉 감각적
견해에 대해 말하려는 것이 아니라, 내부의 견해, 즉 이성적 견
해에 대해 말하는 것이다.[4] 왜냐하면 감각적 견해는 많은 사람
들에게서 종종 완전히 틀릴 수 있는데, 특히 감각이 자주 속는
일반적인 감각적 지각 대상물들에서 그렇기 때문이다. 그러므 7
로 우리가 알고 있듯이 많은 사람에게 태양은 그 직경이 1피트
의 크기로 보이는데 그것은 완전히 틀리다. 왜냐하면 인간의
이성이 자신의 다른 기술들과 함께 연구하고 발견한 바에 의하
면, 태양의 직경은 지구 직경의 다섯 배에다 또 반 배인데,[5]
지구의 직경이 6,500마일이므로, 감각적 모습으로는 1피트의
크기로 보이는 태양의 실제 직경은 35,750마일이기 때문이다.

---

3) 본문에는 Principe, 즉 "군주"로 되어 있다.

4) 아리스토텔레스, 《니코마코스 윤리학》 제1권 8장 참조. 어떤 견해들은 "많은 사람들이 오래전부터 주장했던 것"인데, "전적으로 틀렸을 것 같지 않다"는 것이다(이창우, 김재홍, 강상진의 번역본, 이제이북스, 2006, 33쪽 참조).

5) 말하자면 지구 직경보다 5와 1/2배 크다는 뜻이다.

그러므로 분명히 아리스토텔레스는 감각적 모습에 대해 말하려 8
고 했던 것이 아니다. 따라서 내가 단지 감각적 모습에 대하여
논박하더라도, 철학자의 의도와 어긋나는 것이 아니며, 따라서
그에게 가져야 하는 존경심을 손상시키는 것도 아니다. 그리고
내가 감각적 모습에 대하여 논박하려고 한다는 것은 분명하다.
왜냐하면 그렇게 판단하는 사람들은, 운명이 주거나 빼앗을 수 9
있는 그런 사물들에 대해 자신들이 느끼는 것을 통해서만 판단
하기 때문이다. 그들은 높은 결혼과 인척 관계들, 놀라운 건물
들, 넓은 소유지들, 강력한 지배력을 보면, 그런 것들이 고귀
함의 원인이라고, 아니, 그런 것들이 바로 고귀함 그 자체라고
믿는다. 왜냐하면 만약 그들이 합리적 모습으로 판단한다면 정
반대로, 말하자면 다음의 논고에서 알 수 있겠듯이 고귀함이
바로 그런 것들의 원인이라고 말할 것이기 때문이다.

여기에서 볼 수 있듯이 나는 철학자에 대한 존경심에 어긋나 10
지 않는 것처럼 명령권[6]에 대한 존경심에 어긋나지 않게 말하
는데, 그 이유를 설명하고자 한다. 하지만 자신의 적 앞에서 말
할 경우, 화자는 자신의 말을 매우 조심함으로써 적이 거기에
서 진실을 흐리게 할 만한 자료를 이끌어내지 못하도록 해야 하
기 때문에, 바로 수많은 적들 앞에서 말하는 이 논고에서 나는
간략하게 말할 수 없다. 그러므로 내 여담이 다소 길어지더라
도 아무도 놀라지 말기 바란다.

그러니까 내가 명령권의 위엄에 대해 불경스럽지 않다는 것을 11
증명하기 위해 먼저 '존경심'이 무엇인지 알아야 한다고 말하고
싶다. 존경심이란 명백한 증거에 대한 타당한 복종의 고백일
뿐이다. 그렇다면 '불경스러운 사람'과 '존경하지 않는 사람' 사

6) 제국으로 옮길 수도 있다(앞의 제4권 4장 7절의 역주 참조).

이를 구별해야 한다. '불경스러움'은 결핍을 함축하고, '존경하지 않음'은 부정을 함축한다. 그러므로 불경스러움은 명백한 증거에 대한 타당한 복종을 고백하지 않는 것이고, 존경하지 않
음은 타당한 복종을 부정하는 것이다. 사람은 두 가지 방식으 12
로 거부할 수 있다. 한 가지 방식으로는 타당한 고백이 결여되어 있을 때처럼 진리에 거스르면서 거부할 수 있는데, 그것이 바로 '고백하지 않는 것'이다. 다른 방식으로는 없는 것을 고백하지 않을 때처럼 진리에 거스르지 않으면서 거부할 수 있는데, 그것은 바로 '부정하는 것'이다. 가령 사람은 완전히 죽을 운명
이라는 것을 거부할 때, 엄밀하게 말해 그것은 부정이 된다. 그 13
러므로 만약 내가 **명령권**에 대한 존경심을 부정한다면, 나는 불경스러운 것이 아니라 존경하지 않는 것이다. 왜냐하면 그것은 존경심에 거스르는 것이 아니므로 존경심과 대립하지 않기 때문이다. 마치 살지 않음은 삶에 거스르는 것이 아니라, 삶의 결여인 죽음에 거스르는 것과 같다. 그러므로 죽음과 살지 않음은 서로 전혀 다른 것이다. 살지 않음은 돌멩이들 안에도 있기
때문이다. 그리고 죽음은 결여를 함축하는데, 그것은 습관을 14
갖추지 않은 것에는 있을 수 없으며, 돌멩이들은 삶을 갖추지 않고 있기 때문에, '죽었다'고 말하지 않고 '살지 않는다'고 말해야 한다. 마찬가지로 나는 이 경우 **명령권**에 대한 존경심을 갖고 있지 않아야 하므로, 그것을 거부하더라도 불경스러운 것이 아니라 존경심을 갖고 있지 않은 것인데, 그것은 오만함도 아
니고 비난할 것도 아니다. 하지만 만약 그것이 존경심이라 말 15
할 수 있다면, 존경하는 것이 바로 오만함이 될 것인데, 더 크고 진정한 불경스러움, 말하자면 뒤에서 보겠듯이 자연과 진리에 대한 불경스러움에 떨어질 수 있기 때문이다. 그리고 철학자들의 스승인 아리스토텔레스는 바로 그러한 오류를 조심하면

서 《윤리학》의 서두에서 이렇게 말한다. “만약 둘 다 친구인데, 그들 중 하나가 진리라면, 진리에게 동의해야 한다.”[7]

하지만 나는 존경하지 않는다고 말했는데, 그것은 존경심을 16
부정하는 것, 말하자면 명백한 증거에 대한 타당한 존경심을
부정하는 것이기 때문에, 어떻게 해서 그것이 고백하지 않는
것이 아니라 부정하는 것인가 보아야 한다. 말하자면 이 경우
어떻게 해서 나는 황제의 위엄에 타당하게 종속되어 있지 않는
가 보아야 한다. 그 설명은 길어야 하기 때문에, 곧바로 독립된
장에서 그것을 증명하고자 한다.

---

7) 아리스토텔레스, 《니코마코스 윤리학》 제1권 6장. 이창우, 김재홍, 강상진의 번역본(이제이북스, 2006, 22쪽)은 “친구와 진리 둘 다 소중하지만, 진리를 더 존중하는 것이 경건하다”로 옮겼다.

제 9장

이 경우, 말하자면 황제의 견해에 동의하거나 또는 논박하는 데 있어 어떻게 해서 나는 황제에게 종속되어 있지 않는가 보기 위해서는, 위의 이 논고 제 4장에서 황제의 임무에 대해 논의한 것을 머릿속에 기억해볼 필요가 있다. 말하자면 인간 삶의 완성을 위하여 황제의 권위가 만들어졌고, 또한 그것이 정당하게 우리의 모든 활동[1]을 통제하고 조절하며, 따라서 우리의 모든 활동에 대해 황제의 권위가 지배권을 갖고 있지만, 그 너머까지는 확장되지 않는다는 것을 기억할 필요가 있다. 1

인간의 모든 임무와 기술은 황제의 임무에 의해 일정한 한계 안에 제한되어 있는 것처럼, 황제의 임무는 하느님에 의해 일정한 한계 안에 제한되어 있는데, 이것은 놀랄 일이 아니다. 자연의 임무와 기술은 그 모든 활동에서 제한되어 있는 것을 볼 수 있기 때문이다. 만약 모든 것의 보편적 자연[2]을 고려해 보고 싶다면, 그것은 세상 전체, 말하자면 하늘과 땅이 펼쳐진 데까지 지배권을 갖고 있으며, 이 세상은 《자연학》 제 3권과 《천체와 세상에 관하여》 제 1권을 통해 증명되었듯이 일정한 한계 안에서 존재한다. 그러니까 보편적 자연의 지배권은 일정한 한 2

3

1) 원문에는 operazione로 되어 있고, 따라서 "작용"으로 번역할 수도 있다.

2) 본문에서 natura로 되어 있고, 따라서 "본성"으로 옮길 수도 있지만, 뒤의 논의는 말 그대로의 자연과 관련되어 있다.

계 안에 제한되어 있고, 따라서 결과적으로 그것은 특정한 자연인데, 아무 것에 의해서도 제한되지 않는 분, 말하자면 홀로 무한한 능력으로써 무한함을 이해하시는 하느님이신 최초의 선은 그 자연에 대해서도 제한을 가하신다.

그리고 우리 활동의 한계를 지각하기 위해서는, 이성과 의지 4
에 복종하는 활동만이 우리의 활동이라는 것을 알아야 한다.
왜냐하면 비록 우리에게 소화하는 활동이 있더라도, 그것은 인
간의 활동이 아니라 자연의 활동이기 때문이다. 우리의 이성은 5
서로 다르게 고찰해야 하는 네 가지 활동 방식과 관련되어 있다
는 것을 알아야 한다. 이성이 단지 고찰하기만 하고, 그중 어떤
것도 수행하지 않고 또 수행할 수도 없는 활동들이 있는데, 예
를 들면 자연적인 것들, 초자연적인 것들, 수학적인 것들이 그
렇다.[3] 또 이성이 고찰하고 자기 고유의 행위 안에서 수행하는
활동들이 있는데, 이성적 활동이라 부르는 것으로, 예를 들면
말하기 기술이 그렇다.[4] 또한 이성이 고찰하고 자기 외부의 질
료를 갖고 행하는 활동들이 있는데, 예를 들면 기계적 기술들[5]
이 그렇다. 그리고 이 모든 활동들은, 비록 그것들에 대한 고찰 6
은 우리의 의지에 의존할지라도, 그 자체로는 우리의 의지에 의존하지 않는다. 아무리 우리가 무거운 물건들이 자연에 의해 위로 올라가기를 원하더라도, 아무리 우리가 그릇된 전제 위에 세워진 삼단논법이 증명을 통해 진리로 결론지어지기를 원하더라도, 또 아무리 우리가 기울어진 집이 똑바른 집처럼 안정되

3) 그런 것들 안에서 인간은 진리를 발견할 수 있지만, 그것들을 창조할 수는 없다.

4) 논리의 사용과 같은 창조적 활동이 여기에 속한다.

5) 지성을 외부의 대상들에 적용하는 활동으로, 가령 조각 예술이 여기에 속한다.

게 서 있기를 원하더라도, 그렇게 될 수 없을 것이기 때문이다.
왜냐하면 정확하게 말하자면 우리는 그런 활동들을 만든 자가
아니라, 발견한 자이기 때문이다. 그것들은 다른 자가 정했고,
최고의 창조자께서 만드셨다.

또한 우리의 이성이 의지의 행위 안에서 고찰하는 활동들도 7
있는데,[6] 예를 들면 모욕을 주거나 도움을 주는 것, 전투에서
확고하게 지키거나 도망치는 것, 순결하게 남아 있거나 육욕에
굴복하는 것 등이 그러한데, 이것들은 완전히 우리의 의지에
복종한다. 따라서 우리는 그것들에 의해 착하거나 사악하다고
말해지는데, 그것들이 전적으로 우리의 활동이기 때문이다. 왜
냐하면 우리의 의지가 도달할 수 있는 만큼까지 우리의 활동이
확장되기 때문이다. 그리고 그 모든 의지적 활동들 안에는 간 8
직해야 할 정의가 있고, 피해야 할 불의가 있기 때문에(정의는
두 가지 이유로 상실될 수 있는데, 바로 정의가 무엇인지 모르기
때문에, 아니면 그 정의를 따르고 싶지 않기 때문에 상실될 수 있
다), 정의를 세우고 관리하기 위해 글로 쓴 법[7]이 발명되었던
것이다. 그러므로 아우구스티누스는 이렇게 말한다. "만약 이
것(말하자면 정의)을 사람들이 알았더라면, 또한 알고 나서 지
켰더라면, 글로 쓴 법은 필요 없었을 것이다."[8] 그리고 《디게
스툼 베투스》[9]의 서두에는 "글로 쓴 법은 선과 정의의 기술이

---

6) 위에서 말한 네 번째 활동이다.

7) 원문에는 Ragione로 되어 있는데(제1권 10장 3절 참조), 로마법으로 대변되는 "합법적 정의"를 가리키는 것으로 해석된다.

8) 이 구절은 아우구스티누스의 말이라고 하지만 그 구체적인 출전은 확인되지 않았다.

9) 유스티니아누스의 《디게스타》(제1권 10장 3절의 역주 참조)는 모두 50권으로 되어 있는데, 앞부분 1-24권을 가리켜 《디게스툼 베투스》(*Digestum Vetus*)라 부른다(Digestum은 단수형이고 Digesta는 복수형이다).

다"고 쓰여 있다.

그 법을 제정하고 알리고 부과하도록, 지금 우리가 말하는 9
책임자, 말하자면 **황제**가 있는 것이며, 우리는 앞에서 말한 우
리의 고유 활동이 도달하는 만큼 그에게 복종해야 하며, 그 이
상은 아니다. 그런 이유 때문에 모든 기술과 모든 직업에서 장 10
인(匠人)과 도제(徒弟)들은 그 직업과 그 기술의 범위 안에서
제일인자와 대가에게 복종하고, 또한 복종해야 한다. 그리고
그 범위를 넘어서면 복종이 사라지는데, 그 지배권이 사라지기
때문이다. 그러므로 **황제**에 대하여, 만약 그의 임무를 하나의
모습으로 형상화하고 싶다면, 그는 인간 의지의 기수(騎手)와
같다고 말할 수 있다. 기수가 없다면 그의 말이 어떻게 들판으
로 가게 될지 아주 명백한데, 특히 제대로 다스릴 어떤 수단도
없이 남아 있는 불쌍한 이탈리아에서 더욱 그렇다![10]

그리고 기술이나 대가에게 고유한 것일수록 거기에서의 복종 11
은 더 크다는 것을 알아야 한다. 왜냐하면 원인이 많을수록 그
결과도 많아지기 때문이다. 그러므로 어떤 것들은 아주 순수하
게 기술과 관련되어 있어서, 자연이 기술의 도구가 될 정도라
는 것을 알아야 한다. 가령 노를 젓는 것이 그러한데, 여기에서
는 기술이 자연의 움직임인 추진력을 자신의 도구로 삼으며,
또 밀을 탈곡하는 데 있어서는 기술이 자연의 성질인 더위를 자
신의 도구로 삼는다. 이러한 것들에서는 특히 기술의 제일인자
와 대가에게 복종해야 한다. 그리고 어떤 것들에서는 기술이 12
자연의 도구가 되는데, 그런 것들은 기술의 정도가 낮으며, 거
기에서는 장인들이 자신의 대가에게 덜 종속된다. 예를 들면

---

10) 정치 싸움으로 혼란스러웠던 당시 이탈리아의 상황을 기수 없는("안장이 비어 있는") 말에 비유한 것은 《신곡》에도 반복되어 나온다(〈연옥〉 6곡 88-89행 참조).

땅에 씨를 뿌리거나(여기에서는 자연의 의지를 기다릴 필요가 있다), 또는 항구를 떠나는 것(여기에서는 날씨의 자연스러운 배치를 기다릴 필요가 있다)이 그렇다. 그러므로 그런 것들에서는 장인들 사이에서 자주 불화가 생기고, 상급자가 하급자에게 조언을 구하는 것을 보게 된다.

또 다른 것들은 기술에 속하지 않는데도 기술과 어떤 관계가 있는 것처럼 보이고, 결과적으로 사람들이 종종 속기도 한다. 그런 것들에서 도제들은 장인이나 대가에게 종속되지 않으며, 그 기술과 관련하여 그를 믿어야 할 필요도 없다. 예를 들면 고기잡이는 항해와 관계가 없는 것처럼 보이고, 풀들의 약효에 대해 아는 것은 농업과 관계가 없는 것처럼 보인다. 실제로 그것들은 아무런 공통점도 없는데, 왜냐하면 고기잡이는 사냥의 기술에 속하고 그 지배를 받으며, 풀들의 약효를 아는 것은 의약 또는 보다 고상한 학문에 속하기 때문이다. 13

이와 비슷하게 다른 기술들에 대해 논의한 이런 것들을 우리는 황제의 통치 기술에서도 볼 수 있다. 왜냐하면 황제의 통치 기술에서 어떤 규칙들은 순수한 기술과 같은데, 예를 들면 결혼, 노예, 군대복무, 임무계승의 법률들이 그러하며, 그런 것들에서 우리는 어떤 의혹이나 의심도 없이 완전히 황제에게 복종해야 한다. 다른 법률들은 거의 자연의 추종자 같은데, 예를 들면 사람이 자신의 일을 관리할 수 있는 충분한 나이를 정하는 것이 그러하며, 그런 것들에 우리는 완전히 복종하지 않는다. 14

다른 많은 법률들은 황제의 통치 기술과 어떤 관계를 갖고 있는 것처럼 보인다(그런 것들에서 황제의 판단이 권위 있다고 믿는 사람은 속았으며 또 지금도 속고 있다). 예를 들면 젊음과 고귀함을 정의하는 것이 그러한데, 단지 그가 황제라고 해서 그런 것에 대한 그의 판단에 동의할 필요는 전혀 없다. 따라서 카이사 15

르[11]의 것은 카이사르에게, 하느님의 것은 하느님께 돌려주어
야 한다.[12] 그러므로 네로 황제가 젊음은 육체의 아름다움이며 16
강건함이라고 말한 것을 믿지도 말고 동의하지도 않아야 하며, 젊음은 자연적 삶의 최고 정점이라고 말한 사람(그가 바로 철학자일 것이다)을 믿고 동의해야 한다. 그러므로 고귀함에 대해 정의하는 것은 황제의 통치 기술에서 고유한 것이 아니라는 것이 명백하다. 그리고 만약 고귀함에 대해 다루는 것이 그의 기술에 속하지 않는다면 우리는 그에게 종속되지 않으며, 만약 우리가 그에게 종속되지 않는다면 그것에 있어서는 그를 존경하지 않아도 된다. 이것이 바로 우리가 찾고 있던 결론이다.

그러므로 이제 완전히 자유롭고 완전히 확신 있는 마음으로 17
위에서 말한 견해들의 가슴에 타격을 가하고 그것들을 땅바닥에 내동댕이쳐서, 이러한 나의 승리를 통해, 진실한 견해가 자신의 빛을 강력하게 비춰 주는 사람들의 마음속에 확고하게 심어지도록 해야 한다.

---

11) 여기에서 카이사르는 구체적인 역사적 인물(제3권 5장 12절 참조)을 가리키는 것이 아니라, 일종의 환유로 "황제"를 뜻한다.

12) 새 번역 《성경》은 "황제의 것은 황제에게 돌려주고, 하느님의 것은 하느님께 돌려 드려라"로 옮기고 있다. 〈마태오 복음서〉 22장 21절, 〈마르코 복음서〉 12장 17절, 〈루카 복음서〉 20장 25절 참조.

제 10장

고귀함에 대한 다른 사람의 견해들을 제시하고 그 견해들을 논박하는 것이 합당하는 것이 증명되었으므로, 이제 나는 그것을 논박하는 부분에 대한 논의로 돌아갈 것인데, 그것은 위에서 말했듯이 "'사람은 영혼 있는 나무토막이다' 라고/ 정의하는 사람은"으로 시작한다. 그러므로 황제의 견해는 비록 "결함과 함께" 그것을 제시하고 있지만, 한 군데 세부, 즉 "좋은 행동들"이라 말한 곳에서는 고귀함의 행동들에 대해 말했으며, 따라서 그 부분에 대해서는 논박하지 않고자 한다. 고귀함의 본성과 완전히 어긋나는 다른 세부에 대해 논박하고자 하는데, 거기에서는 "재물의 오랜 소유"라고 말하면서 두 가지, 말하자면 시간과 재물에 대해 말하는 것처럼 보인다. 그것들은 앞에서 말했듯이, 또 다음에서 증명되겠듯이, 고귀함에 완전히 이질적인 것이다. 그러므로 논박은 두 부분에서 이루어지는데, 먼저 재물이 고귀함의 원인이라는 것을 논박하고, 다음에 시간이 그렇다는 것을 논박할 것이다. 둘째 부분은 "그들은 비천한 사람이 고귀해지거나"로 시작한다. 그리고 재물에 대해 논박하면, 단지 재물에 대해 말하는 부분에서 황제의 견해뿐만 아니라, 오로지 재물에만 전적으로 토대를 두고 있는 민중의 견해까지 함께 논박된다는 것을 알아야 한다. 첫째 부분은 두 구역으로 나뉘는데, 첫째 구역에서는 황제가 고귀함을 잘못 정의하였다고 전체적으로 말하고, 둘째 구역에서는 왜 그런지 이유를 설명할 것이다. 이 둘째 구역은 "재물이란, 사람들이 믿듯이"로 시작한다.

그러니까 "'사람은 영혼 있는 나무토막이다' 라고/ 정의하는 4
사람"은 무엇보다 "우선 사실을 말하지 않는다"고, 말하자면 "나무토막"이라고 말하는 데에서 잘못이라고 말한다. 그리고 그는 "전체적으로 말하지 않는데", 말하자면 결함 있게 말하는데, 사람을 동물과 구별하는 것으로서 "이성 있는"이라 말하지 않고
"영혼 있는"이라고 말하기 때문이다. 그런 다음 나는 "통치를 했 5
던 사람"이 그렇게 잘못 정의하였다고 말하는데, "황제"라 말하지 않고 "통치를 했던 사람"이라고 말한 이유는, 위에서 말했듯이 그렇게 결정하는 것은 황제의 임무에서 벗어난다는 것을 보여주기 위해서였다. 또한 마찬가지로 그는 그릇되게 대대로 물려받은 재산을 고귀함의 원인으로 본 데에서 잘못하였고, 뒤이어 다음에 살펴보겠듯이, 고귀함의 모든 형식적 측면이 아니라 아주 작은 부분만 포함하는 "결함 있는 형식" 또는 차이, 말하자면 "좋은 행동들"을 받아들였다고 말한다.

그리고 비록 칸초네에서 말하지 않지만, 황제는 비록 그에 6
대한 명성에 의하면 논리적이고 박식할지라도, 단지 정의의 부분들에서만 잘못한 것이 아니라 정의하는 방식에서도 잘못했다는 점을 간과하지 않아야 한다. 왜냐하면 고귀함에 대한 정의는 그 원인이 아니라 결과에 의해 보다 합당하게 이루어질 것이기 때문이다. 그것은 선행하는 것들을 통해서는 알 수 없고 후행하는 것에 의해서만 알 수 있는 원인을 근거로 하는 것처럼 보이기 때문이다.

그리고 "재물이란, 사람들이 믿듯이" 하고 말하면서, 나는 재 7
물이 천박하기 때문에 고귀함의 원인이 될 수 없다고 말한다. 또한 재물은 고귀함과 완전히 동떨어져 있기 때문에 고귀함을

빼앗을 수도 없다고 말한다. 그리고 한 가지 가장 크고 명백한 결함으로 인해 재물은 천박하다고 증명하는데, "재물은 분명히 천박하다"고 말하면서 그렇게 증명한다.

마지막으로 위에서 말한 것을 통해 올바른 마음은 재물의 변 8
화에도 동요하지 않는다고 결론을 내린다. 그것은 위에서 말한
것을 증명하는데, 재물은 고귀함과 어떤 연결 관계도 없기 때
문에 동떨어져 있다는 것이다. 여기에서 철학자가 원하듯이, 무
엇인가를 결정하는 것은 모두 먼저 그것의 존재 안에 완벽하게
들어가 있어야 한다는 것을 알아야 한다. 그러므로 《형이상
학》 제 7권에서 이렇게 말한다. "어떤 사물이 다른 사물에서 생
성할 때, 그것의 존재 안에 존재하였기 때문에 거기에서 생성
한다."[1] 또한 철학자가 《자연학》 제 7권과 《생성과 소멸에 관하 9
여》 제 7권에서 말하듯이, 부패하는 모든 것은 이전의 어떤 변
화를 거쳐 그렇게 부패하며, 변화되는 모든 것은 변화의 원인
과 연결되어 있어야 한다는 것을 알아야 한다.

이런 것을 제시하였으니, 이제 계속하여 나는 사람들이 믿는 10
것처럼 재물은 고귀함을 줄 수 없다고 말한다. 그리고 고귀함과는 완전히 다르다는 것을 보여주기 위해, 나는 재물이 고귀함을 가진 자에게서 빼앗지 못한다고 말한다. 또한 고귀함을 줄 수도 없는데, 재물이란 원래 천박하기 때문이며, 또한 그 천박함으로 인해 고귀함과 대립되기 때문이다. 여기에서 천박함이란 퇴락을 의미하는데, 그것은 고귀함과 대립된다. 왜냐하면

---

1) 단테가 인용하는 구절과 정확하게 일치하는지 알 수 없으나 아리스토텔레스의 《형이상학》 제7권 7장에 이런 구절이 나온다. "아무것도 앞서 주어져 있지 않다면, 어떤 것이 생겨난다는 것은 불가능하다. 그렇다면, 분명히 (생겨날 것의) 일부가 반드시 주어져 있어야 한다"(김진성의 번역본, 이제이북스, 2007, 310쪽).

대립되는 것은 다른 대립되는 것을 발생시키지 않고 또 발생시
킬 수도 없기 때문인데, 칸초네에서 "어떤 형상을 그리는 사람
은/ 그 형상이 되지 않으면 그릴 수 없다"고 말하면서 간단하게
덧붙이듯이 위에서 말한[2] 이유 때문에 그렇다. 따라서 어떤 화 11
가도 만약 어떤 형상이 되어야 하는지 먼저 마음속으로 그려보
지 않는다면 아무런 형상도 그릴 수 없을 것이다. 또한 고귀함
을 빼앗을 수도 없는데, 고귀함과 멀리 떨어져 있기 때문이며,
위에서 말했듯이 어떤 것을 변화시키거나 부패시키는 것은 그
것과 연결되어 있어야 한다는 이유 때문이다. 따라서 이렇게 12
덧붙인다. "곧게 솟은 탑은, 멀리서 흐르는/ 개울이 굽힐 수 없
다네." 이것은 앞에서 말한 것과 비슷하게, 재물은 고귀함을 빼
앗을 수 없다는 것을 의미하고, 따라서 고귀함은 곧게 솟은 탑
과 같고, 재물은 멀리서 흐르는 개울과 같다고 말한다.

---

2) 위의 제4권 10장 8절 참조.

제 11장

이제 어떻게 재물이 천박한지, 그리고 어떻게 고귀함과 분리 1
되어 있고 멀리 떨어져 있는지 증명하는 일만 남아 있다. 그리
고 그것은 칸초네의 두 세부에서 증명되는데, 본 장에서는 그
것에 대해 논의하고자 한다. 그것을 설명하고 나면 내가 말한
것, 말하자면 재물은 천박하고 고귀함과 멀리 떨어져 있다는
것이 명백해질 것이며, 또한 그 결과 위에서 재물에 반대하여
논의한 것이 완벽하게 증명될 것이다.

그래서 나는 "재물은 분명히 천박하고 불완전하다"고 말한다. 2
그리고 말하고자 하는 것을 밝히기 위해, 모든 사물의 천박함
은 그것의 불완전함에서 나오고, 마찬가지로 고귀함은 완전함
에서 나온다는 것을 알아야 한다. 그러므로 사물은 완전할수록
그 본성에서 고귀하고, 불완전할수록 천박하다. 결과적으로 재
물이 불완전하므로 천박하다는 것은 명백하다. 재물이 천박하 3
다는 것을 칸초네에서는 "아무리 많이 모은다 해도 마음을/ 편
안하게 만들지 못하고 더욱 괴롭힌다"고 말하면서 간단하게 증
명한다. 여기에서 그 불완전함이 명백해질 뿐만 아니라, 그 조
건이 가장 불완전하고, 따라서 가장 천박하다는 것도 명백해진
다. 그것은 루카누스가 재물에게 말하면서 분명히 증언한다.
"싸움도 없이 법은 무너졌고, 사물들의 가장 천박한 부분인 재
물이여, 네가 전투를 이끌었구나."[1]

그것의 불완전함은 간략하게 세 가지에서 분명히 볼 수 있 4
다. 첫째는 그 나타남에서의 무분별함이고, 둘째는 그 증가에서의 위험함이고, 셋째는 그 소유에서의 해로움이다. 그것을 증명하기 전에, 여기에서 나타나는 것처럼 보이는 의혹을 밝혀야 한다.

황금, 진주, 토지 소유는 고유의 본질에서 완전한 형식과 현 5
실성을 갖고 있기 때문에, 그것들이 불완전하다고 말하는 것은 사실이 아닌 것처럼 보인다는 점이다. 그러므로 그 자체로 고찰한다면 그것들은 완전하며, 재물이 아니라 바로 황금과 진주이지만, 사람의 소유물로 정해질 경우 그것들은 재물이고, 바로 그런 의미에서 불완전하다는 것을 알아야 한다. 한 사물이 서로 다른 측면에서 볼 때 완전하거나 불완전하다는 것은 불합리하지 않기 때문이다.

그것의 불완전함은 첫째로 그 나타남에서의 무분별함에서 찾 6
아볼 수 있다. 거기에서는 분배의 정의가 전혀 보이지 않고, 거
의 언제나 완전한 불의가 나타나는데, 그 불의가 바로 불완전
함의 결과이다. 재물이 나타나는 방식들을 고려해 보면, 그것 7
들은 모두 세 가지로 요약될 수 있기 때문이다. 재물은 가령 의도나 바람 없이 생각하지도 않은 어떤 발견에 의한 경우처럼 순수한 행운에서 나타나거나, 아니면 유언이나 상호 계승에 의한 경우처럼 이성의 도움을 받은[2] 행운에서 나타나거나, 아니면 합법적 획득이나 불법적 획득에 의한 경우처럼 이성을 도와주는 행운에서 나타난다. 합법적 획득은 기술이나 상업, 또는 유익한 봉사를 통해 얻는 것을 말하고, 불법적 획득은 도둑질이나 강탈을 통해 얻는 것을 말한다.

---

1) 루카누스(제3권 3장 7절 참조)의 《파르살리아》 제3권 119-121행 참조.

2) 합당한 권리가 포함되어 있다는 것을 의미한다.

그 세 가지 방식 각각에서 내가 말하는 불의를 볼 수 있는데, 8
감추어져 있다가 발견되거나 다시 되찾아지는 재물은 선한 사람들보다 악한 사람들에게 더 많이 나타나기 때문이다. 이것은 너무나도 명백해서 증명할 필요도 없다. 사실 나는 토스카나[3]에 있는 팔테로나[4]라는 산 옆에 있는 어느 장소를 본 적이 있는데, 그 지방 전체에서 가장 천박한 시골뜨기가 땅을 파다가 한 말[5]이 넘는 순은(純銀) 산텔레나[6]를 발견하였다. 아마 2천
년이 넘도록 그를 기다리고 있었던 것이다. 그런 불의를 보았 9
기 때문에 아리스토텔레스는 "사람은 지성에 복종하는 만큼 행운에 덜 복종한다"고 말했던 것이다.[7]

또한 나는 유언이든 상속이든 유산이 선한 사람들보다 악한 10
사람들에게 더 많이 나타난다고 말했는데, 그것에 대해서는 증거를 제시하고 싶지 않다. 하지만 각자 자기 주변으로 눈을 돌려보면, 내가 특정한 사람을 비난하지 않으려고 침묵하는 것을 볼 수 있을 것이다. 그러므로 프로방스 사람[8]이 요구한 대로

---

3) 토스카나(Toscana)는 피렌체를 중심으로 하는 이탈리아 중부의 지방이다.

4) 팔테로나(Falterona)는 피렌체 동쪽 아펜니니 산맥에 있는 해발 1,654미터의 산으로, 피렌체를 가로질러 흐르는 아르노 강이 이곳에서 발원한다.

5) 원문에는 staio로 되어 있는데, 로마 시대부터 사용하던 단위로 이탈리아에서는 20리터에서 80리터에 이르기까지 지방마다 그 크기가 달랐다.

6) 산텔레나(Santelena)〔또는 산탈레나(Santalena)〕는 비잔티움에서 제작된 동전으로 그리스도교를 공인했던 로마 황제 콘스탄티누스의 어머니인 성녀 헬레나〔이탈리아어로는 산텔레나(sant'Elena)〕의 모습이 새겨져 있어서 그렇게 불렀다. 하지만 일반적으로 고대의 모든 동전을 가리키는 용어로도 사용되었다.

7) 아리스토텔레스, 《자연학》 제2권 8장 참조. 아마 이에 대한 토머스 아퀴나스의 주석에서 인용한 것으로 짐작된다.

8) 뒤이어 단테가 인용하는 문장과 비슷한 의미의 시를 썼던 프로방스 출신 음유시인 카드네(Cadenet, 1160?~1235) 또는 지로 드 보르넬(Giraut de

실현되는 것, 말하자면 선을 상속받지 않은 자는 재물의 상속
을 박탈당하는 것을 하느님께서 원하셨다면 좋을 텐데!

그리고 나는 재물의 발견이 바로 선한 사람들보다 악한 사람 11
들에게 더 많이 나타난다고 말했는데, 불법적 이익은 선한 사람들이 거부하니까 그들에게 절대로 나타나지 않기 때문이다. 또한 어떤 선한 사람이 무력이나 기만으로 이익을 얻으려고 하겠는가? 그것은 절대 불가능한데, 불법적 행위를 선택하는 순간 그는 더 이상 선한 사람이 아닐 것이기 때문이다. 그리고 합법적 이익이 선한 사람들에게 나타나는 경우도 드문데, 왜냐하면 그것은 많은 관심을 요구하는데, 선한 사람의 관심은 더 중요한 것들을 지향하고 있으며, 선한 사람이 거기에 관심을 기울이는 경우는 드물기 때문이다.

그러므로 모든 방식에서 재물은 불의하게 나타난다는 것이 12
명백하다. 그렇기 때문에 우리 주님께서는 그것이 불의하다고
말하셨고, "불의한 돈으로 너희 자신에게 친구를 만들어라"[9]
하고 말씀하시면서, 친구를 만들어주는 자선의 관용을 사람들
에게 북돋우고 권하셨던 것이다. 그리고 가치 있는 사람들의 13
마음이 그렇듯이, 완전한 것을 갖고 얻기 위하여 그 가장 불완
전한 것을 주는 사람은 얼마나 멋진 교환을 하는 것인가! 그런
교환은 매일 할 수 있다. 그것은 분명히 다른 거래들과는 완전
히 다른 거래이다. 왜냐하면 자선으로 한 사람을 산다고 믿었
는데, 수많은 사람들을 샀기 때문이다. 그리고 고귀한 자선들 14
을 통해 알렉산드로스[10]가 지금도 누구의 가슴속에 남아 있지

Bornelh, 1138?~1215)을 가리키는 것으로 짐작된다.

9) 〈루카 복음서〉 16장 9절 참조. 새 번역 《성경》은 "불의한 재물로 친구들을 만들어라"로 옮기고 있다.

10) 마케도니아의 알렉산드로스 대왕은 많은 자선과 관용을 베풀었다고 한다.

않겠는가? 또 카스티야의 착한 왕,[11] 또는 살라딘,[12] 또는 몬페라토의 착한 후작,[13] 툴루즈의 착한 백작,[14] 또는 보른의 베르트랑,[15] 또는 몬테펠트로의 갈라소[16]는 지금도 누구의 가슴 속에 남아 있지 않겠는가? 그들의 자선에 대해 언급하면 분명 기꺼이 똑같이 할 사람들뿐만 아니라, 그렇게 하는 것보다 차라리 먼저 죽고 싶다고 생각하는 사람들까지 그들에 대한 기억에서 사랑을 간직할 것이다.

---

11) 1158년부터 스페인 카스티야와 레온의 왕이었던 알폰소(Alfonso) 7세(1155~1214)를 가리킨다.

12) 1174년부터 이집트와 시리아를 지배하던 술탄으로 유럽에는 살라딘(Saladin, 1137~1193)이라는 이름으로 알려졌다. 그는 십자군 전쟁으로 세운 예루살렘 왕국을 1187년에 정복하였는데, 특히 훌륭하고 너그러운 군주로 널리 알려져 있었다. 《신곡》에서 단테는 그를 덕성 있는 이교도로 지옥의 림보(Limbo)에 배치하고 있다(〈지옥〉 4곡 129행 참조).

13) 이탈리아 북부 몬페라토(Monferrato) 지방의 후작 보니파치오(Bonifacio) 2세(1202?~1253)를 가리킨다.

14) 프랑스 툴루즈의 백작이자 프로방스의 후작이었던 레이몽(Raymond) 5세(1134~1194)를 가리킨다.

15) 보른의 베르트랑(Bertran de Born, 1140?~1215?)은 프랑스 남부 지방의 귀족이자 프로방스 문학의 대표적 시인이었다. 《신곡》에서 단테는 그를 지옥 제8원의 아홉째 구렁, 즉 불화를 조장한 죄인들 사이에 두고 있는데(〈지옥〉 28곡 121행 이하 참조), 그가 영국 왕 헨리 2세의 신하였을 때 장남 헨리 3세를 부추겨 아버지를 모반하도록 교사했기 때문이라고 한다.

16) 이탈리아 북동부 몬테펠트로(Montefeltro) 지방의 갈레아초(Galeazzo, ?~1300)를 가리키는데, 그는 구이도(제4권 28장 8절 참조)의 사촌으로 기벨리니(Ghibellini), 즉 황제파의 우두머리였다.

제 12장

위에서 말했듯이 재물의 불완전함은 단지 그것이 나타나는 1
데에서 뿐만 아니라 증가하는 데 있어서의 위험함에서도 관찰
할 수 있다. 그리고 거기에서 재물의 결점을 더 많이 볼 수 있
기 때문에, 칸초네는 거기에 대해서만 언급하면서 “아무리 많이
모은다 해도” 평안함을 주지 못할 뿐만 아니라, 더 많은 갈증을
주고 사람들을 더욱 결함 있고 불충분하게 만든다고 말한다.

또한 여기에서 알아야 하는데, 결함이 있는 것들은, 그 결함 2
이 겉으로 드러나지 않고 완전함의 겉모습 아래에 불완전함이
감추어져 있도록 결함을 갖고 있을 수도 있고, 완전히 드러나
있어서 겉모습에서 분명하게 불완전함을 알아볼 수 있도록 갖
고 있을 수도 있다. 처음부터 자신의 결함을 드러내지 않는 것 3
들이 더 위험한데, 그것들에 대해서는 자주 경계할 수 없기 때
문이다. 예를 들면 배신자의 경우가 그러한데, 그는 표면적으
로는 친구처럼 보이고, 그래서 자신을 믿도록 만들지만, 우정
의 겉모습 아래 적의의 결함을 감추고 있다. 그런 식으로 재물
은 증가하는 데에서 위험하게 불완전한데, 약속하는 것을 뒤엎
고 정반대의 것을 가져오기 때문이다. 그 거짓 배신자[1]는 언제 4
나 모으는 자에게 일정한 양을 모으면 완전한 충족을 주겠다고

1) 재물.

약속하며, 그런 약속으로 인간의 의지를 탐욕의 악덕으로 인도
한다. 그렇기 때문에 보에티우스는 《철학의 위안》에서 재물이
위험하다고 하면서 이렇게 말한다. "세상에! 감춰진 황금덩이
와 숨겨져 있기 원하던 보석들, 그 귀중한 위험들을 맨 처음 파
낸 자는 누구였는가?"[2] 잘 살펴보면 그 거짓 배신자는 모든 갈 5
증과 모든 결핍을 없애고, 모든 충족과 넉넉함을 가져다주겠다
고 약속한다. 그렇게 해서 처음에는 모든 사람에게 어느 정도
양의 재물이 증가하는 동안에는 그 약속을 보장한다. 그리고
일정한 양이 모인 다음에는 충족과 해갈(解渴) 대신 참을 수 없
고 타오르는 갈증을 가슴속에 가져다주며, 넉넉함 대신 새로운
목표,[3] 즉 더 많은 양에 대한 욕망을 가져다주고, 거기에 도달
하면 획득한 재물에 대한 걱정과 커다란 두려움을 가져다준다.
그러므로 기게로는 《스토아 철학자들의 역설들》에서 재물을 비 6
난하며 이렇게 말한다. "나는 사람들이 좋다거나 바람직하다고
말하는 것들 중에서 그 사람들의 돈이나, 화려한 집이나, 재물
이나, 권력이나, 그들이 많이 사로잡혀 있는 쾌락을 고려해본
적이 분명히 한 번도 없다. 왜냐하면 나는 그런 것들을 풍족하
게 가진 사람들이 자신에게 풍족한 그것들을 더 많이 원하는 것
을 분명히 보았기 때문이다. 그러므로 탐욕의 갈증은 영원히
채워지거나 충족될 수 없다. 그리고 그들은 갖고 있는 것을 늘
리고 싶은 욕망 때문에 괴로워할 뿐만 아니라, 그것을 잃지 않

---

2) 《철학의 위안》 제2권 운문 5, 27-30행. 정의채의 번역본(바오로딸, 2007〔제3판〕, 64-65쪽)은 "아아! 이 짓을 벌인 그 첫 사람 누구였을까?/ 땅 속에 묻힌 황금과/ 숨은 보석을 캐내어/ 인간의 함정을 파놓은/ 그가 누구였을까?"로 옮기고 있는데, 시의 행들을 임의적으로 바꾸어 이 구절이 30-35행에 있다.

3) 재물을 얼마만큼 더 모을 것인가 새롭게 정하는 목표를 가리킨다.

을까 두려움에도 괴로워한다."[4] 이것은 모두 키케로의 말이며, 위에 말한 책에 그렇게 쓰여 있다. 그리고 그 불완전함에 대한 7
더 큰 증거로 보에티우스는 《철학의 위안》에서 이렇게 말한다. "바람에 의해 동요된 바다가 일으키는 수많은 모래만큼, 반짝이는 수많은 별들만큼, 재물의 여신이 풍성히 주는데도, 사람들은 탄식을 그치지 않을 것이다."[5]

그것을 증명하려면 더 많은 증거가 필요하기 때문에, 재물에 8
반대하여 솔로몬과 그의 아버지[6]가 말한 것을 동원하고, 세네카가 특히 루킬리우스[7]에게 편지를 쓰면서 재물에 반대하여 말한 것, 호라티우스[8]가 말한 것, 유베날리스[9]가 말한 것, 간단히 말해 모든 저자, 모든 시인이 말한 것, 진실한 《성경》이 재물에 반대하여 모든 결함들로 가득한 거짓된 매춘부라 불렀던 것을 동원하도록 하자. 그리고 눈으로 확인한 믿음을 갖도록,

---

4) 원문에는 *De Paradoxo*로 되어 있는데, 키케로의 저술 *Paradoxa Stoicorum*을 가리킨다(줄여서 《역설》로 부르기도 한다). 이 책은 스토아학파 철학자들의 윤리적 견해들을 설명하고 정리한 것이다. 인용된 구절은 〈역설 1〉 6절에서 나온 것이다.

5) 《철학의 위안》 제2권 운문 2, 1-8행 참조. 정의채의 번역본(바오로딸, 2007〔제3판〕, 49쪽)은 "성난 파도, 바다를 출렁일 제/ 얼마나 많은 모래를 일게 하며/ 맑은 밤하늘엔/ 얼마나 많은 별들이 반짝이는가./ 저만큼 많은 재보(財寶)를 쌓아놓고/ 풍성한 열매를 거둘지라도/ 인간은 결코 만족으로 모르고/ 언제나 불평과 불만으로/ 탄식을 그치지 않는다"로 옮기고 있다.

6) 다윗을 가리킨다.

7) 루킬리우스 유니오르(Lucilius Junior)는 세네카(제1권 8장 16절 참조)의 친구로 이른바 《루킬리우스에게 보낸 도덕적 서간들》(*Epistulae morales ad Lucilium*)은 모두 124편의 편지로 되어 있다.

8) 제2권 13장 10절 참조.

9) 유베날리스(Decimus Junius Juvenalis)는 서기 1세기 후반에서 2세기 초반에 활동했던 로마 시인으로 모두 16편으로 이루어진 《풍자시집》(*Satires*)을 남겼다.

재물을 뒤쫓는 사람들의 생활을 살펴보고, 재물을 모았을 때 그들이 얼마나 확신 있게 살아가는지, 얼마나 만족해하는지,
얼마나 편안하게 쉬는지[10] 살펴보자. 누군가가 재물을 새롭게 9
축적하는 것 이외에 다른 무엇이 도시들과 구역들, 개개인들을 날마다 위험하게 만들고 죽이는가? 그런 축적은 새로운 욕망을 들춰내고, 누군가에 대한 손해 없이는 그런 욕망의 목표에 도달할 수 없다. 두 가지 법, 말하자면 교회법과 로마법은 재물을 축적할수록 더 커지는 탐욕에 대비하는 것 이외에 다른 무엇을 억제하려고 하겠는가? 만약 시작 부분, 즉 그 기록의 시작 부분을 읽어 본다면, 두 가지 법은 아주 분명히 그것을 증명한다.

아무리 많이 축적해도 거기에서 단지 불완전함만 나올 것이 10
니, 재물은 늘어남에 따라 더욱더 불완전하다는 것은, 오, 얼마나 명백한가! 아니, 지극히 명백하지 않은가! 이것이 바로 칸초네가 말하는 것이다.

그런데 여기에서 질문 하나가 의문으로 일어나는데, 거기에 11
대해 대답하지 않고 넘어갈 수 없다. 진실을 비방하는 누군가는 이렇게 말할 수 있다. 만약 획득함으로써 욕망이 증가하기 때문에 재물이 불완전하고 따라서 천박하다면, 그와 마찬가지 이유로 지식의 습득은 언제나 지식에 대한 욕망을 증대시키기 때문에, 지식도 불완전하고 천박하다고 말이다. 그래서 세네카는 "한쪽 발이 무덤 속에 들어가 있더라도 나는 배우고 싶다"고 말
한다.[11] 하지만 지식이 불완전함으로 인해 천박하다는 것은 사 12
실이 아니다. 그러니까 전제의 결과가 무너지므로 욕망의 증가가 재물에게 천박함의 원인이 되는 것은 아니다. 지식이 완전하다는 것은 철학자가 《윤리학》 제 6권에서 지식이란 확실한 사물

---

10) 반어적이고 빈정거리는 표현이다.

11) 세네카, 《루킬리우스에게 보낸 도덕적 서간들》 제76번 3절 참조.

들에 대한 완전한 설명[12]이라고 말하는 것에서 명백하다.[13]

그런 질문에는 간단하게 대답해야 한다. 하지만 먼저 질문에 13
서 제기하듯이 지식의 습득이 욕망을 증가시키는지, 그리고 그
것이 옳은지 보아야 한다. 그래서 말하지만, 지식과 재물의 획
득에서뿐만 아니라, 비록 방식은 서로 다르지만 모든 획득에
있어 인간의 욕망은 증가한다. 그 이유는 이렇다. 모든 사물의 14
최고 욕망, 먼저 자연에 의해 주어진 욕망은 자신의 최초 기원
으로 돌아가는 것이다. 그런데 하느님께서는 우리 영혼의 기원
이시며, 당신과 비슷하게 영혼을 창조하신 분이므로("우리와 비
슷하게 우리 모습으로 사람을 만들자"[14] 고 쓰여 있듯이), 영혼은
그분에게로 돌아가려고 최대한 욕망한다. 그리고 마치 전혀 가 15
본 적이 없는 길을 가는 순례자는 멀리 보이는 집이 모두 여관
이라고 생각하는데, 그렇지 않은 것을 발견하면 자신의 믿음을
다른 집으로 돌리고, 그렇게 마침내 여관에 도착할 때까지 이
집에서 저 집으로 옮기는 것처럼, 우리의 영혼은 새롭고 전혀
가보지 않은 이승 삶의 길에 들어서자마자 자기 눈을 최고선의
목표로 지향하고, 따라서 무엇이든지 그 자체로 어떤 선을 갖
고 있는 것처럼 보이는 것을 보면, 그것이 바로 최고선이라고
믿는다.[15] 그리고 그의 지식은 경험이나 가르침의 부족으로 인 16
해 처음에는 불완전하기 때문에, 작은 것들이 크게 보이고, 따
라서 먼저 그 작은 것들부터 욕망하기 시작한다. 그러므로 어

---

12) 원문에는 ragione로 되어 있다.

13) 아리스토텔레스, 《니코마코스 윤리학》 제6권 3장 참조.

14) 〈창세기〉 1장 26절.

15) 〈고린토 신자들에게 보낸 둘째 서간〉 5장 6절 참조. 우리 영혼의 고향은 천국이며, 따라서 지상에서의 삶은 바로 순례자의 길과 같다는 관념은 중세에 널리 퍼져 있던 토포스로 《신곡》의 첫머리에서도 다시 나타난다.

린아이들은 무엇보다도 사과 하나를 원하고, 또 나이가 들어가면서 작은 새를 원하고, 또 더 나이가 들면 멋진 옷을 원하고, 그 다음에는 말〔馬〕을 원하고, 그 다음에는 여자, 그 다음에는 많지 않은 재산, 그 다음에는 많은 재산, 그 다음에는 더 많은 것을 원한다. 이런 일이 일어나는 것은, 그 어느 것에서도 자기가 찾고 있는 것을 발견하지 못하고, 더 너머에서 발견할 것으로 믿기 때문이다.

그러므로 우리의 눈앞에서 욕망의 대상은 다른 것 앞에 있다 17
는 것을 알 수 있는데, 마치 피라미드와 같은 방식으로 처음에는 가장 작은 것이 다른 모든 것을 덮고 있으며, 그것이 욕망의 최종 대상, 말하자면 모든 것의 토대이신 하느님의 정점이다. 그리하여 그 정점에서 토대를 향해 나아감에 따라 욕망의 대상들은 더 크게 보이는데, 그것이 바로 인간의 욕망이 하나 또 하나 얻을수록 더욱 커지는 이유이다.

하지만 그렇기 때문에 마치 지상의 길들처럼 오류로 인해 그 18
길을 잃어버릴 수도 있다.[16] 마치 한 도시에서 다른 도시까지는 필연적으로 하나의 가장 좋고 가장 올바른 길이 있고, 또 거기에서 완전히 멀어지는 다른 길(말하자면 전혀 다른 쪽으로 가는 길)이 있으며, 또 약간 더 멀거나 약간 더 가까운 다른 많은 길들이 있는 것과 마찬가지로, 인생에는 다양한 길들이 있으며, 그중에서 하나는 가장 진실하고, 또 다른 하나는 가장 그릇되고, 또 어떤 길들은 덜 그릇되고 어떤 길들은 덜 진실하다.
그리고 가장 똑바르게 도시로 가는 길은 욕망을 충족시키고 노 19
고 뒤에 평온을 주며, 정반대로 가는 길은 절대로 욕망을 충족시키지 못하고 평온을 줄 수 없는 것처럼, 우리의 인생에서도

---

16) 《신곡》의 서두에서 단테는 인생의 중반에서 올바른 길을 잃고 어두운 숲 속에서 헤매고 있었다고 고백한다.

똑같은 일이 일어난다. 즉 현명한 여행자는 목적지와 평온함에 도달하고, 그릇된 여행자는 절대로 거기에 도달하지 못하며, 자기 마음의 수많은 노고와 함께 언제나 욕망에 넘치는 눈으로 앞을 바라본다.

그러므로 비록 이런 설명이 위에서 제기한 질문에 완전하게 20
대답하지는 않지만, 최소한 대답에 대한 길을 열어주는데, 우리의 모든 욕망이 모두 똑같은 방식으로 확장되지는 않는다는 것을 보여주기 때문이다.

하지만 이 장이 상당히 길어졌기 때문에, 새로운 장에서 대 21
답해야 하는데, 지금 재물에 반대하여 논의하고자 하는 모든 논의가 거기에서 종결될 것이다.

제 13장

질문에 대한 대답으로 나는 지식의 욕망이, 비록 앞에서 말 1
했듯이 어떤 방식으로 확장되기는 하지만, 증가한다고 적절하
게 말할 수 없다고 말하고 싶다. 왜냐하면 적절하게 말하자면
증가하는 것은 언제나 하나인데, 지식의 욕망은 언제나 하나가
아니라 여러 개이며, 하나가 끝나면 또 다른 것이 오고, 따라서
적절하게 말하자면 그것의 확장은 증가가 아니라, 작은 것에서
큰 것으로의 진행이다. 왜냐하면 만약 내가 자연적 사물의 원 2
리들을 알고 싶다면 그것을 알자마자 내 욕망은 충족되고 또 종
결되기 때문이다. 그런데 그 다음에 만약 내가 그 각각의 원리
가 무엇이고 또 어떻게 되어 있는지 알고 싶다면, 그것은 새로
운 또 다른 욕망이다. 그런데 이 새로운 욕망이 나타났다고 해
서, 다른 욕망[17]이 내게 주었던 완전함이 없어지지 않으며, 그
러한 확장은 불완전함의 원인이 아니라 바로 더 커다란 완전함
의 원인이 된다. 그러나 재물에 대한 욕망은 바로 증가인데, 재
물은 언제나 하나로 남아 있으며, 따라서 거기에서는 어떤 진
행도 보이지 않고 어떤 종결이나 어떤 완전함도 없다.

그런데 만약 누군가가 마치 자연적 사물의 원리들을 알고 싶 3
은 욕망과, 그 원리들이 무엇인가 알고 싶은 욕망은 서로 다른

---

17) 자연적 사물의 원리들을 알고 싶어 하는 처음의 욕망.

것처럼, 100마르크[18]에 대한 욕망과 1,000마르크에 대한 욕망
은 서로 다르다고 반박한다면, 나는 사실이 아니라고 대답하겠
다. 왜냐하면 100은 1,000의 일부이며, 마치 선(線)의 일부가
전체 선, 즉 그 위에서는 단 하나의 운동으로 나아가고 어떤 부
분에서도 운동의 완전함이나 진행이 전혀 없는 전체 선의 일부
인 것과 마찬가지이기 때문이다. 하지만 자연적 사물의 원리들 4
에 대해 아는 것과, 각 개별 원리가 무엇인지 아는 것은 하나가
다른 하나의 일부가 아니고, 두 가지 모두 서로 다른 선과 관련
되어 있으며, 그 위에서는 단 하나의 운동으로 나아가지 않고
한 선의 운동이 완결되면 다른 선의 운동이 이어지는 것과 같
다. 그러므로 질문에서 제기하듯이, 재물이 재물에 대한 욕망 5
으로 인해 불완전한 것처럼, 지식이 지식에 대한 욕망으로 인
해 불완전하다고 말하지 않아야 한다는 것이 분명하다. 왜냐하
면 지식의 욕망에서는 욕망들이 계속해서 종결되고 따라서 완
전함에 이르지만, 재물에서는 그렇지 않기 때문이다. 그러므로
그 문제는 해결되었고, 이제 존재할 이유도 없다.

그런데도 반대자는, 비록 지식의 습득에서 많은 욕망이 충족 6
되더라도, 최종적 욕망, 즉 하나로 남아 있으면서도 종결되지
않는 욕망의 불완전함과 거의 비슷한 욕망에는 절대 도달할 수
없다고 말하면서 헐뜯을 수 있다.

여기에서 다시 한 번 그렇게 반대하는 것은 사실이 아니라 7
고, 말하자면 최종적 욕망은 절대로 충족되지 않는다고 대답할
수 있다. 왜냐하면 위의 제3권에서 증명하였듯이,[19] 우리의

---

18) 중세 유럽에서 사용되던 무게 단위로 주로 금이나 은에 대해 사용하였고, 따라서 화폐의 단위로도 사용되었다. 지역에 따라 상이하였지만 대략 8온스 정도에 해당하였다.

19) 제3권 15장 8-12절 참조.

자연적 욕망들은 어느 정도의 한계 안에서 충족되기 때문이다.
그리고 지식에 대한 욕망은 자연적 욕망이므로, 비록 소수의
사람들이 잘못된 길을 통해 여행을 완수한다고 하더라도, 어느
정도의 한계 안에서 충족되기 때문이다. 《영혼에 관하여》 제 3 8
권에 대한 주석가[20]의 논의를 이해하는 사람은 그에게서 이것
을 이해할 것이다. 그러므로 아리스토텔레스는 《윤리학》 제 10
권에서 시인 시모니데스[21]에 반대하여 말하면서 "사람은 가능
한 한 신성한 것들에 다가가야 한다"고 말함으로써,[22] 우리의
능력은 일정한 목표를 겨냥한다는 것을 보여준다. 그리고 《윤
리학》 제 1권에서는 "공부하는 사람은 사물들의 본성이 확실함
을 허용하는 한도까지 사물들의 확실함을 알려고 한다"고 말하
는데,[23] 여기에서는 지식을 원하는 사람의 입장에서 뿐만 아니

---

20) 스페인 출신의 아랍인 철학자이며 과학자였던 아베로에스(Averroes, 1126~1198)를 가리킨다. 원래 이름은 Muhammad Ibn Ahmad Muhammad Ibn Rushd이나 유럽에는 아베로에스라는 라틴어 이름으로 알려져 있는데, 그는 특히 아리스토텔레스의 작품에 대한 탁월한 주석가로 중세 유럽에 지대한 영향을 끼쳤다. 《신곡》에서 단테는 그를 지옥의 림보에 배치하고 있다(〈지옥〉 4곡 144행 참조).

21) 시모니데스(Simonides, 기원전 556?~468?)는 키오스 섬 출신으로 고대 그리스의 대표적인 서정시인 중의 한사람으로 꼽힌다.

22) 아리스토텔레스는 《니코마코스 윤리학》 제10권 7장 8절에서 우리는 "우리가 할 수 있는 데까지 우리들이 불사불멸의 존재가 되도록 〔…〕 온갖 노력을 기울여야만 한다"고 주장한다(이창우, 김재홍, 강상진의 번역본, 이제이북스, 2006, 372쪽 참조). 그렇지만 여기에서 시모니데스에 대해 언급하지는 않는다. 단테는 아마 토머스 아퀴나스의 주석을 통해 그것이 시모니데스를 겨냥한 것으로 생각하였거나, 아니면 《자연학》 제1권 2장 12절에서 그의 이름이 거론된 것을 생각했을 것으로 짐작된다.

23) 인용된 구절과 정확하게 상응하는지 알 수 없으나 아리스토텔레스의 《니코마코스 윤리학》 제1권 3장에 이런 구절이 나온다. "우리의 주제가, 허용하는 만큼의 정확성에 도달한다면 충분히 논의된 셈일 것이다"(이창우, 김재

라 원하는 지식 대상의 입장에서도 한계를 설정해야 한다는 것
을 보여준다. 그러므로 바오로는 말한다. "알아야 하는 것 이상 9
을 알지 말고, 정도에 맞게 아십시오."[24] 그리하여 일반적으로
든 구체적으로든,[25] 어떤 방식으로 지식의 욕망을 이해하더라
도 완전함에 이르게 된다. 따라서 지식은 완벽하고 고귀한 완
전함을 갖고 있으며, 그것에 대한 욕망으로 인해 저주받은 재
물처럼 그 완전함이 상실되지는 않는다.

재물이 어떻게 소유에 있어 해로운지 간단하게 증명해야 하는 10
데, 그것은 재물의 불완전함에 대한 세 번째 증거이다.[26] 그 소
유가 두 가지 이유에서 해롭다는 것을 알 수 있는데, 하나는 악
의 원인이라는 점이고, 다른 하나는 선의 박탈이라는 점이다.

그것은 아무리 영민하고 주의를 기울여도 그 소유자를 소심 11
하고 증오스럽게 만들기 때문에 악의 원인이다. 자기 곁에 재
물이 있음을 느끼는 사람의 두려움은 얼마나 큰지! 길을 가면
서도, 숙박을 하면서도, 잠잘 때에도, 깨어 있을 때에도, 단지
재물을 잃을까 두려울 뿐만 아니라 재물 때문에 목숨까지 잃을
까 두려하니까! 세상을 돌아다니는 불쌍한 상인들은 그것을 잘
알고 있는데, 자기 몸에 재물을 지니고 있을 때에는 바람에 흔
들리는 나뭇잎 소리에도 두려움에 떨기 때문이다. 그리고 재물
이 없을 때에는 확신에 가득하여 노래도 하고 이야기도 나누면
서 자신의 길을 더 짧게 만든다. 그러므로 현인[27]은 "여행자가 12

홍, 강상진의 번역본, 이제이북스, 2006, 15쪽 참조).

24) 〈로마 신자들에게 보낸 서간〉 12장 3절 참조. 새 번역 《성경》은 "자신에 관하여 마땅히 생각해야 하는 것 이상으로 분수에 넘치는 생각을 하지 마십시오"로 번역하고 있다.

25) 일반적 의미의 지식이든, 아니면 특정한 분야의 지식이든 포괄적으로 지칭한다는 뜻이다.

26) 위의 제4권 11장 4절 참조.

빈손으로 길에 들어선다면, 도둑들 앞에서 노래를 부를 것이다"고 말한다. 그리고 그것은 루카누스가 바로 제 5권[28]에서 가난의 안전함을 칭찬하면서 말하는 것이다. "오, 가난한 생활의 안전한 편안함이여! 오, 협소한 거처와 살림살이여! 오, 아직도 모르는 신들의 재물이여! 카이사르의 손이 문을 두드리는데도 아무 동요도 없이 두려워하지 않다니, 어느 신전 안에서, 어느 성벽 안에서 그런 일이 일어날 수 있겠는가?" 루카누스는 어떻게 카이사르가 아드리아 해를 건너기 위해 밤에 어부 아미클라스[29]의 움막에 갔는지 묘사하면서 그렇게 말한다.

질투심 때문이든, 아니면 그 소유물을 빼앗기 위해서든 모든 13
사람이 재물의 소유자에게 갖고 있는 증오심은 얼마나 커다란지! 그것은 너무나도 커서 종종 아들이 당연한 사랑에 거슬러 자기 아버지의 죽음을 도모하기도 하며, 그에 대한 엄청나고도 명백한 증거들을 이탈리아인들[30]은 포[31] 강 지역이나 테베

---

27) 보에티우스를 가리킨다. 뒤이어 인용된 구절은 《철학의 위안》 제2권 산문 5에 나온다. 정의채의 번역본(바오로딸, 2007〔제3판〕, 63쪽)은 "만일 빈손의 행인(行人)으로 이 세상길에 들어왔더라면 강도를 만난다 하더라도 오히려 노래를 부를 것이다"로 옮기고 있다.

28) 루카누스의 《파르살리아》 제5권을 가리킨다. 뒤의 인용 구절은 527-531행에 나온다.

29) 《파르살리아》 제5권 507-527행에 나오는 아미클라스는 아드리아 해 해안의 가난한 어부로 폼페이우스와 카이사르의 군대가 지나갈 때에도 자기 움막에서 잠을 자고 있었으며, 카이사르가 갑자기 그에게 왔을 때에도 태연했다고 한다.

30) 원문에는 Latini, 즉 "라틴 사람들"로 되어 있다.

31) 포〔Po, 라틴어로는 파두스(Padus)〕 강은 이탈리아 북부의 알프스 산자락에서 발원하여 동쪽의 아드리아 해로 흘러드는 이탈리아 최대의 강으로 그 유역에선 기름진 파다니아 평야가 펼쳐져 있으며, 토리노, 알레산드리아, 밀라노, 피아첸차, 파르마, 만토바 등의 도시 근처를 지나간다.

레[32] 강 지역에서 볼 수 있으니! 그래서 보에티우스는 《철학의
위안》 제 2권에서 "분명히 탐욕은 사람들을 증오스럽게 만든다"
고 말한다.[33]

재물의 소유는 선의 박탈이 되기도 한다. 왜냐하면 재물을 14
소유하게 되면, 완전한 선을 가져오고 사람들을 사랑받고 빛나
게 만드는 덕성인 너그러움을 베풀지 못하기 때문이다. 그런
덕성은 재물을 소유하면 나타날 수 없고, 재물의 소유를 버려
야만 나타난다. 그러므로 보에티우스는 같은 책에서 "따라서 돈
이란 너그러움을 통해 다른 사람들에게 옮겨져 더 이상 소유되
지 않을 때 좋은 것이다"고 말한다.[34] 따라서 그 모든 증거들에
서 재물의 천박함은 아주 명백하게 드러난다.

또한 그러므로 올바른 욕망과 진실한 지식을 가진 사람은 절 15
대로 재물을 사랑하지 않으며, 또 재물을 사랑하지 않음으로써
재물과 연결되지 않고, 어떤 필요한 용도에 사용되는 경우가
아니면, 언제나 재물을 자신에게서 멀리하려고 한다. 그것은
합리적인 일인데, 왜냐하면 완전한 것은 불완전한 것과 연결될
수 없기 때문이다. 그러므로 굽은 선(線)은 똑바른 선과 절대
결합될 수 없고, 만약 어떤 결합이 있더라도 선과 선의 결합이
아니라, 점과 점의 결합이 된다. 따라서 욕망에서 "올바르고", 16
지식에서 "진실한" 마음은, 칸초네가 이 부분의 마지막에서 말

---

32) 테베레〔Tevere, 라틴어로는 티베르(Tiber)〕 강은 이탈리아 중부 아펜니니 산맥에서 발원하여 남쪽의 로마를 가로질러 서쪽의 티레니아 해로 흘러 들어간다.

33) 보에티우스, 《철학의 위안》 제2권 산문 5. 정의채의 번역본(바오로딸, 2007〔제3판〕, 60쪽)은 "탐욕은 항상 사람들의 증오를 사고"로 옮기고 있다.

34) 보에티우스, 《철학의 위안》 제2권 산문 5. 정의채의 번역본(바오로딸, 2007〔제3판〕, 60쪽)은 "재물이란 후하게 씀으로써 말미암아 다른 사람의 손에 건너갔을 때 비로소 귀해지는 것이다"로 옮기고 있다.

하듯이,[35] 재물을 잃었다고 해서 흔들리지 않는다. 그리고 이런 결론을 통하여 칸초네는 재물이 이성, 또는 고귀함의 똑바른 탑에서 멀리 떨어져 흐르는 강이며, 그 재물은 고귀함을 갖고 있는 자에게서 빼앗을 수 없다는 것을 증명하려고 한다.

그런 식으로서 이 칸초네는 재물에 반대하여 논박하고 증명 17
한다.

---

35) 칸초네 셋째 연의 마지막 부분을 가리킨다.

제 14장

"재물의 오랜 소유"라고 말하면서, 고귀함이 재물에 의존한다 1
고 말하는 부분에서의 다른 사람들의 오류에 대해 논박하였으
므로, 이제 시간이 고귀함의 원인이라고 말하는 부분에서의 오
류에 대해 논박해야 한다. 이 논박은 "그들은 비천한 사람이 고
귀해지거나"로 시작하는 부분에서 이루어진다. 먼저 그렇게 오 2
류를 범하는 그들 자신의 논의를 통하여 논박되며, 그러면 그
들에게는 아주 혼란스럽겠지만, 그러한 그들의 논의까지 파괴
된다. 그것은 "또한 내가 앞에서 말한 바에 의하면" 하고 말하
는 곳에서 이루어진다. 마지막으로 그들의 오류가 명백하며,
따라서 이제 진리로 나아갈 시간이라고 결론을 내리는데, "그러
므로 건강한 지성들에게는" 하고 말하는 곳에서 그렇게 한다.

그러니까 나는 "그들은 비천한 사람이 고귀해지기를 원하지 3
않는다"고 말한다. 여기에서 그렇게 오류를 범하는 사람들의 견해에 의하면, 처음에 비천한 사람은 절대로 고귀한 사람이라고 말할 수 없으며, 또한 마찬가지로 비천한 사람의 아들로 태어난 사람은 절대 고귀한 사람이라고 말할 수 없다는 것이다. 그런데 그것은 그들의 주장 자체를 파괴하는데, 바로 "오랜"이라는 용어를 사용함으로써 고귀함에는 시간이 필요하다고 말하는 곳에서 그렇다. 왜냐하면 앞에서 말한 그들의 논의, 그러니까 비천한 사람이 자신의 행위나 또는 어떤 우연에 의해 고귀해질

수 있는 가능성을 배제하고, 또한 비천한 아버지에서 고귀한
아들로의 전환을 배제하는 논의에 의하면, 시간의 흐름에 따라
고귀함이 생성되는 것은 불가능하기 때문이다. 만약 비천한 사 4
람의 아들이 여전히 비천하고, 또 그의 아들도 비천한 사람의
아들이므로 역시 비천하고, 또 그의 아들도 그렇고, 그런 식으
로 계속된다면, 시간의 경과에 의해 고귀함이 시작되는 지점을
찾을 수 없을 것이기 때문이다.

그리고 만약 반대자가 자신을 방어하기 위해, 고귀함은 조상 5
들의 비천한 상태가 잊히는 바로 그 순간에 시작될 것이라고 말
한다면, 나는 그것이 그들 자신과 모순된다고 대답하겠다. 왜
냐하면 거기에는 필연적으로 비천함에서 고귀함으로, 한 사람
에서 다른 사람으로, 또는 아버지에게서 아들로의 어떤 전환이
있어야 할 것인데, 그것은 그들이 말하는 것과 모순되기 때문
이다.

그리고 만약 반대자가 조상들의 비천한 상태가 망각될 때 그 6
런 전환이 이루어질 수 있다는 뜻이라고 말하면서 집요하게 자
신을 방어한다면, 비록 칸초네는 그것을 고려하지 않고 있지
만, 이 해설은 거기에 대답해야 마땅하다. 따라서 나는 이렇게
대답하고 싶다. 즉 그들이 말하는 것에서 네 가지 아주 심각한
오류가 뒤따르기 때문에 그들의 주장은 옳지 않다고 말이다.

하나는 인간의 본성이 좋을수록 고귀함의 발생은 더 힘들고 7
더 늦어질 것인데, 그것은 가장 큰 오류이다. 왜냐하면 내가 지
적했듯이 어떤 사물은 좋을수록 더욱더 선의 원인이 되고, 또
고귀함은 선들 중에 포함되기 때문이다. 실제로 그렇다는 것은
다음과 같이 증명된다. 만약 내가 똑같은 의미로 이해하는 고 8
귀함 또는 고상함[1]이 망각을 통해 발생한다면, 사람들이 빨리
잊어버릴수록 모든 망각은 더 빨리 나타날 것이므로, 고귀함이

빨리 발생할 것이다. 그렇다면 사람들은 빨리 잊어버릴수록 더
빨리 고귀해질 것이며, 또한 반대로 기억력이 더 좋을수록 고
귀해지는 것은 더 늦어질 것이다.

두 번째 오류는 사람들 이외에 어떤 것에서도 그런 고귀함과 9
비천함 사이를 구별할 수 없다는 것이다. 그것은 매우 불합리
한데, 모든 종류의 사물에서 우리는 고귀함과 비천함의 특성을
보기 때문이다. 그래서 종종 우리는 고귀한 말〔馬〕과 비천한
말, 고귀한 매〔鷹〕와 비천한 매, 고귀한 진주와 비천한 진주라
고 말한다. 그리고 그런 구별을 할 수 없다는 것은 다음과 같이
증명된다. 만약 비천한 조상들의 망각이 고귀함의 원인이라면, 10
또 만약 조상들의 비천함이 전혀 없었던 곳에서는 어디든지 그
들에 대한 망각이 있을 수 없다면(망각은 기억의 퇴락이며, 다른
동물들, 식물들, 광물들에서는 비천함과 고상함이 구별되지 않는
데, 그것들 각각에 동일하고 똑같은 상태의 본성이 있기 때문에 그
렇다), 그들에게서는 고귀함의 발생이 있을 수 없다. 비천함에
있어서도 마찬가지인데, 그 두 가지[2]는 하나의 동일한 주체에
게 가능한 것으로서의 습관과 성향[3]으로 간주되어야 하기 때문
이며, 따라서 그런 것들에서는 이런 특성과 저런 특성을 구별
할 수 없을 것이다.

그리고 만약 반대자가, 다른 사물들에서 고귀함은 바로 사물 11
의 좋음을 의미하지만, 사람들에 있어서는 자신의 비천한 상태
에 대한 기억이 없는 것을 의미한다고 말한다면, 다른 사물들

---

1) gentilezza와 nobilitade(다른 곳에서는 nobilitate로 표기되기도 한다)는 바로 앞에서 말한 대로 "똑같은 의미"로 사용되고 있다(칸초네 14행의 역주 참조).

2) 고귀함과 비천함.

3) 원문에는 privazione, 즉 "결여"로 되어 있는데, 어떤 "성향"의 결여 또는 없음을 의미한다.

의 고귀함은 선함이 원인이고, 사람들의 고귀함은 망각이 원인이라고 생각하는 그런 어리석음에 대해서는 말로 대답하지 않고 칼로 대답하고 싶을 것이다.

세 번째 오류는 종종 발생한 것[4]이 발생시키는 것[5]보다 먼 12
저 오게 될 것인데, 그것은 완전히 불가능한 것으로 다음과 같이 증명될 수 있다. 만약 게라르도 다 카미노[6]가 실레와 카냐노[7]의 물을 마신 사람들 중 가장 비천한 시골뜨기의 손자였다면, 또한 만약에 그의 할아버지에 대한 망각이 아직 나타나지 않았다면, 게라르도 다 카미노가 비천한 사람이었다고 누가 감히 말할 수 있겠는가? 또한 그가 고귀한 사람이었다고 누가 나와 함께 말하지 않겠는가? 아무리 오만한 사람이라도 분명 아무도 없을 것이다. 왜냐하면 그는 실제로 고귀하였고, 또 그에
대한 기억은 영원히 남을 것이기 때문이다. 그리고 위에서 가 13
정하듯이 만약 그의 비천한 조상에 대한 망각이 나타나지 않았다면, 또한 만약 그가 정말로 고귀한 사람이었고 그의 고귀함이 명백히 보이듯이 그렇게 명백하게 드러났다면, 그것을 발생시킨 것이 나타나기 전에 먼저 그의 내부에 그것이 있었어야 하는데, 그것은 절대로 불가능하다.

네 번째 오류는 살아 있는 동안에 고귀하지 않았던 사람이 죽 14

---

4) 고귀함을 가리킨다.

5) 고귀함을 발생시키는 원인으로서의 망각을 가리킨다.

6) 게라르도 다 카미노(Gherardo da Camino)는 이탈리아 북부 베네치아 근처의 도시 트레비소 출신으로 1283년부터 1306년 사망할 때까지 그곳을 통치하였다. 단테는 《신곡》에서도 그를 "착한 게라르도"라 부르며 칭찬한다(〈연옥〉 16곡 124행 참조). 그는 1306년 3월에 사망하였기 때문에 최소한 《향연》의 이 구절 이하는 그 이후에 쓴 것이 분명하다는 증거로 활용되기도 한다.

7) 실레(Sile)와 카냐노(Cagnano)는 트레비소에서 합류하는 강들이다.

은 뒤에 고귀한 사람으로 간주될 수 있다는 것인데, 그렇게 불
합리한 것은 있을 수 없으며, 그것은 다음과 같이 증명된다. 만
약 다르다노스[8]가 살아 있는 동안 그의 비천한 조상들에 대한
기억이 남아 있었다면, 그리고 만약 라오메돈[9]이 살아 있는 동
안 그런 기억이 사라지고 망각이 나타났다고 가정해 보자. 반
대자의 견해에 의하면 그들이 살아 있는 동안 라오메돈은 고귀
했고 다르다노스는 비천했던 것이 된다. 그들의 조상들, 그러
니까 다르다노스 이전의 조상들에 대한 기억이 남아 있지 않은
우리는, 다르다노스가 살아 있는 동안에는 비천했고, 죽은 뒤
에 고귀했다고 말해야 할 것이다. 그것은 다르다노스가 유피테 15
르의 아들이었다는 주장과 배치되지 않는데, 왜냐하면 그것은
철학적으로 말하자면 우리가 관심을 기울이지 않아야 하는 꾸
며낸 이야기이기 때문이다. 그렇지만 반대자가 꾸며낸 이야기
에 집착하려고 한다면, 꾸며낸 이야기가 감추고 있는 것이 분
명히 그의 모든 논의를 무너뜨릴 것이다.

그러므로 망각이 고귀함의 원인이라는 주장은 그릇되고 오류 16
라는 것이 명백하다.

---

8) 그리스 신화에서 다르다노스는 유피테르(그리스 신화에서는 제우스)와 아틀라스의 딸 엘렉트라 사이에 태어난 아들로 트로이아를 세웠다.

9) 라오메돈은 다르다노스의 후손으로 트로이아의 왕이었으며, 프리아모스, 헤시오네, 티토노스를 낳았다.

제 15장

칸초네는 고유의 주장을 통해 고귀함에 시간이 필요하지 않다는 것을 증명한 다음, 진리를 지향하는 사람의 마음속에 그릇된 그들 주장의 어떤 찌꺼기[1] 도 남아 있지 않도록, 곧바로 앞에서 말한 그들의 견해를 논박하는 방향으로 나아가는데, 바로 "또한 내가 앞에서 말한 바에 의하면" 하고 말하는 부분에서 1
그렇게 한다. 여기에서 알아야 하는데, 만약 앞서 그들의 견해가 주장하였듯이, 사람이 천박한 상태에서 고귀한 상태로 될 수 없거나, 또는 비천한 아버지에게서 고귀한 아들이 태어날 수 없다면, 두 가지 오류들 중 하나가 뒤따라 나와야 한다. 하나는 고귀함이 전혀 없다는 것이고, 다른 하나는 세상에는 언제나 많은 사람들이 있었으며, 따라서 인류가 단 한 사람에게서 유래하지 않았다는 것이다. 그리고 이것은 다음과 같이 증명될 수 있다. 2

여러 번 말했듯이, 만약 그들의 견해가 원하는 것처럼(그 자체로 비천한 사람에게서도 발생하지 않고, 비천한 아버지에게서 고귀한 아들이 태어나지도 않기 때문에) 고귀함이 새롭게 발생하지 않는다면, 사람은 언제나 태어나는 순간과 똑같이 남아 있고, 또 태어나는 순간 아버지와 똑같은 상태로 남아 있게 된다. 그 3

1) 원문에는 ruggine, 말하자면 금속의 "녹" 또는 "부식"으로 되어 있다.

렇다면 그런 똑같은 상태의 지속은 최초의 아버지[2] 때부터 계
속되었고, 모든 인류가 최초의 아버지, 즉 아담과 똑같은 상태
로 남아 있어야 하는데, 그런 논의에 의하면 아담부터 지금의
사람들에 이르기까지 어떤 변화도 있을 수 없기 때문이다. 그 4
러니까 만약 아담이 고귀했다면 우리 모두가 고귀하고, 만약
비천했다면 우리 모두가 비천할 것인데, 그것은 그런 상태들의
구별을 없애고 그런 상태들 자체를 없애는 것이다. 앞의 말에
뒤이어 "우리는 모두 고귀하거나 천박하다"고 말하는 것이 바로
그런 의미이다.

만약 그렇지 않다면 필연적으로 어떤 사람은 고귀하다고 말 5
해야 하고 또 어떤 사람은 비천하다고 말해야 하는데, 비천함
에서 고귀함으로의 전환이 없어졌으므로 인류는 서로 다른 기
원에서, 말하자면 고귀한 기원과 비천한 기원에서 유래해야 하
기 때문이다. 그리고 칸초네는 "아니면 인간에게 하나의 기원이
없을 것인데" 하면서 바로 그렇게 말하는데, "기원들"이라 말하
지 않고 "하나의 기원"이라고 말하는 것이다. 그리고 그것은 철
학자에게도 완전히 오류이고, 거짓말을 할 수 없는 우리의 믿
음[3]에게도 완전히 오류이고, 겐틸리스[4]의 옛날 믿음과 법률에
게도 완전히 오류이다. 왜냐하면 비록 철학자는 최초의 단 한 6
사람에게서 인류의 발생을 설정하지는 않지만, 모든 인간들에
게 단 하나의 본질이 있다고 생각하는데, 그 본질은 상이한 기
원들을 가질 수 없다. 그리고 플라톤은 모든 인간이, 여럿이 아
닌 단 하나의 이데아에 의존한다고 생각하는데, 그것은 인간에
게 단 하나의 기원을 부여하는 것과 마찬가지이다. 만약 아리스

---

2) 뒤이어 말하듯이 아담을 가리킨다.

3) 그리스도교의 종교적 믿음을 가리킨다.

4) 제2권 4장 6절 참조.

토텔레스가 가령 말들과 당나귀들처럼 두 종류의 인류에 대해 말하는 것을 들었다면 틀림없이 폭소를 터뜨렸을 것이다. 왜냐하면, 아리스토텔레스여, 나를 용서해 주십시오, 그렇게 생각하는 사람들은 충분히 당나귀들이라 말할 수 있기 때문이다.

완벽하게 준수해야 하는 우리의 믿음에 그것이 완전히 오류 7
라는 것은 솔로몬을 통해 증명되는데, 그는 모든 사람과 짐승들을 구별하여 말하면서 모든 사람을 아담의 아들이라고 불렀다. "아담의 아들들의 영혼이 위로 올라가는지, 그리고 짐승의 영혼이 아래로 내려가는지 누가 알겠는가?"[5)]

또한 겐틸리스에게도 오류라는 것은 오비디우스가 증언하는 8
데, 그는 《변신》 제 1권에서 겐틸리스 또는 이교도들이 믿는 세상의 창조에 대해 다루면서 이렇게 말한다. "인간이 태어났다" (그는 "인간들"이라 말하지 않고, "태어났다"[6)] 고, 또 그냥 "인간"이라고 말한다). "사물들의 창조자가 그를 신성한 씨앗으로 만들었거나, 아니면 섬세하고 투명하고 고귀한 물체[7)] 에서 방금 분리된 신선한 흙이 친척인 하늘의 씨앗을 간직하고 있었는데, 그 흙을 강의 물과 뒤섞어 이아페토스의 아들, 말하자면 프로메테우스[8)] 가 모든 것을 다스리는 신들의 모습으로 만들었다."[9)] 여

5) 〈코헬렛〉 3장 21절. 새 번역 《성경》은 "인간의 아들들의 목숨이 위로 올라가는지/ 짐승의 목숨이 땅 아래로 내려가는지 누가 알리오?"로 번역하고 있다.

6) 원문에는 nato로 되어 있는데, 남성 단수 형태이다. 뒤에 나오는 "인간"이 단수형이라는 점을 강조하고 있다.

7) 아이테르(aether), 즉 대기 상층부의 높은 곳 또는 "창공"을 가리킨다.

8) 그리스 신화에서 프로메테우스는 티탄 족 이아페토스와 클리메네(또는 테미스) 사이에서 태어난 아들이다. 그는 진흙으로 인간을 만들었을 뿐만 아니라, 인간에게 불을 전해주는 등 인간에게 우호적이었다.

9) 《변신》 제1권 78행 이하 참조. 천병희의 번역본(숲, 2005, 28쪽)은 다음과 같이 번역하고 있다. "그래서 인간이 태어났다. 만물의 창조자이자 세계의 더 나은/ 근원인 신이 자신의 신적인 씨앗으로 인간을 만들었을 수도 있

기에서 최초의 인간은 단 한 사람이었다는 것을 분명하게 말하
고 있다. 그러므로 칸초네는 "나는 그런 견해에 동의하지 않는 9
다"고, 말하자면 인간에게 기원이 없다는 견해에 동의하지 않는
다고 말한다. 그리고 칸초네는 "그들도 그렇겠지, 만약 그리스
도교 신자라면!" 하고 덧붙이는데, "철학자들"이나 겐틸리스라고
말하지 않고(그들의 견해도 상반되지 않는다), "그리스도교 신자
들"이라고 말한다. 왜냐하면 그리스도교의 가르침은 하늘에서
비추는 최고의 빛 덕택에 가장 활력이 강하고, 모든 헐뜯기를
파괴하기 때문이다.

그런 다음 나는 "그러므로 건강한 지성들에게는/ 그들의 말이 10
거짓이라는 것이 분명하다"고 말하면서 그들의 오류가 논박되었
다고 결론을 내린다. 그리고 "이제 느끼는 대로 말하고 싶다"고
말하면서, 이제 진리를 향해 눈을 떠야 할 때라고 말한다. 그러
니까 지금까지 말한 것을 통해 건강한 지성들에게는 그들의 주
장이 헛되다는 것, 말하자면 진리의 정수가 없다는 것이 명백
하다고 말한다. 그리고 아무 이유 없이 "건강한"이라고 말하는
것이 아니다.

우리의 지성은 건강하거나 병들어 있다고 말할 수 있다는 것 11
을 알아야 하기 때문이다. 내가 말하는 지성은 우리 영혼의 고
귀한 부분으로서, 다른 용어로는 "마음"[10] 이라 부를 수 있다.

다. / 아니면 갓 생긴 대지가 최근에 높은 아이테르에서 떨어져 나와/ 아직은 친족인 하늘의 씨앗을 간직하고 있었는데, / 그 대지를 이아페투스의 아들이 빗물로 개어서는/ 만물을 다스리는 신들의 모습으로 인간을 빚었을 수도 있다."

10) 원문에는 mente로 되어 있는데 영어의 mind에 해당하는 단어로, 위 맥락에서는 "정신"으로 옮기는 것이 더 적절해 보일 수도 있으나 제3권 2장 10절의 용어 설명에 따라 "마음"으로 옮겼다. "영혼의 고귀한 부분"에 대한 설명으로는 앞의 제2권 7장 3절 참조.

정신이나 육체의 병으로 인해 그 작용(아리스토텔레스가 《영혼에
관하여》 제 3권에서 말하는 바에 의하면,[11] 그것은 사물들이 무엇
인지 아는 것이다)에 있어 방해받지 않을 때 건강하다고 말할 수
있다. 왜냐하면 영혼의 병과 관련하여 나는 사람들의 마음에서 12
세 가지 끔찍한 질병을 보았기 때문이다. 하나는 본성의 오만
함에서 유발되는 것인데, 많은 사람들이 너무나도 오만하여 자
신이 모든 것을 알고 있다고 생각하고, 따라서 불확실한 것을
확실한 것으로 주장하는 경우도 있기 때문이다. 그런 악습을
키케로는 《의무에 관하여》 제 1권에서 무엇보다도 혐오하고,[12]
토머스 아퀴나스는 《대이교도대전》[13]에서 이렇게 말한다. "많
은 사람들이 지성에 있어 너무 오만하여, 자신에게 진실로 보
이는 것은 모두 진실이고, 자신에게 거짓으로 보이는 것은 모
두 거짓이라고 생각하면서, 모든 것을 자기 지성으로 측량할
수 있다고 믿기도 한다." 그리하여 결과적으로 그들은 진실한 13
가르침에 절대 도달하지 못하며, 자신이 충분히 배웠다고 믿으
면서 절대 질문하지도 않고, 절대 듣지도 않고, 단지 질문받기
를 원하는데, 질문이 완전히 제기되기도 전에 그릇된 대답을
한다. 그런 사람들 때문에 솔로몬은 〈잠언〉에서 "성급하게 대
답하는 사람을 보았느냐? 그에게서는 바로잡기보다 어리석음을
더 기대해야 한다"[14]고 말한다.

---

11) 여기에서 단테는 아리스토텔레스의 《영혼에 관하여》를 직접 참조한 것이 아니라, 토머스 아퀴나스의 주석 제6권 5장을 참조한 것으로 짐작된다.

12) 키케로, 《의무에 관하여》 제1권 6장 18절 참조.

13) 《대이교도대전(對異敎徒大全)》(*Summa contra gentiles*, 또는 《반(反)이교도대전》)은 토머스 아퀴나스가 1258~1264년에 집필한 저술로 전체 4권으로 되어 있는데, 그 집필 의도나 대상, 다른 작품들과의 관계 등에 대해 많은 논란이 있었다. 뒤이어 인용되는 구절은 제1권 5장에 나온다.

14) 〈잠언〉 29장 20절 참조. 새 번역 《성경》은 "성급하게 말하는 사람을 보았느

두 번째 질병은 본성의 소심함에 의해 유발되는 것인데, 많 14
은 사람들이 너무 비천하게 고집스러워서 자신의 힘으로나 다
른 사람의 도움으로 무엇인가를 알 수 있다고 믿지 못하기 때문
이다. 그런 사람은 절대 자신의 힘으로 찾지도 않고 생각하지
도 않으며, 다른 사람들이 말하는 것에 절대 신경도 쓰지 않는
다. 그런 사람들에 반대하여 아리스토텔레스는《윤리학》제 1
권에서 그들은 도덕 철학의 부적합한 청강자라고 말했다.[15] 그
들은 어떤 가르침의 희망도 없이 언제나 무지함 속에서 짐승처
럼 살아간다.

세 번째 질병은 본성의 가벼움에서 유발되는 것인데, 많은 15
사람들이 너무나도 가벼운 상상력을 갖고 있어서 자신의 모든
추론에서 건너뛰며, 삼단논법의 조건들이 설정되기도 전에 하
나의 결론에서 다른 결론으로 건너뛰고, 그들 자신에게는 아주
섬세하게 논의하는 것처럼 보이지만, 실제로는 어떤 원칙에서
도 움직이지 않고, 자신의 상상에서 진정으로 진실한 것을 전
혀 보지 못하기 때문이다. 철학자는 그들에 대해 신경 쓸 것도 16
없고 그들과 어떤 관계도 가질 필요가 없다고 말하면서,《자연
학》제 1권에서 "원칙을 부정하는 사람들과는 논쟁하지 않는 것
이 좋다"고 말한다.[16] 그리고 그런 사람들 중에는 abc도 모르
면서 기하학이나 천문학, 물리학에 대해 논쟁하려고 하는 멍청
이들이 많이 있다.

냐? 그보다는 우둔한 자가 더 희망이 있다"로 번역하고 있다.

15) 아리스토텔레스,《니코마코스 윤리학》제1권 3장 참조. 여기에서 아리스토텔레스는 도덕 철학에 포함되는 정치학에 대해 이야기한다. 젊은이들은 "인생의 여러 행위들에 대한 경험이 없기" 때문에 "정치학에 적합한 수강자"가 아니라는 것이다(이창우, 김재홍, 강상진의 번역본, 이제이북스, 2006, 16쪽 참조).

16) 아리스토텔레스,《자연학》제1권 2장 참조.

그리고 육체의 병이나 결함으로 인해 마음이 건강하지 않을 수도 있다. 가령 백치(白痴)처럼 타고난 어떤 결함으로 인한 경우나, 미치광이처럼 두뇌의 장애로 인한 경우가 그렇다. 그런 마음의 질병에 대해서는 법률이 언급하는데, 《인포르티아툼》[17]에서 "유언서를 작성하는 사람에게는, 그 유언서를 작성하는 시간에 있어, 육체의 건강함이 아니라 마음의 건강함이 요구된다"고 말한다. 17

그러므로 정신이나 육체의 병으로 인해 병들어 있지 않고, 자유롭고, 방해받지 않고, 진리의 빛에 건강한 지성들에게 나는 앞에서 말한 사람들의 견해가 헛되다고, 말하자면 아무 가치도 없다고 말하는 것이다. 18

뒤이어 나는 그들이 그렇게 거짓이고 헛되다고 판단하여 논박한다고 덧붙이는데, "따라서 나는 그들이 거짓이라 반박한다"고 말하면서 그렇게 한다. 또한 뒤이어 진리의 증명으로 나아가야 한다고 말한다. 말하자면 고귀함이 무엇인지, 또 고귀함을 가진 사람을 어떻게 알아볼 수 있는지 증명해야 한다는 뜻이다. 그리고 "이제 느끼는 대로 말하고 싶다네" 하고 말하는 곳에서 그렇게 한다. 19

17) 《인포르티아툼》(*Infortiatum*)은 유스티니아누스의 《디게스타》(제4권 9장 8절 참조)의 중간 부분 25-38권을 가리킨다.

제 16장

"왕은 하느님 안에서 기뻐할 것이고, 하느님 안에서 맹세하는 자들은 모두 칭찬받을 것이니, 사악한 것을 말하는 자들의 입이 틀어 막힐 것이기 때문이다."[1] 이 말을 나는 바로 여기에서 제시하고 싶은데, 모든 진실한 왕은 진리를 최대한 사랑해야 하기 때문이다. 그러므로 〈지혜서〉에 "백성들 앞에 서 있는 너희는 모두 지혜의 빛을 사랑하라"고 쓰여 있는데,[2] 여기에서 지혜의 빛은 바로 진리이다. 그러니까 지금까지 고귀함에 대해 그릇되게 말하는 사악하고 기만당한 사람들의 매우 거짓되고 저주받을 견해가 논박되었기 때문에 모든 왕이 기뻐할 것이라고 말하는 것이다. 1

이 논고의 제 3장에서 구분한 대로 이제 진리에 대한 논의로 나아가야 한다. 그러니까 이 둘째 부분은 "모든 덕성은 근본적으로"로 시작하는데,[3] 진리에 따라 고귀함의 한계를 설정하고자 한다. 그리고 이 부분은 다시 두 부분으로 나뉘고, 첫째 부분에서는 고귀함이 무엇인지 증명하고자 하고, 둘째 부분에서 2

1) 〈시편〉 제63편 12절 참조. 새 번역 《성경》은 다음과 같이 번역하고 있다. "그러나 임금은 하느님 안에서 기뻐하고/ 하느님을 두고 맹세하는 이들은 모두 자랑스러워하리라. / 정녕 거짓을 말하는 입은 틀어막히리라."

2) 〈지혜서〉 6장 23절 참조. 이 구절은 앞의 제4권 6장 18절에서도 인용되었다.

3) 칸초네의 다섯째 연, 즉 81행 이하에 해당한다.

는 고귀함을 가진 사람을 어떻게 알아볼 수 있는지 증명하고자
하는데, 이 둘째 부분은 "그러한 선으로 장식된 영혼은"으로 시
작된다.[4] 그리고 첫째 부분은 또 다시 두 부분으로 나뉘고, 그 3
첫째 부분에서는 고귀함의 정의(定義)를 분명히 밝히는 데 필
요한 것들을 검토하고, 둘째 부분에서는 고귀함에 대한 정의
자체를 검토할 것인데, 이 둘째 부분은 "어디든 덕성이 있는 곳
에 고귀함이 있지만"으로 시작된다.

완전하게 논의를 시작하기 위해 먼저 두 가지를 검토해야 한 4
다. 첫째 그 "고귀함"이라는 용어가 단지 그 자체로 고찰하면
무엇을 의미하는가, 둘째 위에서 말한 정의를 찾는 데에서 어
떤 길로 가야 할 것인가이다.

그러니까 만약 우리가 일반적인 말하기 방식을 존중하려고 5
한다면, 그 "고귀함"이라는 용어는 모든 사물에서 고유한 본성
의 완전함을 의미한다고 말하고 싶다. 그러므로 단지 사람에
대해서만 사용되지 않고, 무엇이든지 고유의 본성에서 완전하
게 보이는 모든 사물에 대해서도 사용된다(왜냐하면 사람들은 고
귀한 돌, 고귀한 나무, 고귀한 말〔馬〕, 고귀한 매〔鷹〕라고 부르기
때문이다).[5] 따라서 솔로몬은 〈코헬렛〉에서 "왕이 고귀한 땅이
여, 너는 행복하다"고 말하는데, 그것은 정신과 육체의 완전함
으로 인해 왕이 완전하다는 것을 의미한다. 그리고 그것은 앞
에서 "왕이 어린아이인 땅이여, 너는 불행하다"[6]고 하면서 말
했던 것에 의해서도 명백하다. 말하자면 왕이 완전한 사람이
아니라는 것인데, 단지 나이에 있어 어린아이가 아니라, 철학자
가 《윤리학》 제 1권에서 우리에게 가르치듯이[7] 무질서한 행동

4) 칸초네의 일곱째 연, 즉 121행 이하에 해당한다.
5) 수식되는 단어에 따라 "귀한" 또는 "훌륭한" 등으로 번역할 수도 있을 것이다.
6) 〈코헬렛〉 10장 16-17절 참조. 이 구절은 제4권 6장 19절에도 인용되어 있다.

과 타고난 결함으로 인해 어린아이라는 것이다.

그런데도 그 '고귀함'이라는 용어가 '많은 사람들이 이름을 부 6
르고 알고 있는 것'을 의미한다고 믿으며, 또한 '알다'를 의미하는 동사, 즉 노스코(nosco)에서 나왔다고 말하는 사람들이 많다. 하지만 그것은 완전히 잘못된 것이다. 왜냐하면 만약 그렇다면, 그 종류에서 널리 알려져 있고 이름이 불리는 것들은 그 종류에서 고귀할 것이기 때문이다. 그렇다면 성 베드로 광장의 오벨리스크[8]가 세상에서 가장 고귀한 돌일 것이며, 파르마의 갖바치 아스덴테[9]가 자기 도시의 어떤 시민보다 고귀할 것이며, 알보이노 델라 스칼라[10]가 레조의 구이도 다 카스텔로[11])

---

7) 아리스토텔레스, 《니코마코스 윤리학》 제1권 2장 참조. 젊은이의 "모자람은 세월로부터 오는 것이 아니라 감정에 따라 살며 무엇이든 감정에 따라 추구하는 데서 오는 것"이라는 지적이다(이창우, 김재홍, 강상진의 번역본, 이제이북스, 2006, 16쪽 참조).

8) 바티칸의 성 베드로(이탈리아어로는 산피에트로) 광장 한가운데에 있는 거대한 오벨리스크를 가리킨다. 높이 83피트, 무게 320톤에 달하는 그 오벨리스크는 로마의 칼리굴라 황제가 이집트의 알렉산드리아에서 가져온 것으로, 네로 황제의(원래는 칼리굴라 황제가 착공하였다) 원형경기장〔라틴어로는 키르쿠스(circus)〕에 세워져 있었다. 성 베드로는 바로 그 아래에서 순교하였는데, 나중에 교황 식스투스 5세(재위 1585~1590년)에 의해 이곳으로 옮겨졌다.

9) 아스덴테(Asdente)는 '이빨 없는 자'라는 뜻의 별명으로, 그는 원래 이탈리아 북부의 도시 파르마Parma 출신 갖바치였지만 점쟁이로 더 유명하였다. 《신곡》에서 그는 지옥 제8원의 넷째 구렁에서 벌을 받고 있다(〈지옥〉 20곡 118행 참조).

10) 알보이노 델라 스칼라(Alboino della Scala, ?~1311)는 1304년부터 베로나의 영주였는데, 망명 중의 단테를 환대하였던 칸그란데(Cangrande, 1291~1329)의 형이다.

11) 구이도 다 카스텔로(Guido da Castello)는 이탈리아 북부의 도시 레조 넬레밀리아 출신 귀족으로 단테는 《신곡》에서도 그의 고귀함에 대해 언급한다(〈연옥〉 16곡 126행 참조).

보다 더 고귀할 것인데, 이것들은 모두 완전히 잘못된 것이다. 그러므로 '고귀한'이 '알다'에서 유래했다는 것은 완전히 잘못이고, 바로 '비천하지 않은'에서 유래하였으며, 따라서 '고귀한'은 '비천하지 않은'과 거의 비슷하다.[12]

그런 완전함에 대해 철학자는《자연학》제 7권에서 언급하면 7
서 이렇게 말한다. "모든 사물은 자기 고유의 덕성[13]을 붙잡고 성취할 때 최대한 완전하며, 그럴 경우 자신의 본성에 따라 최대한 완전하다. 따라서 그렇다면 원(圓)은 그것이 진정으로 원일 때 가장 완전하다고 말할 수 있다."[14] 말하자면 자기 고유의 덕성을 성취할 때인데, 그럴 경우 그것은 자신의 모든 본성 속에서 존재하고, 또한 그럴 경우 고귀한 원이라고 부를 수 있다.
원 안에 있는 한 지점[15]이 자신의 특수한 덕성으로서 원주로부 8
터 동일한 거리에 있을 때 그렇다. 그러므로 계란 모습의 원은 고귀하지 않으며, 보름달과 비슷한 모습을 하고 있는 원도 고귀하지 않다. 그 안에 자신의 완전한 본성이 없기 때문이다. 따라서 그 '고귀함'이라는 용어는 일반적으로 모든 사물에 있어 고유 본성의 완전함을 의미한다는 것을 분명하게 알 수 있다. 이것이 우리가 설명하고자 하는 부분에 대한 논의를 잘 시작하기 위해 먼저 살펴보아야 하는 것이다.

두 번째로 본 논의가 의도하는 고귀함에 대한 정의를 찾기 위 9
해 어떻게 나아가야 할지 보아야 한다. 그러므로 말하건대, 예를 들어 모든 인간처럼 한 종류에 속하는 것들에 있어 본질적인

---

12) 말하자면 이탈리아어 형용사 노빌레(nobile)('고귀한')는 논 빌레(non vile)('비천하지 않은')에서 나왔다는 주장이다.

13) 또는 "역량"으로 옮길 수도 있다.

14) 아리스토텔레스,《자연학》제7권 3장 참조.

15) 원의 중심을 가리킨다.

원칙에 따라 그것들의 최고 완전함을 정의할 수는 없기 때문에,
그것들의 결과에 따라 최고 완전함을 정의해야 한다. 그러므로 10
〈마태오 복음서〉에서 읽을 수 있듯이 그리스도께서는 “너희는 거짓 예언자들을 조심하여라”, “너희는 그들이 맺은 열매를 보고 그들을 알아볼 수 있다”고 말씀하셨다.[16] 따라서 지금 우리가 열매를 보고 찾고 있는 그 정의를 똑바른 길을 통해 보아야 한다. 그 열매들은 바로 도덕적이고 지성적인 덕성들이며, 그 정의에서 충분히 명백하게 밝혀지겠듯이 우리의 고귀함은 그것들의 씨앗이다.

이것이 이 장의 위에서 말했듯이 다른 것들로 나아가기 전에 11
살펴보아야 하는 두 가지이다.

---

16) 〈마태오 복음서〉 7장 16-17절 참조.

제 17장

칸초네에 대한 설명으로 나아가기 전에 보아야 할 두 가지 유 1
용한 것을 살펴보았으니, 이제 칸초네의 설명으로 나아가야 한다. 그러니까 "모든 덕성은 근본적으로/ 하나의 뿌리에서 나오는 것이니, / 덕성이란 인간을 자신의 활동에서/ 행복하게 만들어 주는 것"이라 말하면서 시작한다. 그리고 "《윤리학》이 말하는 바에 의하면, / 그것은 자유로운 선택에 의한 습관으로" 하고 덧붙이면서, 철학자가 《윤리학》 제 2권에서 정의한 것에 따라[1)]
도덕적 덕성에 대한 완전한 정의를 내린다. 거기에서 주로 두 2
가지를 의도하는데, 첫째는 모든 덕성이 하나의 기원에서 나온다는 것이고, 둘째는 그 "모든 덕성"이란 바로 지금 우리가 말하는 도덕적 덕성이라는 것이다. 그리고 그것은 "《윤리학》이 말하는 바에 의하면" 하고 말하는 곳에서 명백해진다. 여기에서 우 3
리의 가장 고유한 열매는 도덕적 덕성들인데, 왜냐하면 그것들은 모든 측면에서 우리의 능력[2)]에 달려 있기 때문이라는 것을 알아야 한다. 그리고 그 덕성들은 여러 철학자들에 의해 서로 다르게 구분되고 열거되었는데, 그것들이 무엇인지 말하고 싶다면, 아리스토텔레스의 신성한 견해가 입을 열었던 부분에 대해서는 다른 모든 견해를 제쳐두는 것이 좋다고 생각하기 때문에,

1) 아리스토텔레스, 《니코마코스 윤리학》 제2권 6장 참조.
2) 인간의 "의지"를 가리킨다.

나는 그의 견해에 따라 간략하게 거기에 대해 논의하고자 한다.

앞에서 말한 철학자가 열거한 11가지 덕성들은 다음과 같 4
다.[3] 첫째는 **용기**라 부르는데, 그것은 우리의 생명을 파괴하려
는 위험들 속에서 우리의 대담함과 소심함을 조절하는 무기이
자 고삐이다. 둘째는 **절제**인데, 그것은 우리의 생명을 간직하는
것들에 있어 우리의 탐식과 과도한 금욕에 대한 조절이자 고삐
이다. 셋째는 **너그러움**인데, 그것은 우리가 세속적 물건들[4]을
주거나 받는 것을 조절한다. 넷째는 **관용**인데, 그것은 대규모 5
지출을 관리하고 일정한 한계로 유지하는 데에서 조절한다. 다
섯째는 **도량(度量)**인데, 그것은 위대한 명예와 명성을 조절하고
얻게 해준다. 여섯째는 **명예에 대한 사랑**인데, 그것은 이 세상의
명예들과 관련하여 우리를 인도하고 조절한다. 일곱째는 **온화함**
인데, 그것은 우리 외부의 악들에 대한 우리의 분노나 지나친
인내를 조절한다. 여덟째는 **상냥함**인데, 그것은 우리가 다른 사 6
람들과 함께 조화롭게 살아가도록 해준다. 아홉째는 **진실함**이라
일컬어지는데, 그것은 우리가 우리의 처지 이상으로 자랑하거
나 우리의 처지 이상으로 비하하는 것을 조절해 준다. 열째는
좋은 성향이라 일컬어지는데, 그것은 즐거움들 속에서 우리를
조절하여 즐거움을 적절하게 활용하도록 해준다. 열한 번째는
정의라 부르는데, 그것은 모든 것에 있어 우리가 정의를 사랑하
고 또 실행하도록 우리에게 명령한다.[5]

---

3) 아리스토텔레스, 《니코마코스 윤리학》 제2권 7장 참조.

4) 지상의 재화들을 가리킨다.

5) 이른바 "중용(中庸)"이라 부를 수 있는 이러한 11가지 탁월한 성격의 덕성을 이창우, 김재홍, 강상진의 번역본(이제이북스, 2006, 67-72쪽)은 순서대로 각각 "용기", "절제", "자유인다움(eleutheriotēs)", "통이 큰 것(megaloprepeia)", "포부가 큰 것(megalopsychia)", "명예욕", "온화", "재치", "진실성", "친애(philia)", "부당한 것에 대한 의분(義憤)"으로 옮기고 있다.

그리고 이러한 덕성들 각각은 두 가지 부수적인 적, 말하자 7
면 악덕들을 갖고 있는데, 하나는 지나침에 따른 악덕이고 다
른 하나는 모자람에 따른 악덕이다. 이 덕성들은 그 두 악덕 사
이의 중용이며, 모두 하나의 원천, 즉 우리의 훌륭한 선택의 습
관에서 탄생한다. 그러므로 일반적으로 그 모든 덕성은 중용에
토대를 둔 선택의 습관이라고 말할 수 있다. 이것들이 바로 그 8
실행을 통해 사람을 축복받게, 말하자면 행복하게 만들어 주는
데, 그것은 철학자가 《윤리학》 제1권에서 행복을 정의하면서
"행복은 완전한 삶에서 덕성에 따른 활동이다"고 말한 것과 같
다.[6] 많은 사람들이 신중함, 말하자면 사려 깊음을 명백하게
도덕적 덕성이라고 생각하는데, 아리스토텔레스는 그것을 지성
적 덕성들 사이에 포함시킨다. 비록 그것이 도덕적 덕성들을
인도하고, 그것들이 상호 연결되는 길을 보여주며, 그것 없이
는 도덕적 덕성들이 존재할 수 없을지라도 그렇다.

그런데 우리는 이 삶에서 우리를 인도하는 두 가지 상이한 9
길, 하나는 좋은 길이고 또 다른 하나는 최상의 길을 따라 두
가지 행복을 가질 수 있다는 것을 알아야 한다. 하나는 활동적
삶이고 다른 하나는 관조적 삶이다. 앞에서 말했듯이 활동적
삶을 통해 우리는 좋은 행복에 도달할지라도, 관조적 삶은 철학
자가 《윤리학》 제10권에서 증명하듯이[7] 우리를 최상의 행복과
축복으로 인도한다. 그리스도께서는 〈루카 복음서〉에서 마르타 10
에게 말하고 그녀에게 대답하시면서 당신의 입으로 그것을 단
언하셨다. "마르타야, 마르타야, 너는 많은 일을 염려하고 걱정

이러한 11가지 이외에도 아리스토텔레스는 감정과 관련된 중용의 덕성으로 "부끄러움(aidōs)" 또는 "수치심"을 들고 있다("수치심"에 대해서는 뒤의 제19장 8절 이하 참조).

6) 《니코마코스 윤리학》에 대한 토머스 아퀴나스의 주석 제1권 10장 참조.

7) 아리스토텔레스, 《니코마코스 윤리학》 제10권 7장 참조.

하는구나. 그러나 필요한 것은 한 가지뿐이다." 말하자면 "네가 하는 것"뿐이라는 말이다. 그리고 덧붙이셨다. "마리아는 좋은 몫을 선택하였다. 그리고 그것을 빼앗기지 않을 것이다."[8] 그리고 복음서의 이 말 앞에 쓰여 있는 바에 의하면, 마리아는 그리스도의 발치에 앉아 집안일에 전혀 관심도 기울이지 않고 오로지 주님의 말씀에만 귀를 기울이고 있었다. 만약 그것을 도덕적 의미로 설명하고자 한다면, 우리의 주님께서는 거기에서, 비록 활동적 삶이 좋기는 하지만, 관조적 삶이 최상이라는 것을 보여주시려고 하신 것이다. 복음서의 말씀에 잘 관심을 기울이는 사람에게는 그것이 명백하다.

하지만 누군가는 나에게 반대하여 논의하면서 이렇게 말할 11
수도 있다. "관조적 삶의 행복이 활동적 삶의 행복보다 더 탁월할 수 있고, 그 두 가지가 모두 고귀함의 목적이자 결실이 될 수 있고, 또 실제로 그렇다고 한다면, 무엇 때문에 도덕적 덕성들보다 지성적 덕성들에 대해 먼저 다루지 않았는가?"[9]

여기에 대해서는 모든 가르침에 있어 배우는 사람의 능력을 12
존중해야 하며 그에게 가장 가벼운 길로 그를 안내해야 한다고 간단하게 대답할 수 있다. 그러므로 도덕적 덕성들이 다른 덕성들보다 더 일반적이고, 더 많이 알려져 있고, 더 많이 찾으며, 외부의 모습에서 더 많이 모방되기 때문에, 다른 길보다 그 길로 나아가는 것이 더 유용하였던 것이다. 꿀과 밀랍이 모두 벌들에게서 나오지만, 꿀의 결실에 대해서보다 밀랍의 결실에 대해 논의하면 벌들에 대한 좋은 지식에 도달하기 어려울 것이기 때문이다.

---

8) 〈루카 복음서〉 10장 41-42절 참조.

9) 지성적 덕성들은 관조적 삶을 조절하고, 반면에 도덕적 덕성들은 활동적 삶을 조절한다는 관념을 토대 한다.

제 18장

앞 장에서 모든 덕성이 하나의 원천, 즉 습관적인 좋은 선택에서 나온다고 결론을 내렸는데, 본 칸초네는 "고귀함은 그 본질에서" 하고 시작되는 부분까지 그것을 다루고 있다. 1

그러므로 이 부분에서는 개연성을 토대로 한 추론을 통해[1] 나아감으로써, 위에서 말한 모든 덕성이, 개별적으로 고려하든 아니면 전체적으로 고려하든, 그 원인에서 결과가 나오듯이 고귀함에서 나온다는 것을 알게 될 것이다. 그것은 두 가지 사물이 하나의 공통점을 갖고 있을 때 그 두 가지는 모두 원인과 결과의 관계처럼 어떤 제3자와 연관되든지, 아니면 둘 중의 하나가 다른 하나와 연관되어야 한다고 진술하는 철학적 명제를 토대로 한다. 왜냐하면 일차적으로 또 그 자체로 갖고 있는 하나의 공통점은 단지 어떤 하나에서 나올 수밖에 없기 때문이다. 그리고 만약 둘 다 어떤 제3자의 결과가 아니거나, 또는 둘 중의 하나가 다른 하나의 결과가 아니라면, 둘 다 그 공통점을 일차적으로 또 그 자체로 갖고 있게 될 것인데, 그것은 불가능하다. 2

그러므로 고귀함과 "그러한 덕성", 즉 도덕적 덕성은, 그 두 3

---

1) 원문에는 per via probabile, 즉 "개연적인 길을 통해"로 되어 있다. 증명하는 추론이 아니라 개연적인 전제를 토대로 하는 귀납적 추론을 하겠다는 뜻이다.

가지 모두가 여기에서 말하는 자에 대한 칭찬을 포함하고 있다는 점에서 공통점을 갖고 있다. 그래서 "따라서 둘 다 똑같은 점에서, / 똑같은 효과를 갖는 데에서 일치한다"고, 즉 다른 사람들이 고귀하다고 말하는 사람을 칭찬하고 찬양하는 데에서 일치한다고 말한다. 그런 다음 위에서 말한 명제를 토대로 결론을 내리는데, 결과적으로 하나가 다른 하나에서 나오거나, 또는 둘 다 제3자에서 나와야 한다고 말하며, 만약 하나가 다른 하나와 동일하거나 또는 더 가치가 있는 것으로 보인다면, 둘 다 제3자에서 나오는 것이 아니라, 하나가 다른 하나에서 나오는 것으로 추정된다고 덧붙인다. 그래서 "하나가 다른 것만큼 가치가 있고 또한" 하고 말한다.

여기에서는 가령 만약 차가움이 물을 발생시키고 또 구름이 4
물을 발생시키는 것을 본다면, 우리는 차가움이 구름을 발생시
킨다고 말하는 것처럼,[2] 필연적인 검증을 통해 나아가는 것이
아니라, 멋지고 편리한 귀납법을 통해 나아가고 있다는 것을
알아야 한다. 왜냐하면 만약 우리 안에 칭찬할 만한 것들이 많
이 있고, 또한 우리 안에 칭찬의 원천이 있다면, 그것들을 그
원천으로 환원시키는 것이 합리적이기 때문이다. 그리고 많은
것들을 원천으로 간주하는 것보다, 그것들을 포함하는 것을 그
원천으로 간주하는 것이 더 합리적이다.[3] 왜냐하면 다른 모든 5
나뭇가지들을 포함하는 나무의 밑동이 나뭇가지들의 원인이며

2) 공기 중의 수증기가 냉각되면 물방울이 되고 비가 되어 내린다는 관념이다. 이런 관념은 《신곡》에서도 반복되어 나오는데, "습한 수증기가 공중에/ 모이고 위로 올라가 차가워지면 곧바로/ 다시 물방울로 되돌아간다"는 것이다(〈연옥〉 5곡 109-111행 참조).

3) 바꾸어 말하자면 여러 가지 다양한 덕성들과 선들을 고귀함의 원천으로 간주하는 것보다, 오히려 고귀함이 그런 덕성들과 선들의 원천이라고 생각하는 것이 보다 합리적이라는 뜻이다.

원천이라고 말해야지, 나뭇가지들이 밑동의 원천이라고 말할 수 없기 때문이다. 마찬가지로 모든 덕성을 포함하는 고귀함이, 마치 원인이 결과를 포함하는 것처럼, 우리의 다른 많은 칭찬할 만한 활동들을 포함해야 하며, 따라서 덕성은 우리 안에 있는 다른 어떤 제3자보다 바로 고귀함으로 환원되어야 한다.

마지막으로 위에서 말한 것(말하자면 모든 도덕적 덕성은 하나의 뿌리에서 나온 것이고, 그런 덕성과 고귀함은 위에서 말한 것처럼 한 가지 공통점을 갖고 있으며, 또한 따라서 하나가 다른 하나로 환원되든지, 아니면 둘 다 제3자로 환원되어야 하며, 또한 만약 하나가 다른 것만큼 또는 그 이상의 가치가 있다면 다른 제3자보다 바로 그것에서 다른 하나가 나와야 한다는 것)은 "전제가 된다"고, 말하자면 앞에서 증명하려고 했던 것에 알맞게 배치되고 준비된 것이라고 말한다. 6

이렇게 해서 이 연[4]과 이 부분은 종결된다. 7

4) 칸초네의 다섯째 연을 가리킨다.

제 19장

앞부분에서 지금 우리가 말하고 있는 그 좋은 것을 어떻게 정 1
의할 수 있을까 살펴보는 데 필요한 몇 가지에 대해 깊이 있게
다루고 정의하였으므로, 이제 "어디든 덕성이 있는 곳에 고귀함
이 있지만"으로 시작하는 다음 부분으로 나아가야 한다. 이 부 2
분은 다시 두 부분으로 나눌 수 있다. 첫째 부분에서는 앞에서
다루었지만 증명하지 않고 남겨두었던 것을 증명하고, 둘째 부
분에서는 결론적으로 우리가 찾고 있던 정의를 발견한다. 이
둘째 부분은 "검정색에서 흑자색이 나오듯이"로 시작한다.

첫째 부분에 대한 명백한 증거로서 위에서 말한 것, 즉 만약 3
에 고귀함이 덕성과 동일하고 또 그 이상으로 확장된다면, 오
히려 거기에서 덕성이 나온다는 것을 기억해야 한다. 그런 주
장, 말하자면 고귀함이 더 많이 확장된다는 것은 이제 이 부분
에서 증명된다. 그리고 어디든지 덕성이 있는 곳에는 바로 고
귀함이 있다고 말하면서 하늘을 예로 든다. 여기에서 법[1]에 쓰 4
여 있고 또한 법[2]의 규정으로 간주되듯이, 그 자체로 자명한

1) 본문에는 Ragione로 되어 있는데 "로마법", 특히 유스티니아누스 황제에 의해 집대성된 《로마법 대전》(제1권 10장 3절의 역주 참조) 중의 《디게스타》를 가리킨다.

2) 여기에도 Ragione로 되어 있는데 이 경우는 "로마법" 또는 보다 일반적으로 "법"을 가리킨다.

것들에 대해서는 증명할 필요가 없다는 것을 알아야 한다. 그
리고 덕성이 있는 곳에 고귀함이 있다는 것보다 더 명백한 것은
없으며, 고유의 본성에서 덕성 있는 모든 것을 일반적으로 고
귀하다고 부르는 것을 우리는 볼 수 있다.

따라서 "어디든 별이 있는 곳에 하늘이 있다"고 말하는데, 5
"그 반대", 말하자면 정반대로 어디든지 하늘이 있는 곳에 별이
있다는 것은 사실이 아니며, 그와 마찬가지로 어디든지 덕성이
있는 곳에 고귀함이 있는 것이지, 어디든지 고귀함이 있는 곳
에 덕성이 있는 것이 아니다. 이것은 멋지고 편리한 예인데, 왜
냐하면 실제로 고귀함은 수많고 다양한 별들이 빛나는 하늘과
같기 때문이다. 그 안에서는 지성적 덕성들과 도덕적 덕성들이
빛나고, 그 안에서는 자연에 의해 주어진 훌륭한 성향들, 말하
자면 경건함과 종교가 빛나고, 또한 칭찬받을 만한 감성들, 말
하자면 수치심과 자비, 그리고 다른 많은 것이 빛나고, 그 안에
서는 육체적 선들, 말하자면 아름다움, 강건함, 거의 영원한
건강함이 빛난다. 많은 별들이 하늘에 펼쳐져 있으니, 많고도 6
다양한 결실들이 인간의 고귀함 속에서 맺어진다고 해서 분명
히 놀랄 일이 아니다. 그것의 수많은 본성들과 능력들이 하나
의 단순한 실질 아래 하나로 모이고 포함되어 있으며, 그 안에
서는 마치 다양한 나뭇가지들처럼 다양하게 열매를 맺는다. 분
명히 인간의 고귀함은 그 수많은 결실들의 측면에서는 천사의
고귀함을 능가한다고 나는 정말로 감히 말하고 싶다. 비록 천
사의 고귀함이 통일성에 있어 더 신성할지라도 그렇다. 그렇게 7
수많은 결실들을 맺었던 그러한 우리의 고귀함을 〈시편〉의 저
자[3]는 깨달았고, 그래서 이렇게 시작하는 시편을 썼다. "주님,

3) 다윗을 가리킨다.

저희의 주님, 당신 이름은 온 땅에 얼마나 존경스럽습니까!" 여기에서 그는 인간 창조물에 대한 하느님의 사랑에 놀라듯이 인간을 찬양하면서 이렇게 말한다. "인간이 무엇이기에, 당신 하느님께서는 그를 방문하십니까? 당신께서는 그를 천사들보다 약간 부족하게 만드셨고, 영광과 명예의 관을 씌워주셨고, 당신 손의 작품들 위에다 그를 올려놓으셨습니다."[4] 그러므로 인간의 고귀함을 하늘에 비교한 것은 정말로 멋지고 적합한 비교였다.

그런 다음 "여인과 젊은 나이에서는" 하고 말하면서 내가 말 8
하는 것을 증명하는데, 고귀함은 덕성이 없는 곳에까지 확장된다는 것을 보여준다. 그리고 "우리는 그런 건강함을 보는데" 하고 말하면서 고귀함에 대하여 언급하는데, 고귀함은 정말로 진정한 건강함으로서 수치심, 말하자면 불명예에 대한 두려움이 있는 곳에 있다. 예를 들면 여인과 젊은 나이에 있는데, 그들에게 있어 수치심은 좋고 칭찬할 만하다. 물론 수치심은 덕성은
아니지만 분명히 좋은 감성이다. 그래서 "여인과 젊은 나이", 9
즉 젊은이들에게 있다고 말한다. 왜냐하면 철학자가 《윤리학》 제4권에서 말하는 바에 의하면 "수치심은 노인들과 덕성 있는 사람들에게서는 칭찬할 만하지도 않고 어울리지도 않는데",[5]

---

4) 〈시편〉 제8편 1절 및 5-7절 참조. 새 번역 《성경》은 각각 다음과 같이 번역하고 있다. "주 저희의 주님/ 온 땅에 당신 이름, 이 얼마나 존엄하십니까!" "사람이 무엇이기에 이토록 돌보아 주십니까?/ 신들보다 조금만 못하게 만드시고/ 영광과 존귀의 관을 씌워 주셨습니다./ 당신 손의 작품들을 다스리게 하시고." 그리고 6절의 "신들보다"에 대해 "또는 '천사들보다'"라고 각주를 붙이고 있다.

5) 아리스토텔레스, 《니코마코스 윤리학》 제4권 9장 참조. 이창우, 김재홍, 강상진의 번역본(이제이북스, 2006, 157쪽)은 "나이 먹은 사람이 수치를 안다고 해서 칭찬하는 사람은 아무도 없을 것이다"로 번역하고 있다.

그들은 수치심을 느끼게 하는 것들로부터 멀리 떨어져 있어야 하기 때문이다. 젊은이들과 여인들에게는 그렇게 많은 조심스러움이 요구되지 않으며, 따라서 그들에게 있어 잘못으로 인해 불명예를 받을까에 대한 두려움은 칭찬할 만하다. 왜냐하면 그것은 고귀함에서 나오고, 그들에게 고귀함이 있다고 믿을 수 있고 또 말할 수 있기 때문인데, 뻔뻔스러움이 천박함과 불명예라고 말할 수 있는 것과 같다. 그러므로 고귀함의 훌륭하고 탁월한 표시는 바로 어린이들과 나이 어린 사람들에게 있다. 잘못을 저지른 후 그들의 얼굴은 수치심으로 물드는데, 그것은 진정한 고귀함의 산물이다.

제 20장

뒤이어 칸초네는 "검정색에서 흑자색이 나오듯이" 하고 말하면서 지금 우리가 찾고 있는 고귀함에 대한 정의로 나아가는데, 그것을 통해 많은 사람들이 그릇되게 말하는 그 고귀함이 무엇인가 알 수 있을 것이다. 그리고 앞에서 말한 것에서 결론을 이끌어내고, 모든 덕성, 또는 "덕성들의 종류", 말하자면 중용으로 이루어지는 선택적 습관이 그것, 즉 고귀함에서 나온다고 1
말한다. 그리고 색깔을 예로 들면서 말하는데, 흑자색이 검정색에서 나오듯이 덕성은 고귀함에서 나온다는 것이다. 흑자색은 자색과 검정색이 뒤섞인 색깔이지만, 그 안에서는 검정색이 우세하고, 그래서 거기에서 이름을 따오고 있다. 그와 마찬가지로 덕성은 고귀함과 감성이 뒤섞인 것이지만, 그 안에서는 고귀함이 우세하기 때문에, 덕성은 거기에서 이름을 따오고 선이라 일컬어진다. 2

그런 다음 앞에서 말한 것에 따라, 단지 "나는 이런 가문 출신이다"고 말할 수 있더라도, 만약 자기 안에 그런 결실이 없다면, 누구도 고귀하다고[1] 믿을 수 없다고 주장한다. 그리고 곧바로 설명하는데, 그런 "은총", 즉 그런 신성한 것을 가진 자들은 어떤 악덕의 흠도 없이 "거의 신(神)과 같다"고 말한다. 그 3

1) 원문에는 "그 가문과 함께 한다고"로 되어 있다.

것은 《성경》이 명백히 밝히듯이 사람들을 차별하지 않으시는
하느님[2] 께서만 주실 수 있다. 그리고 그런 "사람들은 거의 신 4
과 같다"고 말한다고 해서 너무 높게 말하는 것으로 보이지 않
기 바란다. 왜냐하면 위의 셋째 논고 제 7장에서 말했듯이, 가
장 천박하고 짐승 같은 사람들이 존재하듯이, 가장 고귀하고
신과 같은 사람들이 존재하기 때문이다. 그리고 그것은 아리스
토텔레스가 《윤리학》 제 7권에서 시인 호메로스의 말을 인용하
면서 증명한다.[3] 그러므로 피렌체의 우베르티[4] 가문 사람들이 5
나 밀라노의 비스콘티[5] 가문 사람들이 "나는 이런 가문 출신이
기 때문에 고귀하다"고 말하지 않도록 해야 한다. 왜냐하면 신
성한 씨앗은 가문, 말하자면 혈통에 떨어지는 것이 아니라, 개
별적인 사람들에게 떨어지기 때문이며, 뒤에서 증명하겠지만,
혈통이 개별적인 사람들을 고귀하게 만드는 것이 아니라, 개별
적인 사람들이 혈통을 고귀하게 만들기 때문이다.

그리고 "오직 하느님께서만/ 고귀함을 선물하시며" 하고 말하 6
면서, 그것을 받는 사람, 즉 그 신성한 선물을 받는 주체에 대
하여 언급하는데, 그것은 정말로 신성한 선물이며, 사도[6] 의 말

2) 〈갈라티아 신자들에게 보낸 서간〉 2장 6절(새 번역 《성경》은 "하느님께서는 사람을 차별하지 않으십니다"로 번역하고 있다), 〈로마 신자들에게 보낸 서간〉 2장 11절 등 참조.

3) 아리스토텔레스, 《니코마코스 윤리학》 제7권 1장 참조. 여기에서 아리스토텔레스는 호메로스의 《일리아스》 제24권 258행을 인용하고 있는데, 프리아모스가 죽은 아들 헥토르에 대해 말하는 부분이다. 천병희의 번역본(숲, 2007, 661쪽)은 "그 애는 필멸의 인간의 자식이 아니라 신의 자식 같았지"로 번역하고 있다.

4) 우베르티(Uberti) 가문은 13세기까지 피렌체 기벨리니 당파 계열의 막강한 가문이었다.

5) 비스콘티(Visconti) 가문은 13세기 후반부터 15세기 중반까지 밀라노를 지배한 영주 가문이었다.

에 의하면 "모든 최고의 주어진 것과 모든 완전한 선물은 위에
서 오고, 빛의 아버지에게서 내려온다." 그러니까 자신의 몸속 7
에서 완전하게 어울리고 그 신성한 선물을 받을 준비가 되어 있
고 적합한 영혼에게 오직 하느님께서만 그런 은총을 베푸신다
고 말한다. 왜냐하면 철학자가 《영혼에 관하여》 제 2권에서 주
장하는 바에 의하면 "사물들은 자신의 능동자[7] 들에게 그들의
행위를 받도록 잘 배치되어 있어야" 하기 때문이다.[8] 그러므로
만약 영혼이 불완전하게 부여되어 있다면 그런 축복받고 신성
한 주입[9] 을 받을 준비가 되어 있지 않다. 그 고귀한 구이도 구
이니첼리[10] 가 "고귀한 마음에는 언제나 사랑[11] 이 깃드네"로 시
작하는 칸초네에서 말했듯이, 만약 보석이 잘못 배치되어 있거
나 불완전하다면 천상의 덕성을 받을 수 없는 것과 같다. 그러 8
므로 체질에 결함이 있거나 또는 혹시 시간의 결함이 있는 사

---

6) 사도 야고보를 가리킨다. 뒤의 구절은 〈야고보 서간〉 1장 17절에서 인용된 것인데, 새 번역 《성경》은 "온갖 좋은 선물과 모든 완전한 은사는 위에서 옵니다. 빛의 아버지에게서 내려오는 것입니다"로 번역하고 있다.

7) 원문에는 agente(라틴어로는 agens)로 되어 있는데, 아리스토텔레스의 전통을 이어받은 중세 스콜라 철학에서 중요한 개념으로, 어떤 변화를 유발하는 능동적 주체나 원인을 가리킨다. 변화의 원인이라는 점을 강조하여 "작인(作因)", "동인(動因)", "능인(能因)"으로 번역하기도 한다.

8) 아리스토텔레스, 《영혼에 관하여》 제2권 2장 참조.

9) 하느님이 부여하는 고귀함을 가리킨다.

10) 구이도 구이니첼리(Guido Guinizzelli)는 13세기 중반 볼로냐에서 태어난 시인으로 그의 삶에 대해서는 자세히 알려진 바 없다. 그의 작품들은 시칠리아와 토스카나의 영향을 받았지만 새롭고 참신한 문체를 자랑하며 단테는 그에게서 많은 영향을 받았다. 《신곡》에서 단테는 그를 "나의 아버지"로 부르면서 높게 받들고 있다(〈연옥〉 26곡 92-102행 참조). "고귀한 마음에는 언제나 사랑이 깃드네(Al cor gentil ripara sempre Amore)"로 시작하는 시는 그의 대표적인 작품으로 꼽힌다.

11) 아모르로 옮길 수도 있다.

람[12]에게서 영혼은 잘 있을 수 없으며, 그런 영혼에는 신성한 빛이 절대 비치지 않는다. 그 빛이 결여된 영혼을 가진 사람들은 마치 북쪽의 계곡 또는 지하의 동굴과 같으며, 그런 곳에는 햇빛이 어떤 다른 장소에 의해 반사되지 않는다면 절대 비치지 않는 것과 같다.

마지막으로 앞에서 말한 것(말하자면 덕성이란 하느님께서 잘 9
배치된 영혼 속에 부여하시는 고귀함의 산물이라는 것)에 따라 결론을 내리면서, 고귀함이란 "소수에게만", 즉 지성을 가진 소수의 사람들에게만 "하느님께서/ 바르게 준비된 영혼에게", 말하자면 육체의 모든 부분이 완벽하게 배치된 영혼에게 넣어주시는 "행복의 씨앗"이라고 말한다. 만약 덕성이 고귀함의 산물이고, 행복은 그 덕성을 통해 얻어지는 달콤함이라면, 앞에서 말했듯이 그 고귀함은 행복의 씨앗이라는 것이 명백하기 때문이다.

그리고 잘 살펴보면 이런 정의는 네 가지 원인, 말하자면 질 10
료적 원인, 형상적 원인, 작용적 원인, 목적적 원인[13]을 포함

---

12) 원문에는 per manco di temporale로 되어 있고 문자 그대로의 의미로 보면 "시간의 결핍" 또는 "결함"을 뜻하는데, 구체적으로 무엇을 가리키는지 분명하지 않다. 일부에서는 충분하게 성숙하지 않은 태아로 태어난 사람이나, 젊은 사람, 또는 반대로 늙고 무능력해진 사람을 가리키는 것으로 해석하지만, 모두 문맥과 잘 어울리지는 않는다.

13) 아리스토텔레스는 《형이상학》 제1권 3장을 비롯한 여러 곳에서 네 가지 원인에 대하여 논의하였고, 그것은 중세 스콜라 철학에서 변화의 작용과 원리를 설명하는 중요한 개념이 되었는데, 라틴어로 각각 causa materialis, causa formalis, causa efficiens, causa finalis이다. 질료적 원인은 그 안에서 변화가 이루어지는 질료 또는 재료를 가리키고, 형상적 원인은 무엇인가가 그것으로 변화되는 것을 가리키며, 작용적 원인은 변화를 야기하는 능동자, 목적적 원인은 변화가 이루어지게 되는 목적을 가리킨다. 김진성은 아리스토텔레스의 《형이상학》을 번역하면서(이제이북스, 2007) 각각 "재료인", "형상인", "운동인"(또는 "작용인"), "목적인"으로 옮겼고, 김율은 토머

하고 있다. "바르게 준비된 영혼에게"라고 말하는데, 그것은 바로 고귀함의 주체이며 물질이기 때문에 질료적 원인이며, "씨앗"이라고 말하기 때문에 형상적 원인이며, "하느님께서/ 바르게 준비된 영혼에게 넣어주신다"고 말하기 때문에 작용적 원인이며, "행복의"라고 말하기 때문에 목적적 원인이다.

이렇게 해서 고귀함이 정의되는데, 그 고귀함은 마치 덕성이 11
가장 고귀한 천체에서 돌멩이 안으로 내려오듯이, 최고의 영적인 덕성[14]에게서 우리 안으로 내려온다.

스 아퀴나스의 《자연의 원리들》을 번역하면서(철학과현실사, 2005), 각각 "질료인", "형상인", "능동인"(또는 "작용인"), "목적인"으로 옮겼다.

14) 모든 덕성들 안에 현존하는 하느님을 가리킨다.

제21장

우리 안에 있는 모든 선의 원리로서 고귀함이라 일컬어지는 인간의 선에 대해 보다 완벽하게 이해하기 위해서는, 그 선이 어떻게 우리 안에 내려오는지 이 특별한 장에서 밝혀야 하는데, 먼저 자연적인 방식에 대하여, 그 다음에 신학적 방식, 말하자면 신성하고 정신적인 방식에 대하여 밝힐 것이다. 1

민저 인간은 영혼과 육체로 이루어져 있지만, 앞에서 말했듯 2
이 고귀함은 바로 영혼 속에 마치 신성한 덕성의 씨앗처럼 들어 있다는 것을 알아야 한다. 사실 여러 철학자들이 우리 영혼의 차이에 대하여 서로 다른 견해를 갖고 있었다. 아비켄나와 알가젤[1]은 영혼이 처음부터 그 자체로 고귀하거나 비천하다고 생각하였고, 플라톤과 다른 철학자들은 영혼이 별들에서 나오며 별의 고귀함에 따라 더 고귀하거나 덜 고귀하다고 생각하였다.
피타고라스는 모든 영혼이 똑같이 고귀하다고 생각하였는데, 3
인간의 영혼뿐만 아니라 짐승이나 식물들의 영혼, 광물의 형식들도 그렇다고 생각하였고, 모든 차이는 질료와 형식들의 차이라고 말하였다. 만약 각자가 자신의 견해를 옹호한다면, 그 모든 견해들 안에서 진리를 찾아볼 수 있을 것이다. 하지만 첫눈에 보기에 그것들은 진리에서 약간 멀리 떨어져 있는 것처럼 보

1) 아비켄나와 알가젤에 대해서는 제2권 13장 2절의 역주 참조.

이기 때문에, 그것들을 따르지 않고 아리스토텔레스와 페리파토스학파 철학자들의 견해에 따라 살펴보아야 한다.

그러므로 말하건대 인간의 씨앗[2]은 자신의 그릇, 말하자면 4
자궁 속에 떨어질 때, 생성하는 영혼[3]의 덕성, 하늘의 덕성, 상호 결합된 요소들[4]의 덕성, 즉 체질(體質)[5]을 함께 지니고 간다. 그리고 생성하는 자의 영혼이 부여한 형성적 덕성[6]을 받아들이도록 질료를 성숙시키고 배치한다. 그리고 그 형성적 덕성은 하늘의 덕성을 받아들이도록 기관들을 준비하며, 그 하늘의 덕성이 씨앗의 가능성 상태에 있는 영혼에게 생명력을 부여
한다. 그 영혼은 창조되자마자 하늘을 움직이는 자의 덕성으로 5
부터 가능한 지성[7]을 받으며, 그 가능한 지성은 자신의 창조자 안에 있는 그대로의 모든 보편적 형식들을 잠재적으로 자체 안에 받아들이는데,[8] 최초의 지성[9]에게서 멀리 떨어져 있을수록 덜 받아들인다.

혹시 내 말이 이해하기 어렵게 보이더라도 아무도 놀라지 말 6
기 바란다. 왜냐하면 그런 생성 과정이 어떻게 지성으로 충분하게 설명되고 이해될 수 있는지 나 자신에게도 놀라워 보이기

2) 남성, 즉 아버지의 씨앗을 가리킨다.

3) 발생시키는 자, 즉 아버지를 가리킨다.

4) 물, 불, 흙, 공기의 4대 기본 원소를 가리킨다.

5) 원문에는 complessione로 되어 있고, "기질"로 옮길 수도 있다. 4대 기본 원소가 개개인에 있어 서로 다르게 결합하여 형성하는 고유의 체질을 가리킨다. 히포크라테스 이후 서양에서 전통적으로 받아들이고 있던 4가지 체질 이론에 의하면, 담즙질(膽汁質), 흑담즙질(黑膽汁質) 또는 우울질(憂鬱質), 점액질(粘液質), 다혈질(多血質)이 있다고 한다.

6) 이 경우는 "역량" 또는 "능력"으로 옮겨도 무방할 것이다.

7) 지성적 덕성 또는 능력을 가리킨다.

8) 모든 보편적 형식들을 이해할 수 있는 능력을 자체 안에 갖고 있다는 뜻이다.

9) 하느님.

때문이다. 그것은 언어로, 그러니까 진정한 속어로 표현될 것이 아니기 때문이다. 그러므로 나는 사도[10] 처럼 이렇게 말하고 싶다. "오, 하느님의 지혜의 높으신 풍요로움이여, 당신의 판단은 얼마나 헤아리기 어려우며 당신의 길은 얼마나 찾아내기 어렵습니까!"

그리고 씨앗의 기질은 더 좋거나 덜 좋을 수 있고, 씨앗을 뿌 7
리는 자의 성향[11] 은 더 좋거나 덜 좋을 수 있으며, 또한 하늘의 성향은 그런 효과에 좋거나, 더 좋거나, 최고로 좋을 수 있기 때문에(그것은 끊임없이 바뀌는 별자리들에 따라 변화한다), 인간의 씨앗과 그러한 덕성들로부터 더 순수한 영혼이나 또는 덜 순수한 영혼이 생성되는 경우가 발생하며, 그 순수함에 따라 위에서 말한 대로 그런 가능한 지성적 덕성[12] 이 그 안에 내려오기도 한다.

만약 받아들이는 영혼의 순수함으로 인해 지성적 덕성이 육 8
체의 모든 그림자[13] 로부터 완전히 벗어나고 자유롭게 된다면, 그 안에서 하느님의 선은 그것을 받아들이기에 충분한 것에서 그렇듯이 증대될 것이며, 따라서 영혼 속에서 그것을 받아들일 수 있는 능력에 따라 그 지성을 증대시킬 것이다. 그리고 그것이 바로 지금 우리가 말하고 있는 행복의 씨앗이다.

그것은 키케로가 《노년에 관하여》에서 카토[14] 의 입장에서 9

10) 바오로를 가리킨다. 뒤이어 인용되는 구절은 다음과 같이 번역하고 있다. 〈로마 신자들에게 보낸 서간〉 11장 33절인데, 새 번역 《성경》은 "오! 하느님의 풍요와 지혜와 지식은 정녕 깊습니다. 그분의 판단은 얼마나 헤아리기 어렵고 그분의 길은 얼마나 알아내기 어렵습니까?"

11) 원문에는 disposizione로 되어 있으며, 따라서 "배치"로 옮길 수도 있다.

12) "지적 능력" 또는 "역량"으로 옮길 수도 있다.

13) 지성의 올바른 적용을 방해하는 악습들이나 열정들을 가리킨다.

14) 키케로의 《노년에 관하여》의 주요 화자로 등장하는 마르쿠스 포르키우스 카

다음과 같이 말하는 견해와 일치한다. "그러므로 천상의 영혼이 우리 안으로 내려온 것인데, 가장 높은 거처로부터 신적인 본성이나 영원함과는 정반대되는 장소에 온 것이다."[15] 바로 그러한 영혼 속에 그 고유의 덕성, 지성적 덕성, 신적인 덕성, 말하자면 앞에서 말한 그런 영향력이 존재하는 것이다. 그러므로 《원인에 관하여》[16]에 "모든 고귀한 영혼은 세 가지 작용, 말하자면 동물적 작용과 지성적 작용, 신적인 작용을 갖고 있다"고 쓰여 있다.

그런 견해를 가진 사람들 중 일부는 이렇게 말하기도 한다. 10
만약 앞의 모든 덕성들이 최상의 배치 상태에서 영혼의 생성에
일치한다면, 그 안에 신성함의 덕성이 아주 많이 내려와서 거의
또 다른 육화(肉化)된 하느님과 같게 될 것이라고 말이다. 이것
이 자연적인 방식에 대하여 말할 수 있는 거의 모든 것이다.

신학적 방식과 관련하여 최고의 신성함, 즉 하느님께서는 당 11
신의 창조물이 당신의 은혜를 받아들일 준비가 되어 있는 것을
보시기 때문에, 받아들일 준비가 되어 있는 만큼의 은혜를 그
안에 넣어 주신다고 말할 수 있다. 그런 선물은 말로 표현할 수
없는 자비에서 나오고, 그 하느님의 자비는 성령의 고유한 속성
이기 때문에 성령의 선물이라고 말하기도 한다. 예언자 이사야 12

토(Marcus Porcius Cato, 기원전 234~149)를 가리킨다. 이른바 대(大) 카토로 일컬어지는 그는 소(小) 카토(제3권 5장 12절 참조)의 증조할아버지로 감찰관을 역임했기 때문에 이탈리아에서는 감찰관 카토로 부르기도 한다.

15) 키케로, 《노년에 관하여》 제21장 77절 참조. 천병희의 번역본(《노년에 관하여. 우정에 관하여》, 숲, 2005, 85쪽)은 "하늘에서 유래한 영혼은 가장 높은 거처에서 내려와 말하자면 그것의 신적이고 영원한 본성과는 맞지 않는 장소인 지상에 묻혀 있는 셈이네"로 번역하고 있다.

16) 이 책에 대해서는 제3권 2장 4절의 역주 참조. 뒤의 인용 구절은 《원인에 관하여》 제3장 27절 참조.

의 구별에 의하면 그 선물은 일곱 가지, 말하자면 지혜, 지성, 충고, 용맹, 지식, 경건함, 하느님께 대한 경외심이다.[17] 오, 훌륭한 곡물이여,[18] 훌륭하고 놀라운 씨앗이여! 인간의 본성이 씨 뿌릴 땅을 준비하는 것만을 기다리시는, 오, 경이롭고도 너그러운 씨를 뿌리는 분이시여! 오, 그러한 씨앗을 합당하게 경작하는 축복받은 사람들이여!

여기에서 열매들을 맺을 수 있도록 그 씨앗에서 발아하는 최 13
초의 가장 고귀한 새싹은 그리스어로 호르메(horme)[19]라 일컬어지는 마음의 욕구라는 것을 알아야 한다. 만약 이것이 잘 경작되고 훌륭한 습관을 통해 똑바로 유지되지 않는다면, 씨앗은 별로 가치가 없을 것이며 차라리 뿌려지지 않는 것이 더 나을
것이다. 그러므로 성 아우구스티누스와 《윤리학》 제 2권에서의 14
아리스토텔레스가 원하듯이,[20] 인간은 잘 행동하고 자신의 감정들을 억제하는 습관을 가져야 하는데, 위에서 말한 그 새싹이 좋은 습관을 통하여 튼튼해지고 똑바르게 강화되어 열매를 맺을 수 있고, 또 그 열매에서 달콤한 인간의 행복이 나올 수 있도록 만들기 위해서이다.

---

17) 〈이사야서〉 11장 2절 참조. 그러나 이 구절에는 "경건함(pietade)"을 제외한 여섯 가지만 열거되어 있는데, 아마 그것이 하느님에 대한 경외심에 포함되는 것으로 보기 때문일 것으로 짐작된다. 새 번역 《성경》은 이 여섯 가지를 각각 "지혜", "슬기", "경륜", "용맹", "지식", "주님을 경외함"으로 번역하고 있다.

18) 뒤이어 말하는 "씨앗"의 결실로 나타나는 곡물을 가리킨다.

19) 원문에는 호르멘(hormen)으로 되어 있는데, 그리스어 호르메(ὁρμή)의 대격(對格)이다. 호르메는 원래 "동물적 충동"을 의미하는데, 현대의 심리학자 카를 융(Carl Gustav Jung, 1875~1961)은 생명력이나 의도적인 에너지를 의미하는 용어로 사용하였다. 키케로도 《의무에 관하여》 제1권 28장 101절, 제2권 5장 18절에서 이 용어에 대해 언급한다.

20) 아리스토텔레스, 《니코마코스 윤리학》 제2권 1장 참조.

제 22장

은혜들에 대하여 언급한 도덕 철학자들의 명령에 의하면 인 1
간은 자신의 유익한 은혜들을 가능한 한 많이 받는 사람에게 줄 수 있도록 생각하고 배려해야 한다. 그러므로 나는 그런 명령에 따르고 싶은 마음에서 이 나의 《향연》이 모든 부분에서 가
능한 한 유익하게 만들고 싶다. 그리고 이 부분에서 내가 인간 2
의 행복에 대해 어느 정도 논의할 수 있는 기회가 주어졌으므로 그 행복의 달콤함에 대해 논의하고자 한다. 그것을 모르는 사람들에게는 그보다 더 유익한 논의를 할 수 없기 때문이다. 철학자가 《윤리학》 제 1권에서 말하고, 키케로가 《선과 악의 목적에 관하여》에서 말하듯이,[1] 그것을 보지 못하는 사람들은 목표를 제대로 맞추지 못하고, 또 마찬가지로 그것을 먼저 보지 못
하는 사람들은 그 달콤함에 제대로 도달할 수 없다. 그러니까 3
그것은 우리의 최종적 휴식이고,[2] 우리는 바로 그것을 위하여 살아가고 우리가 하는 일들을 하기 때문에, 그런 목표를 보는 것은 아주 유익하고 또 필요한데, 바로 그것을 향해 똑바로 우리 활동의 활을 겨냥하기 위해서이다. 그러므로 그것을 보지 못하는 사람들에게 가리켜 주는 사람을 최대한 기쁘게 맞이해

1) 아리스토텔레스, 《니코마코스 윤리학》 제1권 1장 및 키케로, 《선과 악의 목적에 관하여》 제3권 6장 22절 참조.

2) 행복의 달콤함이 평온함을 찾는 인간의 최종적 목표라는 뜻이다.

야 한다.

그러니까 그것에 대한 철학자 에피쿠로스의 견해와 제논의 견해를 제쳐두고 나는 아리스토텔레스와 다른 페리파토스학파 철학자들의 진실한 견해에 대하여 간략하게 다루고자 한다. 위에서 말했듯이, 우리의 생성이 시작될 때부터 우리 안에 심어지고 주입된 하느님의 선에서 새싹 하나가 탄생하는데, 그것을 그리스 사람들은 호르메, 말하자면 자연스러운 마음의 욕구라고 4
5
부른다. 그리고 마치 곡물들이 처음 싹틀 때는 풀의 상태에 있으므로 거의 비슷한 모습이었다가, 나중에 자라는 과정에서 서로 달라지는 것처럼, 신성한 은총에서 탄생하는 그 자연스러운 욕구는 처음에는 단순하게 자연에서 나오는 것과 다르지 않고, 서로 다른 곡물의 처음 잎들이 서로 거의 비슷하듯이 오히려 그것과 비슷하게 보인다. 그리고 단지 인간들에게서뿐만 아니라 인간과 동물들에게서도 비슷해 보이는데, 그것은 명백해 보인다. 왜냐하면 모든 동물은 이성이 있든 없든 마찬가지로, 태어나자마자 자기 자신을 사랑하고, 또한 자신과 반대되는 것들을 두려워하고 증오하며 거기에서 달아나기 때문이다.

6
그리고 앞에서 말했듯이 나중에 성장하면서 그 욕구의 진행 과정에서 서로의 사이에 차이점들이 나타나기 시작하는데, 한 사람은 이런 길을 가고 또 다른 사람은 저런 길을 가기 때문이다. 사도[3]가 말하듯이 "많은 사람들이 상[4]을 차지하려고 달리지만 단지 한 사람만 그것을 차지하는" 것처럼, 인간의 욕구들

3) 바오로를 가리킨다. 뒤이어 인용되는 구절은 〈코린토 신자들에게 보내는 첫째 서간〉 9장 24절인데, 새 번역 《성경》은 "경기장에서 달리기하는 이들이 모두 달리지만 상을 받는 사람은 한 사람뿐"으로 번역하고 있다.

4) 원문에는 palio로 되어 있는데, 중세에 달리기나 경마 등 각종 경주의 우승자에게 수여하는 천으로 된 휘장을 가리킨다.

은 처음부터 서로 다른 길을 가는데, 단 하나의 길만이 우리를
평화로 인도한다. 그러므로 다른 모든 사람들을 제쳐두고 본
논고에서 우리는 잘 시작하는 사람의 뒤를 따라가야 한다.

그래서 말하건대 그 욕구는 비록 불분명하지만 처음부터 자 7
기 자신을 사랑하고, 나중에 자신에게 더 사랑할 만한 것과 덜
사랑할 만한 것, 더 증오할 만한 것과 덜 증오할 만한 것을 구
별하게 되고, 그것들을 더 또는 덜 따르거나 회피하는데, 단지
이차적으로 사랑하는 다른 것들에서뿐만 아니라, 일차적으로
사랑하는 자기 자신 안에서도 인식이 구별하는 데 따라 그렇게
한다. 그리고 자기 자신 안에서 서로 다른 부분들을 인식함으 8
로써 자신에게서 더 고귀한 것들을 더 사랑하게 되는데, 인간
의 가장 고귀한 부분은 육체보다 마음[5]이기 때문에 마음을 더
사랑하게 된다. 그렇게 먼저 자신을 사랑하고, 또 자신을 위해
다른 것들[6]을 사랑하며, 또한 자기 자신의 가장 좋은 부분을
사랑하기 때문에, 육체나 또는 다른 어떤 것보다 마음을 가장
사랑한다는 것이 분명하며, 또 당연히 그 마음을 다른 무엇보
다 더 사랑해야 한다. 그러므로 만약 마음이 사랑받는 것을 사 9
용하는 데에서 언제나 즐거워한다면(그것은 바로 사랑의 결실이
다), 또한 가장 사랑받는 것 안에 가장 즐거운 사용이 있다면,
우리 마음의 사용은 우리에게 가장 즐거운 것이다. 그리고 우
리에게 가장 즐거운 것, 그것은 바로 우리의 행복이며 우리의
축복인데, 앞의 논의를 잘 살펴보는 사람은 알 수 있듯이, 그보
다 더 큰 즐거움은 전혀 없고, 어떤 비슷한 즐거움도 없다.

모든 욕구가 바로 마음이라고 누구도 말하지 말기 바란다. 10
왜냐하면 여기에서 마음이란 단지 이성적 부분과 관련되는 것,

---

5) 또는 "정신"으로 옮길 수도 있다.

6) 위에서 말하듯이 자기 외부의 "이차적으로 사랑하는" 다른 것들을 가리킨다.

말하자면 의지와 지성을 의미하기 때문이다. 따라서 혹시 감각적 욕구를 마음이라 부르고 싶더라도, 여기서는 허용되지 않으며 어떤 근거도 가질 수 없다. 왜냐하면 이성적 욕구가 감각적 욕구보다 더 고귀하고, 따라서 더 사랑할 만하다는 것을 누구도 의심하지 않기 때문이다. 그리고 우리가 지금 말하고 있는 욕구가 바로 그러하다.

사실 우리 마음의 사용은 이중적인데, 말하자면 실천적이고 11
관조적인데(여기에서 실천적이란 활동적인 것을 의미한다), 위에서 설명하였듯이[7] 비록 관조적 마음의 사용이 더 즐겁지만, 두 가지 모두 매우 즐겁다. 실천적 마음의 사용은 우리가 덕성 있게, 말하자면 올바르게 신중함과 함께, 절제와 함께, 강인함과 함께, 또 정의와 함께 활동하는 것이며, 관조적 마음의 사용은 우리가 활동하는 것이 아니라, 하느님과 자연의 작업들에 대하여 숙고하는 것이다. 그리고 우리가 알 수 있듯이 이것은 다른 것[8]과 함께 우리의 축복이며 최고의 행복이다. 그것은 이제 명백하게 보이듯이, 위에서 말한 씨앗의 달콤함인데, 종종 그 씨앗은 잘못 경작되기 때문에, 또는 싹트는 과정에서 길을 벗어
나기 때문에 그런 달콤함에 도달하지 못하기도 한다. 또한 그 12
와 비슷하게 많은 수정과 경작을 통해 거기에 도달할 수도 있다. 왜냐하면 그 씨앗이 처음에 떨어지지 않은 곳에까지 성장 과정에서 확장되고, 그리하여 그 열매에 도달할 수 있기 때문이다. 그것은 어떤 본성을 다른 뿌리 위에 접붙이는 것과 거의 비슷한 방식이다. 그러므로 어느 누구도 변명될 수 없다. 왜냐하면 만약 어떤 사람이 자신의 자연스러운 뿌리에서 그 씨앗을 얻을 수 없다면, 접붙이기를 통해 얻을 수 있기 때문이다. 그런

7) 앞의 제4권 17장에서 다루었던 활동적 삶과 관조적 삶에 대한 논의 참조.
8) 즉 실천적 마음의 사용.

식으로 접붙이는 사람들이 실제로 좋은 뿌리에서 벗어나 길을 잃고 헤매는 사람들만큼 많다면 얼마나 좋을까!

사실 이러한 두 가지 사용에서 하나가 다른 것보다 더 많이 13
축복으로 가득 차 있는데, 바로 관조적 사용이다. 그것은 어떤 혼합도 없이[9] 우리의 가장 고귀한 부분을 사용하는 것인데, 그 부분은 앞에서 말한 근본적인 사랑으로 인해 가장 사랑할 만한 것, 말하자면 지성이다. 그 부분은 이 지상의 삶에서 완벽하게 자신을 사용할 수 없고(그것은 바로 지성의 최고 대상이신 하느님을 직접 보는 것이다), 단지 그분의 결과들을 통해 그분에 대해 성찰하고, 그분을 바라볼 뿐이다.

그리고 우리가 다른 것, 말하자면 활동적 삶의 축복이 아니 14
라, 바로 그런 축복을 최고의 것으로 찾고 있다는 것은, 만약 우리가 잘 살펴본다면, 〈마르코의 복음서〉가 우리에게 가르치고 있다. 마르코는 이렇게 말한다. 마리아 막달레나, 야고보의 어머니 마리아, 살로메[10]가 예수님을 찾으러 무덤으로 갔는데, 그 분을 발견하지 못하고 하얀 옷을 입은 어느 젊은이를 발견하였고, 그 젊은이가 말했다. "너희는 예수님을 찾고 있지만, 내가 너희에게 말하는데, 그분께서는 여기 계시지 않는다. 그러므로 너희는 두려워하지 말고, 가서 그분의 제자들과 베드로에게, 그 분께서 그들보다 먼저 갈릴래아로 가실 것이라고 말해라. 전에 너희에게 말씀하신 대로, 너희는 거기에서 그분을 뵙게 될 것이다."[11]

---

9) 말하자면 어떤 불순함도 없이 가장 순수한 상태를 가리킨다.

10) 원문에는 "야고보의 마리아(Maria Iacobi)"와 "마리아 살로메(Maria Salomè)"로 되어 있다.

11) 〈마르코 복음서〉 16장 6-7절 참조. 새 번역 《성경》은 다음과 같이 번역하고 있다. "너희가 십자가에 못 박히신 나자렛 사람 예수님을 찾고 있지만 그

그 세 여인은 활동적 삶의 세 학파, 말하자면 에피쿠로스학 15
파, 스토아학파, 페리파토스학파로 이해될 수 있는데, 그들은
무덤으로, 즉 썩어갈 것들의 그릇인 이 세상으로 가서 구세주,
말하자면 축복을 찾았지만 발견하지 못하고 하얀 옷을 입은 어
느 젊은이를 발견하였는데, 그는 마태오와 다른 사람들의 증언
에 의하면 바로 하느님의 천사였다. 그래서 마태오는 이렇게
말했다. "하느님의 천사가 하늘에서 내려왔고, 와서 돌을 옆으
로 굴리고는 그 위에 앉았다. 그의 모습은 번개 같았고 옷은 눈
처럼 희었다."[12]

앞에서 말했듯이 그 천사는 바로 하느님으로부터 오는 우리 16
의 고귀함으로, 우리의 이성 안에서 말하고, 그 학파들 각각에
게, 말하자면 누구든지 활동적 삶에서 축복을 찾으러 가는 사
람에게, 축복은 여기에 없다고 말한다. 그리고 제자들과 베드
로에게, 즉 축복을 찾으러 가는 사람들에게, 또한 베드로가 그
분을 부정하였던 것처럼 길에서 벗어난 사람들에게 가서, 그분
께서는 그들보다 먼저 갈릴래아로 가실 것이라고, 말하자면 축
복은 갈릴래아, 즉 관조 안에서 우리보다 앞서 갈 것이라고 말
하라고 말한다. 갈릴래아는 하얀색을 의미한다.[13] 하얀색은 다 17

분께서는 되살아나셨다. 그래서 여기에 계시지 않는다. 보아라, 여기가 그 분을 모셨던 곳이다. 그러니 가서 제자들과 베드로에게 이렇게 일러라. '예수님께서는 전에 여러분에게 말씀하신 대로 여러분보다 먼저 갈릴래아로 가실 터이니, 여러분은 그분을 거기에서 뵙게 될 것입니다.'"

12) 〈마태오 복음서〉 28장 2-3절 참조. 새 번역 《성경》은 다음과 같이 번역하고 있다. "그리고 주님의 천사가 하늘에서 내려오더니 무덤으로 다가가 돌을 옆으로 굴리고서는 그 위에 앉는 것이었다. 그의 모습은 번개 같고 옷은 눈처럼 희었다."

13) 세비야의 주교를 역임한 이시도루스(Isidorus, 560?~636)는 《어원론》(*Etymologiae*) 제14권 3장 23절에서 갈릴래아가 "우유"를 뜻하는 그리스어 갈라(γάλα)에서 유래한 것이라고 하였다. 단테는 우구초네 다 피사(제4권 6

른 어떤 색깔보다 많은 물질적 빛으로 충만한 색깔이며, 그와
마찬가지로 관조는 이곳 아래[14] 에 있는 다른 어떤 것보다 많은
정신적 빛으로 충만해 있다. 또한 천사는 "그분께서 너희와 함
께 하실 것이다"고 말하지 않고, "그분께서 먼저 가실 것이다"고
말하는데, 우리의 관조에서 언제나 하느님께서 먼저 가시고,
이곳 아래에서 우리는 우리 최고의 축복이신 그분께 절대로 도
달할 수 없다는 것을 이해시키기 위해서이다. 그리고 "전에 너
희에게 말씀하신 대로, 너희는 거기에서 그분을 뵙게 될 것이
다"고 말한다. 즉 거기에서 너희는 그 달콤함, 즉 행복을 얻게
될 것이라고, 여기에서 너희에게 약속된 대로, 말하자면 너희
는 그것을 얻을 것이라고 정해진 대로 얻게 될 것이라고 말한
다. 따라서 우리의 축복(지금 우리가 말하고 있는 이 행복)을 우 18
리는 먼저 활동적 삶에서, 말하자면 도덕적 덕성들의 활동에서
불완전하게 발견할 수 있으며, 나중에 지성적 덕성들의 활동에
서 거의 완전하게 발견할 수 있는 것처럼 보인다. 그 두 가지
활동은, 앞에 말한 것에서 명백하게 알 수 있듯이, 여기에서[15]
얻을 수 없는 최고의 축복으로 안내하는 가장 똑바르고 빠른 길
이다.

장 5절 참조)의 《유래들》을 참조하였는데, 여기에 이시도루스의 견해가 그대로 인용되어 있다.

14) 지상 세계를 가리킨다.

15) 이승의 지상 세계에서.

제 23장

고귀함에 대한 정의가 충분하게 증명되었고 또한 가능한 한 1
그 모든 부분에서 명백히 밝혀졌으며, 따라서 이제 고귀한 사
람이란 무엇인지 알 수 있게 되었으므로, 칸초네의 “그러한 선
으로 장식된 영혼은”으로 시작하는 부분[1] 으로 나아가야 할 것
이다. 이곳은 앞에서 말한 고귀한 사람을 알아볼 수 있는 표시
들이 설명되어 있는 부분이다. 이 부분은 다시 두 부분으로 나 2
뉜다. 첫째 부분에서는 고귀함이 고귀한 사람의 모든 삶에 걸
쳐 명백하게 빛나고 반짝인다고 주장하고, 둘째 부분에서는 고
귀함이 구체적으로 고유의 광채들[2] 안에서 증명되는데, 이 둘
째 부분은 “그녀는 초기의 시기에는”으로 시작한다.

첫째 부분과 관련하여, 위에서 말한 그 신성한 씨앗은 우리 3
의 영혼 속에서 곧바로 싹트고, 그 요구에 따라 영혼의 모든 능력을 향해 자라나고 다양하게 확장된다는 것을 알아야 한다. 그러니까 식물적 능력, 감각적 능력, 이성적 능력을 향해 싹트고, 그 모든 능력의 덕성들 사이로 가지를 뻗으면서, 그 모든 덕성을 고유의 완전함을 지향하도록 인도하고, 언제나 그 안에서 자신을 유지하는데, 절대로 죽지 않는 우리의 영혼 부분과 함께, 하늘에 계시는 가장 높고 가장 영광스러운 씨 뿌리는 분

1) 칸초네의 121행, 즉 일곱째 연의 서두에 해당한다.
2) 빛나는 개별적 덕성들을 가리킨다.

에게 돌아갈 때까지 그렇게 한다. 앞에서 말한 첫째 부분에서 그렇게 말한다.

그런 다음 "그녀는 초기의 시기에는" 하고 시작하면서, 그 신 4
성한 선의 활동인 명백한 표시들을 통해 우리는 고귀한 사람을 알아볼 수 있다는 것을 보여준다. 그리고 이 부분은 다시 네 부분으로 나뉘는데, 삶의 네 시기, 즉 청년기, 장년기, 노년기,
노쇠기[3]에서의 서로 다른 활동에 따른 것이다. 그리고 그 둘째 5
부분[4]은 "장년기에는 절제 있고 강력하며"로 시작하고, 셋째 부분은 "노년기에는 신중하고 정의롭고"로 시작하고, 넷째 부분은 "나중에 인생의 넷째 부분에서는"으로 시작한다. 이것이 이 부분[5]의 일반적인 의미이다.

이 부분과 관련하여 모든 결과는, 바로 결과이기 때문에, 간 6
직할 수 있는 한 많이 자신의 원인과 비슷해진다[6]는 것을 알아야 한다. 그러므로 앞에서 말했듯이 우리의 삶, 그리고 모든 생명체의 삶은 이 아래에서 하늘에 의한 것이며, 하늘은 이 모든 결과들에게 완전한 원(圓)이 아니라 원의 일부로서 그들에게 드러난다. 따라서 하늘의 운동은 그들 위에서 거의 원호(圓弧)와 같으며, 지상의 모든 삶들은(내가 말하는 지상의 삶들은 인간의 삶뿐만 아니라 모든 생명체의 삶을 뜻한다) 위로 올라가고 내

---

3) 원문에는 각각 adolescenza, gioventute, senettute, senio로 되어 있으며, 따라서 용어상으로만 보면 "청소년기", "청년기", "장년기", "노년기"로 옮길 수도 있다. 그렇지만 뒤이어 제24장에서 설명하는 바에 의하면 그런 번역은 어울리지 않는다. 참고로 리처드 랜싱은 adolescence, maturity, old age, senility로 옮겼고, 필립 윅스틀은 adolescence, manhood, old age, decrepitude로 옮겼다.

4) 또 다시 네 부분으로 나눈 곳에서의 둘째 부분을 가리킨다.

5) 처음 두 부분으로 나눈 곳에서의 둘째 부분에 해당한다.

6) 원문에는 "자기 원인의 비슷함을 받는다"로 되어 있다.

려가면서, 원호의 모습과 거의 비슷해져야 한다. 그러니까 현재 우리가 관심을 기울이는 유일한 대상인 인간의 삶으로 돌아오자면, 우리의 삶은 위로 올라가고 내려가면서 그런 원호의 모습으로 진행한다고 말하고 싶다.

그리고 만약 우리의 씨앗 성향의 질료가 인간 본성의 규칙을 7
방해하지 않는다면, 이 아래의 원호는 저 위[7]의 원호와 똑같을 것이라는 것을 알아야 한다. 하지만 기본적 체액(體液)[8]은(그것은 우리의 생명을 형성하는 열(熱)의 영양소이며 실질이다) 양이 많거나 적고, 질이 더 좋거나 덜 좋고, 또한 다른 결과보다 어느 한 결과에서 더 많이 지속되기 때문에, 어떤 사람의 삶의 원호는 다른 사람의 원호보다 더 길거나 또는 덜 길 수도 있다. 그리고 8
어떤 죽음은 격렬하거나[9] 또는 갑작스러운 질병에 의해 앞당겨지기도 하며, 민중들이 자연스럽다고 말하고 또한 실제로 자연스러운 죽음만이 〈시편〉의 저자가 말한 한계를 형성한다. "당신께서는 넘을 수 없는 경계를 세우셨습니다."[10] 그리고 우리 삶의 스승인 아리스토텔레스는 지금 우리가 말하는 원호에 대해 깨달았기 때문에, 우리의 삶은 올라가기와 내려가기에 지나지 않는다고 믿었던 것 같다. 그래서 장년기와 노년기에 대해 다루는 책[11]에서 장년기는 삶의 확장일 뿐이라고 말한다.

---

7) "이 아래"의 지상 세계와 구별되는 하늘, 또는 천국을 가리킨다.

8) 원문에는 umido radicale, 즉 "근본적 습기"로 되어 있으며, 라틴어 후모르(humor)를 가리킨다. 히포크라테스의 전통을 이어받은 중세 유럽의 의학에서는 인간의 몸에 흐르는 체액을 네 가지로 구별하였다.

9) 격렬한 죽음이란 폭력이나 사고에 의한 갑작스러운 죽음을 가리킨다.

10) 〈시편〉 제104편 9절 참조. 새 번역 《성경》은 "당신께서 경계를 두시니 물이 넘지 않고/ 땅을 덮치러 돌아오지도 않습니다"로 번역하고 있다.

11) 아리스토텔레스의 자연학에 대한 소논문들 중의 하나인 《장년기와 노년기에 관하여》(*De juventute et senectute*)를 가리킨다.

위에서 말한 불평등으로 인해 그 원호의 정점이 어디에 있는 9
지는 알기 어렵다. 하지만 대부분의 삶에서 30세에서 40세 사
이에 있다고 나는 믿고 있으며, 또한 본성이 완전한 삶들에서
는 35세에 있다고 나는 믿는다.[12] 그리고 내 믿음은 바로 이런 10
논거에 의한 것이다. 완전한 본성을 갖고 계셨던 우리의 구세
주 그리스도께서는 당신 삶의 34세에 돌아가시기 원하셨는데,
신성함이 쇠퇴하는 것 안에 머무는 것은 적합하지 않았기 때문
이다. 또한 그 분께서 정점에 이를 때까지 이 우리의 삶 안에
거주하기를 원치 않으셨다고 믿을 수도 없는데, 유년기의 낮은
상태 안에도 머무르셨기 때문이다. 그리고 그것은 그분이 사망 11
하신 날의 시각에 의해서도 명백해지는데, 그 죽음을 당신의
삶과 비슷하게 만들기 원하셨기 때문이다. 그러므로 루카의 말
에 의하면 그분께서 돌아가셨을 때는 거의 여섯째 시간[13]이었
는데, 그것은 바로 하루의 정점이었다는 것을 뜻한다. 따라서
그 "거의"라는 말에서 그리스도의 34세가 그분 삶의 정점이었다
는 것을 이해할 수 있다.

그렇지만 그 원호는 여러 글들에서 단지 중심점으로만 구별 12
되지 않고, 우리를 구성하는 서로 상반되는 성질들의 네 가지
조합에 따라 구별되는데, 그 조합들, 말하자면 각각의 조합에
우리 삶의 한 부분이 상응하는 것처럼 보이고, 그것은 네 부분
으로 나뉘어 네 시기로 일컬어진다. 알베르투스가 《유성론》 제 13
4권에서 말하는 바에 의하면,[14] 첫째는 청년기로 뜨거움과 습

---

12) 인생의 시기들에 대한 구체적인 설명으로는 뒤의 제4권 24장 3절 이하 참조.

13) 중세의 성무일도에 따른 시간으로 대략 정오를 가리킨다(제3권 6장 2절 참조). 그리고 예수의 사망 시각과 관련하여 단테는 〈루카 복음서〉 23장 44행 이하에 따라 정오로 보고 있다.

14) 하지만 여기에서 언급되는 내용은 알베르투스 마그누스(제3권 5장 12절 참

기에 어울리고, 둘째는 장년기로 뜨거움과 건조함에 어울리고, 셋째는 노년기로 차가움과 건조함에 어울리고, 넷째는 노쇠기로 차가움과 습기에 어울린다.

14 그리고 이 부분들은 한 해의 봄, 여름, 가을, 겨울과 비슷하며, 하루 낮에서는 셋째 시간까지, 그 다음에는 아홉째 시간까지(이 부분의 한가운데인 여섯째 시간은 명백하게 구별되는 이유로[15] 제쳐두고), 또 그 다음에는 저녁 기도 시간[16]까지, 그리고 저녁 기도 시간 이후에 해당한다. 그러므로 겐틸리스, 즉 이교도들은 태양의 수레가 네 마리의 말을 갖고 있다고 말했는데, 오비디우스가 《변신》 제 2권에서 말하는 바에 의하면, 첫째 말은 에오우스, 둘째는 피로이스, 셋째는 아이톤, 넷째는 플레곤이라 불렀다.[17]

15 낮의 부분들과 관련하여 위의 제 3권 6장에서 말했듯이, 교회는 시간의 구별에서 낮의 가변적 시간[18]을 사용한다는 것을 간략하게 알아야 하는데, 각각의 하루 낮에 있어 그 시간은 12시간이며, 태양이 비추는 양에 따라 더 크거나 작다. 여섯째 시간, 즉 정오는 낮 전체에서 가장 고귀한 시간이고 가장 덕성 있는 시간이기 때문에, 성무일도(聖務日禱)들이 가능한 한 그 양

조)의 《유성론》이 아니라, 그의 다른 저술 《장년기와 노년기에 관하여》(*De juventute et senectute*)에서 다루어진 것이다.

15) 여섯째 시간은 낮의 정점인 정오이며, 따라서 명백하게 구별되기 때문이라는 것이다.

16) 저녁 해질 무렵으로 계절에 따라 다르지만 대략 오후 6시에 해당하며, "만과(晚課)"로 번역되기도 한다.

17) 오비디우스, 《변신》 제2권 153-155행 참조. 천병희의 번역본(숲, 2005, 85쪽)에 의하면, 에오우스(Eous)는 "새벽"으로, 피로이스(Pyrois)는 "불"로, 아이톤(Aethon)은 "불길"로, 플레곤(Phlegon)은 "화염"으로 번역할 수 있을 것이라고 한다.

18) 제3권 6장 2절의 역주 참조.

쪽에, 말하자면 그 이전과 이후에 가까이 몰려 있다. 그렇기 때 16
문에 낮의 첫째 부분, 말하자면 셋째 시간의 성무일도는 그 부분의 마지막에 낭송되고, 셋째 부분과 넷째 부분의 성무일도는 해당 시간의 처음에 낭송된다.[19] 또한 그렇기 때문에 셋째 시간 절반은 그 부분에 대한 종이 울리기 전을 가리키고, 아홉째 시간 절반은 그 부분에 대한 종이 울린 이후를 가리키고, 저녁기도 시간 절반도 그와 마찬가지이다.[20] 또한 그러므로 정각 아홉째 시간은 언제나 낮의 일곱째 시간[21]이 시작할 무렵에 울려야 한다는 것을 모든 사람이 알아야 한다. 이번 여담은 이것으로 충분할 것이다.

---

19) 중세에는 성무일도 시간(제3권 6장 2절 참조)에 따라 하루 낮은 4등분되었다. 그리고 첫째 부분은 첫째 시간과 셋째 시간 사이로 대략 오전 6시에서 9시 사이인데, 그 부분이 끝날 무렵 즉 9시 직전에 성무일도 기도를 낭송하고, 반면 셋째와 넷째 부분은 각각 여섯째 시간과 아홉째 시간에 시작하는데, 그 시작 무렵에, 말하자면 각각 정오와 오후 3시 무렵에 낭송한다는 뜻이다.

20) 각 성무일도 시간의 중간에 해당하는 시간을 알리는 종소리가 울리는 시각에 대해 이야기한다. "셋째 시간 절반(mezza terza)"은 그 시간, 즉 셋째 시간이 울리기 전의 첫째와 셋째 시간 중간에 울리고(말하자면 오전 6시와 9시 사이의 중간이므로 대략 7시 30분에 해당한다), 반면에 아홉째 시간 절반은, 뒤이어 말하듯이 정오 근처인 "일곱째 시간"으로 이동된 아홉째 시간이 울린 후에 울리며, 저녁 기도 시간 절반도 오후 3시로 이동된 저녁 기도 시간이 울린 후에 해당한다는 뜻이다. 단테의 이러한 논의는 상당히 복잡하고 또한 모순적으로 보이며, 따라서 여러 가지 논란의 대상이 되고 있다. 어쨌든 성무일도들이 정오를 중심으로 몰려 있다는 사실을 강조하고 있다는 것은 분명하다.

21) 대략 오후 1시에 해당한다.

제 24장

이제 우리의 주요 논제로 되돌아가 말하자면, 인간의 삶은 네 시기로 나뉜다. 첫째는 청년기, 말하자면 "삶의 성장" 시기이고, 둘째는 장년기, 말하자면 "유용할 수 있는 시기", 즉 완전함을 줄 수 있는 시기이고(완전한 시기는 그렇게 간주되는데, 사람은 자기가 갖고 있지 않은 것을 줄 수는 없기 때문이다), 셋째는 노년기라 일컬어지고, 넷째는 위에서 말한 대로 노쇠기라 일컬어진다. 1

첫째 시기와 관련해서는 아무도 의심하지 않는데, 모든 현인이 동의하고 있듯이 그 시기는 25세까지 지속된다. 그 시기까지 우리의 영혼은 육체의 성장과 아름다움에 몰두하고, 따라서 육체에서 여러 커다란 변화들이 나타나기 때문에, 이성적 부분을 완벽하게 구별할 수 없다. 그러므로 그 시기 이전에는 완전한 나이의 보호자 없이 사람이 특정한 일들을 할 수 없도록 법으로 정하고 있다. 2

진정으로 우리 삶의 최고 정점에 해당하는 둘째 시기와 관련하여 그 지속 기간에 대해 많은 사람들이 서로 다른 견해를 갖고 있다. 하지만 이에 대해 철학자들과 의사들이 글로 쓴 것들을 제쳐두고 고유한 이성으로 돌아와 말하자면, 모든 자연스러운 판단을 내릴 수 있고 또 내려야 하는 대부분의 사람들에 있어 그 시기는 20년 동안이다. 내가 그렇게 생각하는 근거는 이 3

런 것이다. 만약 우리 원호[1]의 정점이 35세에 있다면, 그 시기에 오르막이 있는 만큼 내리막도 있어야 한다. 그리고 그 오르막과 내리막은 활[2]의 손잡이와 거의 비슷하고, 거기에는 약간의 굴곡만 있을 뿐이다. 그러므로 장년기는 35세에 완성되게 된다.

그리고 청년기가 장년기에 앞서 올라가는 25년 동안 지속되 4
는 것과 마찬가지로 내려가는 것, 즉 노년기는 장년기에 뒤이어 똑같은 기간 동안 지속된다. 따라서 노년기는 70세에 끝나게 된다.[3]

하지만 청년기는, 앞에서 말한 의미로 받아들이자면, 삶의 5
시작 때 시작되지 않고, 그 다음 약 여덟 살[4] 이후에 시작된다. 그리고 우리의 본성은 올라가려고 노력하고, 내려가는 데에서는 억제하는데, 자연적인 뜨거움이 줄어들고, 힘이 약해지고, 습기가 빽빽해지기 때문이다(양에서가 아니라 질에서 빽빽해지므로 덜 증발되고 덜 소비된다). 그러므로 노년기 이후 우리의 삶에서 아마 10년의 기간 조금 더 또는 조금 덜 남게 되는데,
그 기간이 노쇠기라 일컬어진다. 따라서 플라톤의 경우를 보 6
면, 소크라테스가 그를 처음 보았을 때 그에게서 관찰한 외모나 완전함에 있어 최상의 본성을 갖추었다고 말할 수 있는데,

---

1) 위의 제23장 6절에서 말한 인생 또는 삶의 원호를 가리킨다.

2) arco, 즉 "원호(圓弧)"는 동시에 "활〔弓〕"을 의미하기도 한다.

3) 간단히 말해 청년기는 25세까지, 장년기는 25세에서 45세까지, 노년기는 45세에서 70세까지이며, 노쇠기는 뒤이어 말하듯이 70세부터라는 것이다.

4) 일부 필사본에는 여덟 "달(mesi)", 즉 8개월로 되어 있다. 문제는 바로 앞에서 말하는 "삶의 시작"을 언제로 볼 것이냐에 달려 있다. 그것을 탄생의 순간으로 보는 학자들은 여덟 살로 해석하고(물론 여덟 살부터 청년기가 시작된다고 보는 구체적인 이유는 알 수 없다), 반면에 잉태의 순간으로 보는 학자들은 8개월 이후의 출산이 본격적인 삶의 시작이라고 해석한다.

키케로가 《노년에 관하여》에서 증언하는 바에 의하면,[5] 그는 81세까지 살았다고 한다. 그리고 나는, 만약 그리스도께서 십자가에 못 박히시지 않고 당신의 삶이 본성에 따라 완수할 수 있었던 기간 동안 사셨다면, 81세에 필멸의 육신에서 불멸의 육신으로 변환되셨을 것이라고 믿는다.

위에서 말하였듯이 사실 이 시기들은 우리의 체질과 구성에 따라 더 길거나 더 짧을 수 있다. 하지만 어떠한 경우든 앞에서 말했듯이, 내가 보기에 모든 사람들에게서 그 비례는 유지되어야 하는 것처럼 보인다. 말하자면 모든 사람들에게서 그 시기들은 자연적 삶의 모든 시간 전체에 따라 더 길어지거나 짧아지게 되는 것이다.[6] 7

그 모든 시기들을 통해 지금 우리가 말하고 있는 고귀함은 고귀해진 영혼 안에서 다양하게 자신의 결과들을 보여준다. 이것이 바로 현재 이 글이 다루고 있는 부분[7]이 증명하고자 하는 것이다. 여기에서 우리의 본성은 착하고 올바를 경우 우리 안에서 합리적으로 발전한다는 것을 알아야 하는데, 우리가 보고 있듯이 식물들의 본성이 그 식물들 안에서 발전하는 것과 마찬가지이다. 그러므로 어떤 태도와 어떤 행동들은 다른 시기보다 어느 한 시기에 더 합리적이고, 그 안에서 고귀한 영혼은 단순한 길을 따라 질서 있게 발전하면서, 자신의 최종적 열매[8]를 얻기 위해 배치된 대로의 시간과 시기들 안에서 고유의 행위들을 활용한다. 키케로는 《노년에 관하여》에서 거기에 동의하고 있다.[9] 8

---

5) 키케로, 《노년에 관하여》 제5장 13절 참조.

6) 각 개인의 다양한 시기는 바로 그의 삶 전체에 따라 변화할 수 있다는 것이다.

7) 원문에는 "이 글을 쓰고 있는 부분"으로 되어 있는데, 칸초네의 일곱째 연을 가리킨다.

8) 앞에서 말한 행복.

베르길리우스가 《아이네이스》에서 시기들의 다양한 과정에 9
적용하고 있는 상징적 의미[10]는 제쳐두고, 또 은둔자 에지디
오[11]가 《군주의 통치에 관하여》의 제1부에서 말하는 것을 제쳐
두고, 또한 키케로가 《의무에 관하여》에서 거기에 대해 다루는
것[12]을 제쳐두고, 단지 이성이 그 자체로서 볼 수 있는 것에
따라서 말하자면, 그 첫째 시기는 우리의 훌륭한 삶 안으로 들
어가는 문이자 길이다. 그리고 그 입구는 필수적으로 일정한 10
것들을 가져야 하는데, 그것들은 필요한 것들에서 절대로 빠지
지 않는 훌륭한 본성이 제공하는 것들이다. 우리가 볼 수 있듯
이, 가령 포도나무에게 열매를 보호하도록 잎사귀들을 제공하
고, 포도나무의 약점을 보호하고 연결하여 열매의 무게를 지탱
하도록 넝쿨손을 제공하는 것과 같다.

그러니까 훌륭한 본성은 이 시기에게 좋은 삶의 도시 안으로 11
들어가는 데 필요한 네 가지를 제공한다. 칸초네가 첫째 세
부[13]에서 말하듯이, 첫째는 복종이고, 둘째는 부드러움이고,
셋째는 수치심이고, 넷째는 육체의 아름다움이다.

그러므로 마치 어느 도시에 전혀 가본 적이 없는 사람은 그곳 12
을 잘 아는 사람의 안내가 없다면 어떻게 길을 가야 할지 모르

---

9) 키케로, 《노년에 관하여》 제2장 5절 참조.

10) 5~6세기경의 아프리카 출신 라틴 문법학자 풀겐티우스(Fabius Planciades Fulgentius)는 베르길리우스의 《아이네이스》를 인간의 삶에 대한 우의로 해석하였는데, 중세에도 그런 해석이 널리 받아들여졌다.

11) 에지디오 콜론나(Egidio Colonna, 1247?~1316)는 스콜라 철학자이며 신학자로 로마의 성 아우구스티누스 은둔자들 수도회에 들어갔기 때문에 은둔자 에지디오로 알려져 있다. 그의 대표적인 저술 《군주의 통치에 관하여》(*De regimine principum*)는 제자였던 프랑스의 미남왕 필리프 4세를 위해 쓴 것으로 젊은이와 노인의 행실에 대한 성찰들이 담겨 있다.

12) 키케로, 《의무에 관하여》 제1권 34장 122절 참조.

13) 칸초네 일곱째 연의 첫째 부분을 가리킨다.

는 것과 마찬가지로, 길을 잃기 쉬운 이 삶의 숲 속으로 들어가
는 젊은이는, 만약 연장자들이 길을 보여주지 않는다면 좋은
길을 갈 수 없을 것이다. 그리고 만약 그가 그들의 명령에 복종
하지 않는다면, 길을 보여주어도 아무런 소용이 없을 것이다.
따라서 이 시기에는 복종이 필요하다. 어떤 사람은 이렇게 말 13
할 수도 있다. 사악한 명령을 존중하는 사람이, 좋은 명령을 존
중하는 사람과 마찬가지로 순종적이라고 말할 수 있을까? 그것
은 복종이 아니라 거역이라고 말하고 싶다. 왜냐하면 만약 왕
이 어떤 길을 명령하고, 하인이 다른 길을 명령하면 하인에게
복종하지 않아야 하기 때문이다. 왜냐하면 그것은 왕에게 복종
하지 않는 것이며, 따라서 거역이 될 것이기 때문이다. 그렇기 14
때문에 솔로몬은 자기 아들을 바로잡으려고 했을 때 이렇게 말
했다(이것이 그의 첫 번째 명령이었다). "내 아들아, 아버지의 가
르침을 들어라."[14] 그리고 곧바로 다른 사람의 사악한 충고와
가르침에서 멀어지게 하면서 이렇게 말했다. "죄인들이 아첨이
나 쾌락으로 너를 유혹하여, 네가 그들과 함께 어울리지 않도
록 하여라."[15] 그러므로 자식은 태어나자마자 곧바로 어머니의
가슴에 매달리는 것처럼, 마음의 어떤 빛이 자기 안에 나타나

---

14) 〈잠언〉 1장 8절 참조. 새 번역 《성경》은 "내 아들아, 아버지의 교훈을 들어라"로 번역하고 있다.

15) 〈잠언〉 1장 10-15절을 줄여서 풀어쓴 것이다. 새 번역 《성경》은 다음과 같이 번역하고 있다. "내 아들아, 죄인들이 너를 유혹하여도 따라가지 마라. / 그들은 이렇게 말할 것이다. '우리와 함께 가자! 숨어서 남을 기다렸다가 그 피를 쏟고 매복하였다가 이유를 찾지 말고 죄 없는 이를 덮치자. / 저승처럼 그들을 산 채로 집어삼키자. 구렁으로 내려가는 이들을 삼키듯 통째로 삼켜버리자. / 우리는 온갖 값진 재물을 찾아내어 우리 집을 약탈물로 그득 채우게 될 것이다. / 너도 우리와 함께 제비를 뽑고 돈 자루는 우리 모두 하나만 두자.'/ 내 아들아, 그들이 이렇게 말할지라도 그들과 함께 길을 가지 마라. 그들의 행로에 발을 들여놓지 마라."

자마자 곧바로 아버지의 가르침을 향해 몸을 돌려야 하고, 또
한 아버지는 그를 가르쳐야 한다. 그리고 자기 자신의 행동에 15
서 가르침의 말과 반대되는 예를 보여주지 않도록 조심해야 한
다. 왜냐하면 우리가 볼 수 있듯이 모든 자식은 자연히 아버지
의 발자국들을 다른 사람보다 더 잘 보기 때문이다. 그러므로
그것을 고려하는 법이 말하고 명령하는 바에 의하면, 아버지의
인격은 자기 자식에게 언제나 신성하고 솔직하게 보여야 한다.
따라서 복종이 이 시기에 필요하다는 것은 명백해 보인다. 그 16
러므로 솔로몬은 〈잠언〉에서 바로잡는 사람의 바로잡기 위한
비난을 겸손하게 또 순종적으로 받아들이는 사람은 "영광을 얻
을 것이다"고[16] 쓰고, 또 "그렇게 될 것이다"고 말하는데, 현재
시기에서는 영광을 얻을 수 없는 젊은이에게 말하고 있다는 것
을 이해시키기 위해서이다. 만약 누군가가 "그렇게 말한 것은, 17
단지 아버지에 대해서일 뿐이며 다른 사람들에 대해서는 아니
다"고 헐뜯는다면, 나는 모든 다른 복종이 아버지에게 돌아가야
한다고 대답하겠다. 그러므로 사도[17]는 콜로새 신자들에게 말
한다. "자식들이여, 모든 것에서 너희 아버지에게 복종하여라.
그것은 하느님께서 원하시기 때문이다." 그리고 만약 아버지가
살아 있지 않다면, 아버지가 유언으로 아버지로 지명한 사람에
게 돌아가야 하며, 만약 아버지가 유언 없이 사망한다면, 법이
그의 안내자로 위임하는 사람에게 돌아가야 한다. 그런 다음 18
선생님들과 연장자들에게 복종해야 하는데, 어떤 면에서는 아

16) 새 번역 《성경》의 〈잠언〉 15장 31절과 13장 18절에 의하면, 그런 가르침을 듣고 지키는 사람은 각각 "깨달음"을 얻고 "존경"을 받을 것이라고 되어 있다.

17) 바오로를 가리킨다. 뒤의 구절은 〈콜로새 신자들에게 보낸 서간〉 3장 20절에서 인용하고 있는데, 새 번역 《성경》은 "자녀 여러분, 무슨 일에서나 부모에게 순종하십시오. 이것이 주님 마음에 드는 일입니다"로 번역하고 있다.

버지, 또는 아버지의 자리를 대신하는 사람에 의해 그들에게 맡겨진 것처럼 보이기 때문이다.

그런데 이 장이 안에 담긴 유용한 여담들로 인해 길어졌기 때 19
문에, 다른 장에서 다른 것들에 대해 논의해야 할 것이다.

제 25장

그런 훌륭한 영혼과 본성은 청년기에 복종적일 뿐만 아니라 1
부드럽기도 하다. 부드러움은 장년기의 문 안으로 잘 들어가기
위하여 이 시기에 필요한 또 다른 것이다. 아리스토텔레스가
《윤리학》 제 8권에서 말하듯이, 우리는 친구들 없이 완전한 삶
을 가질 수 없기 때문에 그것이 필요하다.[1] 그리고 대부분의
우정은 이 첫째 시기에 심어지는 것처럼 보인다. 이 시기에 사
람은 우아해지거나 또는 그 반대가 되기 시작하기 때문이다.
그 우아함은 부드러운 행동을 통해 얻어지는데, 그것은 바로
부드럽고 친절하게 말하기, 그리고 부드럽고 친절하게 봉사하
고 행동하기이다. 그렇기 때문에 솔로몬은 청년기 아들에게 이 2
렇게 말한다. "하느님께서는 경멸하는 자들을 경멸하시고, 유
순한 자들에게 은총을 주실 것이다."[2] 그리고 다른 곳에서 이
렇게 말한다. "사악한 입을 너에게서 멀리하고, 다른 천박한 행
위들을 너에게서 멀리해라."[3] 따라서 앞에서 말했듯이 그 부드
러움이 필요하다는 것은 분명하다.

---

1) 아리스토텔레스, 《니코마코스 윤리학》 제8권 1장 참조.

2) 〈잠언〉 3장 34절 참조. 새 번역 《성경》은 "그분께서는 빈정대는 자들에게 빈정대시지만 가련한 이들에게는 호의를 베푸신다"로 번역하고 있다.

3) 〈잠언〉 4장 23절 참조. 새 번역 《성경》은 "거짓된 말을 치워 버리고 비방하는 말을 멀리하여라"로 번역하고 있다.

또한 이 시기에는 수치심의 감정도 필요하다. 그렇기 때문에 칸초네에서 말하듯이 훌륭하고 고귀한 본성은 이 시기에 수치심을 보여준다. 그리고 수치심은 청년기에 고귀함의 가장 명백한 표시인데, 고귀한 본성이 지향하는 우리 삶의 훌륭한 토대를 위해 이 시기에 가장 필요하기 때문이다. 그러므로 이것에 대해 보다 주의 깊게 이야기해야 한다. 3

그러니까 수치심이라는 말로 나는 훌륭한 우리 삶의 토대에 필요한 세 가지 감정을 의미한다고 말하고 싶다. 첫째는 경외심이고, 둘째는 수줍음이고, 셋째는 부끄러움이다. 비록 민중은 그런 구별을 하지 않더라도 그렇다.[4] 이 세 가지 감정은 모두 다음과 같은 이유로 이 시기에 필요하다. 이 시기에는 알기 위해 열망하고 공손해야 할 필요가 있으며, 이 시기에는 올바른 길에서 벗어나지 않도록 억제되어야 할 필요가 있으며, 이 시기에는 잘못을 반복하는 습관에 빠지지 않도록 잘못을 후회해야 할 필요가 있기 때문이다. 민중이 수치심이라 부르는, 위에서 말한 감정들이 이 모든 것을 수행한다. 4

왜냐하면 경외심이란 대단하고 경이로운 것들을 보거나 듣고, 또는 다른 어떤 방식으로 느끼는 데에서 나오는 마음의 놀라움이기 때문이다. 그런 것들은 대단해 보이기 때문에 그것을 느끼는 사람들이 공경하게 만들며, 또한 경이롭게 보이기 때문에 사람들이 그것들에 대해 알고 싶도록 만든다. 그러므로 옛날의 왕들은 자기 왕궁에 황금과 보석으로 만든 화려한 작품이나 예술품들을 두었는데, 그것을 보는 사람들이 놀라고, 따라서 공손해지고 왕의 명예로운 상태에 대해 질문하게 되곤 하였다. 5
그래서 감미로운 시인 스타티우스는 《테바이의 역사》[5] 제 6

4) 실제로 이 세 가지 감정과 "수치심"을 뚜렷하게 구별하기는 어렵다.

5) 스타티우스(제3권 8장 10절 참조)의 대표작 《테바이스》를 가리킨다.

1권에서 이렇게 말한다.[6] 아르고스 사람들의 왕 아드라스토스[7]는, 폴리네이케스[8]가 사자 가죽을 몸에 두르고 있는 것을 보고, 또한 티데우스[9]가 멧돼지 가죽을 몸에 두르고 있는 것을 보고, 그리고 자기 딸들에 대한 아폴론의 신탁[10]을 기억했을 때, 경외심에 사로잡혔고, 따라서 더욱 공손해지고 더욱 알고 싶은 열망에 사로잡혔다는 것이다.

수줍음이란 추한 것들을 보고 그 안에 떨어질까 두려워서 마 7
음이 뒤로 물러나는 것이다. 우리가 알고 있듯이 처녀들과 정숙한 여인들, 소녀들은 너무나도 수줍어하여, 잘못을 저지르도록 이끌리거나 유혹되는 곳에서 뿐만 아니라, 성적 행위에 대한 단지 약간의 상상을 할 때에도 모두 얼굴이 창백해지거나 붉
게 물든다. 그래서 위에서 말한 시인[11]은 방금 인용한 《테바이 8
스》 제 1권에서 이렇게 말한다.[12] 아드라스토스 왕의 딸들인 아르게이아와 데이필레의 유모 아케스테는 두 이방인, 말하자면 폴리네이케스와 티데우스가 있는 자리에서 신성한 아버지의 눈앞으로 딸들을 데리고 갔는데, 처녀들은 곧바로 창백해지고

6) 스타티우스, 《테바이스》 제1권 395행 이하와 482행 이하 참조.

7) 그리스 신화에서 아르고스의 왕으로 일곱 장군으로 이루어진 테바이 원정을 지휘하였다.

8) 테바이의 왕 오이디푸스(제3권 8장 10절 참조)와 그의 어머니이자 아내가 된 이오카스테 사이에서 태어난 쌍둥이 아들 중의 하나로, 형제 에테오클레스에 의해 테바이에서 쫓겨나 아드라스토스에게 피신하였다.

9) 그는 칼리돈 왕 오이네우스의 아들이었으나 사람을 죽이고 칼리돈에서 쫓겨났고, 폴리네이케스와 같은 날에 아드라스토스에게 피신하였다.

10) 자신의 딸들이 각자 사자와 멧돼지와 결혼하게 될 것이라는 신탁이었다. 결국 그의 맏딸 아르게이아는 폴리네이케스와 결혼하고, 막내딸 데이필레는 티데우스와 결혼하게 되었다.

11) 스타티우스를 가리킨다.

12) 스타티우스, 《테바이스》 제1권 527행 이하 참조.

얼굴을 붉혔으며, 그녀들의 눈은 다른 모든 시선을 피하였고,
단지 아버지의 얼굴만 안심이 되는 듯 바라보았다는 것이다.
오, 그 수줍음은 얼마나 많은 잘못들을 억누르는가! 얼마나 많 9
은 부도덕한 것들과 간청들을 침묵하게 하는가! 얼마나 많은
명예롭지 못한 욕망들을 억제하는가! 수줍어하는 사람뿐만 아
니라 그를 바라보는 사람에게서도 얼마나 많은 사악한 유혹들
을 경계하는가! 얼마나 많은 추한 말들을 자제하는가! 키케로
가《의무에 관하여》제 1권에서 말하듯이, 모든 추한 행위에서
는 그것에 대해 말하는 것도 추하다.[13] 그러므로 수줍어하고
고귀한 사람은 여인에게 부적절한 말을 절대로 하지 않는다.
아, 모든 여인의 입에 어울리지 않는 것을 언급한다는 것은, 명
예를 찾는 모든 고귀한 사람에게 얼마나 나쁜가!

부끄러움이란 잘못을 저지른 불명예에 대한 두려움이며, 그 10
두려움에서 잘못에 대한 후회가 탄생하는데, 그것은 더 이상 잘못하지 않도록 처벌이 되는 쓰라림을 내포한다. 그러므로 바로 그 시인[14]은 같은 곳에서 이렇게 말한다. 폴리네이케스는 아드라스토스 왕이 그의 출신에 대해 물었을 때, 대답하기 전에 망설였는데, 바로 자신이 아버지에게 저지른 잘못[15]에 대한 부끄러움 때문이었고, 또 게다가 자기 아버지 오이디푸스의 잘못 때문이었는데, 그것이 자식의 부끄러움 속에 남아 있는 것처럼 보였기 때문이다. 그래서 자기 아버지의 이름을 말하지 않고, 자

13) 본문에는 "그것에 대해 말하는 것이 추하지 않은 어떤 추한 행위도 없다"로 되어 있다. 키케로, 《의무에 관하여》 제1권 35장 127절 참조. 허승일의 번역본(서광사, 1989, 94쪽)은 "그러한 것들을 입에 담는다는 것은 점잖지 못하다"로 번역하고 있다.

14) 스타티우스.

15) 오이디푸스가 자기 죄를 깨닫고 스스로 장님이 되었을 때, 그의 아들들은 아버지를 동정하지 않았을 뿐만 아니라 오히려 조롱하였다.

신의 조상들과 영토와 어머니에 대해 말했다는 것이다. 그러므로 이 시기에 수치심이 필요하다는 것은 명백해 보인다.

그리고 칸초네에서 "자기 몸을 아름답게 장식하네" 하고 말하 11
듯이, 이 시기에 고귀한 본성은 단지 복종, 부드러움, 수치심만 보이는 것이 아니라, 육체의 아름다움과 경쾌함도 보여준다. 그 "장식하다"는 명사가 아니라 동사이다. 말하자면 그것은 3인칭 직설법(直說法) 현재 시제의 동사이다. 여기에서 우리의 훌륭한 삶을 위해서는 그런 작업도 필요하다는 것을 알아야 한다. 왜냐하면 우리 영혼의 활동들 중 대부분은 육체의 기관들을 통해 수행되어야 하고, 그렇다면 육체가 그 부분들에서 잘 정돈되고 배
치되어 있을 때 잘 수행되기 때문이다. 그리고 육체는 제대로 12
정돈되고 배치되어 있을 때 전체적으로나 부분들에서 아름답다. 왜냐하면 우리 사지의 합당한 정돈은 표현할 수 없게 놀라운 조화의 즐거움을 주고, 좋은 배치[16], 말하자면 건강은 바라보기
에 부드러운 색깔을 사지에 부여하기 때문이다. 따라서 고귀한 13
본성은 자신의 육체를 아름답게 장식한다고 말하는 것은, 육체를 정돈의 완전함으로 장식한다고 말하는 것과 다르지 않다. 그렇기 때문에 위에서 논의한 다른 것들과 마찬가지로 이것도 청년기에 필요한 것처럼 보인다. 위에서 말했듯이 하느님의 섭리에 의해 심어진 것으로서의 고귀한 영혼, 즉 고귀한 본성이 그것들을 제공하며 처음부터 그것들을 지향한다.

16) 원문에는 disposizione로 되어 있고, 따라서 "성향"으로 옮길 수도 있으나 위의 문장과 대응을 이루기 때문에 "배치"로 옮겼다.

제 26장

우리가 분명한 표시들을 통해 고귀한 사람을 알아볼 수 있다는 것을 보여주는 이 부분의 첫째 세부에 대하여 논의하였으므로, 이제 "장년기에는 절제 있고 강력하며"로 시작되는 둘째 부분으로 나아가야 한다. 1

그러니까 고귀한 본성은 청년기에 "순종적이고 부드럽고 수줍어하며", 자신의 몸을 장식하는 데에서 드러나는 것과 마찬가지로, 장년기에는 "절제 있고, 강력하며", 사랑스럽고, 친절하고, 충실해진다고 말한다. 이 다섯 가지는 우리가 우리 자신과 관련하여 고려해 보면 우리의 완전함에 필요한 것들이다. 2

이것과 관련하여 고귀한 본성이 첫째 시기에 준비하는 모든 3
것은, 개별적 본성을 고유의 완전함으로 정돈하시는 보편적 자
연[1]에 의해 마련되고 정돈된다는 것을 알아야 한다. 그런 우리 4
의 완전함은 두 가지로 고찰될 수 있다. 먼저 그것은 우리 자신과 관련하여 고려될 수 있는데, 우리의 삶으로 충만한 장년기에 그런 완전함을 가져야 한다. 또한 다른 사람들과 관련하여 고려될 수 있는데, 먼저 스스로 완전해져야 하고, 그 다음에 자신의 완전함을 다른 사람들에게 전달해야 하기 때문에, 그 두 번째 완전함[2]은, 뒤이어서 말하겠듯이, 다음 시기, 말하자면

1) 하느님.

2) 그러니까 다른 사람들과 관련된 완전함을 가리킨다.

노년기에 가져야 한다.

그러므로 위의 이 논고 제22장에서 처음부터 우리 안에 나타 5
나는 욕구에 대해 논의한 것을 여기에서 기억해야 한다. 그 욕구는 단지 뒤쫓거나 피하는 것만 할 뿐이다. 그것이 올바른 것을 올바른 정도로 뒤쫓고, 또 올바른 것을 올바른 정도로 피할 때마다, 사람은 자기 완전함의 경계선 안에 머물러 있게 된다.

그렇지만 그 욕구는 이성에 의해 인도되어야 한다. 왜냐하면 6
마치 고삐 풀린 말은 아무리 고귀한 본성을 가졌다 해도 훌륭한 기사(騎士) 없이 혼자만으로는 제대로 행동할 수 없는 것과 마찬가지로, 성마르고 욕망적이라고 일컬어지는 그 욕구도 아무리 고귀하다 해도 이성에 복종해야 하기 때문인데, 이성은 훌
륭한 기사처럼 고삐와 박차(拍車)로 욕구를 인도한다.[3] 고삐는 7
욕구가 뒤쫓을 때 사용하는데, 그 고삐는 절제라 일컬어지며, 절제는 어디까지 뒤쫓아야 하는지 그 한계를 보여준다. 박차는 욕구가 피할 때 피하고 싶은 장소로 돌아갈 수 있도록 사용하는데, 그 박차는 용기 또는 담대함이라고 일컬어지며, 그 덕성은
어디에서 멈추고 싸워야 하는지 보여준다. 우리의 가장 위대한 8
시인 베르길리우스는 이 시기를 비유적으로 표현하는 《아이네이스》의 부분에서 아이네아스가 그렇게 고삐로 억제되어 있었다는 것을 보여주는데, 그 부분은 《아이네이스》 제4권, 제5권, 제6권을 포함한다. 다음의 일곱째 논고[4]에서 말하겠지만, 그는 디도[5]에게서 그렇게 많은 즐거움을 얻었고, 또한 그녀와

---

3) 말을 타는 기사의 이미지는 《신곡》의 〈연옥〉 18곡 94-96행, 《제정론》 제3권 16장 9절에서도 반복되어 나타난다.

4) 실제로 이 논고를 쓰지 못하였다.

5) 로마 신화에 나오는 카르타고의 전설적인 여왕이다. 디도는 페니키아 지방 티로스 왕의 딸이었는데, 왕위를 계승한 오빠 피그말리온이 재산을 빼앗으

함께 그렇게 많은 기쁨을 얻었는데도, 《아이네이스》 제 4권에
쓰여 있듯이, 명예롭고 칭찬받을 만하고 유익한 길을 따르기
위해 떠났을 때, 그것은 얼마나 커다란 고삐였는가! 그 이야기 9
의 제 6권에서 증명되듯이, 아이네아스가 자기 아버지 안키세
스[6]의 영혼을 찾아 수많은 위험을 무릅쓰고 시빌라[7]와 단 둘
이 저승[8] 안으로 과감히 들어갔을 때, 그것은 얼마나 커다란
박차였는가! 그러므로 우리의 장년기에는 우리의 완전함을 위
해 "절제 있고 강력"해야 한다. 그리고 칸초네가 명백하게 말하
듯이, 훌륭한 본성이 그것을 수행하고 또 증명한다.

게다가 이 시기에는 완전함을 위해 자애로울 필요가 있다. 왜 10
냐하면 이 시기에는 마치 자오선(子午線)의 원 위에 있는[9] 것
처럼 앞과 뒤[10]를 바라보아야 하기 때문이다. 그러므로 자신에
게 존재와 양육, 교육을 해준 연장자들을 사랑해야 하는데, 은

려고 그녀의 남편 시카이오스를 죽였다. 그녀는 몰래 남편의 재물을 배에 싣고 아프리카 북부에 도착하여 카르타고를 세우고 통치하였는데, 때마침 그곳에 표류해온 아이네아스를 사랑하였으나, 그가 떠나자 실망하여 자결하였다. 단테는 《신곡》에서도 그녀에 대해 언급한다(〈지옥〉 5곡 61-62행 및 85행 참조).

6) 안키세스는 트로이아를 세운 다르다노스의 후손으로 베누스의 사랑을 받았고, 그 결과 아이네아스를 낳았다. 트로이아가 함락될 때 아이네아스는 연로한 아버지를 등에 업고 탈출하였으나, 안키세스는 이탈리아로 가던 도중 시칠리아에서 사망한다.

7) 그리스 신화에 나오는 예언녀로 시빌 또는 시빌레로 부르기도 한다. 원래 트로이아 근처에 살며 예언 능력을 가졌던 어느 여인의 이름이었으나, 나중에는 예언녀들을 총칭하는 용어로 사용되었다. 그 중에서 특히 나폴리 서쪽 쿠마이의 시빌라가 가장 유명한데, 그녀는 아이네아스를 저승으로 안내하였다.

8) 원문에는 Inferno, 즉 지옥으로 되어 있다.

9) 위에서 사용한 은유에 의하면 인생 또는 삶의 원호에서 최고 정점에 있는 것을 의미한다.

10) 앞으로의 미래와 지나간 과거를 상징한다.

혜를 모르는 사람처럼 보이지 않기 위해서이다. 또한 자기보다 연소자들을 사랑해야 하는데, 그들을 사랑하면서 그들에게 자신의 혜택들을 베풀고, 그리하여 나중에 그 덕분에 자신의 번창함이 줄어들 때 그들에게서 후원과 존경을 받을 수 있도록 하기 위
해서이다. 앞서 지명한 시인[11]이 위에서 말한 제5권에서 보여 11
주듯이, 아이네아스가 그런 사랑을 갖고 있었는데, 나이든 트로이아 사람들을 아케스테스[12]에게 맡겨 시칠리아에 남겨둠으로써 힘든 노고에서 벗어나게 해주었을 때 그랬으며, 또한 그곳에서 자기 아들 아스카니우스를 다른 젊은이들과 함께 시합하게 하면서 가르쳤을 때 그랬다.[13] 그러므로 칸초네가 말하는 것처럼 이 시기에는 사랑하는 것이 필요하다는 것이 분명해 보인다.

그리고 이 시기에는 친절할 필요도 있다. 친절한 태도는 모 12
든 시기에 아름다운 것이지만 이 시기에는 특히 더 필요하다. 왜냐하면 청년기에는 혹시 친절함이 없더라도 어린 나이로 인해 쉽게 용서받을 수 있기 때문이며, 또한 반대로 노년기에는 그 시기에 요구되는 진지함과 엄격함으로 인해 친절함을 가질
수 없고, 노쇠기에는 더더욱 그렇기 때문이다. 그 가장 고귀한 13
시인은 앞에서 말한 제6권에서 아이네아스가 그런 친절함을 가졌다는 것을 보여준다. 그러니까 아이네아스 왕은, 헥토르의 나팔수였다가 나중에 그에게 맡겨졌던 죽은 미세누스[14]의 육신

11) 베르길리우스.

12) 아케스테스(또는 아이게스테스)는 시칠리아의 왕으로 아이네아스 일행이 그곳에 도착하였을 때 호의를 베풀었다. 그리고 아이네아스 일행 중에서 노약자들이 시칠리아에 남았는데, 그들이 세운 도시를 그의 이름을 따서 아케스타로 불렀다(그 도시는 나중에 세게스타로 일컬어졌다).

13) 베르길리우스, 《아이네이스》 제5권 700행 이하와 304행 이하 참조.

14) 미세누스(그리스 신화에서는 미세노스)는 아이네아스의 동료로 뛰어난 나팔 연주자였는데, 신들에게 연주 시합을 도전하였다가, 바다의 신 트리톤에 의

을 명예롭게 하기 위해, 당시 그들의 풍습에 따라 죽은 육신을 불태우기 위한 나무들을 자르는 것을 도와주려고 직접 준비하여 도끼를 들었다는 것이다.[15] 그러므로 장년기에 친절함이 필요하다는 것은 아주 명백해 보이며, 따라서 앞에서 말했듯이 고귀한 영혼은 그 시기에 친절함을 보여준다.

또한 이 시기에는 충실할 필요도 있다. 충실함이란 법이 말 14
하는 것을 따르고 실행하는 것이며 그것은 특히 장년에게 적합하다. 왜냐하면 앞에서 말했듯이, 청년은 어린 나이로 인해 쉽게 용서받을 수 있으며, 노인은 더 많은 경험으로 인해 정당해야 하고, 단지 자신의 올바른 판단과 법이 거의 완전한 하나가 되는 한에서만 법을 따르고, 거의 어떤 법도 필요 없이 정당하게 스스로를 인도해야 하는데, 그것은 장년기의 사람이 할 수 없는 것이기 때문이다. 그에게는 법을 따르는 것으로 충분하고, 법을 따르는 데에서 즐거워하는 것으로 충분하다. 앞에서 말한 시인이 앞에서 말한 제 5권에서 말하듯이, 아이네아스는 시칠리아에서 아버지의 제삿날에 시합을 개최하였을 때 그렇게 하였다. 그러니까 그들의 법이 되어버린 오랜 풍습에 따라, 그는 승리에 대해 약속한 것을 나중에 모든 승리자에게 충실하게
주었다는 것이다.[16] 그러므로 이 장에서 논의한 칸초네의 부분 15
이 말하듯이, 이 시기에는 충실함과 친절함, 사랑, 용기, 절제가 필요하며, 따라서 고귀한 영혼은 그 모든 것을 보여준다는 것이 분명하다.

해 바다에 빠져 죽었다(베르길리우스, 《아이네이스》 제6권 164-174행 이하 참조). 나폴리 근처의 미세노(Miseno)〔라틴어로는 미세눔(Misenum)〕 곶은 그의 이름에서 나온 것이라고 한다.

15) 베르길리우스, 《아이네이스》 제6권 176행 이하 참조.

16) 베르길리우스, 《아이네이스》 제5권 304행 이하 참조.

제 27장

고귀한 영혼이 장년기에 부여하는 특성들을 보여주는 칸초네 1
의 부분에 대하여 아주 충분하게 살펴보고 논의하였다. 그러므
로 "노년기에는 신중하고 정의롭고"로 시작하는 셋째 부분에 대
해 다루는 것이 적절해 보인다. 여기에서 칸초네는 고귀한 본
성이 셋째 시기, 즉 노년기에 보여주고 또한 가져야 하는 것들
을 보여주려고 한다. 그리고 고귀한 영혼은 노년기에 신중하 2
고, 정의롭고, 너그럽고, 또한 다른 사람들에 대하여 좋게 말
하고 또 그런 말을 듣는 것을 즐거워한다(말하자면 상냥하다).
실제로 이 네 가지 덕성은 이 시기에 가장 적합하다. 그것을 깨
닫기 위해서는, 키케로가 《노년에 관하여》에서 말하듯이 "우리
의 삶에는 정해진 길이 있고, 우리의 좋은 본성의 길은 하나의
단순한 길이며, 우리 삶의 각 시기에는 일정한 것들을 위한 시
절이 주어져 있다"는 것을 알아야 한다.[1] 그러므로 위에서 말 3
했듯이 청년기에는 완전함과 성숙함에 이를 수 있도록 필요한
것이 주어지는 것처럼, 장년기에는 완전함이 주어지고, 노년기
에는 자기 열매의 달콤함이 자기 자신과 다른 사람들에게 유익

1) 《노년에 관하여》 제10장 33절 참조. 천병희의 번역본(숲, 2005, 44쪽)은 "인생의 주로(走路)는 정해져 있네. 자연의 길은 하나뿐이며, 그 길은 한 번만 가게 되어 있네. 그리고 인생의 매 단계에는 고유한 특징이 있네"로 번역하고 있다.

하도록 성숙함이 주어진다. 왜냐하면 아리스토텔레스가 말하듯이, 인간은 사회적 동물이며,[2] 따라서 인간에게는 자기 자신뿐만 아니라 다른 사람들에게도 유용할 필요가 있기 때문이다. 그렇기 때문에 카토는 자기가 자기 자신을 위해서가 아니라 조국과 온 세상을 위하여 태어났다고 믿었다는 것을 우리는 책에
서 읽을 수 있다. 따라서 장년기에 얻어지는 자신의 완전함 뒤 4
에는 자기 자신뿐만 아니라 다른 사람들까지 비춰주는 완전함이 뒤따라야 하며, 인간은 마치 더 이상 닫혀 있을 수 없는 장미처럼 열려야 하고, 안에서 생성된 향기가 확산되어야 한다. 지금 내가 다루고 있는[3] 이 셋째 시기에 바로 그래야 한다.

그러므로 신중해야 하는데(말하자면 현명해야 하는데), 그러 5
기 위해서는 이전에 본 것들에 대한 좋은 기억, 현재의 것들에 대한 좋은 지식, 미래의 것들에 대한 좋은 예견이 필요하다. 그리고 철학자가 《윤리학》 제 6권에서 말하듯이, "착하지 않은 사람이 현명할 수는 없으며",[4] 따라서 유혹과 속임수로 나아가는 사람은 현명하다고 말하지 말고 교활하다고 말해야 한다. 왜냐하면 칼끝으로 눈동자를 찌를 줄 아는 사람을 누구도 현명하다고 말하지 않는 것처럼, 사악한 것을 할 줄 아는 사람을 현명하

---

2) 원문에는 animale civile, 즉 "시민적 동물"로 되어 있는데, 아리스토텔레스의 말이라는 일반적 관념에 따라 "사회적 동물"로 옮겼다. 단테는 이 개념을 《니코마코스 윤리학》 제1권 9장에 대한 토머스 아퀴나스의 주석에서 이끌어냈는데, 바로 "자연적 인간은 시민적 동물이다(Homo naturaliter est animal civile)"고 말하는 부분이다. 아리스토텔레스가 인간을 "사회적 동물"로 정의하였다는 주장에 대해서는 앞의 제4권 4장 1절의 역주 참조.

3) 원문에는 per mano corre, 즉 "〔지금 나의〕 손을 통해 달리고 있는"으로 되어 있다.

4) 아리스토텔레스, 《니코마코스 윤리학》 제6권 13장 참조. 이창우, 김재홍, 강상진의 번역본(이제이북스, 2006, 22쪽)에서 이 부분은 "실천적 지혜 없이는 좋은 사람이 될 수 없다는 것"으로 번역되어 있다.

다고 말하지 않아야 하는데, 그런 것을 함으로써 언제나 다른
사람보다 먼저 자기 자신을 해치기 때문이다.

잘 살펴보면 신중함에서 좋은 충고들이 나오는데, 사람들의 6
일과 행동에서 그 충고들은 자기 자신과 다른 사람들을 좋은 목
적으로 인도한다. 〈열왕기〉 3장에 쓰여 있듯이 솔로몬이 백성
을 통치하는 위치에 있는 자신을 발견하고 하느님께 요구한 것
이 바로 그 선물이었다.[5] 그렇게 신중한 사람은 누군가가 "나 7
에게 충고해 주십시오" 하고 요구하기를 기다리지 않고, 그를
위해 미리 준비하여 요구하지 않아도 충고해 주는데, 마치 장
미가 자기 향기 때문에 자기에게 오는 사람뿐만 아니라 자기 근
처에 오는 모든 사람들에게 향기를 내뿜는 것과 같다.

여기에서 어떤 의사나 법률가는 이렇게 말할 수도 있다. "그 8
렇다면 만약 나는 나에게 요구하지 않는데도 내 충고를 해준다
면, 내 기술에서 어떤 결실을 얻지 않을까요?" 나는 우리 주님
께서 말씀하시듯이 이렇게 대답하겠다. "당신들은 거저 받았으
니 거저 주시오."[6] 그러니까, 친애하는 법률가여, 내 말은 이 9
런 것이다. 당신의 기술과 아무런 관련도 없고 단지 하느님께
서 당신에게 주신 좋은 상식(그것은 바로 지금 우리가 말하는 신
중함이다)에서 나오는 그런 충고들을, 당신은 당신에게 그것을
주신 그분의 자식들에게 팔지 않아야 하며, 반면 당신이 구입한
당신의 기술과 관련된 충고들은 팔 수 있지만, 때때로 하느님
께, 말하자면 자신에게 하느님의 은혜만 남아 있는 그런 불쌍
한 자들에게 십일조와 봉헌을 바치는 것이 합당하도록 해야 한
다는 것이다.

---

5) 〈열왕기 상권〉 3장 9절 참조.

6) 〈마태오 복음서〉 10장 8절 참조. 새 번역 《성경》은 "너희가 거저 받았으니 거저 주어라"로 번역하고 있다.

그리고 이 시기에는 정의로운 것이 적합한데, 자신의 판단과 10
자신의 권위가 다른 사람들에게 빛과 법률이 되도록 하기 위해
서이다. 또한 이 특별한 덕성, 즉 정의는 옛날 철학자들에게 이
시기에 완전한 것으로 보였기 때문에, 도시의 통치는 이 시기
에 있는 사람들에게 위임되었고, 그렇기 때문에 통치자들의 평
의회를 원로원이라 불렀던 것이다. 오, 불쌍한, 불쌍한 내 조 11
국[7]이여! 내가 도시의 통치와 관련되는 것을 읽거나 쓸 때마
다, 그대에 대한 얼마나 많은 연민을 나에게서 자아내는가! 하
지만 정의에 대해서는 이 책의 마지막에서 두 번째 논고[8]에서
다룰 것이므로, 지금 이 자리에서는 정의에 대해 이렇게 조금
말한 것으로 충분할 것이다.

또한 이 시기에는 너그러운 것이 적합하다. 왜냐하면 모든 12
사물은 자기 본성의 요건들을 최대한 충족시킬 때 적합한데,
너그러움의 요건들이 절대로 이 시기만큼 최대한 충족될 수 없
기 때문이다. 만약 우리가 아리스토텔레스의 《윤리학》 제 4권
의 논의[9]와, 키케로의 《의무에 관하여》의 논의[10]를 잘 살펴보
면, 너그러움은 시간과 장소에 어울려야만, 너그러운 사람이
자기 자신이나 다른 사람들에게 해가 되지 않는다. 너그러움은
신중함과 정의 없이는 가질 수 없는 것인데, 그 두 가지 덕성은
이 시기 이전에 자연스러운 방식으로 완전해질 수 없다.

아, 사악한 운명[11]으로 사악하게 태어난 자들이여, 너희는 13

---

7) 단테의 고향 피렌체를 가리킨다.

8) 그러니까 만약 《향연》이 완성되었다면, 제14권이 되었을 것이다.

9) 아리스토텔레스, 《니코마코스 윤리학》 제4권 2장 참조.

10) 키케로, 《의무에 관하여》 제1권 14장 42절 참조.

11) 원문에는 malestrui로 되어 있는데, "사악한 별자리 아래에서 불행하게 태어난 자들"을 가리킨다.

과부들과 아이들을 약탈하고, 힘이 약한 자들에게서 빼앗고, 다른 사람의 권리를 훔치고 탈취하며, 또 그렇게 빼앗은 것들로 잔치를 장식하고, 말〔馬〕과 무기, 재물과 돈을 선물하고, 놀라운 옷을 입고 다니고, 놀라운 건물을 세우고, 그러면서 너
희가 너그러움을 행한다고 믿고 있으니! 그것은 마치 도둑이 14
제단 위의 덮개를 가져와 자기 식탁을 덮는 것과 무엇이 다르단 말인가? 또한 그와 마찬가지로, 폭군들이여, 너희의 선물들에 대해 비웃어야 할 것이니, 마치 도둑이 자기 집으로 손님들을 초대하여, 제단에서 훔쳐온 성직 표시들이 있는 덮개를 자기 식탁 위에다 덮고는 다른 사람들이 깨닫지 못할 것이라고 생각
하는 것과 같구나. 고집스러운 자들이여, 너희는 들어보아라, 15
키케로가 《의무에 관하여》에서 너희에 반대하여 말하는 것을. "영광스럽고 멋진 모습을 보이고 싶은 욕망에, 다른 사람들에게서 빼앗아 또 다른 사람들에게 주고, 어떤 이유에 의해서이든 사람들을 부자로 만들어주면 자신이 존경을 받는다고 믿는 사람들이 분명히 많다. 하지만 그것보다 더 마땅히 해야 하는 것과 어긋나는 것은 없다."[12)]

또한 이 시기에는 온화한[13)] 것, 선에 대하여 말하고, 또 그 16
런 말을 기꺼이 듣는 것이 적합하다. 선에 대하여 말하는 것은, 그런 말을 귀 기울여 들을 때 더 좋기 때문이다. 그리고 이 시

---

12) 키케로, 《의무에 관하여》 제1권 14장 43절 참조. 허승일의 번역본(서광사, 1989, 41-42쪽)은 다음과 같이 옮기고 있다. "그런데 참으로 명성과 공직으로 인한 영예를 탐하는 자들이 많이 있다. 그들은 이유야 어떻든 수단 방법을 가리지 않고 친구들을 부유하게만 하면 친구들간에 자신이 은혜를 베푸는 자로 보이게 될 것이라고 멋대로 생각한다. 그러나 그것은 너무나 의무와는 동떨어져 있는 것이므로 이보다 더 의무와 상반되는 것은 없다."

13) 원문에는 affabile로 되어 있으며, 따라서 "친절한", "부드러운"으로 옮길 수도 있으나, 그 용어들은 앞에서 이미 사용되었으므로, "온화한"으로 옮겼다.

기는 권위의 분위기까지 간직하고 있는데, 사람은 이전의 어느 시기보다[14] 이 시기에는 권위에 귀를 기울이는 것처럼 보이기 때문이며, 또한 삶의 오랜 경험으로 인하여 아주 멋지고 훌륭한 이야기들을 더 많이 알고 있는 것처럼 보이기 때문이다. 그러므로 키케로는 《노년에 관하여》에서 대 카토의 입장에서 이렇게 말한다. "예전의 어느 때보다 나에게는 대화를 나누는 의욕과 즐거움이 더 늘었다."[15]

이 네 가지 모두가 이 시기에 적합하다는 것은 오비디우스가 17
《변신》 제 7권에서 우리에게 가르치는데, 어떻게 해서 아테나
이의 케팔루스[16]가 아테나이와 크레테 사이의 전쟁 동안에 아
이아쿠스[17] 왕에게 도움을 요청하러 가게 되었는지 이야기하는
부분에서이다. 늙은 아이아쿠스는 대기 오염의 전염병으로 인
해 모든 백성을 잃은 뒤 현명하게 신[18]에게 이리하여 죽은 사
람들을 복원해 달라고 기도하였을 때 신중하였다는 것을 보여
준다. 그리고 그가 인내심을 갖고 신에게 돌아가게 만든 지혜
덕택에 복원된 그의 백성은 전보다 더 많았다.[19] 또한 그는 새 18

---

14) 본문에는 "더 젊은 어느 시기보다"로 되어 있다.

15) 키케로, 《노년에 관하여》 제14장 46절 참조. 천병희의 번역본(숲, 2005, 57쪽)은 이 구절이 포함된 문장 전체를 "그리고 나는 대화에 대한 욕구는 늘려주고 마실 것과 먹을 것에 대한 욕구는 줄여준 노년에 대해 진심으로 감사하고 있다네"로 번역하고 있다.

16) 고전 신화에서 케팔루스(그리스 신화에서는 케팔로스)는 여러 인물의 이름인데, 여기에서는 헬렌의 아들 아이올루스(그리스 신화에서는 아이올로스)의 아들을 가리킨다.

17) 아이아쿠스(그리스 신화에서는 아이아코스)는 유피테르와 아이기나의 아들로 어머니의 이름을 딴 섬을 다스렸다.

18) 유피테르를 가리킨다.

19) 오비디우스, 《변신》 제7권 517-660행 참조. 유노(그리스 신화의 헤라)의 저주로 아이기나 섬의 백성이 모두 전염병으로 죽었는데, 아이아쿠스 왕은

로운 백성에게 자신의 버려진 땅을 분할하여 나주어 주었을 때
현명하였다는 것을 보여준다. 또 그는 케팔루스가 도움을 요청 19
한 다음 그에게 말했을 때 너그러웠다는 것을 보여준다. "오, 아테나이여, 나에게 도움을 요청하지 말고, 그대가 도움을 가져가도록 하시오. 이 섬의 병력이 의심스럽다고 생각하지 마시오. 이 모든 것이 내 것들의 상태요. 병력은 부족하지 않고, 오히려 우리에게 넘쳐날 정도로 있소. 그리고 적은 크고, 제공할 시간은 매우 적절하고 또한 변명도 필요 없소."[20] 아, 이 대답에서는 얼마나 많은 것들을 주목해야 하는가! 하지만 잘 이해하는 사람에게는 여기에서 오비디우스가 제공하는 그대로 제공
하는 것으로 충분할 것이다.[21] 그는 긴 연설을 통해 케팔루스 20
에게 자기 백성의 전염병과 백성의 복원에 대한 이야기를 열심히 말해주고 이야기할 때 온화했다는 것을 보여준다.

그러므로 이 시기에 네 가지가 모두 적합하다는 것은 아주 명 21
백해 보인다. 그렇기 때문에 칸초네가 말하듯이 고귀한 본성은 이 시기에 그것들을 보여준다. 그리고 앞에서 말한 예가 더욱 기억할 만한 것이 되도록, 오비디우스는 아이아쿠스 왕이 텔라

유피테르에게 간절히 기도하였고, 유피테르는 개미 떼를 사람으로 만들어 그의 백성으로 주었다고 한다.

20) 오비디우스, 《변신》 제7권 507-511행 참조. 단테의 이 구절은 오비디우스의 원본과 여러 군데에서 다른데, 아마 그가 사용한 필사본이 달랐기 때문일 것이라고 주장하는 학자도 있다. 천병희의 번역본(숲, 2005, 342쪽)은 이 부분을 다음과 같이 번역하고 있다. "도움을/ 청할 것이 아니라 가져가시구려, 아테나이여! 이 섬이 가지고 있는/ 힘과, 현재 상태의 내 행운이 제공할 수 있는 모든 것을 주저 없이/ 그대의 것이라고 부르시구려! 병력이 부족한 일은 없을 것이오. / 군사들이라면 나를 지키기 위해서도, 적을 막기 위해서도/ 충분히 있소. 신들 덕분에 지금 우리는 행운을 누리고 있으니/ 거절할 핑계가 없구려!"

21) 아무런 해설도 없이 단지 본문만 제공하는 것으로 충분할 것이라는 뜻이다.

몬,[22] 펠레우스,[23] 포쿠스[24]의 아버지였으며, 그 텔라몬에게서 아이악스가 태어나고, 펠레우스에게서 아킬레우스가 태어났다고 말한다.

---

22) 고전 신화에서 그는 아이아쿠스의 아들로 형 펠레우스와 함께 이복형제 포쿠스를 살해했기 때문에 아이기나를 떠나야 했다. 그의 아들 아이악스(그리스 신화에서는 아이아스)는 트로이아 전쟁에서 활약한 그리스군의 영웅이었다.

23) 동생 텔라몬과 함께 포쿠스를 살해한 후 여러 곳을 돌아다니다가 바다의 여신 테티스와 결혼하였고, 두 사람 사이에서 그리스 신화의 최대 영웅 아킬레우스가 태어났다.

24) 포쿠스(그리스 신화에스는 포코스)는 아이아쿠스의 아들로 그의 뛰어난 능력을 시기한 이복형제들 펠레우스와 텔라몬에게 살해당하였다.

제28장

앞에서 논의된 세부에 뒤이어 마지막 세부, 말하자면 "나중에 1
인생의 넷째 부분에서는"으로 시작되는 세부로 나아가야 한다.
여기에서 칸초네는 고귀한 영혼이 마지막 시기, 말하자면 노쇠
기에 하는 것을 보여주려고 한다. 그리고 고귀한 영혼은 두 가 2
지를 한다고 말한다. 하나는 이 삶의 바다 속으로 들어왔을 때
떠나온 항구로 돌아가듯이 하느님께 돌아가는 것이고, 다른 하
나는 자신이 걸어온 길을 축복하는 것인데, 그 길은 어떤 폭풍
우의 쓰라림도 없이 똑바르고 좋은 것이었기 때문이다.

여기에서 키케로가 《노년에 관하여》에서 말하듯이 자연스러 3
운 죽음은 우리에게 오랜 항해 후의 항구이자 휴식과 같다는 것
을 알아야 한다.[1] 그리고 실제로도 그렇다. 왜냐하면 훌륭한
뱃사람은 항구에 가까이 다가감에 따라 자신의 돛들을 내리고
노련한 인도로 부드럽게 항구 안으로 들어가는 것처럼, 우리는
우리의 세상 활동의 돛들을 내리고 우리의 모든 사랑과 마음으
로 하느님께로 돌아가서, 그 항구에 아주 부드럽게 또 아주 평
화롭게 도달하도록 해야 하기 때문이다. 그리고 여기에서 우리 4

1) 키케로, 《노년에 관하여》 제19장 71절. 천병희의 번역본(숲, 2005, 81쪽)은 해당 부분을 다음과 같이 번역하고 있다. "내가 죽음에 더 가까이 다가갈수록 마치 오랜 항해 끝에 마침내 육지를 발견하고는 항구에 입항하려는 것 같은 느낌이 든다네."

는 우리 자신의 본성으로부터 부드러움의 커다란 가르침을 받
는데, 왜냐하면 그런 죽음에는 어떤 고통도 없고 어떤 쓰라림
도 없으며, 마치 잘 익은 사과가 가볍고 격렬하지 않게 자기 나
뭇가지에서 떨어지듯이, 우리의 영혼은 자신이 머물러 있던 육
체에서 아무 고통 없이 떠나기 때문이다. 그러므로 아리스토텔
레스는 《장년기와 노년기에 관하여》에서 "늙은 나이의 죽음에
는 아무런 슬픔도 없다"고 말한다.[2]

그리고 긴 여행에서 돌아오는 사람이 자기 도시의 문 안으로 5
들어가기 전에 그 도시의 시민들이 맞이하듯이, 고귀한 영혼을
영원한 삶의 시민들이 맞이하고 또한 그래야 한다. 그들은 자
신의 훌륭한 활동과 관조들을 통해 그렇게 한다. 왜냐하면 그
영혼은 벌써 하느님께로 되돌아가고 또 세상의 사물들과 생각
들에서 벗어나, 하느님 곁에 있다고 믿는 자들을 보는 것 같기
때문이다. 키케로가 대 카토의 입장에서 말하는 것을 들어보라. 6
"나는 내가 사랑했던 자네들의 아버지들, 그리고 나 자신이 알
았던 그들뿐만 아니라, 말로만 들었던 사람들을 벌써 보는 듯
하고, 또 그들을 보고 싶은 커다란 열망에 나 자신을 들어 올린
다네."[3] 그러니까 이 시기에 고귀한 영혼은 하느님께 되돌아가 7
고, 커다란 열망과 함께 이 삶의 종말을 기다리는데, 그것은 마
치 여인숙에서 나와 자기 집으로 돌아가는 것과 같고, 여행에
서 벗어나 도시 안으로 들어가는 것과 같고, 바다에서 벗어나
항구로 돌아가는 것과 같다.

---

2) 아리스토텔레스, 《장년기와 노년기에 관하여》 제17장 참조.

3) 키케로, 《노년에 관하여》 제23장 83절. 천병희의 번역본(숲, 2005, 90-91쪽)은 다음과 같이 번역하고 있다. "아무튼 나는 내가 존경하고 사랑했던 자네들 부친들을 만나보고 싶은 열망에 들떠 있네. 하지만 나는 내가 직접 아는 분들뿐만 아니라, 내가 듣고 읽고 손수 글을 쓴 분들도 만나보고 싶네."

오, 불쌍하고 천박한 자들이여, 너희는 돛을 높이 올린 채 8
이 항구를 향해 달려가고, 너희가 쉬어야 하는 바로 그곳에서 바람의 충격에 난파당하고, 그렇게 오랫동안 여행한 바로 그곳에서 사라지는구나! 분명히 기사 랜슬럿[4]은 돛을 높이 올린 채 그곳에 들어가고 싶지 않았고, 가장 고귀한 우리 이탈리아 사람[5] 몬테펠트로의 구이도[6]도 그랬다. 분명히 그 고귀한 자들은 세속적 활동의 돛들을 내렸고, 그래서 만년에 종교에 귀의하여 모든 세속적 즐거움과 활동을 벗어버렸다.

그리고 누구도 만년에 자신을 붙잡는 결혼의 속박을 이유로 9
변명될 수 없는데, 왜냐하면 성 베네딕투스,[7] 성 아우구스티누스, 성 프란체스코,[8] 성 도미니쿠스[9]의 삶과 습관을 뒤따르는 사람들만 종교에 귀의하는 것이 아니라, 결혼 생활을 하면서도

---

4) 아서 왕의 전설 시리즈에 나오는 원탁의 기사 랜슬럿(Lancelot, 이탈리아어로는 란칠로토 또는 란첼로토)은 친구인 아서 왕의 아내 기네비어(이탈리아어로는 지네브라)를 사랑하였고, 그로 인해 슬픈 최후를 맞이하였다. 랜슬럿의 사랑 이야기는 《신곡》의 〈지옥〉 5곡에서도 언급된다.

5) 원문에는 latino, 즉 "라틴 사람"으로 되어 있다.

6) 몬테펠트로(Montefeltro)는 중부 지방의 이름이고, 그곳 출신 구이도(Guido, 1223~1298)는 로마냐 지방을 다스리던 기벨리니 당파의 우두머리였는데, 삶의 막바지에 프란체스코 수도회에 귀의하였다. 단테는 《신곡》에서 그를 지옥의 사기 교사자들 사이에 집어넣고 있다(〈지옥〉 27곡 참조).

7) 성 베네딕투스(480~547)는 이탈리아 움브리아 지방 출신으로 14살에 은둔 수도사가 되었다. 그의 명성을 듣고 찾아온 수도사들을 중심으로 규율이 엄격한 수도원을 세웠고, 나중에는 이탈리아 남부의 몬테카시노에서 이교도 신전이 있던 곳에 수도원을 세우고 복음을 전파하였다.

8) 아시시의 성 프란체스코(1182~1226)는 부유한 상인의 아들로 태어나 청년기의 방탕한 생활을 버리고 그리스도의 정신을 이어받아 가난과 사랑을 실천하는 수도회를 창설하였다.

9) 성 도미니쿠스(1170~1221)는 스페인 태생으로 나중에 프랑스 남부 툴루즈에 정착하여 도미니쿠스회 수도원을 세웠다.

진정하고 훌륭한 종교에 귀의할 수 있으니, 하느님께서는 우리
가 오로지 마음으로 종교적이기를 원하시기 때문이다. 그러므로 10
성 바오로는 로마인들에게 이렇게 말한다. "겉모습으로 드러난
다고 유대인이 아니고, 살갗에 겉모습으로 드러난다고 할례가
아닙니다. 오히려 속으로 감추어진 사람이 유대인이고, 문자가
아니라 성령으로 마음에 받는 할례가 진정한 할례입니다. 그런
것에 대한 칭찬은 사람들이 아니라 하느님께 받습니다."[10)]

그리고 고귀한 영혼은 이 시기에 지나간 시간들을 축복하고, 11
또한 잘 축복할 수 있다. 왜냐하면 자기 기억을 그 시간들로 지
향함으로써 자신의 올바른 활동들을 기억하는데, 그런 활동들
이 없었다면 지금 가까이 다가가는 항구에 그렇게 많은 풍요와
그렇게 많은 이익을 갖고 갈 수 없을 것이기 때문이다. 마치 훌 12
륭한 상인이 자신의 항구에 가까이 다가갈 때 자신의 이익을 검
도해 보고 이렇게 말하는 것과 같다. "만약 내가 그런 길을 지
나가지 않았다면, 지금 이 보물을 갖고 있지 않을 것이고, 지금
내가 다가가고 있는 내 도시 안에서 즐길 것을 전혀 갖고 있지
않을 것이다." 그리고는 자기가 걸어온 길을 축복할 것이다.

이 두 가지가 이 시기에 적합하다는 것은 위대한 시인 루카누 13
스가 《파르살리아》 제 2권에서 우리에게 잘 표현해 준다.[11)] 그
러니까 마르티아[12)]가 카토에게 돌아가 그에게 망가진[13)] 자신

---

10) 〈로마 신자들에게 보낸 서간〉 2장 28-29절 참조. 새 번역 《성경》은 "겉모양을 갖추었다고 유다인이 아니고, 살갗에 겉모양으로 나타난다고 할례가 아닙니다. 오히려 속으로 유다인인 사람이 참유다인이고, 문자가 아니라 성령으로 마음에 받는 할례가 참할례입니다. 그렇게 하는 이는 사람들이 아니라 하느님께 칭찬을 받습니다"로 번역하고 있다.

11) 루카누스, 《파르살리아》 제2권 326행 이하 참조.

12) 마르티아(Martia)는 소 카토(제3권 5장 12절 참조)의 아내였다. 카토는 이 여인을 아내로 맞아 세 아들을 낳은 다음, 친구 호르텐시우스의 아내로 주

을 다시 받아들여야 한다고 요청하고 부탁하는 부분인데, 여기
에서 마르티아는 바로 고귀한 영혼을 의미한다. 그리고 우리는 14
그 비유를 이런 진실로 이해할 수 있다. 마르티아는 처녀였고,
그런 상태에서는 청년기를 의미한다. 그 후 카토와 결혼하였
고, 그런 상태에서는 장년기를 의미한다. 그리고 자식들을 낳
았는데, 그 자식들은 위에서 장년기에 적합하다고 말한 덕성들
을 의미한다. 그리고 카토에게서 떠나 호르텐시우스[14]와 결혼
하였는데, 그것은 장년기에서 떠나 노년기에 이르렀다는 것을
의미한다. 또한 그에게서도 자식들을 낳았는데, 그것은 위에서
노년기에 적합하다고 말한 덕성들을 의미한다. 그리고 호르텐 15
시우스가 죽었는데, 그것은 노년기가 끝났다는 것을 의미한다.
과부가 된 마르티아는(과부가 되었다는 것은 노쇠기를 의미한다)
과부 생활의 초기에 카토에게 돌아갔는데, 그것은 바로 고귀한
영혼이 노쇠기의 초기에 하느님께 돌아가는 것을 의미한다. 하
느님을 의미하는 데 있어 지상의 어느 누가 카토보다 더 적합하
겠는가? 분명히 아무도 없다.

그런데 마르티아는 카토에게 뭐라고 말하는가?[15] 그녀는 말 16
한다. "내 안에 피가 있었던 동안", 말하자면 청년기에 있었던
동안, "내 안에 어머니의 덕성이 있었던 동안", 말하자면 위에서
말했듯이 분명히 다른 덕성들의 어머니인 노년기에 있었던 동
안, "나는 당신의 명령을 수행하고 완수하였습니다." 말하자면

었다가 그가 죽은 후 다시 자기 아내로 받아들였다.

13) 이제는 이미 늙었기 때문이다.

14) 여기에서 말하는 호르텐시우스(Quintus Hortensius Hortalus, 기원전 114~50)는 로마의 정치가이며 웅변가였다.

15) 뒤이어 나오는 이야기는 단테가 《파르살리아》 제2권 338-345행을 풀어쓴 것이다.

영혼이 시민적 활동들에 충실하였다는 것이다. "그리고 나는 두
남편을 가졌습니다." 말하자면 두 시기에 걸쳐 풍부한 열매들을
맺었다는 것이다. 마르티아는 말한다. "이제 내 자궁은 지쳤고, 17
출산하기에는 텅 비어 있으니, 다른 신랑에게 줄 것이 전혀 없
기 때문에, 이제 나는 당신에게 돌아갑니다." 말하자면 고귀한
영혼이 더 이상 출산할 자궁이 없음을 깨닫고, 즉 자신의 사지
가 허약한 상태에 이르렀다는 것을 느끼고, 하느님께, 말하자면
육체적 사지가 필요 없는 분에게 돌아간다는 것을 의미한다. 그
리고 마르티아는 말한다. "옛날 침실의 권리[16]를 나에게 주세
요. 단지 결혼의 이름을 나에게 주세요." 말하자면 고귀한 영혼
이 하느님께 이렇게 말하는 것을 의미한다. "나의 주님, 이제 당
신의 휴식을 저에게 주십시오. 최소한 이 얼마 남지 않은 삶에
서 내가 당신의 것이라 말할 수 있도록 허락해 주십시오." 그리 18
고 마르티아는 말한다. "두 가지 이유에서 나는 이렇게 말하는
것입니다. 하나는 내가 죽은 뒤에 내가 카토의 아내로 죽었다고
말할 수 있기 위해서이고, 다른 하나는 내가 죽은 뒤에 당신이
나를 내쫓지 않고 친절한 마음으로 나와 결혼하였다고 말할 수
있기 위해서입니다." 그 두 가지 이유 때문에 고귀한 영혼이 움 19
직인 것이다. 그리고 바로 하느님의 신부로 이 삶을 떠나고 싶
고, 자신의 활동을 하느님께서 기쁘게 받아들이셨다는 것을 보
여주고 싶은 것이다. 오, 불행하고 사악하게 태어난 자들이여,
너희는 카토의 이름보다 호르텐시우스의 이름 아래에서 이 삶을
떠나고 싶어 하는구나! 고귀함의 표시들에 대해 논의해야 했던
것을 카토의 이름으로 끝내는 것은 멋진 일이니, 그를 통해 고
귀함은 모든 시기에게 걸쳐 그 모든 표시를 드러내기 때문이다.

---

16) 신부와 처음 잠자리에 들 수 있는 권리를 가리킨다.

제 29장

고귀한 영혼에게서 각 시기에 나타나는 표시들, 그 덕택에 고귀한 영혼을 알아볼 수 있고, 그것들이 없다면, 마치 빛 없는 태양이나 뜨거움 없는 불처럼, 고귀한 영혼을 알아볼 수 없는 그런 표시들을 보여준 다음, 칸초네는 고귀함에 대한 설명이 끝난 뒤 사람들에게 이렇게 외치면서 말한다. "오, 내 말을 들은 그대들이여, 속은 사람들이 얼마나 많은지 보시오!" 말하자면 유명하고 오래된 가문 출신이고 탁월한 조상들의 후손이라고 해서, 자기 안에 고귀함을 갖고 있지 않으면서도 자신이 고귀하다고 믿는 사람들이 그렇다는 것이다. 1

그리고 여기에서 두 가지 문제가 제기되는데, 이 논고의 마지막에 거기에 대해 고찰해 보는 것도 좋을 것이다. 현재 법무관[1] 이자 행정관[2] 으로 일컬어지는 만프레디 다 비코[3] 는 이렇게 말할 수 있을 것이다. "지금 내가 무엇이든 상관없이, 나는 내 조상들을 상기시키고 또한 대표하고 있는데, 그 분들은 당신들 2

---

1) 원문에는 pretore로 되어 있는데, 로마시대 이후 사법기관의 책임자를 가리킨다.

2) 원문에는 prefetto로 되어 있고, "지사(知事)" 또는 "총독"으로 번역될 수도 있다.

3) 만프레디 다 비코(Manfredi da Vico)는 1308~1337년에 로마의 행정관을 역임하였다.

의 고귀함으로 법무관의 임무를 맡을 자격이 있었고, 제국의 대관식(戴冠式)[4]에 참가할 자격이 있었고, 로마의 목자로부터 장미[5]를 받을 자격이 있었으니, 나는 사람들로부터 명예와 존경을 받아야 한다." 이것이 첫째 질문이다.

둘째 질문으로 파비아의 산나차로[6] 가문 사람들과 나폴리의 3
피쉬텔리[7] 가문 사람들은 이렇게 말할 수 있을 것이다. "만약 고귀함이 앞에서 말한 것, 말하자면 인간의 영혼 속에 은혜롭게 내려온 신성한 씨앗이며, 가문이나 혈통이 명백히 그러하듯이 영혼을 갖고 있지 않다면, 어떤 가문이나 혈통도 고귀하다고 말할 수 없을 것이다. 그런데 그것은 우리 가문이 자기 도시에서 고귀하다고 말하는 사람들의 견해와는 어긋난다."

첫째 질문에 대해서는 유베날리스[8]가 〈풍자시 8번〉에서 거 4
의 외치다시피 말을 꺼내면서 대답해준다.[9] "만약 옛 사람들이 남긴 명예들을 옷으로 입으려는 사람이 사악하게 살아간다면,

---

4) 신성 로마 제국의 황제가 로마의 교황으로부터 왕관을 받는 것을 가리킨다. 800년 프랑크 왕국의 카롤루스 마그누스(샤를마뉴)가 최초로 교황으로부터 왕관을 받은 이후 전통적인 관례가 되었다.

5) 전통적으로 교황은 로마의 주교를 겸하고 있는데, 따라서 로마의 목자로서 로마 행정관에게 황금 장미를 수여하였다고 한다. 그런 전통은 교황 레오 9세(재위 1049~1054년)가 종려 주일에 황금 장미에 축복을 내리고 일부 도시나 교회, 뛰어난 인물에게 호의의 표시로 보낸 데에서 비롯되었다고 한다.

6) 원문에는 산토 나차로(Santo Nazzaro)로 되어 있는데, 산나차로(Sannazzaro) 가문을 가리킨다. 산나차로 가문은 이탈리아 북부 특히 파비아(Pavia)와 몬페라토(Monferrato)를 중심으로 12세기에서 14세기 사이에 크게 번창하였다.

7) 피쉬텔리(Piscitelli) 가문은 나폴리의 유력한 가문이었다.

8) 위의 제4권 12장 8절 참조.

9) 뒤이어 인용되는 구절들은 유베날리스의 〈풍자시 8번〉 1-5행, 9-12행, 19-20행, 30-32행, 51-55행에서 인용된 것이다.

만약 자기 조상들에 대해 말하고 그들의 위대하고 놀라운 업적
들을 이야기하는 사람이 사악하고 천박한 행동들에 몰입해 있
다면, 옛 사람들의 명예들은 무슨 소용이 있단 말인가?" 풍자
시인은 말한다. "훌륭한 가문 출신이지만 그 훌륭한 가문에 어
울리지 않는 자를 누가 고귀하다고 말하겠는가? 그것은 난쟁이
를 거인이라 부르는 것과 다르지 않다." 그리고 뒤이어 그런 사 5
람에게 말한다. "네 조상을 기억하려고 세운 동상과 너 사이의
차이점은, 동상의 머리는 대리석으로 되어 있고, 네 머리는 살
아 있다는 것뿐이다." 그런데 존경심을 갖고 하는 말이지만, 여
기에서 나는 시인에게 동의하지 않는다. 왜냐하면 대리석이나
나무, 금속으로 만든 동상은 어떤 가치 있는 사람을 기억하려
고 남긴 것으로 실제로는 사악한 후손과 완전히 다르기 때문이
다. 그렇기 때문에 동상은 그 동상으로 남아 있는 사람의 훌륭 6
한 명성을 들었던 사람들의 좋은 견해를 언제나 확인해 주고 또
한 다른 사람들에게 그런 견해를 심어 준다. 그런데 사악한 아
들이나 손자는 완전히 정반대로 하는데, 그의 조상들에 대해
좋은 말을 들었던 사람들의 견해를 약화시키기 때문이다. 사람
들의 생각들 중 하나는 이렇게 말할 것이기 때문이다. "그들의
씨앗에서 저런 식물이 나온 것을 보면, 그 사람의 조상들은 지
금 사람들이 말하는 것처럼 그렇게 위대했을 리가 없어." 그러
므로 훌륭한 사람들에 대해 그릇된 증언을 하는 사람은 명예가
아니라 불명예를 받아야 한다. 그렇기 때문에 키케로는 "가치 7
있는 사람의 아들은 아버지에게 좋은 증언이 되도록 노력해야
한다"고 말한다.[10] 그러므로 내가 판단하건대, 가치 있는 사람
의 명예를 훼손시키는 사람은, 사람들이 피해야 하고 또 그의

10) 이 말은 키케로의 어느 작품에도 나오지 않으며 그 출처가 불분명하다.

말을 듣지 않아야 하는 것처럼, 훌륭한 조상들의 사악한 후손
은 모든 사람들이 쫓아내야 마땅하고, 훌륭한 사람은 단지 기
억에만 남아 있는 훌륭함을 모욕하는 무례함을 보지 않도록 눈
을 감아야 한다. 첫 번째 제기된 문제에 대해 현재로서는 이것
으로 충분할 것이다.

두 번째 질문에 대해서는, 가문은 그 자체로서 영혼을 갖고 8
있지 않지만, 고귀하다고 말하는 것이 사실이고 또한 어떤 면
에서는 실제로 그렇다고 대답할 수 있다. 그러므로 모든 전체
는 자신의 부분들로 구성되어 있다는 것을 알아야 한다. 어떤
전체는 자신의 부분들과 함께 하나의 단일한 본질을 갖고 있기
도 한데,[11] 마치 어떤 한 사람 안에는 그 각 부분과 전체의 본
질 하나가 있는 것과 같으며, 부분 속에 있다고 말할 수 있는
것이 똑같은 방식으로 전체 안에 있다고 말할 수 있다. 또 어떤 9
전체는 가령 한 더미의 곡물처럼 부분들과 공통의 본질을 갖고
있지 않기도 한다. 그런 본질은 진정한 일차적 본질을 자체 안
에 갖고 있는 수많은 곡물들에서 나오는 이차적 본질이다. 그
런 전체 안에서는 부분들의 성질이 본질로서 그렇게 이차적으
로 존재한다고 말할 수 있다. 그러므로 곡물 더미가 하얗다고
말하는데, 그 더미를 구성하는 곡물들이 하얗기 때문이다. 그 10
렇지만 그 하얗다는 성질은 일차적으로 곡물들 안에 있고, 그
결과 이차적으로 더미 전체 안에 있으며, 따라서 이차적으로
하얗다고 말할 수 있는데, 바로 그런 식으로 어느 가문 또는 혈
통이 고귀하다고 말할 수 있다. 그러므로 하얀 더미를 형성하
기 위해서는 하얀 곡물들이 우세해야 하는 것처럼, 고귀한 가
문을 이루기 위해서는 그 안에서 고귀한 사람들이 우세해야 하

11) 자기의 구성 부분들과 완전히 하나로 합일된 전체들도 있다는 뜻이다.

고(나는 숫자가 많은 것을 "우세하다"고 말한다), 그리하여 훌륭
함이 명성을 통해 그 안에 있는 정반대의 것을 가리고 감추도록
해야 한다. 그리고 하얀 곡물 더미에서 밀알을 한 알 한 알 꺼 11
내고, 각 알마다 붉은 기장으로 바꾼다면, 마침내 더미 전체가
색깔을 바꿀 것이다. 마찬가지로 고귀한 가문에서 훌륭한 사람
들이 한 명 한 명 죽고 그 가문에서 사악한 자들이 태어난다면,
결국 그 이름이 바뀔 것이며, 고귀하다고 말하지 않고 비천하
다고 말해야 할 것이다. 두 번째 질문에는 이런 대답으로 충분
할 것이다.

제 30장

위에서 이 논고의 제 3장에서 말했듯이 칸초네는 세 개의 주요 부분으로 되어 있다. 그중 두 부분에 대해서는 이미 논의하였으므로(첫째 부분은 앞에 말한 장[1]에서 시작되었고, 둘째 부분은 제 16장에서 시작되었기 때문에, 칸초네에 대한 논고의 서문이 포함되어 있는 앞의 두 장[2]을 제외하면, 첫째 부분은 13개 장에서 논의되었고, 둘째 부분은 14개 장에서 논의되었다), 이 마지막 제 30장에서는 세 번째 주요 부분에 대하여 간략하게 다루어야 한다. 이 셋째 부분은 칸초네의 토르나타[3]로 장식을 위한 것이며 1

"내 방황하는 자들의 반대자여"로 시작한다. 여기에서 먼저 알아야 하는데, 모든 훌륭한 제작자는 작업이 끝날 때 자기 작품이 보다 탁월하고 귀중한 모습으로 자신에게서 떠날 수 있도록, 가능한 한 그것을 고귀하고 아름답게 만들어야 한다. 나는 훌륭한 제작자로서가 아니라 그를 뒤따르는 추종자로서 이 부분에서 그것을 하고 싶다. 2

그러니까 나는 "내 방황하는 자들의 반대자여" 하고 말한다. 이 방황하는 자들의 반대자는 전부 한 낱말이고, 바로 이 칸초네의 이름인데, 훌륭한 수도사 토머스 아퀴나스[4]의 예에서 따온 것 3

---

1) 그러니까 제3장을 가리킨다.
2) 말하자면 제1장과 제2장.
3) 제2권 11장 2절 참조.

이다. 그는 우리의 믿음에서 벗어난 모든 사람들이 당황하도록
만든 책에다 《이교도들의 반대자》[5] 라는 이름을 붙였다. 그러 4
니까 너는 '이제는 가라'고 말하는데, 그것은 '너는 이제 완전하
고, 또한 너의 임무는 중대하기 때문에, 지금은 가만히 있을 시
간이 아니라 가야 할 시간이다'고 말하는 것과 같다. 그리고 "우
리의 여인이/ 있는 곳으로 가게 되거든" 그녀에게 너의 임무를
말해라. 여기에서 우리 주님께서 말씀하시듯이, 진주를 돼지들
앞에 던지지 말아야 한다.[6] 왜냐하면 돼지들에게 아무 소용이
없고, 진주에게는 해가 되기 때문이다. 그리고 시인 아이소포
스[7] 가 첫 번째 우화에서 말하듯이 닭에게는 진주보다 곡식이
더 유용하고, 따라서 닭은 진주를 내버려 두고 곡식을 쪼아 먹
는다. 그 점을 고려하여 조심하도록 나는 칸초네에게 그 여인, 5
말하자면 철학이 있는 곳에서 자신의 임무를 드러내라고 이끈
다. 그 가장 고귀한 여인이 발견되는 것은, 그녀의 침실, 말하
자면 그녀가 머물러 있는 영혼이 발견될 때이다. 그리고 그 철
학은 단지 현명한 자들에게만 머무르지 않고, 위의 다른 논고[8]
에서 증명하였듯이, 어디든지 그녀에 대한 사랑이 있는 곳에도

---

4) 토머스 아퀴나스는 도미니쿠스회 수도사였다.

5) 원문에는 Contra li Gentili로 되어 있는데, 여기에서 Gentili는 라틴어로 겐틸리스(Gentilis)(제2권 4장 6절 참조), 말하자면 "이교도들"을 가리킨다. 원래의 제목은 *Summa de veritate catholicae fidei contra Gentiles*(대개 줄여서 *Summa contra Gentiles*로 부른다) 인데, 직역하자면 《이교도들에 반대하는 가톨릭 믿음의 진리의 대전》 정도가 될 것이지만 일반적으로 《대이교도대전》(또는 《반이교도대전》) 으로 번역하고 있다.

6) 〈마태오 복음서〉 7장 6절 참조. 새 번역 《성경》은 "너희의 진주를 돼지들 앞에 던지지 마라"로 번역하고 있다.

7) 영어 이름 이솝으로 알려진 아이소포스(기원전 620~560) 는 고대 그리스의 우화 저자로 유명하다.

8) 말하자면 셋째 논고.

머무른다. 그들에게 자신의 임무를 드러내라고 말하는데, 왜냐하면 칸초네의 의미는 그들에게 유용할 것이며, 또한 그들이 받아들일 것이기 때문이다.

그리고 나는 칸초네에게 말한다. 그 여인에게 "나는 당신의 6
친구에 대해 말합니다" 하고 말하라고. 분명히 그녀의 친구는 고귀함이다. 왜냐하면 그 둘은 서로서로 사랑하여, 고귀함은 언제나 철학을 원하고, 철학은 그녀의 가장 부드러운 시선을 고귀함에게서 다른 곳으로 돌리지 않기 때문이다. 이 칸초네의 마지막 구절에서, 신성한 마음의 가장 비밀스러운 곳에 그 고유의 완전함이 들어 있는 그녀[9]의 친구라고 부르면서 고귀함에게 제공하는 장식은, 오, 얼마나 아름다운가!

9) 철학.

《향연》과 단테의 문학

1. 작품의 집필 의도와 형식

단테(Dante Alighieri, 1265~1321)는 《신곡》에서 자기 시대의 모든 것을 집약적으로 표현하고 있다. 그러니 《신곡》은 방대한 분량에도 불구하고 단테의 모든 생각을 명료하게 보여주지 못한다. 그 형식이나 내용에서 나름대로 장르상의 제약과 한계들이 있기 때문이다. 따라서 단테의 생각들을 보다 체계적으로 이해하기 위해서는 다른 작품들에 대해서도 주의 깊게 살펴볼 필요가 있는데, 그의 철학과 사상을 가장 분명하게 보여주는 작품이 《향연》(*Convivio*)이다. 비록 미완성으로 남아 있지만 《향연》은 단테의 저술 중에서 이론적 논의의 성격을 띤 최초 작품으로 그의 정치활동과 철학적 연구에서 나온 성찰들을 자세하게 피력하고 있기 때문이다.

《향연》은 단테의 망명생활이 본격적으로 시작될 무렵에 탄생하였다. 그의 모든 작품이 그렇듯이 《향연》의 정확한 창작시기는 알 수 없지만, 대략 1304년경에 집필하기 시작하여 1307년 또는 1308년에 중단한 것으로 알려져 있다. 작품을 중단한 이유는 정확하게 밝혀지지 않았으나, 아마 《신곡》을 쓰기 시작하면서 원래의 구상이 모두 그 새로운 작품 속에 포함될 것으로 생각했기 때문이라고 짐작된다. 단테는 원래 총 15권[1]으로 이루어진 작품을 구상했지만 앞의 4권만 쓰고 미완성으로 남겨두었다. 제1권은 서론 역할을 하고, 나머지 14권은 이전에 쓴 14편의 '칸초네'[2]에 담겨 있는 의미를 해설하는 형식으로 되어 있다(제1권 1장 12절 참조).

미완성으로 남았지만 단테의 집필계획은 상당히 방대하고 매우 구체적이었던 것처럼 보인다. 제4권에서 중단된 분량만으로도 상당히 두툼하며, 따라서 만약 완성되었다면 매우 방대한 저술이 되었을 것이다. 원래 계획이 구체적이었다는 사실은 텍스트 내부의 명시적인 언급들에서 드러난다. 《향연》 제1권 8장 18절을 비롯하여 제1권 12장 12절, 제2권 1장 4절, 제3권 15장 14절, 제4권 26장 7절, 제4권 27장 11절 등 여러 곳에서 단테는 앞으로 다룰 주제들에 대해 미리 예고하는데, 예를 들어 제7권은 '절제'에 대해 다루고, 제14권은 '정의'에 대해, 마지막 제15권은 '자유로움'에 대해 다룰 계획이라고 말한다. 그런 지적과 다른 자료를 토대로 일부 학자들은 집필되지 않은 나머지 논고들에서 해설할 칸초네들의 목록을 작성하기도 하였다. 예를 들어 만약 《향연》을 마무리하였다면 단테가 남긴 칸초네들 중에서 〈내 마음 주위에 세 여인이 왔네〉(*Tre donne intorno al cor mi son venute*)〔〈시 104번〉(*Rime CIV*)[3]〕와 〈고통이 내 마음속에 용기를 주네〉(*Doglia mi reca*

1) 편의상 옛날 책을 내용에 따라 구분하는 단위인 '권(卷)'으로 번역하였으나, 원문에서 여기에 해당하는 용어는 trattato, 말하자면 '논고(論考)' 또는 '논문'으로 되어 있다. 작품의 철학적이고 사변적인 논의의 성격을 분명히 드러내는 표현이다.

2) 시 형식으로서 칸초네(canzone)는 보통 11음절 시행(詩行)들 또는 11음절과 7음절 시행들을 활용하여 다양한 형식으로 운율과 각운을 맞춘 형식을 가리키지만, 일반적으로 시를 총칭하는 용어로 쓰이기도 한다. 또한 음악과 밀접한 관계를 맺고 있기 때문에 노래를 의미하기도 한다.

ne lo core ardire) (〈시 106번〉)가 고유의 주제와 관련하여 제14권과 제15권에서 해설의 대상이 되었을 것이라고 거의 확실하게 인정되고 있다. 또한 제7권에서 해설될 칸초네는 〈사랑이 완전히 나를 떠난 뒤〉(*Poscia ch'amor del tutto m'ha lasciato*) (〈시 83번〉)라고 주장하는 학자들도 있다.

《향연》의 집필동기에 대해 단테는 제1권에서 자세히 설명하고 있다. 이전에 쓴 시들에 대해 해설을 덧붙이려고 한 것은 그 시들을 둘러싼 부정적 평가와 비판들 때문이었다.[4] 젊은 시절에 쓴 그 시들에는 "약간 어두운 그늘"(제1권 1장 14절), 말하자면 어딘가 모호하고 불분명한 부분들이 있어서 오해를 불러일으킬 여지가 있었다. 보다 구체적으로 말하자면 베아트리체의 죽음 이후에 쓴 시들을 사람들은 문자 그대로 해석하여 새로운 여인에 대한 사랑을 노래한 것으로 이해하였고, 따라서 가볍고 경박하다는 비난이 있었다. 물론 그런 부정적 평가의 배경에는 정치싸움에서 패배한 단테가 망명생활을 하게 된 것과 무관하지 않았다. 그 당시 단테는 "부당한 형벌, 말하자면 망명과 가난의 형벌"(제1권 3장 3절)로 인해 이탈리아의 여러 지역을 떠도는 신세였고, 그 여파로 자기 작품들이 초라하고 가치 없는 것으로 보이게 되었다는 것이다. 어쨌든 단테로서는 오해의 여지를 없애고 자신의 입장을 명백하게 밝힐 필요가 있다고 생각했다.

---

3) 단테가 남긴 시 작품들에 부여된 이 번호는 바르비(Michele Barbi, 1867~1941)가 이탈리아 단테학회(Società Dantesca Italiana)의 위임으로 단테의 《시들》(*Rime*)을 편집하면서 배치한 순서에 의한 것이다. 단테의 작품들은 대부분 정확한 창작시기를 알 수 없는데, 바르비는 문체의 변화를 추적하여 추정적인 연대순으로 배치하였다.

4) 《향연》에서 단테가 해설하는 시들은 1290년대 중반, 그러니까 10여 년 전에 쓴 것들이다.

그런데 단테 자신이 그런 오해의 여지를 남겼던 것도 사실이다. 실제로 단테는 베아트리체에 대한 사랑의 이야기를 서술하는 초기의 저술 《새로운 삶》(*Vita nuova*) 후반부에서 어느 "고귀한 여인"(gentile donna)[5]에 대해 이야기한다. 베아트리체가 죽은 뒤 슬픔에 잠겨 있는데 "매우 아름답고 젊은 고귀한 여인"이 창가에서 연민에 가득한 시선으로 자신을 바라보았다는 것이다(《새로운 삶》 제35〔36〕장 2절). 그리고 너무 슬퍼한 나머지 더 이상 울지도 못하고 슬픔을 토로할 수도 없던 상태에서 자주 그 자비로운 여인을 보러 갔고, 그녀의 모습을 보기만 해도 눈에서 눈물이 나올 정도였다고 고백한다. 그 '창가의 여인'에 대한 단테의 느낌과 이끌림은 몇 편의 소네트로 노래되었는데, 문자 그대로의 의미로만 보면 분명 다른 여인에 대한 사랑의 고백처럼 보이고, 따라서 가볍다는 비난이 있었던 것은 당연해 보이기도 한다. 그러나 단테는 중세의 《성경》 읽기 방식과 마찬가지로 자기 칸초네들도 네 가지 의미로 읽어야 한다고 강조하면서(제2권 1장 참조)[6] 그 여인을 일종의 알레고리 또는 우의적(寓意的) 의미로 읽을 것을 요구한다. 간단히 말해 자신의 진정한 의도는 그 "칸초네들이 외부적으로 드러내는

---

5) 여기에서 gentile는 '상냥한', '친절한' 등으로 번역할 수도 있지만, 여기에서 파생된 용어 gentilezza와 nobiltate(또는 nobilitade)(단테는 이 두 용어를 "똑같은 의미"로 이해한다고 밝히고 있다. 제4권 14장 8절 참조)는 《향연》에서 논의되는 중요한 주제 중의 하나로 바로 "고귀함"을 의미한다. 사회계층의 관점에서는 '귀족' 또는 '귀족의 신분'을 의미하기도 한다. 이 주제는 제4권에서 집중적으로 논의되는데, 여기에서는 특히 사회적 신분과 관련하여 설명하고 있기 때문에 '고귀한'으로 옮기는 것이 타당할 것이다.

6) 그런 주장은 베로나의 영주 칸그란데 델라 스칼라(Cangrande della Scala)에게 보낸 라틴어 편지〔〈서간문 13번〉(*Epistola XIII*)〕에서도 반복되어 나오는데, 여기에서 단테는 자신의 《신곡》을 그렇게 읽어 달라고 말한다.

것과는 전혀 다른 것"(제1권 1장 18절)이었다고 주장하면서, 그 "고귀한 여인"은 바로 '철학'을 의인화하였다고 말한다. 창가에서 연민에 찬 시선으로 바라보던 "그 여인은 하느님의 딸, 모든 것의 여왕, 가장 고귀하고 가장 아름다운 철학"(제2권 12장 9절)이었다는 것이다.

여기에서도 알 수 있듯이 《향연》은 이전의 작품 《새로운 삶》과 밀접한 관계를 맺고 있으면서도 뚜렷하게 대비된다. 두 작품 모두 운문과 산문이 혼합된 형식으로 되어 있는 것이 특징적이다. 산문과 운문이 번갈아 배치된 그런 혼합된 장르를 가리켜 라틴어로 '프로시메트룸'(*prosimetrum*)이라 부르는데, 어중간한 형식 때문인지 널리 확산되지는 않았다. 단테 이전에 그런 독특한 형식을 사용한 대표적인 작품으로는 서로마 제국이 몰락한 직후에 활동한 정치가이며 철학자 보에티우스(Severinus Boethius, 480~525?)의 《철학의 위안》(*De consolatione philosophiae*)을 꼽을 수 있다. 단테는 《향연》의 여러 곳에서 보에티우스에 대해 말하는데, 토인비(Paget Toynbee)의 《단테 사전》에 의하면 모두 12번 언급된다. 단테가 그런 방식을 선택한 데에는 여러 가지 이유가 있겠지만, 산문과 운문의 고유한 속성에서 나오는 상호 보완기능 때문일 것이다. 두 작품 모두에서 산문은 이전에 시들을 상호 연결하고 해설하는 장치로서 기능한다.

하지만 주제나 내용, 논의의 전개방식, 표현 등에서 완전히 다른 모습을 보여준다. 단테 자신의 말에 의하면 젊은 시절에 집필한 《새로운 삶》은 "뜨겁고 열정적인" 작품이고, 이와는 달리 《향연》은 "절제되고 성숙한" 작품이라는 것이다(제1권 1장 16절). 《새로운 삶》의 주요 내용은 젊은 시절 베아트리체에 대한 사랑의 이야기를 서술하며, 마치 문학적 허구의 세계를 묘사하듯이 실제의 사실에다 다분히 허구적인 요소들이 뒤섞여 있는 것처럼 보인다. 스토리 측면에서 마치 한 편의 소설이나 드라마처럼 보이며, 한마디로 말해 문학적 성격이 지배적이다. 반면 《향연》은 이전의 시들에 대한 해설과 논평 형식으로 되어 있지만, 단순한 해설의 차원을 넘어서서 철학적이고 윤리적인 주제들에 대한 심도 있는 논의들이 주요 골격을 형성하고 있다. 따라서 《향연》이라는 제목과 trattato라는 세부명칭이 암시하듯이, 그것은 문학작품보다 오히려 철학적 논의에 더 가깝다.

2. '향연'의 의미와 속어

《향연》이라는 제목은 단테 자신이 붙인 것으로 텍스트 안에서 그렇게 부르고 있다(제1권 1장 16절, 제4권 22장 1절). 이탈리아어 convivio는 라틴어 convivium에서 나온 용어인데, 그것은 '함께'(*cum*)와 '살다'(*vivo*)의 합성어이다. 단테는 그 제목을 사용하게 된 이유를 명백하게 밝히지 않지만 아마 키케로의 영향처럼 보인다. 키케로가 남긴 많은 저술은 고전 라틴어 산문의 가장 뛰어난 모델로 꼽히는데, 《우정에 관하여》와 함께 가장 많이 읽히는 작품 중의 하나인 《노년에 관하여》[7] 제13장 45절에서 작품의 주요 대화자인 대(大) 카토의 입을 빌려 다음과 같이 말하는 부분이 나온다.

회식의 즐거움을 나는 식도락의 쾌락에서보다는 친구들과의 만남과

7) 원래의 제목은 《대(大) 카토, 노년에 관하여》(*Cato maior de senectute*)이며, 이 작품 역시 대화형식으로 되어 있다. 주요 내용은 80대에 접어든 대카토가 《우정에 관하여》의 두 주인공 스키피오와 라일리우스에게 노년의 삶을 어떻게 보내는 것이 좋은가에 대해 말해주는 것으로 되어 있다.

> 대화에서 찾았다네. 우리 선조들은 친구들과의 회식을 '함께 살기'(*convivium*)라고 했는데, 친목을 도모한다는 점에서 꽤 적절한 명칭이라고 나는 생각하네. '함께 마시기'(*compotatio*, 그리스어로는 *symposion*) 또는 '함께 먹기'(*concenatio*, 그리스어로는 *symdeipnon*)라는 그라이키아인들의 표현은 이에 비해 덜 적절하네. 그들은 가장 덜 중요한 것을 가장 높이 평가하는 것처럼 보이기 때문일세.[8]

여기에서 키케로가 염두에 두고 있는 것은 고대 그리스, 특히 아테나이를 중심으로 널리 확산되어 있던 일종의 사교모임 형식인 '심포시온'이었다. 그것은 문자 그대로 함께 모여 술을 마시면서 음악을 듣고 시를 낭송하거나 그리스인들 특유의 성향을 발휘하여 다양한 주제에 대하여 토론하고 이야기를 나누는 연회이며 잔치였다. 그리고 그 자리에서 이루어진 토론과 대화내용을 기록하여 고유한 하나의 대화편이 탄생하기도 하였다. 크세노폰의 《향연》과 플라톤의 《향연》이 대표적인 예이다. 그러한 문학적이고 철학적인 대화들의 향연은 로마시대에까지 확산되었다. 키케로의 《우정에 관하여》와 《노년에 관하여》는 그런 연회에서의 만남을 배경으로 하지 않지만, 등장인물들 사이의 생생한 대화를 기록하고 있다는 점에서 동일한 장르로 간주될 수 있을 것이다. 반면에 단테의 《향연》은 키케로가 말하는 용어를 사용하고 있지만 대화형식으로 되어 있지 않다. 그러니까 형식적인 면에서 보자면 고전적 전통을 따르지 않는다. 다만 내용 면에서 철학적이거나 윤리적인 다양한 주제들에 대하여 고전적인 대화편들에 나오는 등장인물들과 똑같은 어조로 논의하고 있다는 점에서 그 전통을 이어받고 있다고 말할 수 있다.

---

8) 《노년에 관하여. 우정에 관하여》, 천병희 옮김, 숲, 2005, 56쪽.

그리고 많은 사람들을 위한 지식의 잔치를 펼치고 그 음식을 함께 나누어 먹는다는 의미에서 볼 때 《향연》이라는 제목은 잘 어울리며 작품의 성격을 분명하게 보여준다. 작품의 첫 문장에서 인용되는 아리스토텔레스에 의하면, 모든 인간은 고유의 본능과 섭리에 의해 지식을 원한다. 왜냐하면 "지식은 우리 영혼의 최종적인 완성이며, 그 안에 우리의 최종적인 행복이 있기 때문"(제1권 1장 1절)이다. 하지만 여러 가지 이유로 인해 그런 고귀한 욕망을 실현할 수 있는 사람들은 많지 않다. 단지 소수만이 지식과 지혜를 얻고 거기에서 행복을 얻을 수 있을 뿐이다. 단테는 그런 상황을 잔치와 음식에 비유한다. 그러니까 '향연'은 바로 지식의 잔치 또는 연회를 의미한다. 말하자면 소수의 행복한 사람들만이 지식의 향연을 벌이는 식탁에 앉아 "천사의 빵"(제1권 1장 7절)을 먹을 수 있다는 것이다.

여기에서 "천사의 빵"(라틴어로는 *Panis angelicus*)이라는 표현은 원래 토마스 아퀴나스가 《장엄한 축일》(*Sacris Solemniis*)이라는 송시(訟詩)에서 사용한 표현이다. 아퀴나스는 교황 우르바누스 4세가 1264년에 처음으로 제정한 '그리스도 성체' 축일을 위한 시를 써 달라는 요청을 받고 이 작품을 썼다고 한다. 아퀴나스의 시는 전체 7절로 이루어져 있고 각 절이 7행으로 구성되어 있는데, 바로 여섯째 절의 첫머리에서 "천사의 빵이 인간의 빵이 되기를(Panis angelicus fit panis hominum)" 기원하는 부분이 나온다.[9] 향연의 은유와 잘 어울리는 "천사의 빵"에 대한 언급은 《신곡》에서도 반복된다. 〈천국〉 2곡 10~12행에서 단테

9) 여섯 번째 절을 포함하여 마지막 두 절은 1872년 벨기에 태생의 프랑스 작곡가였던 프랑크(César Auguste Franck, 1822~1890)가 테너를 위한 노래로 작곡하였고, 현대에 들어와 여러 유명한 테너들이 노래하면서 널리 알려져 있다.

는 이곳 지상세계에서 "맛볼 수는 있지만 / 충분히 배부르지 않는 천사의 빵을 향해 일찍부터 / 목을 내밀고 있는 그대들〔독자들〕 몇 사람"에게 혹시라도 어려워 보일지 모르는 〈천국〉의 노래를 잘 따라오라고 권유한다.

그런데 천사의 빵처럼 고귀한 정신적 양식을 맛볼 수 있는 사람은 소수에 불과하였다. 나머지 많은 사람들은 여러 가지 내적 및 외적 이유들로 인해 동물들과 마찬가지로 풀이나 도토리를 먹으면서 비참하게 살아가고 있다고 지적한다. 그리고 단테는 바로 그렇게 소외된 사람들에게 관심을 기울인다. 단테 자신은 "그런 축복받은 식탁에 앉아 있지 않다"고, 말하자면 전문적인 학자가 아니라고 생각하지만, 그렇다고 동물적인 상태에 있는 것도 아니라고 말한다. 그러니까 자신은 "식탁에 앉아 있는 사람들의 발치에서 그들에게서 떨어지는 것을 주워" 먹고 있는데(제1권 1장 10절), 자기보다 더 불쌍한 사람들을 위해 약간의 음식을 나누어주고 싶다는 것이다. 특히 게으름 때문이 아니라 "가족에 대한 배려" 때문이나 또는 "사람이 태어나고 성장하는 장소의 결핍"(제1권 1장 4절) 때문에 행복의 원천인 지식의 혜택을 받지 못하는 사람들을 위해 식탁을 차려주고 싶다는 것이다. 그렇게 모든 사람들이 즐길 수 있는 향연에 대한 관념은 평소 지식의 혜택을 받지 못하는 사람들에 대한 단테의 박애와 인도주의적 정신을 반영한다.

사실 천사의 빵을 맛볼 수 있는 지식의 향연에서 소외된 계층은 대부분 일반대중들이다. 그들은 당시 중세 유럽사회의 지식인들과 문인들 사이에서 보편언어로 사용되던 라틴어를 모르고, 각 지방마다 고유한 토착언어 또는 사투리를 사용하였다. 그런 토착언어를 이탈리아어로 volgare라고 하는데, 그것은 바로 volgo(라틴어로는 *vulgus*), 즉 일반민중이나 평민들이 사용하는 언어라는 뜻이다.[10] 단테는 라틴어를 버리고 바로 피렌체 민중들의 언어로《향연》을 썼다.

속어로 집필하게 된 이유에 대해 단테는 제1권 전반에 걸쳐 자세하게 설명한다. 핵심적 이유는 세 가지로 나뉜다. 첫째 이유는 "어울리지 않는 관계에 대한 신중함"인데, 젊은 시절의 시들을 속어로 썼기 때문에 그에 대한 해설도 똑같이 속어로 쓰는 것이 형식상 어울린다는 생각이다. 둘째 이유는 라틴어를 모르는 사람들에게도 지식의 향연을 베풀어주려는 "자발적인 너그러움" 때문이며, 셋째 이유는 자신이 태어난 곳의 "언어에 대한 자연스러운 사랑"(제1권 5장 2절) 때문이라는 것이다. 그리고 제1권의 나머지 부분을 모두 할애하여 각각의 이유에 대해 자세하게 설명하는데, 그 주요 내용은 속어로 해설을 쓰는 것이 라틴어로 해설을 쓰는 것보다 더 적합하고 효과적이라는 데 집중되어 있다. 그렇지만 무엇보다도 중요한 것은 모든 사람들이 즐길 수 있는 지식의 향연을 펼치기 위해서는 속어로 써야 한다는 입장이다.

속어의 사용을 강력하게 주장하는 단테의 입장은 제1권의 마지막 문장에서 분명하게 드러난다. 단테는 과감하게 라틴어를 버리고 속어를 사용하는《향연》의 혁명적인 성격을 강조하면서 이렇게 주장한다. "이것은 새로운 빛, 새로운 태양이 될 것인데, 그 새로운 태양은 바로 낡은 태양이 지는 곳에서 솟아오를 것이며, 낡은 태양이 빛을 비추지 않기 때문에 어둠과 암흑 속에 있는 사람들에게 빛을 비춰줄 것이다"(제1

10) 그러므로 그 뜻을 그대로 살려 번역하자면 '민중어'(民衆語) 정도가 될 것이다. 지금까지 관례적으로 사용되는 번역용어는 '속어'(俗語)인데 거기에는 논란의 여지가 있다. 우선 그것은 가톨릭교회를 비롯한 중세 상류층의 언어인 라틴어와 비교해볼 때 상대적으로 저급하고 저속한 언어라는 뉘앙스를 내포하고 있다. 또한 우리말의 사전적 의미로 보더라도 '통속적인 저속한 말'이나 '상말'을 의미하기 때문에 부정적으로 들릴 수 있다.

권 13장 12절). 여기에서 알 수 있듯이 단테는 중세 유럽에서 라틴어가 아닌 민중들의 토착적인 언어를 옹호한 최초의 위대한 학자들 중 한 사람이며, 속어에 대한 그의 관념은 《향연》에서 가장 중요하게 부각되는 주제들 중의 하나이다.

3. 철학과 백과사전

위에서 말했듯이 《향연》은 형식상으로는 칸초네들의 숨겨진 의미들을 해설하고 있지만 실제로는 다양한 주제에 대해 논의하고 있다. 완성된 4권의 개략적인 주제는 다음과 같다. 제1권은 일종의 서론 역할을 하는데 여기에서 단테는 《향연》의 집필의도와 형식, 구성체계 등에 대해 자세하게 논의한다. 제2권에서는 자신의 시들을 해설하는 방법에 대해 설명한다. 그런 다음 천사들의 분류와 품계에 대한 논의를 전개하는데, 그것은 나중에 《신곡》에서 〈천국〉의 기본골격을 형성하는 데 밑거름이 된다. 제3권에서 단테는 "지혜의 사랑스러운 사용"(제3권 12장 12절, 제4권 2장 18절)으로서 철학에 대한 찬양과 함께 그에 대한 자신의 열정을 강조하면서 일부 비평가들의 비난이 부당하다고 주장한다. 마지막으로 제4권은 진정한 고귀함에 대하여 논의하는데, 그것은 단테시대에 활발하게 논의되었던 도덕적 주제이다. 단테에 의하면 진정한 고귀함은 귀족의 혈통에서 나오는 것이 아니라, 덕성을 실천함으로써 도달할 수 있고 개인적인 차원에서 이루어지는 것이다. 이와 함께 단테의 정치사상이 드러나는데, 그것은 보편적 제국에 대한 열망으로 집약된다.

그리고 이렇게 다양한 주제들을 총괄하는 것은 바로 철학이다. 작품의 첫 문장부터 단테는 대문자로 시작되는 **철학자**를 인용하는데, 중세의 관례에 따라 아리스토텔레스를 환유(換喩)로 그렇게 부르는 것이다. 토인비의 《단테사전》에 의하면 작품 전반에 걸쳐 아리스토텔레스라는 이름은 50회 이상 언급되고, 또한 환유로 부르는 **철학자**도 거의 비슷한 빈도로 나오고, 그 이외에도 "나의 스승"(제1권 9장 9절), "인간 이성의 스승"(제4권 2장 16절), "스타게이로스 사람"(제4권 6장 15절) 등 다른 명칭으로도 여러 차례 인용된다.

이처럼 아리스토텔레스를 필두로 하는 철학에 단테가 관심을 갖게 된 것도 베아트리체 때문이었다. 그것은 《향연》의 집필동기와도 밀접하게 연결되어 있다. 베아트리체가 죽은 다음 자기 눈앞에 나타났다고 고백한 '창가의 여인'에 대해 해명할 필요가 있었다. 단테의 말에 의하면 논란과 비판의 빌미를 제공한 그 여인은 바로 '철학'을 형상화하고 있다는 것이다.[11] 창가에서 연민에 찬 시선을 보내던 "그 여인은 하느님의 딸, 모든 것의 여왕, 가장 고귀하고 가장 아름다운 철학"(제2권 12장 9절)이었다는 주장이다. 그러니까 베아트리체를 잃고 더 이상 슬픔을 토로할 수 없을 정도가 되었을 때, 단테는 거기에서 벗어나기 위한 돌파구를 찾게 되었고, 그것을 철학에서 발견했다. 철학공부에 몰두함으로써 견딜 수 없는 괴로움을 잊고자 했다. 베아트리체의 죽음으로 "어떠한 위안도 소용없을 정도로 커다란 슬픔"에 잠겨 있던 상황에서 "위안받지 못하는 사람이 스스로를 위안하기 위해 사용하는 방법"에 의존해 보기로 결정했다는 것이다(제2권 12장 1~2절).

베아트리체의 죽음을 계기로 단테는 '사랑의 시인'에서 '철학자 시인'으로 넘어가게 되었다. 그가 언제부터 본격적으로 철학공부를 시작하

11) 철학을 여인으로 의인화하여 표현한 대표적인 선례는 《향연》에서 자주 인용되는 보에티우스의 《철학의 위안》에서 찾아볼 수 있다.

였는지 정확하게 알 수는 없다. 다만 여러 가지 정황으로 미루어 볼 때 《새로운 삶》을 쓸 무렵에 이미 아직은 분명하지 않고 불완전하지만 어느 정도의 철학적 지식을 갖고 있었을 것으로 짐작된다. 하지만 철학공부는 혼자의 힘만으로 할 수 있는 것은 아니었고, 따라서 단테는 "종교인들의 학교들과 철학자들의 토론들에 다니기 시작"하였고, "약 30개월의 비교적 짧은 기간에" 철학의 감미로운 맛을 느끼기 시작하였다고 한다(제2권 12장 7절).

그 당시 피렌체에는 여러 수도회에서 운영하는 학교들이 있었고,[12] 또한 대학을 비롯하여 다른 단체들에서 공개적인 강의와 토론모임들을 열었는데, 단테는 그런 기회들을 활용하였던 것으로 짐작된다. 그리고 일단 철학공부를 시작한 뒤에는 건강을 해칠 정도로 열심히 몰두하였다. 스스로 고백하듯이 너무 "열심히 글을 읽는 바람에 시력이 매우 피곤해졌고, 그 결과 시각적 정령이 쇠약해져서 별들이 모두 약간 하얀 그림자에 뒤덮인 모습으로 보였다"는 것이다(제3권 9장 15절). 그런 열정의 결과로 쌓인 지식들은 《향연》의 탄생에 밑거름이 되었고, 따라서 《향연》은 철학을 찬양하기 위한 것이었다. 단테에게 있어 철학은 "인간의 진정한 고귀함의 꽃을 자신의 빛살로 생생하게 피어나게 하고, 그 열매를 맺게 만드는 가장 덕성 있는 빛"(제4권 1장 11절)이 되었기 때문이다.

그런 만큼 단테는 철학공부에서 얻어진 자신의 모든 지식을 총망라하는 방대한 백과사전 같은 작품을 구상하면서 집필했던 것 같다. 실

12) 예를 들어 도미니쿠스 수도회 학교는 산타 마리아 노벨라(Santa Maria Novella) 성당에 있었고, 프란체스코 수도회 학교는 산타 크로체(Santa Croce) 성당에, 아우구스티누스 수도회는 산토 스피리토(Santo Spirito) 성당에 있었는데, 외부 세속인들의 출입도 허용되었다.

제로 《향연》에서 다루는 주제들은 백과사전을 방불케 한다. 철학의 이름으로 시작한 논고들을 통해 단테는 윤리학과 신학, 정치학, 천문학, 지리, 언어 등 다방면에 걸쳐 해박한 지식을 자랑한다. 철학이란 '지혜의 사랑'이라는 어원적 정의에서 시작하여 그 두 가지 구성요소인 '지혜'와 '사랑'의 본질에 대해 자세하게 논의하고 철학을 찬양한다. 그리고 고전 그리스 철학의 여러 학파들에 대하여 논의하고, 천체의 구조를 설명하면서 각각의 하늘을 움직이는 천사들의 품계와 본성, 역할에 대해 이야기하고, 또한 하늘들의 배치와 서열을 인간 지식의 학문분야들과 대비하고 비교하기도 한다. 영혼의 문제에 대한 철학자들의 견해를 비교하면서 논평하고, 활동적 삶과 관조적 삶을 대비하여 장단점을 설명하고, 인생의 시기들을 구별하여 각 시기에 따른 덕성들에 대해 설명하고, 각종 지리적 지식과 관습들에 대하여 설명하기도 한다.

또한 인간 행복의 문제, 재물에 대한 견해, '고귀함'에 대한 정의, 속어와 라틴어의 속성과 본질, 위대한 로마제국과 하느님의 섭리 사이의 관계, 정치적이고 사회적인 정의(正義)의 문제, 지구를 중심으로 한 천체의 운행방식 등에 대해서도 언급한다. 지구의 크기와 금성까지의 거리, 별들의 숫자 또는 천사들의 숫자 등 잡다해 보이는 논의도 찾아볼 수 있다. 여러 가지 용어들의 어원에 대한 지식도 늘어놓는다. 예를 들어 《성경》에서 자주 언급되는 팔레스타인의 지명 '갈릴래아'는 하얀색을 의미한다고 주장하는데, 세비야의 이시도루스가 쓴 《어원론》에 의하면 그 말이 원래 '우유'를 의미하는 그리스어 '갈라'에서 나온 것이라고 한다. 또한 《향연》의 주요 주제들 중 하나인 이탈리아어 단어 'nobile'(고귀한)는 'non vile'(비천하지 않은)에서 나왔다고 주장하기도 한다. 그런가 하면 자신의 불행한 처지에 대한 한탄과 함께 그런 상황의 원인이 되었다고 생각하는 이탈리아와 피렌체의 정치적 혼란과 도덕적 타락을 고발하기도 한다. 사적인 문제와 공적인 문제가 함께 뒤섞여서 지식의 잔칫상에 나란히 올라가 있는 것이다.

그렇게 다양한 주제들을 다루는 만큼 단테가 참조하는 텍스트나 학자들도 다양하다. 첫머리에서 인용하는 아리스토텔레스를 필두로 키케로와 보에티우스, 플라톤, 토마스 아퀴나스, 알베르투스 마그누스, 성 아우구스티누스 등 탁월한 철학자와 신학자들뿐만 아니라 베르길리우스, 오비디우스, 스타티우스, 세네카, 호라티우스 등 라틴작가들이 등장하고, 심지어 아베로에스, 알부마사르, 알프라가누스 같은 아랍 학자들까지 광범위하게 인용된다. 그리고 참조되는 텍스트로는 위에 인용된 학자들의 수많은 저술을 비롯하여 《성경》, 유스티니아누스 황제가 편찬한 《로마법 내전》, 익명의 작가가 쓴 아랍어 저술 《원인에 관한 책》, 프톨레마이오스의 《테트라비블로스》까지 다양하게 망라되어 있다. 그 모든 지식들의 백과사전은 단테가 열정적인 탐구정신으로 섭렵한 당시 유럽의 교양과 사상세계를 집약적으로 보여준다.

4. 《향연》과 《신곡》

그리고 그 다양한 지식들은 불후의 걸작 《신곡》의 탄생을 위한 밑거름이 되었다. 주요 작품을 중심으로 단테의 문학적 발전과정을 도식적으로 그려 보면 《새로운 삶》에서 시작하여 《향연》을 거쳐 《신곡》으로 마무리된다. 그러니까 베아트리체에 대한 사랑의 이야기에서 출발하여 그녀의 죽음으로 비롯된 철학적 탐구를 거쳐 신학적 진리에 도달하고 있다. 그것은 중세 지식인들의 일반적 관념에서 철학이 신학의 시녀로 간주되었던 사실과 연결되어 있다. 인간 지성의 최고 학문인 철학은 그 너머의 보다 총체적이고 궁극적인 진리를 지향하는 신학으로 넘어가기 위해 필수적으로 거쳐야 하는 과정으로 인식되었던 것이다. 단테의 문학적 발전과정도 바로 그런 단계들을 하나씩 밟으며 나아간 것처럼 보인다. 《신곡》은 단테의 모든 것을 총체적으로 승화시키고 있지만, 그것은 이전의 작업들 없이는 이루어질 수 없는 것이었다. 그 중에서도 특히 《향연》은 《신곡》으로 넘어가기 위한 과도기적 작품이자 일종의 준비단계였으며 그 증거는 여러 곳에서 찾아볼 수 있다.

가장 분명한 증거는 《향연》이 미완성으로 남아 있는데, 중단한 후 곧바로 《신곡》을 쓰기 시작했다는 사실에서 드러난다.[13] 작품의 중단 이유에 대해 단테가 명시적으로 밝힌 것은 아니지만, 훨씬 더 방대하고 체계적인 작품을 설계하면서 이전에 구상했던 계획을 중간에서 포기한 것으로 짐작된다. 그러니까 보다 나은 길을 가기 위해 더 이상 학술적이고 딱딱한 논고를 계속할 필요가 없었던 것이다. 사실 《신곡》이라는 보다 총체적이고 유기적인 작품이 실현됨으로써 《향연》에서 논의하고 이야기하려고 계획했던 모든 것이 그 안에 포함되고 융합되었다.

두 번째 증거로 《향연》에서 논의되었거나 언급된 주제들이 거의 모

13) 《신곡》의 정확한 집필시기를 증언해 주는 확실한 증거나 자료는 찾을 수 없으며, 따라서 여전히 논란의 여지는 남아 있다. 예를 들어 보카치오는 일반적으로 《단테의 생애》로 일컬어지는 저술 《단테를 기리는 글》(*Trattatello in laude di Dante*) 26장에서 단테가 망명 이전에 《신곡》의 집필을 시작하였고, 보다 구체적으로 〈지옥〉의 처음 일곱 '노래', 즉 제7곡까지 썼다고 주장한다.

두 《신곡》에서 유효적절하게 다시 활용되고 있다. 단테의 자기 인용 취향은 널리 알려져 있을 뿐만 아니라 그의 저술 전체가 자기 작품에 대한 해설로 탄생한 것처럼 보일 정도이다. 《새로운 삶》과 《향연》은 그런 자기 인용을 토대로 하였다. 그리고 《향연》의 내용은 대부분 《신곡》에서 반복되어 나타남으로써 마치 그 준비작업처럼 보인다. 흥미로운 것은 《향연》에서 말한 것이 《신곡》에서 수정되고 보완되기도 하였다는 사실이다. 예를 들어 달의 얼룩 또는 반점처럼 보이는 현상에 대한 설명이 그렇다. 《향연》에서 단테는 달을 구성하는 물질이 일부에서는 빽빽하고 일부에서는 희박하기 때문에 희박한 부분에서는 햇빛이 잘 반사되지 않아 어둡게 보인다고 설명한다. 하지만 《신곡》에서는 그런 견해를 철회하고 각 부분의 본성이나 선힘에 따라 달리 빛난다고 말한다. 또한 천사들의 품계와 그들이 관장하는 하늘에 대한 설명이 《향연》과 《신곡》에서 서로 다르다. 이것은 단테의 공부가 끊임없이 이어지면서 그의 지식세계가 계속해서 확장되고 새로워졌다는 것을 말해준다.

그리고 《향연》에서 해설하는 칸초네들이 《신곡》에서 다시 인용되는 것도 그런 사실을 강조한다. 예를 들어 제2권 "지성만으로 셋째 하늘을 움직이는 그대들이여(Voi che 'itendendo il terzo ciel movete)"로 시작하는 칸초네(〈시 79번〉)는 금성의 하늘에서 만난 카를로 마르텔로의 입을 통해 언급되며(〈천국〉 8곡 37행 참조), 제3권 "내 마음속에서 내 여인에 대하여(Amor che ne la mente mi ragiona)"로 시작하는 칸초네(〈시 81번〉)는 연옥에서 만난 단테의 절친한 친구이자 음악가였던 카셀라의 노랫말로 인용된다(〈연옥〉 2곡 112행 참조). 이것은 《향연》의 구상이 《신곡》으로 흡수되어 새로운 모습으로 다시 탄생하였다는 것을 의미한다.

세 번째 증거는 두 작품의 비교에서 더욱 분명하게 드러난다. 《향연》에는 백과사전적 지식들이 산만하게 흩어져 있고, 때로는 지루하고 장황한 설교조의 담론이 때로는 독자를 피곤하게 만들기도 한다. 반면 《신곡》은 통일적이고 유기적인 조직과 구성을 자랑하며 그 안에서 모든 주제와 에피소드들이 긴밀하게 상호 연결되어 있다. 가히 건축학적 구조라고 일컬어지는 그런 체계성은 저승세계의 치밀한 구성과 마찬가지로 텍스트의 담론 구조에서도 분명하게 나타난다. 따라서 《향연》에서는 다소 산만하고 단편적으로 흩어진 상태로 논의되었던 주제들이 《신곡》에서는 체계적이고 유기적으로 조직되어 새로운 모습으로 다시 나타나고 있다.

두 작품이 주제들의 조직방식에 있어 그렇게 차이를 보이는 것은 무엇보다도 각각 철학적 '논고'와 문학작품이라는 서로 다른 담론 형식을 취하고 있기 때문일 것이다. 《향연》은 칸초네와 그에 대한 해설이라는 거의 학술적인 성격의 담론 속에 다양하고 잡다한 주제들을 두서없이 모아놓은 것처럼 보인다. 이와는 달리 《신곡》은 서사시로서 고유의 서사, 즉 이야기를 갖고 있다. 그리고 그 이야기는 작품 전체의 핵심적인 모티프이자 독자의 관심을 하나로 집중시키는 효과적인 원동력이 된다. 그리고 그것을 구심점으로 삼아 다른 여러 가지 에피소드와 관념들, 사상들이 상호 유기적이면서 조화롭게 연결되어 있다. 단테 자신의 표현에 의하면 시의 규범에 따라 조화를 이루는 작품, 말하자면 "무사이의 연결을 통해 조화를 이루는 것"(제1권 7장 14절)으로 되어 있는 것이다.

하지만 그런 차이에도 불구하고 《신곡》은 《향연》에서 많은 것을 이어받고 있다. 예를 들어 백과사전적 지식들을 자랑스럽게 열거하면서 독자들에게 교양을 제공하려는 의도는 《신곡》에서도 분명하게 드러난다. 저승여행이라는 이야기를 중심으로 수백 명의 신화적이고 역사적인 인물들이 등장하거나 언급되고 수많은 주변적 에피소드들과 철학적, 신학적, 과학적 주제와 관념들에 대한 깊이 있는 학술적 논의들이 작품 전체에 흩어져 있다. 그리고 그 과정에서 《향연》의 '논고' 형식도 모습을 드러낸다. 특히 〈천국〉의 여러 부분들은 시적인 아름다움에도 불구하고 마치 철학과 신학의 문제들을 논의하고 있는 일종의 논문처럼 보인다.

이런 맥락에서 볼 때 《향연》은 미완성이 아니라 《신곡》으로 완성되었다고 말할 수 있다. 그리고 단지 《신곡》의 탄생에 원동력이 된 것으로 끝나지 않는다. 《향연》 제1권 5장 10절에서 분명하게 밝히고 있듯이 속어에 대한 단테의 혁명적인 견해는 《속어론(俗語論)》(*De vulgari eloquentia*)으로 이어져 최초의 이탈리아어 언어학 논문이 되었다. 또한 교황의 세속적 권력보다 신성 로마제국의 권위를 토대로 하는 정치적 질서에서 인간의 행복과 사회적 정의가 실현될 수 있다는 생각은 《제정론(帝政論)》(*De monarchia*)을 통해 더욱 분명하게 정립되었다. 이렇듯이 《향연》의 진정한 중요성은 그 내용이나 형식 못지않게 다른 작품들과의 관계 속에서 더욱 분명하게 드러난다. 그 자체로 볼 때에는 커다란 관심의 대상이 되지 않을 수도 있지만, 단테의 문학과 사상이 전개되고 발전되는 총체적인 과정에서 보면 결정적인 위치에서 핵심 역할을 하였다는 사실을 발견하게 된다. 《향연》은 언제나 새로움을 추구하는 바로 그런 관계들 속에서 고유의 진정한 가치를 드러낸다.

찾아보기
(인 명)

ㄱ~ㅂ

ㅅ~ㅈ

ㅋ~ㅎ

단테 알리기에리(Dante Alighieri, 1265~1321)

이탈리아 피렌체의 귀족 가문에서 태어났다. 젊은 시절부터 청신체(淸新體), 즉 '새롭고 감미로운 문체'(dolce stil novo)의 대표적인 시인으로 널리 알려지기 시작했으며, 1295년 무렵부터 정치활동에 참여하기 시작하였고, 1300년 6월에는 6명으로 구성된 피렌체 최고 행정위원(priore)에 선출되기도 하였다. 그러나 당파싸움에서 패배하여 1301년 말부터 망명생활을 시작하여 이탈리아의 여러 지방을 떠돌면서 생활하였고, 결국 고향 피렌체로 돌아오지 못한 채 1321년 라벤나(Ravenna)에서 사망하였으며, 지금도 그곳에 묻혀 있다.

그가 남긴 주요 작품으로 불후의 고전 《신곡》(*La divina commedia*)을 비롯하여 《새로운 삶》(*Vita nuova*), 《향연》(*Convivio*), 《시집》(*Rime*)이 있으며, 라틴어로 저술한 《속어론(俗語論)》(*De vulgari eloquentia*), 《제정론(帝政論)》(*De monarchia*) 등이 있다.

김운찬

한국외국어대학교 이탈리아어과와 같은 대학 대학원을 졸업하였고, 이탈리아 볼로냐(Bologna)대학에서 화두(話頭)에 대한 기호학적 분석으로 기호학 박사학위를 받았으며, 현재 대구가톨릭대학교 교양교육과 교수로 재직중이다. 저서로는 《현대 기호학과 문화분석》, 《〈신곡〉 읽기의 즐거움》이 있으며, 옮긴 책으로 단테의 《신곡》을 비롯하여, 움베르토 에코의 《논문 잘 쓰는 방법》, 《일반 기호학 이론》, 《이야기 속의 독자》, 《번역한다는 것》, 《거짓말의 전략》, 《대중문화의 이데올로기》, 조반니노 과레스키의 《까칠한 가족》, 《까칠한 가정부》, 이탈로 칼비노의 《우주 만화》, 엘리오 비토리니의 《시칠리아에서의 대화》, 살바토레 세티스의 《고전의 미래》 등이 있다.

당신과 나의 자기애를 일깨우기 위해 장자크 루소가 물려준 최고의 유산

고백록

장자크 루소(Jean-Jacques Rousseau) 지음 · 이용철(한국방송통신대) 옮김

자유롭고 온전한 나를 되찾으려는 모든 개인들을 위하여

루소는 한 인간의 가장 내밀한 부분을 포함한 모든 면모를 드러냄으로써 인간 본성에 대한 철학적 탐구의 새로운 기초를 놓았다. 우리는 루소가 자신의 삶을 탐구하는 방식을 통하여 우리 자신을 더욱 깊이 성찰하는 어떤 실마리를 찾을 수 있을 것이다.
"이것은 있는 그대로 완전히 자연 그대로의 모습으로 정확하게 그려진 현존하는 유일한 인간 초상화로 아마 앞으로도 유일한 것으로 남게 될 것입니다."

앙드레 지드의 젊은 시절과 만나는 자서전

한 알의 밀알이 죽지 않으면

앙드레 지드(André Gide) 지음 · 권은미(이화여대) 옮김

"내 이야기의 존재 이유란 오직 진실하고자 하는 것뿐이다"

"각자의 긍정은 자기희생 속에서 완성된다. … '과일이 죽지 않으면 홀로 남을 것'임을 난 알고 있다.… 개인은 자신을 망각할 때 비로소 자기 긍정에 이르게 된다."
분열된 자아와 이를 의식하는 섬세한 자의식의 소유자로 평생 '자아'의 끈을 놓지 못했던 지드에게는 진정한 자기긍정을 위한 자기희생과 자기망각이 평생의 과제였다. 지드의 삶과 작품세계로 들어가는 복합적인 진실의 입구.